Arnulf Baring
in Zusammenarbeit mit
Volker Zastrow

Unser neuer Größenwahn

Deutschland
zwischen Ost und West

Deutsche Verlags-Anstalt
Stuttgart

CIP-Titelaufnahme der Deutschen Bibliothek

Baring, Arnulf:
Unser neuer Größenwahn:
Deutschland zwischen Ost und West/
Arnulf Baring. In Zsarb. mit Volker Zastrow.
2. Auflage
Stuttgart: Deutsche Verlags-Anstalt, 1989
ISBN 3-421-06398-2

2. Auflage 1989
© 1988 Deutsche Verlags-Anstalt GmbH, Stuttgart
Alle Rechte vorbehalten
Lektorat: Ulrich Volz
Titelfoto: Kristina Jentzsch
Satz: Setzerei Lihs, Ludwigsburg
Druck und Bindearbeit:
Mohndruck Graphische Betriebe GmbH, Gütersloh
Printed in Germany

Inhalt

Vorbemerkungen

Wir haben zwar nicht mehr die Macht, die Welt
erneut ins Unglück zu stürzen.
Aber die Möglichkeit, uns selbst schwer zu schaden,
um Selbstbestimmung und Wohlstand
zu bringen, ist uns geblieben.

Ein neuer Größenwahn bei uns? Wo denn, bei wem? Wollen wir nicht das exakte Gegenteil von allem sein, was wir vor 1945 waren, die leibhafte Widerlegung unserer früheren Maßlosigkeit? Wie könnte da unser moderates, moralisch bemühtes Auftreten, unsere laute Friedenssehnsucht irgend etwas gemein haben mit der waffenklirrend sprungbereiten, gewalttätigen Konfliktbereitschaft des wilhelminischen, gar des nationalsozialistischen Deutschland? In einem Punkte sind wir Westdeutschen uns völlig einig: Es muß heute alles anders sein als damals. Insoweit glauben alle an eine Stunde Null.

Aber gab es sie wirklich? Werden wir nicht inzwischen den alten Deutschen immer ähnlicher – in verwandelter Gestalt, mit neuen Formeln im Mund? Wo liegen, jenseits der Unterschiede, die Gemeinsamkeiten? Offensichtlich muß ich erläutern, was mit Größenwahn gemeint ist.

Worin bestand er vor 1945? Er war ein kompliziertes, explosives Gemisch aus Überwältigungsängsten und Allmachtsphantasien. Ein energiegeladenes, aber einsames Deutschland faßte irgendwann nach der Reichsgründung den trotzigen Entschluß, sich auf eigene Faust den Weg zur Weltgeltung zu bahnen. Kern des alten Größenwahns war also eine gewaltige Selbstüberschätzung, war die seltsame Gewißheit, aus eigener Kraft, ganz auf uns gestellt, könnten wir Berge versetzen, ein großes, immer größeres Reich zustande bringen, zusammenhalten.

7

Wie kamen wir darauf? Als spekulativ begabte, aufgeregte Provinzler, die wir waren und sind, sahen wir unsere Umwelt ganz falsch. Wir hatten keine Ahnung von den Rahmenbedingungen dieses Reiches. Unserer Überheblichkeit aus Existenzangst, unserem verzweifelten Draufgängertum lag ein gestörtes Verhältnis zur Realität zugrunde. Wir wollten die uns umgebende Wirklichkeit nicht wahrhaben, leugneten sie aufgrund radikal idealistischer Vorstellungen. Diesen »Wirklichkeitsverlust« hält Joachim Fest für »das eigentlich unverwechselbare, charakteristisch deutsche Element im Nationalsozialismus« und vermutet, von ihm aus führten manche Verbindungswege weit zurück in die deutsche Geschichte.[1]

Welche Gegebenheiten wurden von unseren Vorfahren so folgenschwer verkannt? In ihrer willensstarken, kraftvollen Entschlossenheit zu großartiger Selbständigkeit bei gleichzeitigem Unvermögen zu pragmatischem, realitätsgerechtem Handeln bemerkten sie gar nicht, jedenfalls nicht in ausreichender Zahl, wie zwingend notwendig es war, selbst um den Preis schmerzlicher Kompromisse, Deutschland mächtige Alliierte zu gewinnen. Zwischen 1871 und 1945 ist es uns nie gelungen, starke, zuverlässige Bundesgenossen zu finden, also Mächte an uns zu binden, die bereit gewesen wären, aus eigenem Interesse gemeinsam mit uns die Existenz des Reiches, die Zukunft Deutschlands dauerhaft zu sichern.

Dieses Reich ist ja nicht an Hitlers Verbrechen zugrunde gegangen, so abscheulich sie waren und so dauerhaft sie die Deutschen moralisch diskreditiert haben. Ohne Hitler, sagt Sebastian Haffner, hätte es bestimmt keinen millionenfachen Judenmord gegeben, aber auch ohne Hitler eine Art Führerstaat und wahrscheinlich einen Zweiten Weltkrieg.[2] In ihm wäre das Deutsche, das Großdeutsche Reich (wie so auch) an Überanstrengung zerbrochen, an der Übermacht seiner Gegner gescheitert. Denn das zentrale Problem unserer Einbettung in stabile Bündnisse haben wir vor 1945 nicht zu lösen vermocht. Anders gesagt: Wir besaßen bis 1945 keine hinreichend aufgeklärte Führungsschicht, die sich und den damaligen Deutschen die engen

Grenzen unserer äußeren Bewegungsmöglichkeiten, die Beschränkung unserer internationalen Aktionsfreiheit, klarmachen konnte und wollte. Das wäre aber unbedingt erforderlich gewesen, wenn Deutschland als Reich in der Mitte Europas hätte auf Dauer Bestand haben sollen. Wir wurden rundum mit Argwohn betrachtet. Man mißtraute unseren längerfristigen Absichten.

Heute mißtraut man uns draußen wieder. Nach 1945 war es damit eine ganze Weile besser bestellt. Trotz und wegen der Niederlage war unsere Situation ja insgesamt plötzlich entscheidend und positiv verändert, radikal vereinfacht. Die Zerschlagung Deutschlands, so katastrophal und schmerzlich sie im ganzen war, so segensreich erwies sie sich für uns Westdeutsche, brachte sie uns doch fast nur Gutes: Statt rundum von Feinden umgeben zu sein, wie vorher, gab es nur noch einen Gegner, im Osten; im Westen aber lauter neue, feste Freunde. Im Lande selbst, in der Bundesrepublik, fand sich, ein verblüffender Glücksfall, trotz aller Verluste durch die Emigration, den Krieg, die KZs, eine hervorragende, demokratische Führungsschicht ein, in allen Parteien; vergleichbar qualifizierte Spitzenpolitiker, Persönlichkeiten dieses Ranges in solcher Zahl, hatte es weder im Kaiserreich noch in der Weimarer Republik gegeben.

Aufgrund der Entscheidungen anderer, der Siegermächte, aber auch mit kräftigem eigenen Zutun, vor allem Konrad Adenauers, doch, auf seine Weise, auch Kurt Schumachers, wurden wir Westdeutschen aus der gefährlichen, fatalen Mittelposition, die uns vorher zum Verhängnis geworden war, entschlossen nach Westen verlagert, in eine Randlage gerückt, mit der Westbindung dort verankert. Die Folge war nicht nur ein neuer, stabiler, demokratischer Staat mit einer wirtschaftlich und sozial blühenden Gesellschaft, sondern gleichzeitig auch eine verblüffende Beruhigung der deutschen Gemüter, eine neue, vorher unbekannte weltfreundliche Ausgeglichenheit unserer Landsleute.

Diese fundamentale, auch für unsere europäischen Nachbarn erfreuliche, beruhigende Wandlung der Westdeutschen hatte eine genau bestimmbare Ursache: den Einfluß der Vereinigten Staaten. Während Stalin und seine Nachfolger immer auf den

Abzug der Amerikaner hofften und hinarbeiteten, haben die USA unsere Umorientierung, unsere Westintegration im wesentlichen bewerkstelligt und über die Jahrzehnte hinweg verläßlich garantiert. Bis heute beruhen die Stärke und Stetigkeit der Bundesrepublik auf dem Bündnis mit den Vereinigten Staaten. Frankreich und Großbritannien hingegen blieben in den entscheidenden strategischen Fragen immer nur willkommene Zutaten, so erfreulich sich die wirtschaftliche Zusammenarbeit mit ihnen (und den übrigen Mitgliedern der Europäischen Gemeinschaft) auch allmählich entwickeln mochte.

Mehr und mehr gerät inzwischen bei uns in Vergessenheit, daß unsere innere und äußere Freiheit gleichermaßen an der Allianz und der fortdauernden Präsenz der USA hängt. Veränderte Rahmenbedingungen und Kräfteverhältnisse, denen man längst hätte Rechnung tragen sollen, haben das Bündnis ohnehin geschwächt. Hinzu kommen andersartige Prägungen und Erwartungen neuer Generationen, kommen verbreitete Hoffnungen auf nationale Selbstfindung, die Sehnsucht nach einer neuen deutschen Identität (was immer solche Vokabeln beinhalten mögen), kommt damit auch ein modisch verspielter, unernster Antiamerikanismus: durchweg subjektive Faktoren von einigem Gewicht, die in den Köpfen und Herzen vieler unserer Landsleute die Bedeutung der Allianz allmählich verblassen lassen. Wenn wir nicht bald besser aufpassen, wird sie eines Tages an Entkräftung sterben, zumal es eine fatale Gleichzeitigkeit gibt zwischen unserer allmählichen Entfernung von den USA und der amerikanischen Abwendung, Enttäuschung und Ungeduld uns gegenüber.

Solche Vorgänge scheinen viele Westdeutsche allerdings inzwischen nicht mehr zu erschrecken. Sie halten uns ganz aus eigener Kraft für stabil.[3] Das ist ein großer, gefährlicher Irrtum, der uns teuer zu stehen kommen kann. Denn wir haben zwar nicht mehr die Macht, die Welt erneut ins Unglück zu stürzen. Aber die Möglichkeit, uns selbst schwer zu schaden, um Selbstbestimmung und Wohlstand zu bringen, ist uns geblieben.

Unser neuer Größenwahn liegt, kurz gesagt, in der träumerischen Selbstüberschätzung, mit der wir annehmen, wir könnten aus eigener Kraft und ganz risikolos nach der Westintegration nun eine vergleichbar intensive, ähnlich positive Ostorientierung bewerkstelligen, ohne das amerikanische Fundament zu beschädigen, ja zu beseitigen, auf dem die Bundesrepublik ruht.

Eigentlich dürfte das Aufkommen solch illusionärer Konzepte, eine langfristige außenpolitische Folge verschiedener und widerspruchsvoller Wandlungsprozesse, die seit zwanzig Jahren in der westdeutschen Gesellschaft und Politik stattfinden, niemanden überraschen. Man muß ja nur die Augen und Ohren offenhalten! In wachsendem Maße zeichnen sich am Rande und unter der etablierten Politik Strömungen ab, die beunruhigen. Mehr und mehr werden Töne vernehmbar, die aufhorchen lassen, zumindest nachdenklich stimmen. In der Bevölkerung, an der Basis, zumal unter jungen Leuten gehen Veränderungen vor, die allerdings zunächst links von der politischen Mitte stärker spürbar waren als rechts von ihr. Die Politiker – wiederum links mehr denn rechts – reagierten auf solche Tendenzen sehr sensibel, trugen ihnen Rechnung, redeten den neuen Wortführern gern zum Munde, schwiegen zumindest, auch wenn sie es besser wußten. Da sie in den Jüngeren ihren politischen Nachwuchs zu erkennen hofften, wollten und konnten sie es mit ihnen nicht verderben, ließen sich ab und an vielleicht auch von deren Idealismus anstecken.

Zunächst zogen, jedenfalls nach meiner Kenntnis und in meiner Umgebung, nur wenige publizistische Beobachter aus solchen Eindrücken und Erfahrungen den Schluß, diese Impulse könnten für unser Staatswesen weitreichende Konsequenzen haben. Kaum jemand schien anfangs zu glauben, daß sich die Bundesrepublik möglicherweise anschicke, eines kommenden Tages ihre bisherige, vielen langweilig gewordene Berechenbarkeit aufzugeben und statt dessen so erwartungsvoll wie wagemutig eine unabhängigere Position zwischen West und Ost anzustreben.

Obwohl mich der Untergang des Schmidt-Flügels der SPD, das Ende der sozial-liberalen Koalition und damit der sozialdemo-

11

kratischen Regierungsfähigkeit sehr berührt hatten, ist auch mir erst nach und nach im Laufe der achtziger Jahre der kollektive Stimmungsumschwung unter den Westdeutschen deutlich bewußt geworden. Diese verzögerte Wahrnehmung des neuen Meinungsklimas, das lange vor dem Amtsantritt Gorbatschows einsetzte, hing wesentlich damit zusammen, daß seine Folgen, die außenpolitischen Aufweichungstendenzen, vom neuen Regierungschef, Helmut Kohl, ebenso nachdrücklich abgelehnt, ja bekämpft wurden wie von seinem Vorgänger. Dennoch breiteten sie sich weiter aus.

Gleichzeitig mit dieser sachten westdeutschen Abwendung von den USA gewann dort in den letzten Jahren eine entsprechende Rückzugsbewegung aus Westeuropa an Schwung. Unter den Amerikanern wuchs die fatale Neigung, sich ihrerseits ernüchtert und enttäuscht gerade auch von uns Westdeutschen abzukoppeln. Die beiderseits wachsende Distanz, eine zunehmende Entfernung voneinander wäre mir wahrscheinlich gar nicht in vollem Umfange bewußt geworden, wenn ich nicht unverhofft die Möglichkeit erhalten hätte, einen Großteil des Jahres 1987 in den Vereinigten Staaten zu verbringen.

Im Frühjahr 1986 trug mir der damalige Direktor der »Stiftung Wissenschaft und Politik« in Ebenhausen bei München, Klaus Ritter, eine – von der »Robert Bosch Stiftung« finanzierte – mehrsemestrige Forschungsprofessur an. Ich bin den beiden beteiligten Stiftungen und meinen Kollegen vom Fachbereich Geschichtswissenschaften der Freien Universität Berlin natürlich sehr dankbar, daß sie mir großzügig diese Gelegenheit eröffnet haben, meine Kenntnis der transatlantischen Zusammenhänge beträchtlich zu erweitern.

Schon im Winterhalbjahr 1986/87, das ich in Ebenhausen verbrachte, fand ich den regelmäßigen Informationsaustausch der dortigen Mitarbeiter in den Zusammenkünften der sogenannten »Lage« an Mittwochnachmittagen sehr aufschlußreich. Hinzu kamen zahlreiche Unterredungen. Dabei habe ich besonders den Gedankenaustausch mit Hannes Adomeit, Wolfgang Krieger, Winrich Kühne, Uwe Nerlich, Bernard von Plate, Gebhard

Schweigler, Dieter Senghaas (meinem gleichzeitig mit mir dort tätigen Bremer Kollegen) und immer wieder mit Albrecht Zunker, dem guten Geist des Hauses und »Erfinder« der Gastprofessuren dieser Stiftung, in bester Erinnerung behalten.

Den Sommer 1987 verbrachte ich dann am ehrwürdigen »Woodrow Wilson International Center for Scholars« in Washington, D. C., den Herbst und Winter 1987 am jungen, dynamischen »Institute for East-West Security Studies« in New York City.

Am »Wilson Center«, dieser großartigen, vornehmen Einrichtung, mit der sich die Wissenschaft ein Symbol ihrer Würde, Leistungskraft und weltweiten Wirkung geschaffen hat, war der Reichtum hochgebildeter, anregender Gesprächspartner überwältigend. Ich erwähne hier nur vom Stab des »Center« Prosser Gifford, John W. Lampe, Peter B. Reddaway und Samuel F. Wells, von den Fellows Peter Hanák, Gabriel Gorodetsky, Tamás Réti und Richard Rosecrance. Noch wichtiger als die Genannten sind für die Anlage dieses Buches Timothy Garton Ash aus Oxford und Michael H. Haltzel vom »Center« gewesen: zwei neue Freunde, wie ich hoffe. Beide haben wiederholt meine Eindrücke und Gedanken mit mir diskutiert und mich bestärkt, sie aufzuschreiben. Mike war überdies sehr behilflich bei der Vermittlung wichtiger Kontakte in Washington.

Am »East-West Institute« habe ich Ende November eine erste Skizze meiner Erwägungen in der Runde der dortigen *guestscholars, associates* und *resident fellows* vorgetragen, wobei mir besonders die Beobachtungen von Erik Hoffmann, David Robertson, Janusz Symonides, Karol Szyndielorz und Radovan Vukadinovic wichtig waren – abgesehen von der beständigen, fröhlichen Ermunterung durch John E. Mroz, den ansteckend optimistisch gestimmten Präsidenten dieser kontaktfreudigen und erfolgreichen internationalen Begegnungsstätte, und durch F. Stephen Larrabee, seinen Stellvertreter und wissenschaftlich orientierten Studiendirektor.

Entscheidende Anregungen, auch Korrekturen meiner Ansichten verdanke ich diesseits und jenseits des Atlantik alten Freunden und erfahrenen Kollegen wie Norman Birnbaum, Joachim

Bölke, Gordon A. Craig, William E. Griffith, Alfred Grosser, Klaus Hänsch, Sebastian Haffner, Max Holland, Arnold Horelick, Josef Joffe[4], Wilhelm Kewenig, George Romoser, Horst Schirmer, Hagen Schulze, Gesine Schwan, Kurt Shell, Fritz Stern, Stephen E. Szabo, James S. Sutterlin, Gerhard Wettig und Heinrich A. Winkler.

Aber von Entwürfen und Diskussionen bis zum fertigen Buchmanuskript ist der Weg bekanntlich ziemlich weit. Meine erste Fassung, etwa 75 Seiten lang, entstand in den New Yorker Monaten, während meine studentischen Mitarbeiter in Berlin emsig dabei waren, einschlägige Materialien zusammenzutragen und auszuwerten. Obwohl sie offenbar zunächst meine Thesen überwiegend mit Skepsis betrachteten, engagierten sie sich mit der Zeit mehr und mehr, identifizierten sich mit ihrer Aufgabe, leisteten ihr Bestes. Raphael Krüger und Jacques Schuster, zeitweilig auch Jürgen Luh, Michael Thumann und Matthias Klause haben damit wesentlich zum Gelingen des Ganzen beigetragen. Ihnen schlossen sich freiwillig Werner van Bebber und Florian Schmidt an, die als Kenner der grünen Szene dem Team ihre helfenden Hände reichten. Andreas Quint vom John F. Kennedy-Institut ist für volkswirtschaftliche Auskünfte zu danken.

Von Anfang an wichtig, wurde Volker Zastrow allmählich unentbehrlich: als inspirierender und energischer Koordinator der Gruppe, als nachdenklicher Gesprächspartner, als unermüdlicher Mitautor. Mein New Yorker Manuskript wurde durch seine Ergänzungen, vor allem die Einarbeitung vieler Belege, doppelt so lang. Eine dritte Umarbeitung durch mich brachte den Text noch einmal auf mehr als das Doppelte. Wie man daran sieht, entwickelte die vielschichtige Thematik eine natürliche Neigung, immer weiter zu wachsen, nach allen Richtungen in die Breite zu gehen. Wir bemühten uns nach Kräften, sie daran zu hindern, wollten es oft bei Andeutungen belassen, insgesamt nicht mehr als einen schlanken Diskussionsbeitrag liefern — obwohl uns an vielen Stellen immer neue, wichtige Gesichtspunkte oder Beweisstücke einfielen, die wir gerne noch untergebracht hätten. Aber irgendwann mußte bei einem außenpolitischen Zwischenruf Schluß sein.

Was jetzt als Ergebnis unserer intensiven Diskussionen vorliegt, ist wesentlich in einem knappen halben Jahr entstanden. Die übliche Formel, trotz aller Anregungen und Hilfen hafte der Autor selbstverständlich allein für seine Irrtümer und Fehler, muß hier erweitert werden: Ich hoffe von Herzen, daß alle Befürchtungen dieses Buches sich mit der Zeit als stark übertrieben, ja am Ende als grundlos erweisen. Wenn diese Schrift ein wenig zur jetzt fälligen westdeutschen Standortbestimmung anregt, zur Klärung unserer internationalen Grundorientierung beiträgt, hat sie ihren Zweck erreicht.

Berlin, im Juni 1988   *Arnulf Baring*

Unser amerikanisches Fundament

Die Anwesenheit der Amerikaner
ist für die Erhaltung unserer Freiheit weitaus
wichtiger als das Grundgesetz,
wichtiger als alle Parteien und Verbände,
wichtiger als unsere wirtschaftliche Leistungskraft
und unsere sozialen Netze.

Im Anfang waren die Amerikaner. Ohne sie gäbe es die Bundesrepublik nicht. Und ohne den Rückhalt der USA bestünde sie längst nicht mehr.

Zu Beginn, 1945/46, zögerten die Vereinigten Staaten noch, sich langfristig in Europa zu engagieren, an Westdeutschland zu binden. Denn zunächst glaubten sie vertrauensvoll an eine Fortsetzung des antifaschistischen Kriegsbündnisses mit den Russen, an eine Ost/West-Partnerschaft bei der Verwaltung des besiegten, besetzten Reiches. Die Amerikaner hegten keinen Argwohn gegen »Uncle Joe«, wie sie Josef Stalin vertraulich nannten – harmlos, freundschaftlich.[1]

Gewiß, dieser bärbeißige Georgier besaß einen etwas derben Humor; erst kürzlich hatte er seinen Alliierten die Erschießung von 50 000 deutschen Offizieren vorgeschlagen.[2] Aber schließlich hatte man sich diesen unzivilisierten Partner nicht selbst ausgesucht; er war einem durch die Deutschen aufgezwungen worden. Obendrein hatte die Sowjetunion schwer unter dem deutschen Angriff gelitten. Das Mißtrauen der Russen und ihre extremen Sicherheitsbedürfnisse leuchteten daher den Amerikanern anfangs ein. Und waren die Russen nach der Ausschaltung des Großdeutschen Reiches nicht die natürliche Vormacht Europas, mit der man sich irgendwie arrangieren mußte, ja der man vielleicht sogar Europa anvertrauen durfte? Irgendwo war ja auch Stalin für Fortschritt und Demokratie, und das Freiheitsbedürfnis der Europäer, ihre liberalen Traditionen, würden ganz von selbst, hoffte man in Washington, imperiale Anwandlungen des Kreml in Schranken halten.

Die Amerikaner jedenfalls waren nach Kriegsende militärisch weitgehend aus Deutschland, aus Europa abgezogen. Sie hatten abgerüstet, ihre Militärausgaben radikal auf ein Sechstel gekürzt und nahezu neun Zehntel ihrer Soldaten nach Hause geholt.[3] Mitte 1948, drei Jahre nach Kriegsende, gab es in der amerikanischen Besatzungszone des aufgeteilten Reichs weniger als 100000 amerikanische Soldaten, die obendrein überwiegend mit Verwaltungsaufgaben beschäftigt waren. Die sowjetischen Landstreitkräfte hingegen umfaßten nach anglo-amerikanischen Schätzungen im August desselben Jahres zweieinhalb Millionen Mann, die vorwiegend in den sowjetischen Besatzungszonen Deutschlands und Österreichs, den osteuropäischen Satellitenstaaten und den westlichen Militärbezirken der UdSSR stationiert waren. Diesen insgesamt 84 sowjetischen Divisionen, die schnell um weitere 91, die in anderen Teilen des sowjetischen Großreichs stationiert waren, verstärkt werden konnten, standen nur 16 westalliierte Divisionen gegenüber, nicht einmal ein Zehntel. Man stellte sich deshalb in den USA darauf ein, den Sowjets im Falle eines Krieges fast das ganze spätere europäische Natogebiet für ungefähr zwei Jahre preisgeben zu müssen.[4]

Zu diesem Zeitpunkt allerdings hatten sich die Amerikaner bereits entschlossen, die Dinge in Europa energischer in die Hand zu nehmen. Spätestens nach dem Katastrophenwinter 1946/47 begann man sich in Washington darauf einzurichten, Europa fortan nicht mehr sich selbst – beziehungsweise den Sowjets – zu überlassen. Die Trumandoktrin, der Marshallplan waren die entscheidenden Wegemarken des neuen Kurses. Sie wurden zugleich Grundsteine unseres Staates, der damals entstehenden Bundesrepublik. Sie bedeuteten weit mehr als eine ökonomische Konsolidierung der drei Westzonen, gossen nicht nur das wirtschaftliche Fundament der kommenden westeuropäischen und atlantischen Zusammenarbeit. Trumandoktrin und Marshallplan wirkten vor allem psychologisch.

Sie beruhigten die durch Hitlerzeit, Krieg, Niederlage, Russeneinmarsch und alles, was seither aus der jüngsten Vergangenheit Fürchterliches ans Tageslicht kam, tief verunsicherten Westdeutschen, nahmen ihnen die Angst, gaben Hoffnung, setzten einen neuen Anfang, dadurch neue Kräfte frei. Ohne wirksamen amerikanischen Beistand – das wußte damals jeder – konnten sich die westlichen Besatzungszonen, konnte sich ganz Westeuropa den Russen gegenüber nicht behaupten. Ohne den Rückhalt der USA war die Zukunft ganz ungewiß – nein, allzu gewiß, nämlich düster. Viele Deutsche, die damals lebten, hatten am eigenen Leibe den Unterschied zwischen Amerikanern und Russen kennengelernt. Nicht von ungefähr waren ja viele Millionen von Landsleuten im Winter 1944/45 in Panik geraten und regellos vor den heranrückenden sowjetischen Truppen aus dem untergehenden deutschen Osten geflohen. Weitere Millionen verließen in den kommenden Jahren bei Nacht und Nebel, wiederum nur mit den wenigen Habseligkeiten ihres Handgepäcks, das russische Besatzungsgebiet, die Sowjetzone. Wer unter die Russen gefallen war, wollte, wenn irgend möglich, weg nach Westen – einige Idealisten ausgenommen. Die im Westen waren, dankten Gott auf den Knien, daß sie dort sein durften. Aber bange fragten sie sich bis 1947, was wohl auf längere Sicht aus ihnen würde. Es gab Anzeichen eines amerikanischen Rückzugs aus Europa.

Ab 1947 wurde klar: Die Amerikaner würden bleiben, würden sich eingraben, im westlichen Teil des Kontinents das Machtvakuum füllen, den Krater, der durch die Explosion des Dritten Reiches aufgerissen worden war. Von nun an ging es aufwärts: 1948 folgte die Währungsreform, 1949 wurde das Grundgesetz verkündet. Mitte der fünfziger Jahre kam die westdeutsche Wiederbewaffnung hinzu. Schritt für Schritt, von Stufe zu Stufe, wurde die amerikanische Entschlossenheit in die Tat umgesetzt, aus den drei westlichen Besatzungszonen in Deutschland einen neuen Staat zu machen, eine westlich orientierte, mehr noch: eine in den Westen integrierte Demokratie. Natürlich wollten auch England und Frankreich ein demokratisches, prowestliches Deutschland. Aber nur die USA hatten die Mittel, die Macht, um das arme und hungernde, heruntergekommene, krisengeschüttelte Westeuropa erst zu beruhigen, dann aufzumuntern, ja anzutreiben – und die Westdeutschen mit ihm.

Dieses energische Engagement der Amerikaner kam nicht auf einen Schlag zustande. Es gab nicht den einen amerikanischen Plan, nicht das Projekt aus einem Guß, sondern immer viele verschiedene Pläne und widerstreitende Tendenzen. Es gab Verzögerungen und Rückschläge; viel Hin und Her, Auf und Ab – wie immer in den USA. Man schwankte gegenüber den Russen jahrelang zwischen verbitterter Resignation und neu aufkeimenden Hoffnungen. Man erkannte die sowjetische Zielstrebigkeit und Härte – und wollte sie doch nicht wahrhaben. Vieles war lange im Fluß; es gab immer neue Offerten an Moskau, verschiedene Anläufe zur Ost/West-Kooperation – noch bis in den Sommer 1949 hinein.

Es ist im Rückblick fraglich, ob es überhaupt zur Weststaatsgründung, zur Bundesrepublik, gekommen wäre, wenn Stalin ihr nicht von Anfang an immer wieder unfreiwillig vorgearbeitet, unbeabsichtigt den Weg geebnet hätte, indem er die Amerikaner in ihrem Wunsche, zusammen mit den Russen eine gemeinsame Linie für Deutschland zu finden, systematisch entmutigte. Man kann lange darüber rätseln, weshalb Stalin so rüde abweisend war. Möglicherweise verließ er sich darauf, daß die Amerikaner den europäischen Kontinent spätestens 1947 verlassen würden, wie Roosevelt seinem sowjetischen Mit- und Gegenspieler im Februar 1945 in Jalta angedeutet hatte[5], glaubte also, ganz Europa bald allein zu beherrschen, und sprang daher rücksichtslos mit dem bisherigen transatlantischen Bundesgenossen um – und erst recht mit den von der Roten Armee bereits besetzten Gebieten.

In den von den Sowjets eroberten Ländern waren seit 1945 mit unerbittlicher Konsequenz nach und nach alle oppositionellen Kräfte ausgeschaltet, terrorisiert, oft verschleppt und getötet worden. Überall hatte man Kommunisten in Schlüsselstellungen gebracht und sogenannte Volksdemokratien errichtet, die hinfort an den Kreml geschmiedet bleiben sollten. Die amerikanische Öffentlichkeit in ihrer Breite reagierte nur langsam auf diese Gewaltpolitik; erst 1947 sprach man, Walter Lippmann folgend, von einem *Kalten Krieg,* den man nunmehr mit der Sowjetunion führe.[6]

Auch in der russischen Zone in Deutschland, anders übrigens als in Österreich, hatte die zielstrebige Umgestaltung aller Verhältnisse sofort 1945 begonnen. Von den dortigen Ereignissen waren die Amerikaner direkter betroffen als irgendwo sonst. Denn die Verwaltung Deutschlands teilte man sich mit den anderen drei Siegermächten, also auch den Russen. Der Ort, an dem alle Fäden zusammenliefen, war die alte Reichshauptstadt. Und Berlin lag mitten in der russischen Zone. So bekamen die Amerikaner von Anfang an hautnah zu spüren, mit welcher Brachialgewalt die östliche Militärregierung in ihrem Herrschaftsbereich alle Macht- und Lebensverhältnisse umprägte. Schon die von Stalin mit harter Hand betriebene Zwangsvereinigung der großen SPD mit der kleinen, aber von Moskau straff gelenkten und darum maßgebenden KPD zur SED brachte die amerikanische Militärverwaltung unter Lucius D. Clay in eine erste Frontstellung gegen den östlichen Alliierten. Denn amerikanische Militärpolizisten schützten in den Berliner Westsektoren die freie Urabstimmung der Sozialdemokraten – die dann bekanntlich ein für die Kommunisten verheerendes Ergebnis zeitigte.[7] Schon damals also, im Frühjahr 1946, wurden hinter der Fassade der alliierten Einigkeit erste Risse sichtbar, die allmählich das gesamte Gebäude der einstigen Kriegskoalition zum Einsturz brachten.

Auch dieser offene, endgültige Zusammenbruch der inzwischen schon ziemlich mürben amerikanisch-sowjetischen Einheit spielte sich in Deutschland, spielte sich in und um Berlin ab: im Zuge der Blockade 1948/49. Beide Seiten, Russen und Amerikaner, machten erstmals deutlich, worauf sie hinauswollten und was sie zu tun bereit waren, um ihre Ziele zu erreichen. Damals wurde aber ebenso klar, was die Deutschen, was zunächst die Berliner wollten. »Die Westberliner«, schreibt der Publizist Peter Bender, »waren die ersten Deutschen, die als Demokraten überzeugten«[8] – im Westen, besonders in Amerika. Ohne die entschlossene Bereitschaft dieser Berliner, für ihre Freiheit einzustehen, hätten die USA ihre Stellung in der Stadt nicht halten können; ganz Berlin wäre damals den Sowjets zugefallen. Umgekehrt wäre aller Opfermut der West-Berliner vergeblich geblieben, wenn ihnen in dieser Lage der amerikanische Rückhalt gefehlt hätte.

Genauso, keinen Deut anders, war von Anfang an und ist bis heute die Lage der Bundesrepublik. Die westdeutsche, West-Berliner Bereitschaft, für die eigene Freiheit einzustehen, *und* der Rückhalt durch die Vereinigten Staaten: beides gehört untrennbar zusammen und bildet die Grundlage, das Fundament, die eigentlich tragende Schicht unseres Staates. Unsere Freiheit kann nur auf dem festen Boden unserer Sicherheit gedeihen. Diese Sicherheit aber steht und fällt in letzter Instanz mit den Vereinigten Staaten. Ohne das Bündnis mit den USA, ohne die Anwesenheit der amerikanischen Truppen, hinge die ganze Bundesrepublik in der Luft, wäre unser sonst so ansehnliche Staat auf Sand gebaut.

Moment mal, mag mancher einwenden: Ist denn das schöne Grundgesetz so wenig wert, unsere intelligent ausgetüftelte Verfassungsordnung für die Katz? Sind Parteien, Gruppen, all die wachen Bürger ganz unnütz bei der Frage nach der demokratischen Stabilität? Natürlich nicht. Aber feierliche Verfassungstexte sind bestenfalls Konstruktionspläne, also Angebote. Die nach ihrem Rezept geschaffenen Institutionen bieten lediglich Chancen, keine Erfolgsgarantien. Noch so viele aktive Landsleute, Politiker und Journalisten sichern eine erfolgreiche Republik nur zum Teil. Soll die freiheitliche Demokratie bei uns dauern, dann muß Macht die Verhältnisse stützen gegen einigen Druck von innen, vor allem aber gegen starken äußeren Druck. Mehr Macht ist da nötig, in unserer geographischen Lage, als wir Deutschen alleine heute noch zu mobilisieren vermögen.

In Berlin ist das für jeden halbwegs wachen Zeitgenossen mit Händen zu greifen. Aber auch in der Bundesrepublik liegt es nicht anders. Ohne den Rückhalt der einzigen westlichen Großmacht würde der ganze gutgemeinte, sozial gerechte Prachtbau dieser Bundesrepublik über kurz oder lang ins Wanken geraten und schließlich einstürzen.

Die auf die Dauer wichtigste, folgenreichste Entscheidung der amerikanischen Politik in Europa ist deshalb nach dem Marshallplan der Beschluß der Regierung Truman gewesen, unter dem Eindruck des Korea-Krieges in Europa, genauer in Deutschland, Truppen zu stationieren.[9]

Im Juni 1950 hatten nordkoreanische Verbände mit sowjetischer und chinesischer Unterstützung Südkorea überfallen und dabei erstaunliche Anfangserfolge erzielt. Die in Südkorea stehenden amerikanischen Einheiten unter General MacArthur gerieten in alarmierende Bedrängnis und wurden im Pusan-Brückenkopf zusammengedrängt. Erst nach Monaten konnten sie zurückschlagen, ihrerseits nach Norden vordringen. Die Lage des geteilten Korea erinnerte fatal an die des geteilten Europa, zumal des geteilten Deutschland. Dachten die Sowjets auch hier an eine vergleichbare Offensive, einen Überraschungsschlag?

Wie man inzwischen aus den Studien der beiden emigrierten tschechoslowakischen Historiker Karel Kaplan und Michail Reimann, die in den sechziger Jahren Einblick in das Prager ZK-Archiv erhielten, erfahren hat, traf diese Befürchtung tatsächlich zu. Auf einer Sitzung der Führer der sozialistischen Länder, die im Januar 1951 in Moskau stattfand, erklärte Stalin den Anwesenden, daß die Vereinigten Staaten in Korea die Schwäche ihrer Streitkräfte demonstriert hätten. Der Sowjetblock habe militärische Überlegenheit erlangt, ein Vorteil, der freilich nicht von Dauer sein werde: »Die Hauptaufgabe des sozialistischen Lagers sei deshalb, in drei bis vier Jahren die militärische, ökonomische und politische Macht der sozialistischen Staaten zu festigen, um Westeuropa einen Schlag zu versetzen. Diesem Ziel müsse die gesamte Innen- und Außenpolitik der sozialistischen Länder untergeordnet sein. Stalin betonte, dies sei die einmalige Gelegenheit, in ganz Europa den Sozialismus zu errichten.«[10]

Nach dieser Sitzung stiegen die Militärausgaben in der Sowjetunion und den anderen Ländern des Ostblocks steil an; in Einzelfällen betrugen sie bis zu vierzig Prozent aller Ausgaben.[10] Nicht nur in Europa, auch in Amerika selbst waren, als der Kalte Krieg begann, die Vereinigten Staaten praktisch ein Land ohne Truppen, ohne Waffen; die Atombombe schied als ernsthaftes politisches Druckmittel, erst recht als militärische Möglichkeit gegen den gestrigen Kriegsalliierten aus.

Der Ausbruch des Korea-Konflikts im Jahre 1950 wurde bei uns wie in den USA als durchaus denkbarer Beginn eines allgemeinen »heißen« Krieges verstanden, der auf Europa übergreifen könne.[11] Der damit drohende Ausbruch des dritten Weltkriegs veranlaßte die Amerikaner, von ihren Verbündeten die Aufstellung westdeutscher Truppen zu fordern, und die westeuropäischen Alliierten, besonders Frankreich, von den USA die sofortige Stationierung amerikanischer Truppen in Europa.[12] Man befürchtete damals diesseits des Atlantik, daß die Amerikaner viel zuviel Zeit benötigen würden, um im Falle einer russischen Blitzaktion, also eines sowjetischen Überraschungsangriffs, rechtzeitig mit eigenen Soldaten zur Stelle zu sein, falls diese Truppen erst nach Kriegsbeginn aus den USA herangeschafft werden müßten.

Schon damals erschreckte die Europäer die Aussicht (und heute wäre diese Angst nicht minder berechtigt), daß die Entscheidung in Washington über das Für und Wider eines militärischen Eingreifens erst nach Monaten fallen werde, da sich die Debatten im amerikanischen Kongreß lange hinziehen könnten. Danach werde aller Voraussicht nach nichts mehr aufzuhalten und zu verteidigen, bestenfalls Westeuropa zurückzuerobern sein. Was das bedeutete, konnte sich fünf Jahre nach dem Zweiten Weltkrieg jedermann unschwer ausmalen. Die öffentliche politische Phantasie war damals noch nicht infolge einer jahrzehntelangen Friedensperiode eingeschlafen.

Die Europäer bestanden deshalb 1950 nicht allein darauf, daß umgehend amerikanische Truppen auf unserem Kontinent zu stationieren seien, sondern sie forderten überdies, daß immer ein Amerikaner Nato-Oberbefehlshaber in Europa werden müsse.

Beides sollte die eben geschaffene, nunmehr unauflösliche Verbindung von Alter und Neuer Welt garantieren. Die Vereinigten Staaten hatten damit eine gewaltige Wendung vollzogen. Sie hatten plötzlich eine ehrwürdige, noch aus ihrer Anfangszeit, aus dem 18. Jahrhundert, stammende Tradition des Isolationismus aufgegeben, ihre tiefsitzende Abneigung überwunden, sich politisch und militärisch langfristig in die europäischen Streitigkeiten verwickeln zu lassen. Statt dessen waren sie jetzt zu einer dauerhaften Bindung an Europa bereit, zur Verknüpfung des eigenen Schicksals mit dem Europas – auf dringende Bitten der Westeuropäer hin, aber auch im eigenen Interesse, nach eigenem Entschluß.

Als der amerikanische Präsident Harry S. Truman im Spätsommer 1950 sowohl seinem Außenminister Dean Acheson als auch Verteidigungsminister Louis Johnson die Frage vorlegte, wie sie die Stationierung amerikanischer Truppen in Europa beurteilten, sprachen sich beide einmütig für diese Entscheidung aus. Europa, so argumentierten sie, solle nicht erst im Falle eines möglichen sowjetischen Angriffs nachträglich wieder befreit, sondern müsse von vornherein verteidigt werden.[13] Sie vertraten also dieselbe Auffassung wie die Europäer. Am 9. September gab Truman seine Entscheidung bekannt, unverzüglich eine substantielle Verstärkung der amerikanischen Streitkräfte in Europa einzuleiten. Im Laufe des nächsten Jahres verdreifachte sich die Gesamtzahl dieser Truppen auf dem Alten Kontinent, die Zahl der in Deutschland stationierten Amerikaner wurde auf 260 000 Mann erhöht. Dabei blieb es im großen ganzen bis heute.[14]

Soll und kann diese Situation endlos andauern? Sind Hunderttausende amerikanische Soldaten in Westeuropa wirklich weiterhin unentbehrlich – und dies auf unbegrenzte Zeit?

Wir haben in den letzten Jahrzehnten das ständige Auf und Ab der Ost/West-Spannung verfolgt, haben den mehrfach abflauenden, dann jedoch immer wieder aufflammenden Kalten Krieg erlebt, haben mannigfache Erfahrungen mit verschiedenen Entspannungsanläufen gesammelt. Angesichts dieses ständigen Wetterwechsels muß man sich natürlich die Frage stellen, ob alle diese Entwicklungsphasen des amerikanisch-sowjetischen Verhältnisses zusammengenommen die europäische Situation nach und nach so grundlegend verändert haben, daß die vor vierzig Jahren entwickelten Prämissen europäischer Amerikapolitik und amerikanischer Europapolitik mittlerweile entfallen sind. Haben sie sich überlebt? Sind sie falsch, am Ende gar schädlich für uns geworden? Das wird man in nächster Zukunft mit ganz anderem Ernst als bisher unter uns Deutschen diskutieren müssen.

Noch immer ist Westeuropa nach meiner Überzeugung militärisch-politisch bedroht und aus eigener Kraft zu seiner gemeinsamen, hinreichenden Verteidigung nicht imstande. Sicherlich hat sich der Westteil des Kontinents längst wirtschaftlich erholt; weder ideologisch noch sozial ist die Sowjetunion heute Gefahr oder Verlockung. Aber anders als 1950 hat sie sich inzwischen in eine wirkliche Weltmacht, eine gewaltige Atommacht verwandelt und ist gleichzeitig in Europa von erdrückender konventioneller Überlegenheit.

Seit den sechziger Jahren, als infolge des Gleichgewichts des Schreckens, der wechselseitigen atomaren Verletzbarkeit der Weltmächte, ein Atomkrieg immer riskanter und deshalb unwahrscheinlicher wurde, hat die Sowjetunion in ihrer europäischen Strategie auf die Führung konventioneller, herkömmlicher Kriege nach dem Vorbild des deutschen »Blitzkriegs« gesetzt, wie ihn Hitler mit großem Erfolg gegen Polen, Frankreich, Norwegen und andere europäische Länder geführt hat.[15] Dementsprechend ist die Angriffsfähigkeit der starken sowjetischen Verbände in der DDR seit zwanzig Jahren ständig erhöht und verbessert worden. Das zeigt ihre Aufstellung, Ausrüstung, Logistik. Lothar Rühl, Staatssekretär im Bonner Verteidigungsministerium, nennt die sowjetische Konzeption »eine offensive Strategie der Niederwerfung«. Die Rote Armee habe ihr Potential zum Durchbruch und zu großräumiger Offensiventfaltung verbessert und so eine »strategische Invasionsfähigkeit gegen Westeuropa als Mittel offensiver Kriegführung« errungen. Politische Erklärungen in Moskau und auf den Tagungen des Warschauer Paktes haben Rühl zufolge den Zweck, diese Fähigkeit zu verschleiern, die latente Angriffsbereitschaft in Abrede zu stellen.[16]

Unzweifelhaft *reden* die Russen seit einigen Jahren anders als früher: friedlicher, verständigungsgeneigter, auch einfallsreicher. An der aggressiven Aufstellung, Ausrüstung und Logistik ihrer Verbände in Mitteleuropa hat das bisher leider nichts geändert, nichts an ihrer enormen konventionellen Überlegenheit und auch nichts an ihrer Blitzkriegs-Doktrin. Heute wie gestern brauchen sie nur eine kurze Vorbereitungszeit, um in wenigen Stunden am Rhein, in wenigen Tagen am Atlantik zu stehen. Gewiß: auch über Strategien wollen sie mit dem Westen reden. Doch das sind bisher nur unverbindliche Absichtserklärungen, die an den harten Tatsachen nichts ändern.

Natürlich müssen wir jeden aussichtsreichen, vernünftigen Ansatz eines künftigen Ausgleichs prüfen und ausprobieren, jeden Verständigungsfaden aufgreifen und weiterspinnen. Aber bisher ist ein Ende der Bedrohung noch nicht abzusehen, der große Friede nur Zukunftsmusik. Für die nächste, absehbare Zeit muß man daher vor übertriebenen, verfrühten Hoffnungen warnen. Auch Theo Sommer, der Chefredakteur der *Zeit,* der energisch eine westliche Unterstützung der gegenwärtigen Lokkerungsbemühungen befürwortet, betont illusionslos, daß es selbst günstigstenfalls, also bei zügiger Fortsetzung der eingeleiteten Entspannungsprozesse, »zwei oder drei Jahrzehnte« dauern werde, bis die Allianzen überflüssig geworden seien. Bis zu einer Annäherung, bei der die Unterschiede keine wirkliche Bedeutung mehr hätten, werde es weitere Jahrzehnte dauern. Dann sei man, »bei einigem Glück, tief im nächsten Jahrhundert«.[17] Bisher strebt die Sowjetunion noch immer absolute Sicherheit an; das ist etwas ganz anderes als Frieden in Europa. Denn ihre absolute Sicherheit ist, wie der frühere amerikanische Außenminister Henry Kissinger immer wieder gesagt hat, nur um den Preis absoluter Unsicherheit aller anderen Länder zu haben.[18]

Und vor allem: die Gefahr, die von der Sowjetunion ausgeht, wird oft falsch, zu eng militärisch gesehen. Denn sie besteht nur zum kleinen Teil in der Aussicht, von sowjetischen Truppen plötzlich überrannt zu werden. Viel naheliegender sind die politischen Wirkungen erdrückender militärischer Überlegenheit. Das gewaltige, bedrohliche Potential der Sowjetunion[19] ist schon heute ein politischer Machtfaktor ersten Ranges, von dem kräftige politische Druckwellen ausgehen – überall in Europa, keineswegs nur im Ostblock, sondern auch im Westteil unseres Kontinents.

Was das konkret heißt? Es bedeutet, daß wir uns bei jeder halbwegs wichtigen außenpolitischen Entscheidung, aber auch bei manchem innenpolitischen Vorhaben besorgt fragen müssen, was Moskau wohl von ihnen hält. Es bedeutet, daß wir nach besten Kräften den sowjetischen Interessen Rechnung zu tragen versuchen. Die Sowjetunion erlangt mehr und mehr ein Mitspracherecht in den Angelegenheiten aller westeuropäischen Länder – vor allem in den unsrigen, weil wir wegen Berlins und der DDR-Deutschen in einer besonders abhängigen, anfälligen, leicht verletzlichen Lage sind.

Die Russen haben also inzwischen eine Position erreicht, die ihnen Konrad Adenauer vor einem Vierteljahrhundert noch energisch verweigern wollte. In einer Unterredung mit dem Diplomaten Alois Mertes vom Juli 1964 sprach der Altbundeskanzler vom »immerwährenden Expansionsdrang Rußlands«, vom »russischen Drang nach Westen« und sagte dann, wie Mertes berichtete: »Die Sowjetpolitik hat heute vor allem Westeuropa zum Ziel. Nicht, daß die Sowjetunion die Länder Westeuropas zu ihren Satelliten machen will. Aber sie möchte erreichen, daß Westeuropa außenpolitisch in Moskaus Kielwasser schwimmt, daß Westeuropa auf die großen Ziele der russischen Politik ständig Rücksicht nimmt. Dafür braucht Westeuropa, dessen Potential die Sowjets klar sehen, keineswegs ein voller Satellit zu werden ... Deutschland spielt bei diesem Streben nach der indirekten Herrschaft über Westeuropa natürlich eine Schlüsselrolle. Gelingt es den Russen, die feste Verbindung Deutschlands mit dem Westen durch einen neuen, neutralistischen Nationalismus oder Pazifismus zu lösen, dann haben sie gewonnenes Spiel.«[20]

Dem sowjetischen Druck hat Westeuropa, hat zumal die Bundesrepublik aus Eigenem nichts Nennenswertes, jedenfalls nichts Ausreichendes entgegenzusetzen. Daher sind die Amerikaner für die Sicherheit, für den Fortbestand, für die ganze Existenz der Bundesrepublik heute genauso unentbehrlich wie vor vierzig Jahren. Noch pointierter formuliert: Die Anwesenheit der Amerikaner ist für die Erhaltung unserer Freiheit weitaus wichtiger als das Grundgesetz, wichtiger als alle Parteien und Verbände, wichtiger als unsere wirtschaftliche Leistungskraft und unsere sozialen Netze, wichtiger als alle politische Bildung und alles Bürgerbewußtsein – so bedeutsam alle diese positiven Veränderungen sind, die wir in den vier letzten Jahrzehnten aus eigener Kraft zuwege gebracht haben. Denn auf allen diesen Errungenschaften liegt der lange Schatten der Sowjetunion. Weniger poetisch gesagt: Die bemerkenswerten, hoffnungsvoll stimmenden Neuansätze in der sowjetischen Innenpolitik haben bisher keine entsprechenden, fühlbaren außenpolitischen Parallelen gezeitigt. Der gesamteuropäische Führungsanspruch Moskaus wird unverändert deutlich geltend gemacht.[21] Er wird ebensowenig in Frage gestellt wie, zaghaften ersten Anstößen zum Trotz, die nach wie vor zwar »defensiv« begründete, in ihren Auswirkungen aber aggressive, altüberkommene, vom Zarenreich übernommene Expansionsstrategie. Helmut Schmidt, gewiß um Verständigung mit Moskau bemüht, nennt in seinen Memoiren die Sowjetunion »die einzig übriggebliebene expansionistische Weltmacht«, und er erinnert an den Ausspruch eines zaristischen Ministers: Die Grenze Rußlands sei »nur dann sicher, wenn auf beiden Seiten der Grenze russische Soldaten stehen«.[22]

Diese russische Grundannahme hat sich auch unter den kommunistischen Nachfolgern der Zaren nicht geändert, obwohl sich die russische Grenze ein ganzes Stück weit nach Westen verschoben hat. Heute stehen vielerorts auf beiden Seiten dieser Grenze sowjetische Soldaten. Aber wenn man die Grenze des sowjetischen Imperiums in Europa nimmt, den Eisernen Vorhang, dann sieht die Sache ganz anders aus: Hier stehen die russischen Soldaten nach wie vor nur auf einer Seite.

Und das muß so bleiben. Die Sowjetunion als die bei weitem größte, als die führende europäische Macht muß in Schranken gehalten werden durch ein entsprechendes Gegengewicht auf westlicher Seite. Ohne die USA geht das nicht.

Diese Tatsache wurde nach 1945 allen Deutschen zunehmend klar. Anfangs hatte die SPD noch Widerstand gegen Adenauers Politik geleistet, doch ab Ende der fünfziger Jahre stellte praktisch niemand mehr die Westintegration, die feste, unauflöslich gedachte Einfügung der Bundesrepublik ins westliche Lager in Frage. Die Bundesrepublik schien ein für allemal ein Land des Westens geworden zu sein; aus dieser Sicht bedeutet das Ende des Großdeutschen Reichs vor allem die erfreuliche, unsere Nachbarn beruhigende Tatsache, daß die Grenzen der westeuropäischen Gemeinschaft freiheitlicher Demokratien von Aachen um mehrere hundert Kilometer nach Osten vorverlegt worden waren, bis nach Helmstedt, bis an Werra und Wartburg.

Heute scheint sich die deutsche Selbsteinschätzung zu ändern. Viele beurteilen die Lage ganz anders. In solchen Kreisen hält man inzwischen die Bundesrepublik für übertrieben vorsichtig, ja für ängstlich, möchte sie selbstbewußter und selbständiger agieren sehen. Die Berechenbarkeit, Vorsicht und Zurückhaltung der deutschen Politik in den letzten Jahrzehnten erscheint wachsenden Gruppen als Kriegsfolgeschaden, der inzwischen längst verheilt sein müsse. Da wird die »allmähliche Emanzipation der Deutschen ... aus der Vormundschaft der Großmächte« gefordert, da wird im Namen der »Selbstbestimmung« ein »Rückzug aller fremden Mächte« aus Deutschland verlangt.[23] Uns müsse, heißt es, daran gelegen sein, Russen und Amerikaner loszuwerden, um mehr deutsche Bewegungsfreiheit zu gewinnen. Für die DDR mag dies auch seine Richtigkeit haben. Aber für uns?

Wer so argumentiert, vergißt einige wichtige Lehren unserer jüngsten Geschichte.

Lehren unserer Geschichte

Die Bundesrepublik hat mehr und mehr
die Probleme des Reiches geerbt. Auch die alte Gefahr
der Isolierung, die Zwangsvorstellung, allein
auf uns gestellt, eingekreist, ausgeliefert,
todgeweiht zu sein, ist in verwandelter Gestalt,
neu eingekleidet, zurückgekehrt.

Warum können sich die Westdeutschen aus eigener Kraft nicht behaupten? Brauchen sie die Allianz mit Amerika wirklich so dringend, wie das hier unterstellt wird? Oder ist die Befürchtung, wir könnten, auf uns allein gestellt, der Problematik unserer Lage nicht gewachsen sein, eine Argumentation aufgeschreckter Angsthasen? Um diese Frage zu beantworten, muß man sich, zumindest kurz, die Geschichte des Deutschen Reiches von 1871 vergegenwärtigen, muß aus dieser Geschichte Lehren ziehen.

Erinnern wir uns: Die Geschichte des Deutschen Reiches war sehr kurz. Es hat nicht einmal ein Dreivierteljahrhundert »durchgehalten«. Je nachdem, ob man davon ausgeht, daß es 1945 mit der Übernahme der Souveränität durch die Alliierten oder erst 1949 mit der Gründung der beiden Nachfolgestaaten untergegangen ist, hat das Reich es auf 74 oder 78 Jahre gebracht – also auf die Lebenserwartung eines heutigen Zeitgenossen.

Das Reich war nicht nur von kurzer Dauer. Seine Existenz war eine Geschichte von Umbrüchen, von Katastrophen. Es entstand in mehreren Kriegen und ist in zwei gewaltigen Kriegen untergegangen. Auch seine innere Geschichte verlief in Schüben, Kämpfen und Brüchen: Es hat in seinem runden Dreivierteljahrhundert, einer doch außerordentlichen kurzen Zeitspanne, vier verschiedene Regime erlebt: die Ära Bismarck (19 Jahre), den Wilhelminismus (28 Jahre), die Weimarer Republik

(15 Jahre), das Dritte Reich (12 Jahre). Die Bundesrepublik von 1949 ist jetzt, im vierzigsten Jahr ihrer Existenz, schon sehr viel langlebiger, also unter den gegebenen Rahmenbedingungen wohl auch lebenskräftiger, als jedes Regime vor ihr.

Man kann lange darüber streiten, und es wird darüber gestritten, ob die Ursachen des Scheiterns des Deutschen Reiches stärker in der äußeren Konstellation zu suchen sind, in der schwierigen Mittellage Deutschlands, das zwischen Frankreich, Rußland und England an der Seite des todgeweihten Österreich-Ungarn seinen Platz behaupten mußte, oder ob die Ursachen des Untergangs eher in den inneren Gegensätzen gelegen haben, die aus den Unvereinbarkeiten einer sich rapide entwickelnden Industriegesellschaft einerseits, einer im Grunde noch bis zum Ende der Weimarer Republik weitgehend agrarisch-feudalistisch geprägten, oligarchischen Führungsschicht andererseits herrührten, ob also wesentlich die fehlende Demokratisierung des Reiches für sein Ende verantwortlich war.[1]

Das muß hier auf sich beruhen bleiben. Sicher ist, daß die Deutschen zumindest nach dem Abtreten des Reichsgründers keine Führungsschicht besessen haben, die den äußeren und inneren Problemen Deutschlands gleichermaßen gewachsen gewesen wäre. Es gelang nicht, einen Konsens über Lage und Ziele des Reiches herbeizuführen, also eine Politik zu entwerfen und durchzuhalten, die unseren Möglichkeiten mit Augenmaß Rechnung trug, gleichzeitig mit den Interessen unserer großen europäischen Nachbarn vereinbar war und damit die Zukunft des Reiches sicherte. Insofern ist das Wort Horst Krügers treffend, das Reich sei offenbar zu groß, sei etwas zu weit gewesen für unseren politischen Verstand.[2]

Die Deutschen sind in der Zeit des Reiches zwei Grundorientierungen, Grundmustern gefolgt. Die eine Lösung, die Bismarck vorschwebte, dann wieder Stresemann, bestand darin, einen vorsichtigen Ausgleich zwischen den verschiedenen Mächten Europas anzustreben, die Rolle des ehrlichen Maklers zu übernehmen, wie Bismarck gesagt hat, also zwischen den Interessen der anderen uneigennützig zu vermitteln, Vertrauen zu schaffen, Verständnis und Wohlwollen für das Reich in seiner Mittellage.[3] Eine solche Politik setzte herausragende, ja fast unheimliche Fähigkeiten des Gespürs, der Balance, auch des Doppelspiels voraus, die schon über die Kraft Bismarckscher Staatskunst gingen. Erst recht fehlten sie seinen Nachfolgern. Maßgebliche meinungsbildende Gruppen wollten auch gar nicht einsehen, warum man sich diese mühsame Zurückhaltung auferlegen müsse und das neue Reich immer kleiner machen solle, als es sei, weshalb also gerade Deutschland bescheidener zu sein habe als andere, vergleichbare Länder.

Daher kam es zum entgegengesetzten Modell: zur Großmachtrolle, wie man sie unter Wilhelm II. anstrebte und dann noch einmal, erst recht, mit Hitler. Hier ging es nicht um Ausgleich zwischen den anderen Machtkonkurrenten, sondern um ihre Beherrschung. Man war der Meinung, daß das Reich zur Großmacht, zur Weltmacht aufsteigen müsse, um sich zu behaupten. Im Zeitalter der Großräume und Rohstoffquellen müsse Deutschland sich das europäische Festland gefügig machen, Rußland, Frankreich und England vom Kontinent vertreiben, die USA fernhalten.

Man weiß, was daraus geworden ist. Zwei verzweifelte Versuche, die Großmachtposition im Alleingang zu erobern, sind am Ende in einem Ausmaß mißlungen, das die Geschichte unseres Volkes langfristig, wenn nicht dauerhaft umgeformt hat. Nicht nur die Verbrechen Hitlers werden uns noch lange zu schaffen machen. Neben der moralischen Diskreditierung hat das völlige Scheitern unserer Großmachtambitionen und überdies das Auseinandergeschlagenwerden der Deutschen in mehrere Staaten einen anhaltenden Schock ausgelöst, der noch nicht überwunden ist, sondern uns jenseits unserer Alltagsgeschäfte mit tiefen Selbstzweifeln zurückgelassen hat. Nicht nur unsere Rolle in Europa ist uns unklarer denn je. Auch das Verständnis unserer gemeinsamen Herkunft ist abhanden gekommen. Wir können uns auf unsere seltsame, verwirrende Mißerfolgsgeschichte als Nation keinen vernünftigen Reim machen.

Das ist beileibe nicht nur ein Berufsproblem der Historikerzunft. Denn es verunsichert den einzelnen Deutschen ganz unmittelbar. Offensichtlich prägt das kollektive Schicksal des eigenen Volkes ähnlich wie individuelle Schicksalsschläge die Psyche eines jeden von uns. Von daher erklärt sich wohl die außerordentliche Krisenanfälligkeit, die Labilität von uns Deutschen, die Neigung zur Panik, die allgegenwärtige, immer abrufbare Angst. Wie leicht sind wir irritiert und verunsichert! Und andererseits wird unsere Sehnsucht nach Harmonie oft übermächtig; sie gaukelt uns dann eine Welt des Friedens vor, in der wir von allen geliebt würden, wir alle liebten.

Solche inneren Unausgeglichenheiten haben unser gemeinsames Dasein schon vor 1945, mit Sicherheit ab 1918/19, gekennzeichnet; bereits vor der Mitte des letzten Jahrhunderts sind sie spürbar. Im Laufe unserer Geschichte haben sich die unruhigen, beunruhigenden Züge unseres Nationalcharakters verstärkt.[4] Kann das wundern bei dieser Kette von Fehlschlägen?

Die Deutschen haben zwar immer wieder die Fähigkeit gezeigt, sich heraufzuarbeiten. Aber sobald sie eine ansehnliche Position erreicht haben, beginnt sich große Unsicherheit auszubreiten. Wir wissen einfach nicht, unsere Erfahrung verrät uns nicht, wo unsere Möglichkeiten und unsere Grenzen liegen. Wo liegen sie geographisch? Welche deutschen Staaten sollen uns selbstverständlich sein? Und welche Form der Demokratie? Sind das Grundgesetz und seine Bundesrepublik Provisorien oder die endgültige Form westdeutschen politischen Daseins, also eine mitteleuropäische Dauerlösung? Noch immer gilt, was Dolf Sternberger vor vier Jahrzehnten schrieb: »Wir wissen nicht, wer wir sind. Das ist die deutsche Frage. Es gibt nahezu nichts, kein Ziel, keine Form des gemeinsamen Lebens, die hier mit *ganzem* Herzen ergriffen und ausgebildet werden könnte. Auf jeder möglichen Gestalt deutschen Daseins liegt ein Schatten.«[5]

Orientierungslos schwankt unser Wille zwischen Verzweiflung und Übermut. Wir gehören neuerdings zum Westen, aber damit allein können und wollen wir uns nicht zufriedengeben. Auch gegenüber dem Osten, gegenüber Osteuropa haben wir Pflichten, fühlen wir Aufgaben – und dies nicht nur wegen West-

Berlins oder wegen der Deutschen in der DDR. Die alte Mittellage, die alten Verlockungen und Anfechtungen sind heute wieder da. Die Bundesrepublik hat mehr und mehr die Probleme des
Reiches geerbt. Auch die alte Gefahr der Isolierung, die Zwangsvorstellung, allein auf uns gestellt, eingekreist, ausgeliefert, todgeweiht zu sein – eine Angst, die unsere Eltern, Großeltern,
Urgroßeltern zittern ließ und in den verzweifelten Ausbruch
trieb, zweimal –, ist in verwandelter Gestalt, neu eingekleidet,
zurückgekehrt.

Deutschland wuchs und wandelte sich nach 1871 von der
Bismarckzeit über den Wilhelminismus und Weimar bis zum
Dritten Reich. Aber eines hatten alle diese Perioden gemeinsam:
Stets lebten die leitenden Männer des Reiches, oft und im Laufe
der Jahre zunehmend auch unser Volk, in dem beängstigenden
Gefühl, daß die Existenz des Reiches gefährdet, ungesichert,
im Kern bedroht sei. Das ging schon dem Reichsgründer so.
Zunächst war Bismarck noch durchaus optimistisch gewesen.
»Setzen wir Deutschland, sozusagen, in den Sattel!« hatte er
1867 im norddeutschen Reichstag ausgerufen und hinzugefügt:
»Reiten wird es schon können.«[6]

Aber diese zuversichtliche Aufforderung ging in ihren beiden
Aussagen an der veränderten Wirklichkeit des Landes im
Grunde vorbei. Denn einmal war Deutschland, als der konservative Preuße ihm aufs Pferd half, ohnehin schon »mit einem Fuß
im Steigbügel«, wie Thomas Mann vierzig Jahre nach Bismarcks
Ausspruch zutreffend bemerkte.[7] Und zum anderen stellte sich
die Frage, ob Deutschland eigentlich reiten könne, nach der
Reichseinigung überhaupt nicht mehr: Es *mußte* reiten, egal, ob
es wollte, mußte sich in der europäischen Staatenwelt, in seiner
neuen Großmachtrolle, wohl oder übel zurechtfinden, gleichgültig, ob es dazu nun imstande war oder nicht.

Manch einer hat Bismarck die Zwänge der neugeschaffenen
Lage übelgenommen. So griff Nietzsche den Staatsmann an, der
sein Volk in die Lage brächte, »fürderhin ›große Politik‹ treiben
zu müssen, für welche es von Natur schlecht angelegt und vorbereitet ist: so daß es nöthig hätte, einer neuen zweifelhaften Mit-

telmäßigkeit zu Liebe seine alten und sicheren Tugenden zu opfern«.[8]

Ob die Deutschen wirklich von vornherein unfähiger zur Politik waren als andere Völker Europas, wie vor und nach Nietzsche oft behauptet worden ist, kann hier nicht ausführlich diskutiert werden. Bismarck jedenfalls meinte schon 1883 frustriert: »Dies Volk kann nicht reiten! ... Ich sage dies ohne Bitterkeit und ganz ruhig: ich sehe sehr schwarz in Deutschlands Zukunft«.[9] Umgekehrt waren die meisten Deutschen froh, als der alte Reichskanzler 1890, nach beinahe zwei Jahrzehnten autoritärer Regierung, endlich von dem jungen Kaiser Wilhelm II. zum Abtreten genötigt wurde. »Der Lotse geht von Bord«? So dachte man zumeist nur im Ausland. Im Reich selbst herrschte Erleichterung und, wieder einmal, Aufbruchstimmung.[10] Die liberale *Frankfurter Zeitung* schrieb am 18. März 1890, zwei Tage vor dem Rücktritt des Reichskanzlers: »Das *System Bismarck* fällt, es stirbt ab an dem jugendkräftigen Wesen einer neuen Zeit, die sich aus dem Volke heraus offenbart und auch auf der Höhe die Geister beherrscht. Keiner Intrigue, keiner Rivalität erliegt der Mann, ... er weicht der Erkenntnis, daß seine Zeit vorüber ist, daß er den Anforderungen, die eine neue Zeit stellt, nicht zu genügen vermag... Mögen wir schweren Kämpfen und noch schwereren Versuchungen entgegengehen, das Ende des Bismarck'schen Systems wird als eine Erlösung empfunden werden, es ist nicht das Werk eines Einzelnen, sondern eine That aus dem Geiste der Nation, der nun mit freiem Flügelschlag sich regen und aufschwingen kann zu neuen Thaten.«[11]

Was war gemeint mit dem System Bismarcks, dessen Fall da begrüßt wurde? Vergröbert zusammengefaßt, zielte es innen- wie außenpolitisch auf konservatives Bewahren ab, auf die Machterhaltung der traditionellen, zumal preußischen Herrschaftsschicht, in der Bismarck verwurzelt war und deren Position er daher auch im Zeitalter des Nationalismus und der heraufziehenden Massendemokratie mit seiner Reichsgründung, einer Art Flucht nach vorn[12], zu bewahren, zu befestigen versuchte. Er war demgemäß entschlossen, alle ihm bedrohlich erscheinenden dynamischen Kräfte zu bremsen, wenn nicht lahmzulegen, alle vorwärtsstrebenden, überbordenden Tendenzen in Schach zu halten. Das hieß beispielsweise innenpolitisch der nach Machtbeteiligung strebenden Sozialdemokratie und dem katholischen Zentrum den Weg zu verlegen, ebenso aber auch, Bestrebungen entgegenzuwirken, die auf Kolonialerwerbungen oder andere territoriale Ausdehnungen Deutschlands abzielten.[13] Daher bemühte sich Bismarck in der Außenpolitik beständig, die wichtigen europäischen Nachbarn zu beruhigen, sie von der Ungefährlichkeit, nämlich der *Saturiertheit* des Reiches zu überzeugen: es sei zufrieden, sei gesättigt, habe keine über das Erreichte hinausgehenden Ambitionen, keine expansiven Ziele.

Auf behutsame Weise suchte der Kanzler die Unabhängigkeit des Reiches zu erhalten. Er wollte verhindern, daß die deutsche Politik ins Fahrwasser Englands oder Rußlands geriet, also unter den Einfluß der beiden großen Randmächte Europas. Im Bewußtsein, daß das Reich von 1871 das Maximum des Erreichbaren, nicht das Minimum sei, sah Bismarck, wie schon erwähnt, die deutsche Rolle im Versuch vorsichtigen Ausgleichs zwischen den verschiedenen europäischen Mächten, wobei die Betonung auf dem Wort »vorsichtig« lag. So sagte er am 19. Februar 1878 im Reichstag: »Die Vermittlung des Friedens denke ich mir nicht so, daß wir nun bei divergierenden Ansichten den Schiedsrichter spielen und sagen: So soll es sein, und dahinter steht die Macht des Deutschen Reiches, sondern ich denke sie mir bescheidener, ja – ohne Vergleich im übrigen stehe ich nicht an, Ihnen etwas aus dem gemeinen Leben zu citieren – mehr die eines ehrlichen Maklers, der das Geschäft wirklich zu Stande bringen will.«[14]

Bismarck war sich der Gefährdung des Reiches nur zu bewußt. Er hatte erkannt, daß jede größere Umwälzung in Europa das Reich zu ihrem ersten Opfer machen würde, eine Lage also, die mit der Österreichs zu Beginn des 19. Jahrhunderts durchaus vergleichbar war. Bismarck, der »weiße Revolutionär«[15], der zu Europas Umgestaltung mehr beigetragen hatte als irgend jemand sonst, wurde nach der geglückten Reichsgründung zum Staatsmann des Status quo und erblickte nicht von ungefähr sein Vorbild in Metternich. Am 11. Januar 1887 stellte Bismarck im Reichstag fest: »Wir haben keine kriegerischen Bedürfnisse, wir gehören zu den – was der alte Fürst Metternich nannte: saturirten Staaten, wir haben keine Bedürfnisse, die wir durch das Schwert erkämpfen könnten... Wir werden Frankreich nicht angreifen, unter keinen Umständen.«[16]

Solche Vorstellungen widerstrebten jenem »jugendkräftigen Wesen einer neuen Zeit«, von dem die *Frankfurter Zeitung* so emphatisch geschrieben hatte und dem sie sich offenkundig zugehörig fühlte. Die Deutschen der Bismarck-Ära sahen sich, so sonderbar das klingt, vielfach eingeengt. Schon in der Mitte der siebziger Jahre war der Anfangsenthusiasmus der Gründerzeit verflogen und »patriotische Hoffnungsfreudigkeit in einen verdrossenen Pessimismus umgeschlagen«, wie Theodor Barth klagte.[17] Man fühlte sich durch Bismarcks Politik im Innern wie nach außen eingeschränkt und gefesselt. Dabei entsprach sie sehr genau der einzig denkbaren Staatsräson des Reiches, wie der Historiker Michael Stürmer sie formuliert hat: »Selbstbeschränkung des souveränen Machtstaats, Verzicht auf politische Ausbeutung des industriellen Vorrangs, Disziplin der Realpolitik.«[18]

Aber das genügte vielen Zeitgenossen nicht. Es war ihnen zu flau. Plötzlich ging es ihnen um ganz andere Dinge, nicht selten um läppische Eitelkeiten. Ein »der Weltstellung des deutschen Kaiserreiches angemessenes Auftreten«, wie es in Reichskanzler Leo von Caprivis Denkschrift zur weiteren Entwicklung der Kaiserlichen Marine vom März 1884 hieß[19], galt unter Bismarcks Nachfolgern mehr als die Bescheidenheit ehrlicher Makler. Man wollte »deutschem Geist und deutscher Lebensauffassung die ihnen gebührende Beachtung auf der weiten Erde verschaffen«[20], wollte dafür sorgen, daß das Reich in allen Lagen »auf Achtung zählen« könne, wie Reichskanzler Chlodwig zu Hohenlohe-Schillingsfürst meinte.[21] Andererseits: Wirkliche Einigkeit über die einzuschlagende Politik gab es in Deutschland damals nicht. Mit dem Abtreten des Reichsgründers war eine Lücke entstanden, die sich nicht mehr füllen ließ.

Nicht, daß wir Deutsche dümmer wären. Aber politischer Verstand, Staatsvernunft, wenn man so will, erfordern mehr als individuelle Intelligenz. Friedrich Meinecke zufolge besteht die Staatsräson, die Vernunft des Staates darin, »sich selbst und seine Umwelt zu erkennen und aus dieser Erkenntnis die Maximen des Handelns zu schöpfen«.[22] Bei einer ganz neuen, gerade erst geeinten Großmacht wie dem deutschen Kaiserreich war das eine so schwierig wie das andere. Der »verspäteten Nation« der Deutschen[23], diesem wirtschaftlich enorm dynamischen, militärisch mächtigen, sofort einflußreich gewordenen Staat, fehlten naturgemäß außenpolitische Denktraditionen, fehlten also gemeinsam verarbeitete, von Generation zu Generation weitergereichte Erfahrungen, die der jeweiligen Reichsführung, den Parteien und der öffentlichen Meinung als Richtschnur, als Rückhalt ihrer Lagebeurteilung hätten dienen können. Der deutsche Nationalismus fand keinen Halt an einer zeitgemäßen, lebensfähigen Staatsidee. Statt dessen griff man entweder, was in mehrfacher Hinsicht irreführend war, auf das ganz anders geartete mittelalterliche Reich zurück oder, kaum weniger verhängnisvoll, auf den verschwommenen Begriff des Volkes.

Dabei hätte gerade das Reich von 1871 mit seiner geballten Kraft in einer gefährlichen Mittellage Klarheit und Augenmaß besonders nötig gehabt. Aber nach Bismarcks Abgang war es mit seiner vorsichtigen, abgewogenen Außenpolitik vorbei. Ein »irritierendes Nebeneinander verschiedener kontinental-europäischer und weltpolitischer Zielvorstellungen«[24], häufige Richtungswechsel bestimmten fortan die Politik des Kaiserreichs. Trotzdem lassen sich alle diese widersprüchlichen Ansätze wenigstens insofern unter einen Hut bringen, als sie im Vergleich mit Bismarcks Modell die entgegengesetzte Lösung darstellten: Jetzt ging es nicht mehr um bescheidenes Balancieren zwischen den anderen Machtkonkurrenten, sondern um deren Zähmung. Man war der Meinung, daß das Reich zur Großmacht, zur Weltmacht aufsteigen müsse, um sich zu behaupten.

Schon als Bismarck noch in Amt und Würden war, hatte er sich solchen Kräften entgegenstemmen müssen: Da war von Zeitungen wie dem *Berliner Tageblatt* im Ernst die Frage gestellt worden, ob nicht »ein gesunder Krieg einem so krankhaften Frieden vorzuziehen sei«.[25] Da hatte Generalfeldmarschall Alfred Graf von Waldersee in seinen »Denkwürdigkeiten« im November 1886 festgehalten: »Ich meine, daß wir die Pflicht haben, jede Chance, die sich zu unseren Gunsten bietet, zu benutzen und selbst den Krieg mit Frankreich herbeizuführen.«[26]

In der wilhelminischen Ära setzte sich diese Auffassung weitgehend durch. Eine Denkschrift Friedrich von Bernhardis, die 1912/13 in millionenfacher Auflage im Deutschen Reich zirkulierte (sie war, was man heute einen Bestseller nennen würde, wurde ein wahres Volksbuch), faßte die neue deutsche Sicht der Dinge bündig zusammen. »Weltmacht oder Niedergang« lautete die Alternative. »Wir sind«, legte der Militärschriftsteller eindringlich dar, »geradezu gezwungen, für unseren Volkszuwachs Raum und für unsere wachsende Industrie Absatzgebiete zu schaffen... Da dieser Kampf aber, wie es bei eingehender Prüfung der Weltlage scheinen muß, notwendig und unvermeidlich ist, müssen wir ihn auch ausfechten, koste es was es wolle. ... ›Sein oder Nichtsein?‹ lautet die Frage, die heute an uns herantritt, verschleiert freilich durch das scheinbare Gleichgewicht der einander entgegenstehenden Interessen und Kräfte, durch das trügerische Ränkespiel der Diplomatie und das amtliche Friedensbedürfnis aller Staaten... Die Dinge auf dem Status quo zu erhalten, wie das von der Diplomatie so vielfach angestrebt wird, ist selbstverständlich unmöglich. ... Daß es also auch für uns keinen Stillstand, kein Gesättigtsein geben kann, sondern nur ein Vorwärts oder ein Zurück, und daß es dem Zurück gleichkommt, wenn wir uns mit unserer augenblicklichen europäischen Machtstellung begnügen, ... darüber müssen wir uns völlig klar sein. (Wir) müssen ... den Mut haben, eine unseren Ansprüchen angemessene Machterweiterung mit allen Mitteln anzustreben, selbst auf die Gefahr hin eines Krieges gegen numerisch überlegene Gegner.«[27]

Das war das glatte Gegenteil von Bismarcks Politik. Wie hatte es so weit kommen können?

Existenzangst und Selbstüberschätzung

Es lag an einer inneren Unausgeglichenheit von uns Deutschen, offenbar einer psychischen Langzeitfolge unserer früheren Vergangenheit. 1766 konnte der Aufklärer Friedrich Carl von Moser klagen: »So, wie wir sind, sind wir schon Jahrhunderte hindurch ein Räthsel politischer Verfassung, ein Raub der Nachbarn, ein Gegenstand ihrer Spöttereyen, ausgezeichnet in der Geschichte der Welt, uneinig unter uns selbst, kraftlos durch unsere Trennungen, stark genug, uns selbst zu schaden, ohnmächtig, uns zu retten, unempfindlich gegen die Ehre unseres Namens, gleichgültig gegen die Würde der Gesetze, eifersüchtig gegen unser Oberhaupt, mißtrauisch unter einander, unzusammenhängend in Grundsätzen, gewaltthätig in deren Ausführung, ein großes, und gleichwohl verachtetes, ein in der Möglichkeit glückliches, in der That selbst aber sehr bedauernswürdiges Volk.«[28]

Die Ursachen dieser Klage lagen auf der Hand. Das Reich war in Hunderte von Territorien zersplittert, konfessionell zerrissen, immer wieder europäischer Kriegsschauplatz. Lange hatten die Schrecken des Dreißigjährigen Krieges nachgewirkt, jener großen Katastrophe unserer Geschichte, deren Spuren noch hundert Jahre später sichtbar blieben und in der ein Drittel der Deutschen umgekommen war. Wenige Jahrzehnte nach Moser kamen die Franzosen über uns. Bis in das Reich von 1871 blieb die Erinnerung frisch an die napoleonische Eroberung und damit an die große Demütigung, die sie für die Deutschen zu Beginn des 19. Jahrhunderts bedeutet hatte. Es ist oft gesagt worden, dieser Schock und die nachfolgenden Freiheitskriege seien die Geburtsstunde der deutschen Nationalbewegung gewesen. Nicht umsonst erinnerten sowohl Bismarck wie auch sein Nachfolger Caprivi mit fast den gleichen Worten an diese Umwälzung; immer wieder kamen deutsche Kanzler auf sie zurück. Die Erschütterung saß tief; die Folgen waren groß. »Das soll uns nicht noch einmal passieren!« Und: »Das wollen wir auch mal machen!« – in diesen beiden Schlußfolgerungen und Entschlüssen faßt Sebastian Haffner die ambivalenten Erfahrungen von Franzosenzeit und Befreiungskriegen zusammen.[29]

Eroberung, Umwälzungen, erlebt als Überwältigung, ja Demütigung, und dann Befreiung, die wesentlich als Selbstbefreiung empfunden wurde: diese beiden Grunderfahrungen der Deutschen aus jener Zeit blieben bis ins 20. Jahrhundert hinein prägend. Seit dem Ende des alten Reiches, also nach 1806, lösten sich bei uns Perioden eines düsteren Pessimismus mit solchen strahlender Zukunftsgewißheit ab. Vermutlich hat dieser tiefe Zwiespalt der Welterfahrung, wie so vieles in unserem »theologischen Lande«[30], ältere Ursachen als die Franzosenherrschaft, ruhte nämlich auf religiösen, genauer auf protestantischen Fundamenten, ging auf Martin Luther zurück; man denke nur an die angstvoll zuversichtlichen Passagen seines Kirchenliedes:

> Und wenn die Welt voll Teufel wär
> Und wollt uns gar verschlingen,
> So fürchten wir uns nicht so sehr,
> Es soll uns doch gelingen.
>
> ...
> Das Reich muß uns doch bleiben.

Immer wieder schwankten die Deutschen zwischen Zerknirschung und Überschwang, zwischen tiefer Existenzangst und naiver Selbstüberschätzung. Richtiger müßte man nicht von einem Nacheinander, sondern von einem Nebeneinander dieser beiden im Grunde unvereinbaren Gefühle, einer Gleichzeitigkeit von Verzagtheit und Draufgängertum sprechen. Deutschland begann, zum neuen Reich geworden, den Mut der Verzweiflung zu kultivieren. Die einst so stillen Deutschen dachten allmählich wie Desperados. Eine Ideologie des Willens machte sich breit, ein Glaube, der sich einbildete, aus eigener Kraft Berge versetzen zu müssen und dies daher auch zu vermögen, also Politik als die Kunst des Unmöglichen zu betrachten und zu betreiben.

Schon die vielgerühmte Nationalbewegung trieb dieses Spiel mit hoher Leidenschaft, aber geringer Kunstfertigkeit. Ihre erste nationale Institution, das Frankfurter Paulskirchenparlament, hielt es ernsthaft für möglich – vom Glauben an den mitreißenden Überschwang der eigenen Bewegung erfüllt und auf ihn gestützt –, alle ihre Forderungen praktisch im Alleingang, »in Konfrontation mit allen europäischen Großstaaten« in Tat und Wirklichkeit umzusetzen – große, großartige Forderungen, weit ausgreifende. Großdeutschland, Mitteleuropa. »Das«, so hieß es schon damals, »ist des deutschen Volkes würdiges Gebiet und gleichzeitig das in der Weltgeschichte ihm vorgezeichnete.« Eine Flotte mußte her, auch das schien schon damals klar, »Seegeltung« war unerläßlich, die Türkei sollte »beerbt«, Deutschland bis zum Schwarzen Meer und an die Adria ausgedehnt, selbst Afrika als der »Schlüssel zur Welt« ohne Zagen ergriffen werden.[31] Dies alles verkündeten die hochgemuten Abgeordneten der Paulskirche in einem Moment, in dem sie außer ihrem zeitweiligen Rederecht noch nichts erstritten hatten, keinerlei Machtgrundlage besaßen, so daß der geforderte deutsche Nationalstaat in weiter, dunstiger Ferne lag.

Gewiß, auch in anderen Ländern ist schon hochtrabender Unsinn geredet worden. Wir aber, und das ist der entscheidende Unterschied, konnten und können uns dergleichen nicht leisten. Diese Grunderkenntnis fehlte seinerzeit – und es ist nicht einmal sicher, ob sie sich mittlerweile wirklich dauerhaft bei uns durchgesetzt hat. Die Kehrseite unserer Verstiegenheiten war Angst. Eine tiefdeutsche Angst, zunächst um die angemessene, gebührende, schließlich, so hieß es, um die nackte Existenz. Auch dies zieht sich wie ein roter Faden durch die Äußerungen aller Reichskanzler. Da galt es, einen »Kampf ums Dasein zu führen«[32] (Caprivi 1892) und unsere »Existenz zu sichern«[33] (Hohenlohe-Schillingsfürst 1900). »Wir wollen«, rief Bernhard von Bülow 1899 aus, »nicht wieder, um mit Friedrich List zu sprechen, die Knechte der Menschheit werden... In dem kommenden Jahrhundert wird das deutsche Volk Hammer oder Amboß sein.«[34] Für Kaiser Wilhelm II. ging es schlicht um »Sein oder Nichtsein der germanischen Rasse in Europa«[35].

Solche Einschätzungen waren von Angst bestimmt. Die Deut-

schen gingen dementsprechend aus einem defensiven Grundge-
fühl heraus in den Ersten Weltkrieg. Es war aufrichtig gemeint,
wenn Wilhelm II. ausrief, daß uns nicht Eroberungslust
antreibe.[36] Aber was die Deutschen wollten, lief auf das gleiche
hinaus. »Drang nach Abschüttelung der Fesseln seines äußeren
und inneren Lebens war der Geist, in dem das deutsche Volk im
August 1914 in den Krieg zog«, schrieb Bethmann Hollweg später in seinen Memoiren.[37] Die Konsequenz, die man aus diesem
Drang ableitete, das Kriegsziel, welches sich die vergleichsweise
gemäßigte Bethmann-Regierung steckte, lautete dementsprechend: »Sicherung des Deutschen Reiches nach West und Ost
auf erdenkliche Zeit.« Sie sollte durch eine dauerhafte Schwächung Frankreichs wie Rußlands und durch die Errichtung einer
deutschen Hegemonie in Europa erreicht werden. »Mitteleuropa« lautete erneut das Stichwort. Sogar der fortschrittliche
Reichstagsabgeordnete Gerhart Schulze-Gävernitz betonte:
»Eingeklemmt zwischen Weltmächte im Westen und Osten
sehen wir nur einen Ausweg: *Mitteleuropa.*«[38] Und der Berliner
Theologieprofessor Reinhold Seeberg – als Rektor der damaligen Friedrich-Wilhelms-Universität eine berühmte Katheder-
leuchte seiner Zeit, dabei beileibe keine Einzelstimme, sondern
weithin typisch für die Hochschullehrer jener Jahre – erklärte im
Juni 1915: »Wir wollen uns so fest und so breit auf gesicherten
und vergrößerten Heimatboden stellen, daß unsere unabhängige
Existenz auf Geschlechter hinaus gewährleistet ist.«[39]

Es ging um Freiheit, immer wieder um Freiheit. Der Philologe
Ulrich von Wilamowitz-Moellendorff rief aus, »daß es in der Tat
dieses Mal einen Kampf gilt um die Freiheit von uns allen, die
des Vaterlandes und jedes einzelnen«. Mit Blick auf die Engländer fuhr Wilamowitz-Moellendorff in seiner bewegten Rede am
27. August 1914 fort: »Was gönnen sie uns nicht? Unsere Freiheit, unsere Selbständigkeit wollen sie untergraben, jenen Bau
der Ordnung, der Gesittung und der freilich selbstbewußten
Freiheit, den wir uns errichtet haben, wollen sie zerstören«; und
er schloß pathetisch: »Herr Gott, du bist die Wahrheit, du bist
die Gerechtigkeit. Wir bitten nicht für unsere Lieben draußen im

Felde, wenn's nötig ist, so sei ihr Leben dahingegeben, aber für unser Deutschland bitten wir, für seine Rettung, für seine Freiheit, für seinen Sieg.«[40] Der Theologe Adolf von Harnack beschwor einen Monat später die »*Freiheit! Meine Freunde und Freundinnen, braust nicht in uns allen von dem Tage ab, da der Krieg begann, ein Freiheitsgefühl? Mitten in Druck und Not ist gerade dieses Gefühl um so stärker geworden. ... Es geht um unsere Freiheit und um unsere Existenz.*«[41] Auch für den Historiker Friedrich Meinecke ging es im Ersten Weltkrieg um »Freiheit für das deutsche Volk in der Welt, Atemraum, Lebensmöglichkeit neben den großen, zu Weltreichen sich zusammenballenden Feindesmächten«. Freiheit im westlichen, demokratischen Sinne meinten Meinecke und seine Kollegen allerdings nicht: »Man will uns demokratisieren, um uns zu desorganisieren.«[42]

Das deutsche Kriegsziel Freiheit umschrieb eher äußere Bewegungsfreiheit, also Ellenbogenfreiheit gegenüber anderen Völkern. Es einte damals die Deutschen, vom extremistischen »Alldeutschen Verband« bis hin zu Liberalen wie Meinecke, Naumann und Delbrück. Und noch etwas fällt auf, wenn man die deutsche Kriegszieldiskussion nach 1914 betrachtet: die »vielen Zeichen einer erstaunlich kurzsichtigen Überschätzung der Möglichkeiten reiner Machtpolitik«[36]. Allein von deutscher Selbstbehauptung, deutscher Selbstentfaltung war da die Rede. Unsere europäischen Nachbarn hatten sich unterzuordnen, in unsere Pläne einzufügen, mit kräftigen deutschen Annexionen und unserer Hegemonialposition abzufinden.

Die meisten derer, die sich da lautstark fordernd zu Wort meldeten, hatten von außerdeutschen Realitäten eine ganz unzureichende Vorstellung. Es war oft die überhebliche Ahnungslosigkeit von Provinzlern, die sich als Anmaßung äußerte. Vor dem Hauptausschuß des Reichstages erklärte Bethmann im Oktober 1916 behutsam: »Bei der staunenswerten Entwicklung unseres Volkes in den letzten zwanzig Jahren erlagen weite Schichten der Versuchung, unsere gewiß gewaltigen Kräfte im Verhältnis zu den Kräften der übrigen Welt zu überschätzen.«[43] Seinem Kabinettschef Rudolf von Valentini gegenüber wurde er deutlicher:

Die Seele des Volkes sei während der letzten 25 Jahre so durch Renommisterei vergiftet worden, daß sie wahrscheinlich zaghaft würde, wenn man ihr die Großsprecherei verböte.[36] Und noch in seinen Memoiren sprach der Altkanzler von der »Verwirrung in deutschen Köpfen«; das deutsche Volk habe »sich nur schwer daran gewöhnt, den auswärtigen Problemen diejenige Beachtung zu schenken, die sein tatsächlicher Eintritt in die Weltpolitik erheischte«[44].

Zeitgenossen hätten ihm gewiß entgegengehalten, daß sie doch nur gleiches Recht für alle verlangten. Greifen wir einen beliebigen heraus: Alfred Hettner, ein Geograph, schrieb 1915: »Die Engländer halten sich für ein auserwähltes Volk und glauben ein Recht auf die See- und Weltherrschaft zu besitzen; aber wir bestreiten es ihnen und setzen uns ihnen gleich. Auch die Russen fordern ein Recht auf immer größere Ausdehnung ihres Reiches, aber wir setzen auch ihnen unser Recht entgegen.«[45] So sprach der Zeitgeist; dem hätte damals jeder, fast jeder, zugestimmt. Warum auch nicht?

Weil es, wie Adenauer später einmal sagte, in der Politik nicht darum geht, recht zu haben, sondern recht zu behalten.[46] Die Deutschen wollten gleiches Recht, na gut. Aber waren sie in der Lage, es sich zu erobern, es auf Dauer zu sichern? War der Versuch das Risiko überhaupt wert? Natürlich war eine deutsche Weltmachtpolitik nicht moralischer oder unmoralischer als die französische oder englische, und die deutsche Empörung über derlei durchsichtig doppelmoralische Vorwürfe war nur zu verständlich. Na und? Man mag so empört sein wie man will, die Wand bleibt doch härter als der Kopf. Es ist und bleibt eine erstaunliche, eine geradezu unfaßbare Tatsache, daß deutsche Regierungen – und wesentliche Teile des deutschen Volkes, beträchtliche Teile seiner Führungsschichten – nicht nur einmal, nein, gleich zweimal im 20. Jahrhundert glaubten, sich ihr »Recht« mit Gewalt praktisch gegen den Rest der Welt erkämpfen zu können. Die Welt als Wille?

Schon vor der Reichsgründung, 1858, hatte der nationalgestimmte Dichter Emanuel Geibel gesungen:

Dann, o Deutschland, sei getrost!
Dieses ist das erste Zeichen,
Wenn verbündet West und Ost
Wider dich die Hand sich reichen.

Wenn verbündet Ost und West
Wider dich zum Schwerte fassen,
Wisse, daß dich Gott nicht läßt,
So du nicht dich selbst verlassen.

Welch unglaublicher Unsinn! Natürlich waren die Feinde nicht minder gewillt, den Weltkrieg für sich zu gewinnen. Alle Seiten zeigten sich entschlossen, den Kampf bis zum Zusammenbruch des Gegners auszutragen. Alle fochten unerbittlich, setzten alles auf eine Karte, die des Krieges, alle verfolgten das Ziel, den späteren Verlierer durch eine Umgestaltung des europäischen Staatensystems auf Dauer zu schwächen[36], den Verlierer weiß- bluten zu lassen, »de saigner à blanc«, wie Bismarck sehr genau vorausgesehen hatte.[47] Nur: die Deutschen hätten es niemals so weit kommen lassen dürfen, weil sie am meisten zu verlieren hatten.

Sie verloren ja auch. Damit war der Teufelskreis von beklemmender Angst und befreiendem Ausbruchsverlangen fortan ein ganzes Stück enger gezogen. Infolge der Niederlage im Ersten Weltkrieg verschärfte sich die deutsche Existenzangst ungeheuerlich – bis hin zur Hysterie. »Unser Volk am Leben zu erhalten, das ist unsere höchste Pflicht«, rief der Sozialdemokrat Philipp Scheidemann während einer Sitzung der Nationalversammlung im Mai 1919 aus: »Das Leben, das nackte, arme Leben müssen wir für Land und Volk retten, heute, wo jeder die erdrosselnde Hand an der Gurgel fühlt.«[48] Selbst ein so besonnener Politiker wie Gustav Stresemann, der in der Weimarer Republik als Reichskanzler und Außenminister von einzigartigem Format die abgerissenen Fäden der Bismarckschen Außenpolitik wiederaufzunehmen, fortzuspinnen bemüht war, erklärte seinen Zuhörern in Hagen Ende 1923 (auf dem Höhepunkt der Ruhrkrise, das ist wahr): »Meine Herren! Was wird uns die nächste Zeit bringen?

Gewiß nur Not und Elend... Was hätten Sie davon, wenn wir Versprechungen machten und Ihnen irgendwie eine Fata Morgana vorzeigten, wo doch tatsächlich die Dinge so liegen, daß weiter nichts als weitere Not, weitere Bedrückung und stärkere Bedrückung unserer wartet. Wir stehen allein... Wir sind von außen bedrängt wie kaum ein anderes Volk.«[49]

Stresemann zog aus dieser Lage seine ruhigen, vernünftigen Schlüsse und suchte mit einer Politik verläßlicher Stetigkeit den Ausweg zu bahnen. Aber leider starb er 1929. Vier Jahre später ergriff ein anderer die Macht, knüpfte an die deutsche Tradition unbändigen, äußeren Freiheitskampfes an, wollte, noch einmal, alles auf eine Karte setzen, setzte alles auf eine Karte. Auch ihm ging es, wie so vielen Landsleuten vor ihm, mit ihm, um die nackte Existenz, um »Sein oder Nichtsein der deutschen Nation«, ging es darum, den »Zustand ihrer drohenden Ausrottung in Europa« ein für allemal zu beenden. Der Mann hieß Hitler, »Mein Kampf« das Buch, in dem sich die erwähnten, wahnhaften Worte finden.[50]

Was ist nach all dem die eine große Lehre unserer Geschichte? Sagen wir es in wenigen Worten: daß wir der Gefahr der Selbstüberschätzung und damit der Selbstisolierung nicht erliegen dürfen. Ganz schlicht dies: Wenn wir nicht äußerst achtsam sind, richten wir Unheil an. Falls wir nicht höllisch aufpassen, kommen wir zu Schaden, ja beschwören Katastrophen herauf – für uns, für andere, für Europa. Unsere Gefährdung wie unsere Gefährlichkeit sind größer als die anderer europäischer Völker.

Die Gefährdung hat viel mit unserer Lage in der Mitte zu tun. Wer viele Nachbarn hat, muß viele Rücksichten nehmen. Alle Machtverschiebungen auf dem Kontinent sind hier unmittelbar spürbar, haben sofort Auswirkungen bei uns. Wir können uns nie abkapseln, werden beim besten Willen keine Schweiz, so gern das viele von uns auch möchten. Abseits, in einer Randlage, lebt es sich leichter, kommt man eher zurecht. Dort kann man sich heraushalten, abschotten. Das konnten wir nie.

Unsere Gefährlichkeit wiederum hat objektive und subjektive Elemente. Objektiv beruht sie wesentlich auf unserem beträchtlichen ökonomischen Potential. Militärisch eingesetzt, hat es uns in der jüngeren Vergangenheit zweimal erlaubt, uns und die anderen ins Unglück zu stürzen. Wir waren nach 1871 zu stark, wurden zunehmend zu stark, um von den anderen akzeptiert zu werden, waren einfach zu groß, zu mächtig, um in die bestehende europäische Ordnung einfügbar zu sein. Diese »ungeschickte Größe« hat jüngst Sebastian Haffner mit an erster Stelle bei den Gründen genannt, die das Scheitern des Reiches erklären.[29] Eine solche kritische, unglückliche Größe besitzt auch die Bundesrepublik, obwohl sie doch, verglichen mit dem Reich, um so vieles kleiner ist. Das heutige Österreich, auch die DDR haben es leicht, friedlich und freundlich aufzutreten. Für Kleinstaaten gibt es keine Alternative. Wir sehen uns anders – und wir sind, immer noch, anders. Beileibe keine Großmacht. Aber ebenso sicher kein Kleinstaat.

Und subjektiv? Unsere Gefährlichkeit wie unsere Gefährdung werden gesteigert durch eine auffällige, uns eigentümliche, ausgeprägte Unruhe. Sie hat viele Ursachen, kommt von weither, ist ohne Reformation und deutschen Idealismus nicht denkbar. Diese Unruhe verrät tiefe Unsicherheit. Unsere Möglichkeiten, Rollen, Grenzen, unser Platz in Europa: nichts ist uns wirklich klar. Aber im Grunde wollen wir es auch nicht anders, sind wir doch ein Volk der tiefen Brüche, radikaler Formlosigkeit, eines ständigen Infragestellens, häufiger Entmutigung – und dann wieder hochgespannter Erwartungen, hoffnungsvoller Anfänge, tollkühner Aufbrüche. Spätestens seit der radikalen Verweigerung der Niederlage im Ersten Weltkrieg ist Deutschland für zweieinhalb Jahrzehnte ein Land der aufgeregtesten geistigen Unruhe, eines hektischen politischen Aktivismus gewesen – mit Ergebnissen zwischen 1933 und 1945, von denen man eine Zeitlang danach glaubte, sie als allgemein bekannt voraussetzen zu dürfen. Aber nein. Als nach einer längeren Pause diese deutsche Unruhe in den späten sechziger Jahren erneut aufkam, schrieb der Politikwissenschaftler Wilhelm Hennis in einer noch heute wichtigen, lesenswerten Abhandlung: Er sei außerstande, in ihr eine Hoffnung zu erblicken.[51]

Der Weststaat:
Dauerlösung oder Provisorium?

Brandts Ansatz war der Beginn
der Widerlegung des Weststaats, war der Gegensatz,
die Revision des Adenauer-Konzepts,
war damit zugleich der Anfang
einer Rückkehr zum Bismarckschen Modell
des Maklers in der Mitte Europas.

Es gab eine Zeit, in der wir Westdeutschen wußten, was wir sollten und wollten, und die Zustimmung der zivilisierten Welt bewies uns, daß wir das Richtige taten. Eine Phase der Ernüchterung und des Augenmaßes, des Sinns für die Möglichkeiten und die Grenzen deutscher Politik: das war die Bundesrepublik in ihren ersten Jahrzehnten, die ihrer schrittweisen Vorbereitung 1947/48 und ihrer Gründung nach 1949 folgten. Bis in die siebziger Jahre hinein erlebte der westdeutsche Staat eine lange, hoffnungsvolle Gründerzeit, eine Periode steigenden Wohlstands und zunehmenden Selbstvertrauens, ja Stolzes, es endlich geschafft zu haben. »Bonn ist nicht Weimar«, dieses Buch des damals führenden Schweizer Deutschlandkenners Fritz René Allemann aus dem Jahre 1956 wurde zwar zum Kummer des Autors kaum gelesen, sein Titel jedoch, diese These, über Jahrzehnte hinweg überall in der Bundesrepublik mit beifälligem Kopfnicken zitiert.[1] Wir waren überzeugt, nach vielen Irrwegen zu guter Letzt doch noch am Ziel angekommen zu sein und eine allgemein, drinnen wie draußen, akzeptable Form deutscher Staatlichkeit gefunden zu haben. Endlich waren wir imstande, individuelle Freiheit und allgemeinen Wohlstand im Gleichklang mit den alten westeuropäisch-atlantischen Demokratien für alle Zukunft, so schien es, verläßlich zu sichern.

Woher rührte dieses neue, vorher nie gekannte Sicherheitsgefühl?

49

Wesentlich nicht aus dem Wirtschaftswunder. Gewiß, es ging den Deutschen gut, besser als je zuvor. Bereits zu Beginn der sechziger Jahre hatte das westdeutsche Bruttosozialprodukt das von Frankreich, England und Italien überflügelt.[2] Die Deutschen horteten die größten Gold- und Devisenbestände, bauten mehr neue Wohnungen als alle Nachbarn, produzierten jährlich mehr neue Autos als Italien und Frankreich zusammen.[3] Überall ging es vorwärts, aufwärts, und das kam den Bundesbürgern sehr zugute. Doch Wirtschaftswunder und neuer, wachsender Wohlstand waren nur Folgeerscheinungen einer viel umfassenderen Veränderung, einer wirklich fundamentalen Umorientierung: der Westintegration.

Diese energische Westverlagerung von Staat und Gesellschaft war etwas ganz Neues in der deutschen Politik. Und sie war in der Konsequenz, mit der sie betrieben wurde, wesentlich das Werk eines Mannes: Konrad Adenauers.

Erinnern wir uns: In der Vergangenheit des Reiches hatte es zwei grundverschiedene außenpolitische Ansätze gegeben, zwei Lösungsmodelle für die besonderen Probleme, die aus unserer Mittellage erwachsen. Bismarcks Modell bestand darin, in der Rolle eines vertrauenswürdigen Maklers die Unabhängigkeit des Reiches zu bewahren. In seinem Kissinger Diktat von 1877 hatte der erste Reichskanzler geschrieben: Das Bild, welches ihm vorschwebe, sei »nicht das irgendeines Ländererwerbes, sondern das einer politischen Gesamtsituation, in welcher alle Mächte außer Frankreich unser bedürfen, und von Koalitionen gegen uns durch ihre Beziehungen zueinander nach Möglichkeit abgehalten werden«.[4] Um diesen prekären Zustand aufrechtzuerhalten, war das äußerste Maß außenpolitischer Zurückhaltung erforderlich.

All solche Vorsicht und Mäßigung schätzten die Anhänger des zweiten Modells gering. Ihr Konzept war dem Bismarcks entgegengesetzt. Auch sie sahen die Gefährdung des Reiches, zogen aber aus ihr die umgekehrte Konsequenz. Nach ihrer Überzeugung war mit behutsamer Zurückhaltung in unserer Lage langfristig nichts zu gewinnen, das Reich nicht dauerhaft zu sichern.

Deutschland mußte vielmehr zur beherrschenden Vormacht Europas aufsteigen, schließlich zur Weltmacht durchzubrechen versuchen. Eine Alternative gab es nicht.

Einen derartigen Verzweiflungsausbruch hielten nicht nur borniert Nationalisten oder expansionistische Militaristen für unumgänglich. Auch einer der intelligentesten Deutschen seiner Zeit, ein an sich so klarblickender, moderner Mann wie Max Weber war bekanntlich bei seiner Analyse unserer Situation frühzeitig zu dem Schluß gekommen, daß es ohne Weltpolitik nicht abgehe. Daher hatte er 1895 ausgerufen: »Wir müssen begreifen, daß die Einigung Deutschlands ein Jugendstreich war, den die Nation auf ihre alten Tage beging und seiner Kostspieligkeit halber besser unterlassen hätte, wenn sie der Abschluß und nicht der Ausgangspunkt einer deutschen Weltmachtpolitik sein sollte.«[5]

Wie Weber dachten viele, sehr viele – so absurd sich das heute anhört. Auch gemäßigte Befürworter eines starken deutschen Mitteleuropa strebten letzten Endes eine globale Rolle des Reiches an. Wer das inzwischen nicht mehr wahrhaben will, wird kaum begreifen, wie Adolf Hitler an die Macht kommen, sich in der Bevölkerung und den Führungsschichten derart durchsetzen konnte. Ebensowenig wird er die gewaltige, verzweifelte Kraftanstrengung verstehen, mit der unser Volk in beiden Weltkriegen um eine Führungsposition auf dieser Erde kämpfte. Bekanntlich hat der Führer das Modell deutscher Vorherrschaft zum Plan einer umfassenden Unterwerfung und Vernichtung anderer Völker erweitert und dieses Vorhaben leider auch energisch in die Tat umzusetzen begonnen. Was er frühzeitig als Ziel seines Kampfes formuliert hatte, sprach bedauerlicherweise vielen Landsleuten aus dem Herzen – so wenig sie natürlich die Konsequenzen übersahen, die das haben würde.

Hitler schrieb: »Wenn die nationalsozialistische Bewegung wirklich die Weihe einer großen Mission für unser Volk vor der Geschichte erhalten will, muß sie, durchdrungen von der Erkenntnis und erfüllt vom Schmerz über seine wirkliche Lage auf dieser Erde, kühn und zielbewußt den Kampf aufnehmen gegen die Ziellosigkeit und Unfähigkeit, die bisher unser deutsches Volk auf seinen außenpolitischen Wegen leiteten. Sie muß dann, ohne Rücksicht auf ›Traditionen‹ und Vorurteile, den Mut finden, unser Volk und seine Kraft zu sammeln zum Vormarsch auf jener Straße, die aus der heutigen Beengtheit des Lebensraumes dieses Volk hinausführt zu neuem Grund und Boden und damit auch für immer von der Gefahr befreit, auf dieser Erde zu vergehen oder als Sklavenvolk die Dienste anderer besorgen zu müssen.«[6]

Hitler sollte der letzte Reichskanzler bleiben, was nach solchen Worten und entsprechenden Taten niemanden überraschen kann. Zwischen seinem außenpolitischen Konzept und dessen Mißerfolg besteht ein klarer Zusammenhang: Hitler mußte an den Realitäten scheitern, weil er grundverkehrte Vorstellungen von ihnen hatte.[7] Ebensowenig kann es bei näherem Nachdenken überraschen, daß gerade der erste Reichskanzler, der ja zugleich der Reichsgründer war, für ein gemäßigtes, zurückhaltendes Konzept der deutschen Außenpolitik eingetreten war. Bismarck war sich eben unserer gefährdeten Situation um vieles bewußter als seine Nachfolger, zumal sein letzter. Doch es gibt zu denken, daß keiner der Kanzler nach Bismarck der Lagebeurteilung des Reichsgründers so recht zu trauen schien, keiner seine Ratschläge und Mahnungen wirklich beherzigte. Deshalb haben sie sein Werk so bald zunichte gemacht. Die Schlußfolgerung, die Lehre daraus ist klar: Wer in Deutschland den bestehenden Staat erhalten will, muß die tragenden Erwägungen des Staatsgründers begreifen und beachten.

Das gilt auch für die Bundesrepublik. Ihr eigentlicher deutscher Gründer, Konrad Adenauer, hat sich mit seinem originellen dritten Modell neben Bismarck und Hitler in der deutschen Geschichte einen besonderen Platz geschaffen. Adenauer war aufgrund seiner Beurteilung des Gangs unserer Geschichte, aufgrund der Erfahrungen eines langen Lebens (er wurde 1876, nur fünf Jahre nach der Reichsgründung, geboren) zu der Überzeugung gelangt, daß die Deutschen weder den Gefahren noch den Anforderungen der europäischen Mittellage gewachsen seien:

der drohenden Isolierung, dem Reiz eines unbeständigen Schwankens zwischen Ost und West, der Notwendigkeit zum feinen Ausbalancieren fremder, übermächtiger Kräfte. Bismarck sei es gerade noch gelungen, meinte er, das komplizierte Spiel mit vielen Kugeln zu meistern. Aber unter seinen Nachfolgern hätten sich solche Kunstgriffe rasch als zu schwierig, als unmöglich erwiesen. Adenauer fand, daß Deutschland durch seine Selbstdefinition als Land zwischen Ost und West überfordert sei.

Eine dauerhafte Lösung der deutschen Probleme lag seiner Meinung nach deshalb nicht in einer bloßen West*orientierung;* die wollten damals alle nennenswerten politischen und gesellschaftlichen Gruppen. Unmittelbar nach dem Kriege, angesichts der russischen Greuel, der Millionen von Vertriebenen, von Flüchtlingen, der Gewaltpolitik, die Moskau und seine deutsche Partei in der damaligen sowjetischen Besatzungszone trieben, gab es für die Masse der Deutschen zur Westorientierung überhaupt keine Alternative. Jeder wollte nach Westen, alle suchten dort Schutz und Hilfe – wo denn sonst? Das war nach Lage der Dinge nichts Überraschendes. Die Geschichte selbst hatte das Gesicht Deutschlands gewaltsam nach Westen gedreht.[8]

Adenauer aber wollte aus dieser momentanen Fluchtneigung nach Westen, aus diesem Anlehnungsbedürfnis der Besiegten, ein dauerhaftes Konstruktionselement der Zukunft machen. Er wollte die West*integration.*

Die Lehre, die Adenauer aus der jüngsten deutschen Geschichte, aus der Niederlage, Zerstückelung und Schwächung Deutschlands gezogen hatte, war einfach. Er hielt es für ein besonderes Lob, wenn man ihn einen großen Vereinfacher nannte. In der Tat müsse man die Dinge so tief sehen, sagte er 1965 zu Günter Gaus, daß sie einfach seien. »Wenn man nur an der Oberfläche der Dinge bleibt, sind sie nicht einfach. Aber wenn man in die Tiefe sieht, dann sieht man das Wirkliche, und das ist immer einfach. Ob das angenehm ist, das ist eine andere Frage.«[9]

Die von ihm gezogene Lehre hat Adenauer oft auf seine typische, hölzerne und doch eindrucksvolle Weise beschrieben, zum

Beispiel, wenn es in seinen »Erinnerungen« heißt: »Die Bundesrepublik konnte nicht ohne Anlehnung an andere Staaten bestehen. Deutschlands geographische Lage ist politisch betrachtet besonders ungünstig. Es liegt in der Mitte Europas und hat keine geschützten Grenzen. ... Wir waren jetzt mehr denn je auf Bundesgenossen angewiesen, um unsere Freiheit zu bewahren.«[10] Adenauer war entschlossen, dafür zu sorgen, solche Bundesgenossenschaft mit dem freien Westen in Zukunft *auf Dauer* sicherzustellen. Das war das Besondere an seinem Konzept.

Konrad Adenauer wünschte sich die Deutschen (oder doch wenigstens diejenigen von ihnen, die unter die westlichen Besatzungsmächte geraten waren) fortan als Teil eines westeuropäischen Bundesstaats, fest eingefügt in die Gemeinschaft der älteren westeuropäischen Demokratien, zu ihrem eigenen Besten dauerhaft mit dem Westen verbunden, fest verankert im freien Europa.[11] Geschützt und garantiert werden sollte dieser westeuropäische Verbund von den USA – und durch die Anwesenheit der Amerikaner in Europa. Ein gutes Verhältnis zwischen einem vereinigten Europa und den Vereinigten Staaten von Amerika war nach Adenauers Auffassung eine entscheidende Voraussetzung für die erfolgreiche Selbstbehauptung Europas.[12]

Ohne die Amerikaner, sagte Adenauer oft, werde es nicht möglich sein, die Situation Westeuropas zu stabilisieren, weil die Größe, das Gewicht und die Machtambitionen der Sowjetunion einen allzu starken Druck auf den freien Teil des Kontinents bedeuteten. Ohne amerikanische Gegengewichte werde man Demokratie und Freiheit Westeuropas nicht sichern können. Ohne amerikanische Truppen sei die Stabilisierung Westeuropas nicht möglich. In Adenauers Memoiren liest man: »Über eines mußten wir Europäer uns völlig klar sein: Ohne die Hilfe und den Schutz der Vereinigten Staaten war Europa gegenüber dem Druck Sowjetrußlands machtlos.«[13]

Deshalb schrieb Adenauer bereits Anfang 1946 – er war damals Vorsitzender der neugegründeten CDU in der britischen Besatzungszone – einem nach Amerika emigrierten Bekannten aus gemeinsamen Kölner Tagen: »Die Gefahr ist groß. Asien steht an der Elbe. Nur ein wirtschaftlich und geistig gesundes Westeuropa unter Führung Englands und Frankreichs, ein Westeuropa, zu dem als wesentlicher Bestandteil der nicht von Rußland besetzte Teil Deutschlands gehört, kann das weitere geistige und machtmäßige Vordringen Asiens aufhalten.« Und dann kam Adenauer auf den entscheidenden Punkt: »Helfen Sie doch, die Überzeugung in USA zu verbreiten, daß die Rettung Europas nur mit Hilfe von USA erfolgen kann.«[14]

Kurz bevor Adenauer Kanzler wurde, umriß er sein Konzept in den knappsten Worten: »Auf außenpolitischem Gebiet liegt unsere Linie fest. Sie richtet sich in erster Linie darauf, ein enges Verhältnis zu den Nachbarstaaten der westlichen Welt, insbesondere auch zu den Vereinigten Staaten herzustellen.«[15] Um keinen Preis, so erklärte der Bundeskanzler in einer Kabinettsitzung im Februar 1951, dürfte im Westen, »insbesondere in Amerika«, der Eindruck entstehen, »daß Deutschland zwischen dem Osten und dem Westen schwanke«. Die Vereinigten Staaten müßten unbedingt »bei der Stange« gehalten werden, denn auf Frankreich und England allein sei kein Verlaß.[16]

Freilich sah Adenauer bereits im selben Jahr einen möglichen Wandel des amerikanischen Engagements in Europa voraus und begründete auch mit dieser Befürchtung die Notwendigkeit einer späteren Europa-Armee. So sagte er bei einem Kanzlertee am 13. Juli 1951, der Gegensatz zwischen Ost und West werde noch lange bestehenbleiben. Aber man könne nicht damit rechnen, daß die Vereinigten Staaten auch dann noch Truppen in Europa stationierten, wenn die akuten Spannungen nachgelassen hätten. Sie würden zwar weiterhin wirtschaftlich und mit Waffen helfen. Die Menschen werde jedoch Europa bereitstellen müssen.[17]

Diese immer denkbare Entwicklung betrachtete Adenauer mit stets gleichbleibender Besorgnis. Oft wiederholte er, daß eine so komplizierte Allianz wie die mit den USA nie aus sich heraus stabil und gesichert sei, nie für selbstverständlich gehalten werden dürfe. Man müsse sich stetig um die Vereinigten Staaten bemühen, dürfe die Dinge zu keiner Zeit treiben lassen, niemals der Entwicklung tatenlos zusehen.

Denn Adenauer machte sich keine Illusionen über die Moskauer Absichten: »Sowjetrußlands Politik erschien mir sehr klar und im Grunde sehr einfach: Es wollte die Vereinigten Staaten von Amerika aus Europa hinausdrängen, um dann Europa zu beherrschen.«[18] Er hielt deshalb auch durchaus für möglich, daß die Sowjets irgendwann einer deutschen Wiedervereinigung zustimmen würden, wenn sie damit den Abzug der Amerikaner aus Europa erreichen könnten. »Hierzu war von unserem Standpunkt aus folgendes zu sagen: Diese Lösung wäre für uns Deutsche und für Europa, solange es noch nicht fest zusammengefügt war, um ein wirksames Gegengewicht gegenüber dem Drucke Sowjetrußlands sein zu können, höchst gefährlich. Wir hätten zwar die Wiedervereinigung, zunächst wahrscheinlich eine Neutralisierung Deutschlands. Dem Koloß Sowjetrußland stünde aber ein gespaltenes, uneiniges Europa gegenüber ohne die schützende Macht Amerikas. Wohin die Entwicklung führen würde, lag meines Erachtens auf der Hand.«[19] Deshalb kam es in Adenauers Augen, wie er immer wieder betonte, auf die »Einheit und Geschlossenheit der freien Völker der Welt« an, um den westlichen Nationen einschließlich der Bundesrepublik Sicherheit und Freiheit zu erhalten.[20]

Man muß heute vielleicht daran erinnern, daß wir Adenauers Ziel eines vereinigten westeuropäischen Bundesstaates in Anlehnung an die Vereinigten Staaten (eine antiamerikanische Orientierung Westeuropas war damals undenkbar) für einen Augenblick in den fünfziger Jahren durchaus nahegekommen sind, nämlich mit dem Projekt der »Europäischen Verteidigungsgemeinschaft« (EVG) von 1952. Adenauer widmete diesem Unternehmen sein gesamtes politisches Streben. Niemals vorher oder nachher hat er sich derart mit einem Vertragswerk identifiziert, weil kein anderes so sehr seinen Einsichten und Absichten entsprach.

Adenauer hielt die Europäische Verteidigungsgemeinschaft für die Erfüllung seiner jahrzehntelangen Hoffnungen, die Krönung seines Lebenswerkes. Eine westeuropäische Armee mit gemeinsamen Uniformen, gemeinsamen Offiziersschulen, einem gemeinsamen Budget mußte den Durchbruch zu einem vereinigten Westeuropa bringen, den strategisch entscheidenden Schritt zur Etablierung eines gemeinsamen Bundesstaates bedeuten. Konnte man nicht hoffen, der Riese dieser Europa-Armee werde bei einem geschätzten Jahresumsatz von schon damals mehreren zehntausend Milliarden Mark alle nationalen Barrieren beiseite räumen?[21] Mußte diese Armee nicht ganz von allein zur Formulierung einer gemeinsamen Verteidigungspolitik führen und, als nächsten Schritt, eine gemeinsame Außenpolitik der beteiligten westeuropäischen Staaten herbeizwingen? Denn wie sollte das gemeinsame Kommissariat, der westeuropäische Oberbefehl, sonst über den Einsatz der Soldaten befinden, wie strategische und taktische Entscheidungen fällen, wenn es keine gemeinsame Verteidigungspolitik gab?

Eine solche westeuropäische Verteidigungspolitik aber war unvorstellbar ohne eine gemeinsame Außenpolitik. Kam es zu einer gemeinsamen, institutionalisierten Außen- und Verteidigungspolitik, dann war damit der Kernbereich der neuen Staatlichkeit geschaffen; wesentliche Elemente der Souveränität wären von den beteiligten Staaten auf gemeinsame, westeuropäische Institutionen übergegangen. Von da ab, so schien es wenigstens in den frühen fünfziger Jahren, hätte niemand mehr den weiteren Ausbau Westeuropas zu einem europäischen Bundesstaat aufhalten können.

Aber das Projekt ist 1954 gescheitert, obwohl die niederländischen, belgischen, luxemburgischen, italienischen und westdeutschen Parlamente ihm bereits zugestimmt hatten. Ausgerechnet die Franzosen, von denen der Plan einer Europäischen Verteidigungsgemeinschaft ursprünglich stammte, haben sie am Ende abgelehnt, weil sie sich, anders als wir, als Nationalstaat keineswegs von der Geschichte widerlegt fühlten. Mit dem Abflauen des Kalten Krieges, das sich im Jahr nach Stalins Tod bereits abzeichnete, glaubte man in Paris, eine solch kühne, riskante Idee nicht mehr nötig zu haben.[22]

Trotz verschiedener späterer Versuche, den Prozeß einer wirklichen europäischen Vereinigung doch noch in Gang zu bringen, vor allem in Gestalt der »Europäischen Wirtschaftsgemeinschaft« (EWG) 1957 eine zugkräftige Lokomotive für die künftige politische Einigung in Fahrt zu setzen, ist es seither nicht mehr gelungen, auf dem Wege zu einem westeuropäischen Bundesstaat wirklich voranzukommen. Es blieb bei Ansätzen, bis heute. Die EG unserer Tage ist ein großer Zollverein, hat eine wirtschaftlich wichtige, auch politisch nicht unbedeutende Zusammenarbeit zwischen den verschiedenen Staaten in Westeuropa in Gang gebracht. Die EG ist räumlich gewachsen, hat jetzt doppelt so viele Mitglieder wie am Anfang. Jedoch gerade durch diese Ausweitung der Europäischen Gemeinschaft, vor allem durch den Beitritt der armen Mittelmeerländer Griechenland, Portugal und Spanien, ist die weitgehende wirtschaftlich-soziale Homogenität jener frühen Jahre verlorengegangen, als die EG noch EWG hieß und nur sechs Mitgliedsländer hatte.

Auf lange Zeit werden uns nun das interne Entwicklungsgefälle, die sozialen Unterschiede innerhalb der EG zu schaffen machen, zu immer neuen Spannungen, ja politischen Lähmungen, einer Selbstlahmlegung der Gemeinschaft führen. Betrug das Wohlstandsgefälle zwischen Norddeutschland und Süditalien bisher fünf zu eins, so dehnt sich jetzt diese Spanne von Norddeutschland bis Portugal auf ein Verhältnis von zwölf zu eins. Mit anderen Worten: es geht den Deutschen zwölfmal besser als den Portugiesen.[23] Man wird daher froh sein müssen, wenn es den bereits industrialisierten EG-Staaten in den kommenden Jahren gelingt, den neuen Südmitgliedern der Gemeinschaft bei ihrer wirtschaftlichen und sozialen Entwicklung so tatkräftig zu helfen, daß sie vor neuen Erschütterungen, Umstürzen oder Revolutionen bewahrt bleiben. Andernfalls besteht die Gefahr, daß diese jungen, noch ungefestigten Demokratien ins Chaos versinken und erneut Diktaturen anheimfallen.

Ein lockeres Gebilde wie die EG, das derart mit internen Problemen und Spannungen beladen ist, kann keine gemeinsame Politik nach außen entwerfen und durchhalten, mithin keine Regionalmacht sein und erst recht keine Weltmachtrolle spielen. Das liegt auf der Hand, schönen Absichtserklärungen und symbolischen Gesten zum Trotz. Falls überhaupt je etwas institutionell Gemeinsames, etwas wirklich Europäisches entstehen sollte, ein Kraftzentrum, eine selbständige und handlungsfähige politische Einheit, dann wird das wohl erst in Jahrzehnten der Fall sein. Auf absehbare Zeit werden interne Koordinierungsschwierigkeiten, Meinungsunterschiede und Richtungskämpfe dieses Westeuropa vollauf beschäftigen. Jede Rolle nach außen, die Einfluß, Gewicht, Macht voraussetzt – etwa ein Beitrag zum Ausgleich zwischen den USA und der Sowjetunion oder auch nur die gemeinsame Sicherung der eigenen Freiheit gegenüber den Russen –, geht weit über die Kraft dieses uneinigen, störanfälligen Verbundes hinaus.

Gleichwohl: Auch wenn die europäische Einigung nicht zustande kam, sondern im Stadium der Knospe, im Zustand von Hoffnung und Verheißung steckenblieb, waren die Einigungsbemühungen doch nicht vergebens, die Programme, Aufrufe und Reden für Europa nicht umsonst. Denn die Bemühungen Adenauers und seiner Nachfolger um die Herbeiführung eines geeinten Westeuropa in enger Partnerschaft mit den USA eröffneten nicht nur der westdeutschen Industrie große Absatzmärkte und ermöglichten dadurch einen Massenwohlstand früher unbekannten Ausmaßes. Mindestens ebenso bedeutsam war der psychologische Stabilisierungseffekt für die Deutschen. Die Westdeutschen fühlten sich in Westeuropa doppelt geborgen: im Kreise ihrer befreundeten Nachbarn und, noch wichtiger, in der Gewißheit des amerikanischen Rückhalts und Schutzes. Dieses neue, ihnen in der Zeit des Reiches unbekannte Gefühl der Sicherheit führte in der Mehrheit der Bevölkerung zu einer außerordentlichen Beruhigung der Gemüter.

Vor 1945 hatten die Deutschen in ständiger Unruhe, in angstvoller Erregung gelebt. Das übermächtige Gefühl, isoliert und eingekreist zu sein, die Zwangsvorstellung einer schlechthin überwältigenden äußeren Gefahr und die wilde Entschlossenheit, sich ihr gewachsen zu zeigen, charakterisierten seit der Jahrhundertwende in wachsendem Maße unser öffentliches Klima. Diese widersprüchlichen Impulse prägten unser kollektives Verhalten, das demgemäß zwischen Ohnmachtsanwandlungen und der Allmachtsphantasie, der Welt zeigen zu wollen, was in uns stecke, haltlos hin- und herschwankte.

Nach Hitler schien es mit dieser explosiven Unausgeglichenheit endgültig vorbei zu sein. Die Deutschen waren plötzlich still, vernünftig, ausgeglichen – wie befreit. Sie hatten ihre Ruhe gefunden, endlich ihren Frieden mit sich und der Welt gemacht – wie es Thomas Mann 1937 aus der Ferne in bewegenden Worten erhofft hatte.[24] Sie schienen mit der äußeren die innere Sicherheit gefunden zu haben, jene Balance, die sie so lange entbehrt hatten. Unser Realitätssinn war gewachsen, unser Augenmaß trog uns nicht. Die gefährliche Neigung zum Überschwang, zu visionärer Leidenschaftlichkeit wie tiefer Verzweiflung, schien erloschen.

Diese Stabilisierung unseres Nationalcharakters war, wie gesagt, darauf zurückzuführen, daß wir uns nicht mehr in einer gefährdeten Mittellage sahen, überall umzingelt von mehr oder weniger feindlichen Nachbarn, bedroht von den anderen europäischen Mächten, sondern in eine sichere Randlage entrückt. Wir empfanden uns erleichtert in den ersten Nachkriegsjahrzehnten als sinnvollen Teil eines kommenden großen Ganzen: des Bundesstaates Westeuropa, auf den alle Entwicklungen zuzulaufen schienen, ein neues, zweites Machtzentrum an der Seite Amerikas. Dies war – und ist – das wichtigste Element unserer Beruhigung: die politische Nähe der USA. Wir fühlten – und fühlen – uns in ihrer neuen atlantischen Schutzzone geborgen, einbezogen in ihre Einflußsphäre, behütet vom amerikanischen Bündnissystem. Wir Bundesdeutsche wurden, was Deutsche nie gewesen waren: eingebettet in die Allianz, umringt von neuen Freunden, kleiner Bruder an der Hand eines großen. Was auch immer die Fehler und Schwächen des europäisch-atlantischen Bündnissystems gewesen sein mögen, es hatte – und hat – ein wesentliches Verdienst um uns Deutsche: es schuf zumindest eine psychische Realität, ein ganz neues Lebensgefühl: die Westverankerung. Sie ist bis heute prägend geblieben, wenn auch ihre Wirkung allmählich nachläßt.

Diese psychische Befestigung der Westdeutschen war eine direkte Folge des wirklichen Bruchs der Jahre nach 1945. Sebastian Haffner meinte vor einigen Jahren: Wer im Kaiserreich geboren und in Weimar aufgewachsen sei, finde sich in der Innenpolitik der Bundesrepublik ohne weiteres zurecht; hier gebe es durchaus Kontinuitäten. Aber außenpolitisch hätten die Deutschen von Grund auf umlernen müssen. Der eigentliche Bruch sei nicht innenpolitisch, sondern außenpolitisch, geopolitisch gewesen. »Das Deutsche Reich Bismarcks war ein Reich der Mitte, und es war eine Großmacht. Die Bundesrepublik ist keine Großmacht mehr, das sieht jeder. Aber sie ist außerdem kein Reich der Mitte mehr, sondern ein Grenz- und Randstaat, die äußerste vorgeschobene Grenzmark eines neuen westlichen Staatensystems, in das sie fest eingefügt ist und in dem Amerika maßgebend ist.«[25]

Über den letzten Halbsatz wird man mittlerweile streiten müssen. Die frühere feste Einbindung der Bundesrepublik ins westliche Lager scheint sich zunehmend zu lockern, zu verflüchtigen, und unabhängigeren, komplizierteren Versuchen Platz zu machen, unserer geographischen Situation und historischen Erblast neuen Sinn und neue Aufgaben abzugewinnen. Solche Ansätze deutscher Selbsteinschätzung, vorsichtige Experimente der Selbstbefreiung, finden sich in allen politischen Lagern, von links bis rechts. Sie gehen einher mit einer teils gleichgültig mürrischen, teils gefühlvoll klagenden Distanzierung von den Vereinigten Staaten. Wir haben einen verbreiteten Stimmungsumschwung im Lande. Eine stille Emigration aus dem atlantischen Lager ist zu beobachten, eine innere Neutralisierung bei Aufrechterhaltung der formalen Westbindungen. Entsprechend schwindet der amerikanische Einfluß.

Gleichzeitig geht alle Welt bei uns immer noch davon aus, daß die USA unsere Sicherheit auch weiterhin garantieren, mit dieser Garantie das Selbstgefühl der Bundesbürger betonieren werden. Das ist eine eher unbewußte Annahme, kein durchdachtes Kalkül. Denn wer macht sich schon die Mühe, Gedanken auf diese Allianz zu verschwenden, ihre neuen Probleme, ihre Zukunft zu durchdenken! Der Zusammenhang von Westintegration, Präsenz der USA, Stabilität der Bundesrepublik und Sicherheitsgefühl ihrer Bewohner ist zahlreichen Menschen bei uns nicht mehr klar. Die Bundesrepublik erscheint daher vielen aus sich heraus stabil, was sie natürlich nie war und nie sein wird.

Aber auch entschiedene Gegner der Vereinigten Staaten in unserem Lande glauben fest an die Beständigkeit unserer amerikanisch beschützten Sicherheit. Denn sie sehen die USA verkehrt, überschätzen deren imperialistische Beharrlichkeit. Daher vertrauen sie in machtgestützter Innerlichkeit bei ihren antiamerikanischen Aktivitäten auf die Fortdauer des gegenwärtigen Zustandes, möchten also bei ihren Anläufen zu größerer Unabhängigkeit und stärkerer ostpolitischer Aktivität den Rückhalt der Amerikaner nicht missen. Solche Erwartungen verkennen die Dynamik hier wie jenseits des Atlantik. Es wird sich rächen, wenn man die Allianz aus dem Auge verliert, nichts mehr für sie tut. Rituale reichen nicht aus; mit der monotonen Wiederholung alter Formeln ist es nicht getan. Währenddessen verrottet das Bündnis.

Psychologisch gesehen, ist die Westintegration das Opfer ihres eigenen Erfolges geworden. Nach vier Jahrzehnten sind die Bundesdeutschen durch sie derart beruhigt, immunisiert, daß sie wirkliche Gefahren überhaupt nicht mehr begreifen, während sie sich von ganz entfernten, höchst unwahrscheinlichen Bedrohungen in größte Panik versetzen lassen. Die früher überscharfe Witterung der Deutschen ist stumpf geworden; sie sind mit dem Rücken zur Gefahr eingeschlafen. So nehmen wir den ständig wachsenden Einfluß der Sowjetunion in Europa oder auch die Verletzlichkeit unserer weltweiten Handelswege überhaupt nicht wahr, während sich viele bei uns aufs äußerste erschrecken angesichts der doch ziemlich marginalen Möglichkeit, in einem Atomkrieg umzukommen, oder der kaum plausibleren Aussicht, die friedliche Bundesrepublik in einen totalen Überwachungsstaat verwandelt zu sehen. Immer wieder redet man sich bei uns die Köpfe heiß über Bagatellthemen oder lediglich eingebildete Bedrohungen, während überhaupt nicht registriert wird, daß wir allmählich die westverschmolzenen Fundamente der Adenauer-Republik räumen. Viele scheinen gar nicht zu bemerken, was sich da unter unseren Augen anbahnt. Diese Wahrnehmungstrübung der Mehrheit mag daran liegen, daß grundlegende Veränderungen in der Politik, wie Bismarck einmal gesagt hat, mit geologischer Langsamkeit vonstatten gehen.[26] Wer nicht genau hinsieht, hinhört, merkt nichts.

Neue Labilitäten

Die Wiederkehr dessen, was vor 1945 gewissermaßen unsere normale Isolation war, liegt für die meisten deutschen Zeitgenossen heute völlig jenseits des Denkbaren. Dabei kann es uns leicht passieren, daß wir wider Willen erneut in eine unbehagliche Vereinzelung hineingeraten, zwischen allen Stühlen landen. Das Mißtrauen gegen uns wächst in den letzten Jahren überall im Westen.

Adenauers Enkel müssen heute erleben, was auch Bismarcks Erben schon widerfuhr. Die Prämissen der Adenauerschen Staatsgründung geraten ebenso in Vergessenheit wie seinerzeit die Bismarcks. Adenauers Beharren auf der Notwendigkeit einer sorgsamen Pflege unserer Westbindung an die USA wird heute als altmodisch belächelt. Sein Westfundament unserer Freiheit wird von wachsenden Gruppen gar nicht bemerkt, geschweige denn gepflegt. Das hat mehrere Gründe. Zum einen spielt der Wechsel der Generationen eine Rolle, zum anderen zeigen sich die Auswirkungen fundamentaler Doppeldeutigkeiten, grundlegender, vielleicht sogar unvermeidlicher Widersprüche, die ebenso in Adenauers Westpolitik steckten wie in Brandts Ostpolitik. Betrachten wir zunächst die Bedeutung des Wechsels der Generationen.

In der Völkerpsychologie versucht man, die kollektive Verarbeitung gemeinsam gemachter Erfahrungen zu erklären. Dafür wäre Deutschland im Jahre 1945 ein gutes Beispiel. Denn möglicherweise war und ist die bisherige, langjährige Stabilität der Bundesrepublik, ihre Berechenbarkeit und Verläßlichkeit, auf ein stillschweigendes Übereinkommen aller Generationen zurückzuführen, die jenes Jahr bewußt erlebt haben.[27]

Es ist jedenfalls auffällig, daß es erst mehr als zwei Jahrzehnte nach Kriegsende mit der Studentenbewegung der späten sechziger Jahre bei uns zu einem neuen Generationskonflikt kam, obwohl solche Jugendproteste und Jugendrebellionen seit der Jahrhundertwende in der deutschen Politik kontinuierlich eine erhebliche Rolle gespielt haben. 1945 und danach blieb lange ein Aufstand der Jungen aus – so naheliegend doch eine gründliche Abrechnung mit den Älteren damals im nachhinein scheint. Aber der Schock war offenbar zu groß, das Entsetzen über alles Geschehene allgemein. Ein wortloser Generationspakt war die Folge.[28] Alle, die im Jahre 1945 alt genug waren, das Ende des Krieges, den allgemeinen Zusammenbruch auf sich wirken zu lassen – mochten sie nun acht oder achtzig Jahre sein –, wurden durch dieses Erlebnis erschüttert und verwandelt. Sie alle hatten die Ergebnisse einer Politik der Selbstüberschätzung, des Fanatismus und der Verbrechen am eigenen Leibe erfahren; diese Ergebnisse sprachen für sich. Man brauchte keine Diskussion, um sich über die erhaltene Lehre zu verständigen. Sie konnte nur lauten: *Nie wieder!* Unter diesen beiden Worten steht alles, was nach 1945 in Westdeutschland, in den Anfangsjahren der Bundesrepublik geschah.

Keine Verfassungsdebatte, keine Werterevolution oder kämpferische Umwälzung hatte das Volk des totalen Führerstaats in überzeugte Demokraten verwandelt. Der Schock und die Scham prägten diese damaligen Deutschen um, einten sie alle zur Generation von 1945. Man darf daher mit guten Gründen bezweifeln, ob bei der Übernahme westlicher Demokratievorstellungen auch die gedanklichen Grundlagen, lebendigen Traditionen und etablierten Verhaltensweisen des Westens bei uns wirklich heimisch gemacht und dauerhaft verwurzelt wurden. Dergleichen braucht die Ruhe ausgedehnter Beratungen, braucht dann viel Zeit, die wir nie hatten, vielleicht auch nicht nötig zu haben glaubten. Die

Bundesrepublik war zunächst – und blieb im Kern bis heute – wesentlich das Ergebnis einer furchtbaren Erfahrung, eben der von 1945, die alle Altersstufen einte und verwandelte.

Diese Gemeinsamkeit hätte sich natürlich auch anders ausprägen können. Für den neuen Staat wurde entscheidend, daß der ohnehin nüchterne, illusionslose Adenauer die Stimmung der skeptisch gewordenen Generationen richtig erfaßte und sie mit seiner originellen Programmatik für den Weststaat in dessen deutlichsten Ausprägung, eben der Westintegration, motivierte. Mindestens ebenso wichtig wie seine Überzeugungen war, daß dieser Gründungskanzler demokratische Gesinnung mit großer persönlicher Autorität vereinte und damit den Deutschen vor Augen führte, was sie in Weimar nie erlebt hatten. Kraftvolle Führung ist nämlich nicht die Widerlegung der Demokratie, sondern die unerläßliche Voraussetzung ihrer erfolgreichen Stabilität.[29]

In einem großen Essay, der die fünfbändige, repräsentative »Geschichte der Bundesrepublik Deutschland« abschließt, meint Joachim Fest resümierend: »Die von Adenauer begründete Politik und der Konsens, auf den sie bauen konnte, haben sich rund zwanzig Jahre lang bewährt. Sie wurde gestützt und befördert durch eine unverhoffte, von den Deutschen selber mit ungläubigem Staunen registrierte Prosperität, deren tiefere Ursachen nicht zuletzt auf die Vereinigten Staaten zurückgingen. Denn sie gewährten der Bundesrepublik, was die Großmächte der Vorweltkriegszeit, unter wie immer veränderten Voraussetzungen, dem Reich verweigert hatten: Ordnung, ein Sicherheitsbündnis sowie weitgehend ungehinderten Zugang zu den Märkten der Welt. Die Generation der ersten Nachkriegszeit war sich, wie undeutlich auch im einzelnen, dieser Zusammenhänge stets bewußt und hat, quer durch alle Schichten, mit einer Mischung aus Respekt und Vertrauen, die vom Stolz auf die eigene Leistung durchsetzt war, das Ihre dazu beigetragen, die fünfziger und sechziger Jahre zur Hoch-Zeit des deutsch-amerikanischen Verhältnisses zu machen.«[30]

Wenn es danach anders lief, lag das an neuen Generationen, die die Vereinigten Staaten kritisch sahen, von ihnen enttäuscht waren, die anhänglichen transatlantischen Gefühle ihrer Väter und Mütter gegen einen oft rabiaten Antiamerikanismus austauschten. Wie alle Lebenserfahrungen war auch die Generationsprägung der 45er später Geborenen nicht zu vererben, elementar nicht übertragbar. Die Folgen dieser Tatsache bekommen wir immer mehr zu spüren. Mittlerweile ist in der Bevölkerung der Bundesrepublik die Generation von 1945 seit einigen Jahren in der Minderheit.[31] Die Mehrheit ist nach dem Kriege geboren und aufgewachsen, ganz anders, oft entgegengesetzt geprägt.

In den Führungsschichten, den politischen Parteien, den von ihnen getragenen Institutionen, ist das bisher allerdings erst zum Teil zu spüren. Hier ist die Generation von 1945 noch für einige Jahre die prägende Personengruppe. Denn im allgemeinen gelangt man ja erst ab Vierzig in politisch einflußreiche Ämter.

Es ist aber nicht nur zu fürchten, sondern bereits heute abzusehen, daß mit dem Ausdünnen der 45er die alten Unsicherheiten und Labilitäten wieder um sich greifen, der Illusionismus der Deutschen, die erschreckende Unfähigkeit, Faktoren der Außenwelt realistisch einzuschätzen. Erneut breitet sich die Neigung aus, Visionen mit der Wirklichkeit zu verwechseln, Träumen nachzujagen, die eigenen Kräfte zu überspannen und uns Rollen zuzuschreiben, die unsere Möglichkeiten weit hinter sich lassen. Das alte, kopflose Schwanken kehrt zurück, ist wieder da, zwischen Überheblichkeit und Angst, zwischen tiefem Defätismus und selbstherrlicher Unabhängigkeits-Attitüde.

Die neue Labilität zeigt sich naturgemäß vor allem in der alten Unsicherheit über unsere Rolle zwischen Ost und West. Obwohl wir auf einen schmalen Raum reduziert sind, auf weniger als die Hälfte des Reiches von 1871, hat die Bundesrepublik im Laufe der Jahrzehnte die alte Ost/West-Problematik, wie so vieles, von ihrer großen Vorgängerin geerbt. Keines Landes Außenpolitik in Europa kann nur Westpolitik sein, die unsere erst recht nicht. Die Situation West-Berlins, die Lage der unterdrückten Deutschen in der DDR verhindern das. Aber wieviel – und welche – Ostpolitik ist mit unserer Westpolitik vereinbar? Das ist niemandem in der Bundesrepublik so recht klar.

In gewisser Hinsicht war die Widerlegung der Westpolitik durch Ostpolitik, wenn auch damals nur rhetorisch, bereits bei Adenauer angelegt. Denn seiner Außenpolitik lag eine tiefe Ambivalenz zugrunde, ein Widerspruch, den er nie öffentlich aufzulösen wagte. Man muß sogar Verständnis für sein Versagen aufbringen. Vermutlich hatte Adenauer gar keine Alternative, wenn er sich an der Macht behaupten wollte. Denn zu seiner Zeit hielten die Deutschen das Reich noch für die selbstverständliche Gestalt unserer staatlichen Existenz, seine Wiederherstellung für die natürlichste Sache der Welt. Wer die Wiedervereinigung damals aufgegeben, als höchstes Ziel geleugnet hätte, wäre von einer breiten Empörungswelle davongeschwemmt worden. Als »Kanzler der Alliierten« hätte sich auch ein Adenauer nicht halten können.[32]

Heute wissen wir, daß er es war – und gerade dies seine große, originelle Leistung ausmacht. Wie schon erwähnt wurde, lag es ohne Zweifel wesentlich an ihm, wenn Bonn nach 1949 mit solcher Entschiedenheit auf Westkurs ging. Was viele andere noch lange als provisorischen Zustand betrachteten, hatte er frühzeitig als etwas wahrscheinlich Endgültiges begriffen. In einem Augenblick, in dem ein Eiserner Vorhang in der Mitte Europas niedergegangen war, von dem niemand wußte, ob und wann er sich wieder heben würde, war ein Mann an die Spitze der neuen Bundesrepublik gelangt, der schon seit dem Ersten Weltkrieg überzeugt war, man müsse Deutschland aus seiner schaukelnden Zwischenlage erlösen, entschlossen nach Westen verlagern, fest mit dem Westen verbinden.[33]

Konrad Adenauer hielt es vom ersten Tage seiner Kanzlerschaft für die Hauptaufgabe, den ihm zugefallenen Teilstaat in einen größeren westeuropäisch-atlantischen Zusammenhang einzugliedern. Dabei wußte er seinen Landsleuten nicht nur das Gefühl zu vermitteln, dieser Bundesstaat Westeuropa stelle einen Fortschritt dar gegenüber den alten, abgelebten Nationalstaaten. Zugleich beschrieb er – und darin lag der Widerspruch – die Erreichung dieses Ziels als eine vom nationalen Interesse diktierte Pflicht.

Denn selbst unter dem Schock der Niederlage, selbst angesichts des Eisernen Vorhangs ließ sich der Westabmarsch, wie ihn Gustav Heinemann genannt hat[34], nach Überzeugung des ersten Bundeskanzlers der Bevölkerung nur plausibel machen, wenn man ihn zugleich als den kürzesten Weg nach Osten, zur Wiedervereinigung ausgab. Trotz aller Entschlossenheit, den Bonner Staat nicht als Provisorium oder Transitorium, sondern als endgültiges Staatswesen aufzufassen, trotz seiner genialen taktischen Begabung wagte Adenauer nicht, den Deutschen seine Sicht der Dinge zu vermitteln. Selbst in einer für sein Konzept außergewöhnlich günstigen Lage hielt sich dieser Gründungsvater nicht für stark genug, seinen Staat, die Bundesrepublik, wirklich als das auszugeben, was ihr Name sagt: als Deutschland – Deutschland schlechthin und für alle Zeiten. Nicht übertriebenes Machtstreben hat ihn veranlaßt, nach Westen übernationale Integrationspolitik, nach Osten (vermeintlich) nationalstaatliche Politik zu treiben, hier das praktisch Mögliche listig und würdevoll durchzusetzen, dort hartnäckig maximale Rechtsansprüche zu behaupten.[35] Es waren Rücksichten auf gesamtdeutsche Gefühle, es war die Furcht vor einer imaginären Koalition der Gesamtdeutschen in der Union und des nationalen Flügels der FDP mit der SPD und der damaligen Vertriebenenpartei, dem BHE, die ihn zu dem Versuch veranlaßten, seine Westpolitik als wahre Ostpolitik zu rechtfertigen und durchzusetzen.

Vorwiegend innenpolitische Gründe legten ihm eine zwiesichtige Außenpolitik nahe, von der man in Abwandlung des berühmten Wortes von Walter Bagehot sagen könnte, die Westintegration sei ihr *efficient part,* ihr tatsächlich wirksamer Teil, die Wiedervereinigung ihr *dignified part,* ihr zeremoniell-würdevoller Bestandteil gewesen.[36] Anders freilich als im britischen Verfassungssystem, wo sich beide Teile ergänzen, hoben sie sich hier gegeneinander auf, wenn man sie, wie das doch weitgehend geschah, gleichermaßen ernst nahm. Ein Grundwiderspruch durchzog nicht nur die Außenpolitik, sondern auch das westdeutsche Selbstverständnis. Mit eigener Hand untergrub Adenauer damit sein konzeptionelles Westwerk, das doch nach sei-

68

nem Willen durch besondere Festigkeit der Fundamente jede Wiederholung früherer Schwankungen hatte unmöglich machen sollen.

Die Belastungsfähigkeit dieses Westwerks der Bundesrepublik wurde schon zu Beginn der sechziger Jahre einem Härtetest unterworfen, als nämlich nach dem Machtantritt de Gaulles und dann Kennedys die amerikanisch-französischen Spannungen sich derart verschärften, daß beide von Bonn eine Parteinahme forderten.

Bonn war mit einem unlösbaren Dilemma konfrontiert. Die Bundesrepublik hatte plötzlich nicht mehr einen einigen Westen hinter sich, sondern mußte zwei westliche Optionen gegeneinander abwägen, ohne zu einer Entscheidung imstande zu sein. Denn Bonn wollte und konnte nicht zwischen den atlantischen und europäischen Bindungen wählen. Ihr westeuropäisches Hinterland, dessen Herzstück Frankreich ist, war und ist für die Bundesrepublik ebenso wichtig, ja unentbehrlich wie der Schutz durch die Vereinigten Staaten.

Die französisch-amerikanische Zwickmühle hatte damals für unsere politische Stabilität zwei gleichermaßen unangenehme Folgen. Zum einen mußte die westdeutsche Außenpolitik fortan einen schwierigen Balanceakt zwischen Washington und Paris vollführen, solange der Konflikt seiner beiden Hauptalliierten andauerte. Zum anderen schlug der amerikanisch-französische Gegensatz auf das westdeutsche Parteiengefüge durch. Die Bundesrepublik ist nun einmal extrem außenabhängig, also durch internationale Veränderungen innenpolitisch beeinflußbar; Wolfram Hanrieder hat bei ihr geradezu von einem *penetrated system* gesprochen.[37] Sofort bildeten sich in den westdeutschen Parteien, und zwar quer durch sie hindurch, zwei entgegengesetzte Lager (»Atlantiker« hier, »Gaullisten« dort), die gemeinsam den amerikanisch-französischen Konflikt widerspiegelten, in der Bundesrepublik nachspielten.

Wenig später, am Ausgang der sechziger Jahre, kam die Neue Ostpolitik hinzu. Neben die atlantische und die französisch-westeuropäische Orientierung trat nunmehr die deutsch-deutsche, gesamteuropäische, Ostoption – alles Namen für die gleiche Sache.

Die Folgen dieser Erweiterung des Bonner Aktionsfeldes hat David Calleo klar erfaßt und anschaulich beschrieben. Man könne, meinte er, die westdeutsche Außenpolitik der Nachkriegszeit schematisch als den Versuch darstellen, drei Beziehungskreise ins Gleichgewicht zu bringen: die atlantischen, westeuropäischen und innerdeutschen Beziehungen. Sie stünden in einem Spannungsverhältnis zueinander, hätten aber in der bipolaren Umwelt Europas nach 1945 verhältnismäßig leicht nebeneinander existieren können. Die Bundesrepublik habe jede dieser drei Optionen bis zu dem Punkte verfolgt, von dem an sie die anderen beiden gefährdete.

»So machten deutsche Diplomaten den Amerikanern klar, daß sie keine Unterstützung für eine atlantische Politik erwarten könnten, die die deutschen Bindungen an Frankreich ernsthaft gefährde; sie machten den Franzosen deutlich, daß eine europäische Politik, welche die Allianz mit den Amerikanern gefährde, von den Deutschen nicht getragen würde. Schließlich wurde beiden Partnern bedeutet, daß man von Deutschland nicht verlangen könne, auf die Verbesserung der Beziehungen zur DDR und zum Osten allgemein zu verzichten – selbstverständlich mit der Einschränkung, daß die Ostpolitik nicht so weit getrieben werden könne, daß sie die Westpolitik gefährde.«[38]

Es ist offenkundig, daß eine so komplizierte Balance nur vorübergehend möglich ist. Denn es ist ausgeschlossen, drei Optionen, von denen zwei der dritten diametral widersprechen, so gebremst wahrzunehmen, daß sie alle drei, ohne nachhaltige Erschütterungen des Gesamtgefüges, auf Dauer in jener unentschiedenen, heiklen Zwischenlage bleiben. Wo sind die Zeiten hin, in denen Adenauer seine Landsleute außenpolitisch am liebsten nur mit einem Ball hantieren lassen wollte![39] Inzwischen nähern wir Westdeutschen uns gefährlich dem alten, komplizierten Spiel mit vielen Kugeln wieder an, dem wir uns doch in der Vergangenheit so wenig gewachsen gezeigt haben.

Natürlich geht es ohne Ostpolitik nicht ab, schon lange nicht mehr. Aber man muß wissen, was man im Osten will, was dort erreichbar ist – und mit wem man es zu tun hat, drüben. Verglichen mit Größe und Gewicht der neuen Herausforderungen im Osten war der atlantisch-gaullistische Gegensatz, der uns früher zu schaffen machte, sind auch die immer wieder auftretenden Schwierigkeiten zwischen den USA und der EG geradezu Kinderspiele – unter Freunden.

Mit unserer beherzten Rückkehr in die Ostpolitik, mit der zunehmenden Bereitschaft, dort eine aktive Rolle zu spielen, werden zwangsläufig unsere Orientierungsschwierigkeiten wachsen. Denn im Osten haben wir, verglichen mit dem Westen, ein viel fremderes, viel gefährlicheres Terrain vor uns, müssen dort, verglichen mit aller Westpolitik, ein weitaus schwierigeres, steinigeres Feld beackern. Diese neuen, allenfalls langfristig erfolgversprechenden Mühen werden in der Zwischenzeit unsere Position im Westen nicht unberührt lassen. Wer viel oder gar ausschließlich nach Osten blickt, wird leicht aus dem Auge verlieren, was sich hinter seinem Rücken tut. In der Anbahnungsphase einer neuen Politik erlebt man ja, wie bei privaten Neuanfängen auch, euphorisch den Zuwachs an bisher unbekannten Gestaltungsmöglichkeiten. Aber die Kehrseite der neuen Bindungen – Abhängigkeiten, Pflichten, auch die Entfremdung von früheren Partnern – folgt unvermeidlich hinterher. Je mehr die Bundesrepublik in die alte Mittelposition des Reiches einrückt, desto häufiger wird sie sich zwischen Ost und West hin- und hergerissen fühlen.

Wissen wir wirklich, wohin wir gehören? Schon heute beantworten viele von uns wichtige Fragen anders als der gesamte übrige Westen.[40] Wir entfernen uns, langsam, aus seinem Kreise, wandern stillschweigend ab, in eine Art innere Emigration, eine gleichgültige Distanzierung von unseren bisherigen Freunden, wobei sich äußerlich an der Westbindung vorerst nichts ändert. Viele vollziehen den Positionswechsel, ohne ihn überhaupt richtig zu merken, ohne sich Rechenschaft über ihn abzulegen.

Unsere Intelligenz ist insgesamt linker, aufbruchsgeneigter, auf Veränderungen erpichter als die Frankreichs, Großbritanniens, der USA. Auch die westdeutschen Parteien bieten mehr und mehr ein anderes, abweichendes Bild. Kein ernstzunehmender Politiker der drei Länder, welcher politischen Richtung auch immer, würde leugnen, daß die Sowjetunion eine militärische Bedrohung darstellt, während in unserer Öffentlichkeit immer mehr Allgemeingut zu werden scheint, daß alle Befürchtungen längst grundlos geworden sind.

Aber können diejenigen, die dergleichen seit Jahr und Tag verkünden, wirklich so sicher sein? Was, wenn Gorbatschow scheitert, sein Reformprogramm sich als undurchführbar erweist? Seweryn Bialer, einer der besten Sowjetkenner des Westens, hat betont, daß die Sowjetunion weder zu grundlegenden Reformen noch zum Abstieg von der Weltmachtposition aufgelegt sei; auf keine der beiden Alternativen dieser äußerst schwierigen Wahl sei die gegenwärtige dortige Führung bisher vorbereitet.[41] Kann man demnach mit Sicherheit ausschließen, daß eine verzweifelnde Moskauer Machtelite versucht sein könnte, sich Westeuropas im Falle des Scheiterns einer hinreichenden inneren Erneuerung der Sowjetgesellschaft mit Druck und Gewalt zu bemächtigen? Wir haben ja die leistungsfähigen Konsumgüter-Industrien, derer Gorbatschow in den nächsten Jahren so dringend bedarf, wenn er sich halten, Erfolg haben will. Wollen wir, dürfen wir demnach die Zukunft unseres Landes, seine Unabhängigkeit und Freiheit, auf eine vage, möglicherweise trügerische Hoffnung gründen?

Die Sowjetunion hat den Wandel, von dem Gorbatschow so begeistert und begeisternd spricht, bisher noch nicht vollzogen — auf keinem Gebiet, auch gerade auf dem militärischen nicht. Natürlich ist die intellektuell stimulierende Atmosphäre des *Neuen Denkens,* sind *Glasnost* und *Perestrojka* aufregend und wichtig. Überhaupt ist Gorbatschows Reformversuch höchst bemerkenswert; dieser Mann ist für sein Land eine der großen Hoffnungen unserer Zeit (ob auch für den Rest der Welt, bleibt abzuwarten). Auf jeden Fall sollten wir nicht durch voreiligen, ungeduldigen Übereifer den Erfolg gefährden, der doch nur dann in greifbare Nähe rückt, wenn sich in den russischen Realitäten etwas unwiderruflich ändert, wenn es also wirklich zur Verlagerung der sowjetischen Kompetenz und Konkurrenz weg vom militärischen zum wirtschaftlichen Wettbewerb kommt.[42] Das kann dauern. Unsere Geduld ist gefragt, beharrliche Zielstrebigkeit. Auch Vertrauen muß langsam heranreifen. Und wir müssen uns immer und immer wieder vorrangig um die Einheit des Westens bemühen, gerade auch in dieser wichtigen Phase der Bewegung im Osten!

Im übrigen nimmt niemand außerhalb Deutschlands an, daß der Konflikt zwischen der Sowjetunion und dem Westen als solcher beizulegen ist. Seine Erscheinungsformen, seine Austragungsarten mögen sich, werden sich hoffentlich ändern. Aber selbst wenn die gegenwärtigen und die kommenden Rüstungskontrollverhandlungen ein gutes Ende nehmen, ohne neue, andere Gefahren herbeizuführen, unerwartete Deckungslücken aufzureißen, werden die Weltmächte und ihre Alliierten noch lange bewaffnet, ja hochgerüstet bleiben. Die Rivalität zwischen Ost und West wird uns, auf die verschiedensten Weisen, noch mindestens über Jahrzehnte hinweg begleiten, auch irritieren und zu schaffen machen. Wenn wir, statt geduldig im Rahmen unserer Allianzen auf den Ausgleich mit dem Osten schrittweise hinzuwirken, unsere gegenwärtige, teilweise euphorische Sicht und unser ungestümes Aufbruchsverlangen zum Maßstab des gesamtwestlichen Verhaltens machen wollen, unsere Attitüde den anderen Partnern aufzunötigen versuchen, werden wir nur eines mit Sicherheit erreichen: Wir werden in die Isolierung geraten.

Eine hektische, rasche Resultate suchende Betriebsamkeit kann nicht nur die bisherige Außenpolitik Bonns überdehnen und in Stücke sprengen, sondern auch unsere Innenpolitik in verfeindete Lager auseinanderreißen; wir sind immer noch ein *penetrated system,* dessen Außenpolitik die Innenpolitik umformt. Vielleicht muß man aber noch pessimistischer sein, muß fürchten, daß sich die Anhänger der neuen Ostpolitik und die der alten Westpolitik am Ende auf eine gemeinsame Ost/West-Schwebelage verständigen. Im schlimmsten Falle muß man vielleicht sogar mit allgemeinem Rutschen rechnen. Richtung Osten. In Deutschland ist immer alles möglich. Auf längere Sicht liegt ein *appeasement* in der Luft. Deutsch und deutlich gesagt: eine hoffnungsvolle Unterwürfigkeit gegenüber der Sowjetunion.

Im Lichte dieser Perspektiven sollte man das Dilemma betrachten, mit dem schon Adenauer, dann Brandt nicht fertig geworden sind.

An sich sah auch für Willy Brandt anfangs alles einfach aus. Die Gründung der Bundesrepublik, die sich über zwei Jahrzehnte hingezogen hatte, wurde durch seine Neue Ostpolitik auch nach Osten abgeschlossen. Wegen ihrer Bereitschaft, die bestehenden Grenzen in Mitteleuropa hinzunehmen und damit der Bundesrepublik endlich zu einer Ostgrenze zu verhelfen, war sie der Abschluß, die Vollendung des Adenauerschen Weststaates. Was mit der Westorientierung, der Westbindung, begonnen hatte, war mit der grundsätzlichen Akzeptierung des Status quo auch nach Osten erreicht. »Brandt setzt fort, was Adenauer begann«, hieß damals die Formel. In dem Augenblick jedoch, in dem die Bundesrepublik anfing, sich endlich in ihrem Umriß als »der Staat, der sie wirklich ist«, klar dem Bild der Landsleute und des Auslands einzuprägen, kamen die alten Untugenden wieder auf: Erneut begannen die Konturen des Möglichen und Erreichbaren in vielen Köpfen zu verschwimmen.

Woran lag das? An der Doppelgesichtigkeit, Doppeldeutigkeit dieser Neuen Ostpolitik, die auf einer anderen Ebene die Unklarheiten, die Widersprüche Adenauers fortsetzte.

War diese Ostpolitik denn nicht die letzte, unvermeidliche Etappe der Weststaatsgründung? Doch, ja. Aber sie war mehr als dies. Wenn man heute die alten Texte noch einmal liest, Worte Willy Brandts im Ohr hat, dann läßt sich die zitierte Formel auch ganz anders verstehen: entgegengesetzt. Denn da war immer wieder vom »Ziel guter Nachbarschaft mit Ost und West« die Rede. Das meinte mehr als eine abschließende Bereinigung der Grenzfrage, mehr als die Ostabrundung der Bundesrepublik. Es zielte auf einen neuen Anfang. Willy Brandt wollte den Versöhnungsversuch, den Konrad Adenauer nach Westen unternommen hatte, in gleicher Weise nach Osten wagen. Er riet uns und den übrigen Westeuropäern, »sich nicht nur um eine gute Partnerschaft mit den Vereinigten Staaten zu bemühen, sondern sich auch als solide Partner der Sowjetunion und der osteuropäischen Staaten darzustellen«.[43] Also Partner im Westen, Partner im Osten.

Schon Brandts Ansatz war damit der Beginn der Widerlegung des Weststaats, war der Gegensatz, die Revision des Adenauer-Konzepts, war damit zugleich der Anfang einer Rückkehr zum Bismarckschen Modell des Maklers in der Mitte Europas. Brandts Ostpolitik wollte am Anfang der siebziger Jahre die spiegelbildliche Entsprechung zu dem sein, was Adenauer zu Beginn der fünfziger Jahre in die Wege geleitet hatte. Adenauer hatte mit den Bonner und Pariser Verträgen von 1952/54, eigentlich Friedensverträgen mit den Westmächten, gleichzeitig die Grundlage für eine langfristige, vertrauensvolle Zusammenarbeit legen, seine Deutschen auf Dauer an den Westen binden wollen. Indem Brandt nun das gleiche nach Osten versuchte, lief sein Bemühen tendenziell auf die Auflösung der Westbindung hinaus. Adenauer hatte seine Westpolitik als wahre Ostpolitik ausgegeben, was nicht stimmte. Brandt gab seine Ostpolitik als gesamtwestliche Politik aus, was ebensowenig richtig war.

Sebastian Haffner hat 1970 die Auffassung vertreten – und sie 1982 wiederholt –, die Bundesrepublik vertrage die Wahrheit über sich selbst nicht. Sie wolle das von ihr mitgeschaffene Unabänderliche ihrer Existenz nicht anerkennen und verwechsle den Ausverkauf der Illusionen mit dem längst von Adenauer, nicht von Brandt vollzogenen Ausverkauf der nationalen Einheit.

Ich glaube nicht, daß Adenauer je die Möglichkeit hatte, die Einheit zu akzeptablen Bedingungen zu retten. Richtig ist, daß er den Weststaat, der dann die einzige realistische Möglichkeit war, von ganzem Herzen wollte; die Freiheit war ihm immer wichtiger als die Einheit, wie uns allen. Daß der von ihm und der Generation von 1945 geschaffene Weststaat unabänderlich sei, also unwiderruflich auf die Westbindung Adenauers festgelegt, möchte man von Herzen hoffen, kann es aber kaum glauben.

Wiederum richtig erscheint mir jedoch, wenn Haffner damals schloß: »In gewissem Sinne war Brandt der Konkursverwalter Adenauers, so wie Adenauer vorher der Konkursverwalter Hitlers gewesen war. Und fühlte sich nicht auch Brandt aus innenpolitischen Gründen zu einer zwiegesichtigen Politik genötigt? Manchmal wird man das beklemmende Gefühl nicht los, daß auch er, wie Adenauer, nicht wagte, den Deutschen die volle Wahrheit zu sagen, daß auch er aus Furcht vor einer imaginären Koalition der gesamtdeutschen Gruppe seiner Partei und des nationalen Flügels der FDP mit der CDU und der CSU nicht bereit war, seine Politik voll beim Namen zu nennen.«[44]

Insofern steht die eigentliche Gründung der Bundesrepublik, ihre Selbstanerkennung, noch immer aus.

Deutsche Bewegung

Wie auch immer die unterschiedlichen Bewegungen
im einzelnen motiviert waren, ob christlich-völkisch,
anarchistisch, national: alle waren
»durch den Geist der gleichen apokalyptischen Erregtheit«
verbunden, der auch heute oft auffällt und beunruhigt.

Eine neue Ostpolitik war am Ende der sechziger Jahre unabweisbar geworden. Nicht nur, um der außenpolitischen Selbstblockade zu entgehen, in die man durch die »Hallstein-Doktrin«[1] mehr und mehr zu geraten drohte, auch nicht allein um der Stabilisierung West-Berlins willen, so dringend diese seit 1961 zunehmend geworden war. Vor allem wegen der drohenden Isolierung im westlichen Lager hatte sich Bonn damals der Entspannung nicht länger verweigern können, da unsere Alliierten sie längst zu ihrer Sache gemacht hatten und eifrig ohne uns betrieben. Jede Bundesregierung mußte also wohl oder übel mit der Sowjetunion, Osteuropa und damit auch dem anderen deutschen Staat ins Gespräch und Geschäft kommen. Das wußte bereits die Regierung der Großen Koalition unter Bundeskanzler Kurt Georg Kiesinger (CDU), und die folgende sozialliberale Koalition setzte diese Einsicht dann energisch in die Tat um. Kiesinger hätte dasselbe getan, allerdings wohl erheblich langsamer, wenn er 1969 an der Macht geblieben wäre.

Um Entspannungspolitik treiben zu können, war es allerdings nötig, bis zu einem gewissen Grad den Systemgegensatz herunterzuspielen, was innenpolitisch nicht ohne Auswirkungen blieb. Die Folgen waren fatal. Es erwies sich nämlich als unmöglich, den westlich orientierten Konsens, der bis dahin das Selbstverständnis der Bundesrepublik getragen hatte, unbeschädigt in die veränderten Zeiten hinüberzuretten. Es gelang nur zum Teil, ihn

nachfolgenden Generationen plausibel zu machen. Die innenpolitische Entsprechung der Neuen Ostpolitik war daher ein Ent-
spannungslager, eine Friedensbewegung, die sich als Gegensatz
zu jeder bisherigen Bonner Politik verstanden, auch zu deren
sozialdemokratischen Versionen, und sich zum Widerstand
gegen alle diese Regierungen verpflichtet glaubten.

Diese Entwicklung lag natürlich nicht nur an Brandts Ostpolitik, deren Rückwirkungen zunächst beschränkt blieben. Es lag
vor allem an einem neuen Politikverständnis, an einem weitver-
breiteten, umfassenden Veränderungs- und Erneuerungswillen,
der in den sechziger Jahren um sich gegriffen hatte und dem ganz
anderen Selbstverständnis jener geburtenstarken, selbstsicheren
Jahrgänge entsprach, die nach dem Kriege zur Welt gekommen
und im beginnenden Wohlstand aufgewachsen waren. Sie sahen
die Gesellschaft in vielem völlig entgegengesetzt zu ihren Eltern,
zu den Älteren allgemein.[2]

Das war von großer, heute noch anhaltender Bedeutung. Seit
langem bin ich überzeugt, daß es – anders als in Weimar – in der
Bundesrepublik wenig sinnvoll ist, sich auf Untersuchungen der
Bürokratie oder gar der Bundeswehr, der Industrieverbände und
der Gewerkschaften zu konzentrieren, wenn man den bestimmenden politischen Einflüssen auf die Spur kommen will. Solche
Analysen sind natürlich nützlich. Aber sie reichen nicht aus.
Anders als in der ersten Republik spielen in der zweiten offenbar
auch die Institutionen des Verfassungsstaates (wie Bundespräsident, Bundesregierung, Bundestag und so weiter) eher eine
untergeordnete Rolle. Auch die Parteien sind nicht mehr so
wichtig, wie viele und vor allem sie selber glauben. Alle diese
Einrichtungen und Organisationen folgen den Trends, lösen sie
nicht aus, bestimmen sie nicht.

Diese Trends jedoch sind das Entscheidende. Man muß daher
bei uns Meinungsströmungen untersuchen, muß die im Bereich
der Meinungsbildung bestimmenden Kräfte analysieren, wenn
man die Veränderungen der Machtlage an der Wurzel erkennen
will. Wer den Umbruch der späten sechziger Jahre begreifen
möchte, dessen Folgen uns bis heute beschäftigen, wird daher

nicht weit kommen, wenn er seine Suche auf die sogenannten *objektiven,* intern deutschen wie internationalen Faktoren unmittelbar politischer Machtverschiebung beschränkt. Auch eine Darstellung der offenkundigen wirtschaftlich-sozialen Ursachen des damaligen Mentalitätswandels hilft für sich allein nicht viel.

Weitaus wichtiger, wenn nicht ausschlaggebend, waren nämlich die *subjektiven* Veränderungen jener Jahre. Es war wesentlich eine neue Weltsicht, es waren Gegen-Auffassungen zu den vorher etablierten Konzepten, andere, nunmehr dominant werdende Interpretationen wesentlich gleichgebliebener Sachverhalte – eben jene Bewußtseins-Revolution, von der sich vor allem die neuen Generationen prägen ließen –, die den Machtwechsel von 1969 ausgelöst, das Grundklima des Landes seither maßgeblich bestimmt haben. Ein tiefer Bewußtseinswandel, der sich vielfältiger Ausdrucksformen bedient, ist die seither wirklich neue, politisch prägende Kraft in unserem Lande.[3]

Die 68er-Bewegung hat ungeduldig, wie wir Deutsche nun einmal sind, schon früh in den siebziger Jahren ihre Erfolglosigkeit, ihr angebliches Scheitern beklagt. Resigniert haben wichtige Mitkämpfer dieser Bewegung voreilig ihre Memoiren geschrieben. Diese Enttäuschung war nur berechtigt, wenn man das Erreichte an den umfassenden Zielen einer plötzlichen, revolutionären Umwälzung maß, die sich in der Tat als unmöglich erwiesen hatte. Aber das konnte eigentlich niemanden überraschen. Schließlich handelte es sich bei den 68ern aller Spielarten wesentlich um eine Bewegung junger Intellektueller, die eine neue Sicht der Dinge, verblüffende Denkanstöße, originelle Veränderungsimpulse in den Köpfen der Mehrheit wirksam werden lassen wollte; dergleichen dauert seine Zeit.

Ebensowenig kann man einen Fehlschlag aus der Tatsache ableiten, daß den zeitweilig einflußreichen, die Bewegung prägenden Verbänden und Initiativgruppen in aller Regel keine lange Lebensdauer beschieden war. Die organisatorische Verfestigung der meisten solcher Zusammenschlüsse war gering, und so kann man die Wirkung der Bewegung nicht an einem festum-

rissenen Bestand von Interessengruppen und Institutionen ablesen, die aus ihr hervorgegangen wären. Man denke nur an
den »Sozialistischen Deutschen Studentenbund« (SDS), den
»wohl wichtigsten linken Studentenverband der deutschen Geschichte«, der trotz überwältigender Erfolge in seinen Anfangsjahren schon im Herbst 1968, mehr als zwölf Monate *vor* dem
Sieg der neuen Kräfte, am Ende seiner Kunst angelangt war,
auch wenn er sich formal erst anderthalb Jahre später auflöste.[4]
Ein ähnliches Schicksal wie dem SDS mag eines Tages, in größerem Maßstabe, den *Grünen* widerfahren. Aber auch in diesem
Falle werden die Impulse der Bewegung weiterwirken, werden
sich später, zu gegebener Zeit, in einer anderen Gemengelage neu
formieren. Vieles wächst, blüht und vergeht rasch auf diesem
feuchten, immer fruchtbaren Grunde.

Es leuchtet daher ein, wenn politikwissenschaftliche Untersuchungen unserer Tage davon absehen, die verschiedenen Wellen
und spezifischen Ausprägungen aller dieser bewußtseinsbilden-
den Gruppen der letzten anderthalb Jahrzehnte überhaupt unter
einem gemeinsamen Begriff zu fassen, und sich statt dessen
damit begnügen, im Plural von »neuen sozialen Bewegungen« zu
sprechen.[5] Diese Vorsicht darf nur nicht den Blick dafür trüben,
daß hinter dem jeweils Trennenden der einzelnen Erscheinungsformen doch immer gemeinsame Züge der Bewegung erkennbar
sind – einer Bewegung, die sie alle verbindet und als aktiv Betei-
ligte eines neuen Generations- und Zeitbewußtseins ausweist.

Die neue Sensibilität artikuliert sich gegenwärtig bekannter-
maßen am stärksten bei den Grünen. Als politischer Machtfaktor im engeren Sinne, als parlamentarische Kraft, werden sie
noch lange Zeit, vielleicht immer, unerheblich bleiben, weil ihre
Maßlosigkeit, ihr Radikalismus, ihre von dort herrührende
Kompromißunfähigkeit jede wirkliche, dauerhafte Zusammenarbeit intern und erst recht mit anderen politischen Parteien verhindern. Seit der Bundestagswahl vom Januar 1987 haben sie
sich, wie es scheint, noch mehr als vorher im Gehege ihrer innerparteilichen Spannungen verfangen, höher gegeneinander ver-
barrikadiert. Von Einigkeit kann kaum die Rede sein. Ihr Einfluß

auf den politischen Entscheidungsprozeß scheint demnach minimal, und manche Beobachter sprechen schon heute ernsthaft von ihrem absehbaren Ende.

Doch was die Schwäche der Grünen in den Parlamenten, im politischen Tagesgeschäft ausmacht – ihr unaufhörlicher Zank und Streit untereinander –, ist in Wahrheit wohl ihr »Lebenselixier«; da hat der Journalist Gunter Hofmann völlig recht. Sie müssen, sagt er, ihren Standort im Parteiensystem wie in der Republik ständig neu definieren. »Deshalb haben ihre Krisen keine Ende, deshalb enden alle Krisensitzungen ohne große Lösungen.«[6]

Das ist aber auch ihre ganz große Stärke. Es wäre daher falsch, zumindest voreilig, wenn man den Einfluß der Grünen deshalb geringschätzen wollte, weil sie so wenig institutionelle Macht haben. Man sage auch nicht, die Grünen seien doch nur eine Minderheit. Es ist wahr, sie sind es, und nicht jede Minderheit ist einflußreich. Aber ebensowenig haben Mehrheiten, schweigende Mehrheiten, viel zu melden. Einfluß besitzen, wie Mancur Olson gezeigt hat, am ehesten Minderheiten, die über Organisationstalent verfügen, sich gewandt artikulieren können, also in den oberen, gebildeten Schichten der Bevölkerung beheimatet sind, in ihren Reihen viele Intellektuelle haben.[7] Solche meinungsbildenden Minderheiten sind es, die längerfristig Mehrheiten beeinflussen, umformen. Antje Vollmer ist sich dieser Zusammenhänge durchaus bewußt, wenn sie, völlig zu Recht, von der »Meinungsführerschaft« der Grünen in unserem Lande spricht. Zwar drohe sie immer wieder in Flügelkämpfen verlorenzugehen, andererseits aber habe sich die Gedankenwelt der Grünen als erstaunlich ausbreitungsfähig erwiesen: »Der grünen Partei geht es zwar schlecht, der grünen Idee geht es aber eigentlich ganz gut. Ich habe immer auch für möglich gehalten, daß die Grünen nur eine Art Vorläuferfunktion haben. Irgendwie sind ja sogar Frau Süssmuth und selbst Herr Blüm und Herr Geißler schon Propagandisten der grünen Idee.«[8]

In der Tat verstand sich die grüne Partei von Anfang an nur als das parlamentarische »Spielbein« einer weit umfassenderen

Bewegung. Ihrem Einfluß tut das keinen Abbruch, ganz im Gegenteil: Die Grünen sind in der Tat heute in der Bundesrepublik das wichtigste Sammelbecken der Bewegung und gleichzeitig deren meinungsbildende, bewußtseinsprägende Instanz, eine vielstimmige, ausstrahlungsstarke Tribüne. Gerade wegen ihrer grundsätzlichen, fundamentalistischen Ausrichtung sind sie zu Trendsettern des aufgeschlossensten, intellektuellsten Teils der heranwachsenden Generationen geworden. Man darf wohl verallgemeinern, was Elisabeth Noelle-Neumann aus Anlaß der Volkszählung behauptet hat: »Das Muster besteht darin, daß in der Bevölkerung ein weitgehender Konsens in einer Frage besteht – mit Ausnahme der Grünen. Im Verlauf weniger Jahre löst sich das Einverständnis auf; zuerst übernimmt ein erheblicher Teil der ganz jungen Generation den Mehrheitsstandpunkt der Grünen, etwas langsamer, aber klar erkennbar, folgt die übrige Bevölkerung.«[9]

Grüne Thesen sind wieder und wieder zunächst die Meinung einer Minderheit gewesen. Aber im Laufe der Debatte hat ein Großteil, hat die Mehrheit der Bevölkerung sie sich zu eigen gemacht, wobei die jungen Jahrgänge eine Vorreiterrolle spielen. Die Grünen wittern früher, was in der Luft liegt – das betrifft weniger die Stickoxyde (die auch), sondern vor allem die öffentliche Meinung. Sie erfassen die kommende, heraufziehende Stimmung im Lande früher als andere, beeinflussen sie, prägen sie mit, hantieren richtiger, erfolgreicher als ihre Konkurrenten mit den kommenden Meinungsströmungen. Das ist, wenn man so will, eine große Stärke; sie weist die Grünen, diesen wortmächtigen Teil der politisch bewußten jungen Generation, zumindest als die heutigen Sprecher derer aus, die nach uns kommen.

Viele sehen sie so, auch sie sich selbst. Die Grünen haben, wie sie oft betonen, gewissermaßen die Zukunft auf ihrer Seite, und sie beziehen daraus, um es mit Thomas Mann zu sagen, eine »sittliche Sicherheit und Selbstgewißheit, die der Verhärtung nahekommt«.[10] Auch ihre Ausstrahlung rührt von dorther. Zum Teil mag das ihren Erfolg erklären. Denn das Seltsame ist ja, daß die Grünen in Deutschland mit ihren Anliegen auf breite Zustim-

mung stoßen, obwohl man ihre Regelverstöße und ihren Radikalismus weithin ablehnt, freilich auch nicht besonders ernst zu
nehmen geneigt ist.

Das hat mit geheimem Einverständnis, dieses wiederum auch
mit Selbstvorwürfen zu tun. Der Erfolg jeder Bewegung solcher
Art ist undenkbar ohne die Unterstützung eines Teils der älteren
Generation – nicht erst diesmal. In seiner klassischen Studie über
»Die deutsche Jugendbewegung« der ersten Jahrzehnte unseres
Jahrhunderts hat Walter Laqueur geschrieben: »Wann immer
sich in der Geschichte der Jugendbewegung hoffnungsvolle
Ansätze zeigten…, gab es auch Persönlichkeiten der älteren Generation, Professoren der Universitäten zumeist, die bereit waren,
diesen jungen Männern und Frauen auf der Suche nach ihrem
Weg in der Welt eine helfende Hand zu reichen. Die einen taten es,
weil man sie darum bat, die anderen aber handelten freiwillig in
der Überzeugung, daß sie eine Mission zu erfüllen hätten.«[11]

Mission? Das Wort läßt aufhorchen. Es klingt tief und feier-
lich, spricht Gefühle an, ja rührt an Religiöses. Man denkt an
Begriffe wie Sendung, Berufung und Auftrag. Und sind die Anliegen der Grünen nicht so wichtig und so selbstverständlich, nämlich für das gemeinsame Überleben unerläßlich, daß jeder halbwegs verantwortungsbewußte Mensch ihnen einfach zustimmen
muß? Laqueur, dieser erfahrene, ausländische Beobachter, hat
Grüne in den achtziger Jahren bei öffentlichen Auftritten erlebt
und hinterher seinen Eindruck notiert: »Begabte Leute, die ihre
Sache leidenschaftlich und überzeugend vertraten. Was mich
überraschte, war ihre Erregung und Schrille; es war, als treibe sie
ein innerer Dämon. Ein plausibler Grund für ein solches Verhalten wäre die tiefe Überzeugung, daß das Ende der Welt nah sei;
es wäre geradezu unmenschlich, unter solchen Umständen innere
Harmonie und Mäßigung zu erwarten, und schon gar nicht
Humor. Wie sollte jemand angesichts von Gegnern, die zu
stumpfsinnig sind, um die enorme Gefahr zu begreifen, anders
als explosiv reagieren?«[12]

Die heftigen Vorwürfe der Jungen lassen viele Ältere nicht
unberührt. Sie reagieren mit tiefer Betroffenheit, wie man sagt.

Ist nicht die heftige Verzweiflung der jungen Generationen über die von allen Alten mitgeschaffene Welt der schlagende Beweis des Versagens der Eltern-Generation? Zeigen nicht zahllose Mißstände die Notwendigkeit einer radikalen Umkehr auch ihrer, der älteren Jahrgänge? Unsere Erde werde nur dann eine Zukunft haben, meinen auch sie, wenn man heute eine ganz andere, behutsamere, verträglichere Entwicklung einleite.

Die Dynamik der Bewegung, auch ihre Erfolge, wären unmöglich, ja unerklärlich, wenn es nicht dieses schlechte Gewissen der Alten gäbe. Sie bekennen, geradezu erleichtert, Generationen anzugehören, die versagt hätten, gescheitert seien – und nach Anzeichen solchen Scheiterns und Versagens braucht man in unserer jüngsten Geschichte, in unserer heutigen Umwelt ja leider wirklich nicht lange zu suchen.

Auch jeder ältere Deutsche hat daher seine grüne Seite, fast jeder. Wer wäre nicht verzweifelt über Mißstände und Fehlentwicklungen, weltweit? Sorgenvoll über die Abholzung der Amazonas-Wälder oder das wachsende Ozonloch über der Antarktis, entsetzt über die Verantwortungslosigkeit der chemischen Industrie, voll Trauer über die Tausende und Abertausende von Vögeln, die Jahr für Jahr an den Küsten hilflos der Ölpest zum Opfer fallen, zornig angesichts der offensichtlichen Unmöglichkeit, abgasgereinigte Autos in der EG rasch und umfassend durchzusetzen?

Grün sein heißt, alle diese Impulse und Einsichten absolut zu setzen, zu bündeln, in Haß und Wut, Verzweiflung und Resignation lautstark zu äußern. Es gibt inzwischen unter uns eine verbreitete grüne Weltanschauung, die sich in der Zukunft auf die verschiedenste Weise äußern, ausformen kann. Grünes Bewußtsein, grüne Lebenseinstellung werden daher auch dann politisch einflußreich bleiben, wenn die Grünen als Partei scheitern, eines näheren oder ferneren Tages auseinanderfallen sollten. Der Einzugsbereich grünen Denkens reicht heute auch in nichtökologischen Fragen weit über diese kleine Partei hinaus, weil alle Parteien mit den jungen Generationen rechnen müssen, die unproportional stark grünen Thesen zu folgen geneigt sind.

In der SPD ist der grüne Trend in weiten Teilen vorherrschend geworden, ebenso im *Spiegel* und in der *Zeit*. Selbst die Union, die FDP ohnehin, glaubt sich grünem Denken in gewissem Maße öffnen zu müssen. Da es rechts außer Beharrungsvermögen und Sprachlosigkeit nichts gibt, droht unsere gesamte Politik damit nach links hin ins Grüne abzurutschen. Auch die CSU ist nicht die Barriere, nicht die Bastion, als die sie sich selber sieht und manche ihrer Freunde auch. Denn sie ist nur von begrenzter gesamtpolitischer Bedeutung, weil sie lediglich eine binnenbayerische Sonderorganisation, eben eine Landespartei ist. Außerdem hat ihr eigenwilliger, sprunghafter Vorsitzender die Ausstrahlungskraft seiner Partei weiter eingeengt. Im wesentlichen hat die CSU immer wieder eher den negativen Integrationsfaktor der anderen Parteien abgegeben als selber eine bundesweit prägende Wirkung entfaltet. Vor diesem Hintergrund muß man die Möglichkeiten der Grünen sehen.

Was genau macht sie aus? Sind sie etwas wesentlich Neues, eine Erscheinung der achtziger Jahre, oder sind sie das Alte, die Wiederkehr früheren deutschen Denkens, Fühlens und Verhaltens, aber auf der politischen Skala von rechts nach links verschoben, also zeitgemäß verändert, poliert, verfremdet? Fragen wir, wie sich die Grünen entwickelt haben, wie sie sich auf dem Hintergrund unserer Geschichte darstellen. Denn ihr Aufstieg fällt ja in eine Zeit allgemeiner deutscher Selbstvergewisserung, eine Phase angestrengter Identitätssuche, in der Bundesrepublik ebenso wie in der DDR.

Auf den ersten Blick scheinen die Grünen vollkommen originell, ganz neu, wie jede Generation sich selbst sieht, ohne Vorbilder, ohne Wurzeln. Aber warum gibt es sie dann nur in Deutschland, jedenfalls in dieser ausgeprägten Weise? Das Problem der Ökologie ist global. Das Phänomen der Grünen aber als einer Partei und Bewegung dieser Ausstrahlungskraft ist immer noch wesentlich auf Deutschland beschränkt. Wie soll man das erklären? Es kann kaum damit zusammenhängen, daß Umweltschäden vor allem in dichtbesiedelten Industrienationen zutage treten, denn davon gibt es viele, nicht nur uns. Richtiger scheint der

Hinweis, daß die Deutschen ein inniges, romantisches Verhältnis zur Natur hatten und haben. Viele von uns möchten mit dem Verehrer in Schuberts »Schöner Müllerin« singen:

> Ich hab das Grün so gern!...
> Weil unsre Lieb ist immergrün,
> Weil grün der Hoffnung Fernen blühn,
> Drum haben wir es gern.
>
> Nun schlinge in die Locken dein
> Das grüne Band gefällig ein,
> Du hast ja's Grün so gern.
> Dann weiß ich, wo die Hoffnung wohnt,
> Dann weiß ich, wo die Liebe thront,
> Dann hab ich's Grün erst gern.

Besonders intim, ja mystisch ist unser Verhältnis zum Wald. Nicht von ungefähr hat der Schriftsteller Elias Canetti dem nationalen Gefühl der Niederländer das Symbol der Deiche, dem der Engländer das Meer, dem der Deutschen den Wald zugeordnet. »In keinem modernen Lande der Welt ist das Waldgefühl so lebendig geblieben wie in Deutschland. Das Rigide und Parallele der aufrecht stehenden Bäume, ihre Dichte und ihre Zahl erfüllt das Herz des Deutschen mit tiefer und geheimnisvoller Freude. Er sucht den Wald, in dem seine Vorfahren gelebt haben, noch heute gern auf und fühlt sich eins mit Bäumen... Man soll die Wirkung dieser frühen Waldromantik auf den Deutschen nicht unterschätzen. In hundert Liedern und Gedichten nahm er sie auf, und der Wald, der in ihnen vorkam, hieß oft ›deutsch‹.«[13]

Während die Franzosen ihre Wälder schon vor Jahrhunderten abgeholzt haben, die Italiener sogar vor Jahrtausenden, ohne daß diese Entblößung beide Völker heute zu sorgen, zu bekümmern scheint, ist bei unserem Wehklagen über den sauren Regen, an dem die Bäume sterben, weit mehr im Spiel als nur verdorbenes Holz. Die verbreitete, schwermütige Erregung der Westdeutschen über das Waldsterben ist nur *ein* Anzeichen unter vielen für die Rückkehr auch anderer deutscher Besonderheiten der

Weltsicht und Lebensbewältigung. Ein seit dem letzten Krieg verschwundenes, verloren geglaubtes deutsches Sonderbewußtsein wächst neu heran. Wir sind Zeugen der Wiederentdeckung besonderer deutscher Rollen, spezifischer Reaktionen auf eine als einzigartig empfundene Situation der Deutschen. Hat es nicht immer schon Deutsche gegeben, die behaupteten, weder Ost noch West könnten unsere innersten Regungen und Gefühle verstehen?[14]

Kritische Kenner unseres Landes sehen in der auffälligen öffentlichen Reizbarkeit und gehetzten Unruhe ein Kennzeichen der alten, jetzt der jüngsten Deutschen. In der bereits erwähnten Geschichte der Jugendbewegung heißt es rückblickend: »Ein britischer Freund der Jugendbewegung, der im Frühsommer 1932 wieder einmal nach Deutschland kam, empfand besonders die unerquickliche, gehetzte Atmosphäre, die wie eine Gewitterwolke über den Diskussionen in der Jugendbewegung lastete, und das Gefühl einer zunehmenden Bedrückung. Die Menschen waren stets in dämonischer Eile, niemand hatte Zeit. Erklärend und rechtfertigend sagte ihm Georg Götsch, der Führer der Freischar: ›Sie klagen die deutsche Unrast an. Nehmen Sie es dem gehetzten Hasen übel, wenn er rennt? Deutschland darf in der heutigen Zeit nicht langsam gehen.‹

Zwar wirkte sich die Weltwirtschaftskrise verheerend aus, aber einen Teil der Bedrängnis, über die sich die Deutschen beklagten, hatten sie sich selbst zuzuschreiben. Die radikale Strömung in der Jugendbewegung machte rasche Fortschritte ...«.[14]

Um welche Bedrängnis handelte es sich wohl? Wie soll man sich unsere Neigung zum verzweifelten Radikalismus erklären? Fünfzig Jahre nach diesem Gespräch schreibt Walter Laqueur über die Deutschen: »Es gibt in der deutschen Geschichte eine Tendenz zur Übertreibung und zum Übermaß, eine Art Starrsinn, einen Hang, die Dinge bis zu ihrem (angeblich) logischen Ende zu verfolgen, anstatt einzuhalten und zu überlegen.« Für dieses Verhalten finde man bei anderen Völkern kaum Parallelen. »Es scheint in diesem unruhigen Volk die Neigung zu bestehen, das Schlimmste zu erwarten. Die Deutschen haben es immer schwer gehabt, sich des Lebens zu freuen; sie waren Pioniere auf vielen Gebieten, aber nie auf dem der Lebenskunst, des *savoir vivre*. Da sie Perfektionisten sind, entsprechen ihre Leistungen selten ihren Erwartungen; wenn sie keinen vollen Erfolg sehen, sind sie schnell dabei, von einem Fehlschlag zu sprechen.« Die Deutschen zögen es vor, von fixen Ideen, nicht von der Wirklichkeit her zu denken. Es sei »gerade diese Neigung zum Extremen, dieses Sichentfernen von der Oberfläche des gesunden Menschenverstands und der Hinnahme banaler Realitäten, hin zu gründlichen, oft grundlosen Tiefen, worin in vergangenen Zeiten die Stärke deutscher kultureller Bestrebungen und die fatale Schwäche der deutschen Politik lagen.

Gewiß, in der jüngsten Geschichte des Landes ist die Politik mit einer größeren Portion gesunden Menschenverstands betrieben worden als je zuvor. Aber tief darunter scheinen immer noch die gleichen alten Ängste vorhanden, die Furcht vor Fehlschlägen, die Unfähigkeit, sich gehenzulassen, die Schwierigkeit, die Dinge in ihren wahren Proportionen zu sehen. In dieser Geistesverfassung werden Maulwurfshügel zu Hochgebirgen.«[15]

Was Laqueur beobachtet, nehmen auch andere Zeitgenossen wahr. Wie Hagen Schulze kürzlich treffend feststellte, fragt man neuerdings in allen drei großen westlichen Demokratien erstaunt und ratlos nach »unübersehbaren Schwächesymptomen« der Bundesrepublik: »Entfremdung von den Spielregeln der westlichen Demokratie greife um sich; populistische Tendenzen und moralischer Rigorismus machten sich verstärkt bemerkbar; die Jugend zeige ein Maß an Manipulierbarkeit, das zur Sorge Anlaß gebe; das Gefühl des einzelnen, isoliert zu leben, nehme bemerkenswert zu; die Hilflosigkeit und der Argwohn kommenden technologischen Herausforderungen gegenüber gehe weit über vergleichbare Einstellungen im übrigen Westen hinaus; Kriegsangst und schließlich das Fehlen einer mitreißenden politischen Vision werde in Deutschland deutlich stärker als anderswo empfunden.« Nüchtern und scheinbar unbeteiligt fährt der Berliner Historiker fort:

»Für den Politiker ist dieser Befund besorgniserregend; dem

Historiker ist er vertraut. Daß die Deutschen anders seien als die übrigen westlichen Nationen, ist seit bald 200 Jahren Allgemeingut westlicher Öffentlichkeit. Die Deutschen seien ein metaphysisches Volk, meinte 1810 die französische Schriftstellerin Madame de Staël; während französische wie englische Bürger sich neben ihrem Broterwerb um die Wohlfahrt des Gemeinwesens kümmerten, lebten die Deutschen in der Welt der Ideen. Hier sei ihr eigentliches Reich, doch es beruhe auf einer Art des Denkens, das nicht nüchtern auf den praktischen Zweck gerichtet sei, sondern das sich ›ins Unbestimmte verliere und in der Tiefe verschwinde‹. Die Liebe zur Freiheit sei den Deutschen fremd; was sie liebten, das seien die großen Gefühle, die formlosen Gedanken, und die Wirklichkeit suchten sie hinter den Ideen, nicht umgekehrt. Nicht pragmatisch Handelnde seien die Deutschen, sondern heimisch im Reich des Absoluten, nach dem sie ihre Wirklichkeit zu formen suchten.«[16]

Germaine de Staël stand mit solchen Deutungen unseres Nationalcharakters, die das Bild der Deutschen im westlichen Ausland bis weit ins 20. Jahrhundert hinein bestimmten, nicht allein. Nur ein Beispiel: Friedrich Sieburg, der zu seiner Zeit Frankreich und Deutschland ebenso einfühlsam und originell verglich wie die berühmte französische Schriftstellerin ein Jahrhundert zuvor, polemisierte zwar 1927 scharf gegen »die berühmte Antithese von dem alten, edlen und ausruhenden Frankreich und dem blind wachsenden, jugendlich barbarischen Deutschland«. Anschließend rechtfertigte er sie jedoch unwillkürlich, wenn er schrieb: »Die deutsche Jugend hat zu allen Zeiten lieber ins Unendliche gegriffen als nach dem Fertigen gelangt. Sie will werden, nicht leben, will schaffen, nicht genießen, will lösen, nicht anschauen. Frankreich ist fertig. Wir sind immer geneigt gewesen, in unserer Ablehnung des Fertigen bis zur Selbstauflösung zu gehen – im Guten wie im Bösen... Unser Wesen erlaubt die Änderung, ja, es bedingt sie. Nicht das Sein, sondern das Werden ist der deutsche Zustand, in dem zu unserem größten Unglück früher einmal auch die Gewalt Platz hatte. Schweigen wir nicht davon! Wer die Beharrung liebt, läuft

Gefahr, zu erstarren. Wer aber die Bewegung, das schöpferische Werden im Ursprung seines Wesens weiß, der kann auch der Versuchung erliegen, diesem Werden einen bösen Sinn zu geben und es durch Gewalt vorwärtszustoßen.«[17] Ahnungsvolle Worte, die zeigen, wie gut Sieburg Besonderheiten deutschen Denkens kannte, sich zu ihnen bekannte, sein deutsches Sonderbewußtsein erkennen ließ.

Ob Deutschland in den letzten 150 Jahren einen Sonderweg eingeschlagen habe, der von der allgemeinen westlichen Entwicklungsrichtung abwich und es daher dem Westen entfremdete, ist heftig umstritten.[18] Kaum bestreitbar sind jedoch, wie es bei Hagen Schulze heißt, Unterschiede »des Denkens, der Einstellungen, der Haltungen, der kollektiven Mentalitäten, kurz: der politischen Kultur«:

»Hier gibt es unbezweifelbar langfristig angelegte Tendenzen und Traditionen, die für deutsche Verhältnisse typisch erscheinen und namentlich in Krisenzeiten in anscheinend ewiger Wiederkehr des Gleichen, nur oberflächlich verändert, ihre Kontinuität beweisen. Ich meine die massenhafte Abkehr vom Politischen, von Max Weber klassisch definiert als ›starkes langsames Bohren von harten Brettern mit Leidenschaft und Augenmaß zugleich‹; statt dessen die Hinwendung zur Idee des Absoluten und seiner Verwirklichung im irdischen Alltag, die chiliastische Sehnsucht nach dem Gottesreich auf Erden, in dem das Lamm sich zum Löwen schmiegt, in dem die Gegensätze sich vereinigen und das Prinzip des Guten ein für allemal den Sieg davonträgt, in dem das zweifelnde Denken verstummt und das einsame Ich endgültig in einem emphatischen Wir verschmilzt. Verachtung der Politik, des grauen, alltäglichen Geschäfts des Interessenausgleichs, Angst vor der pragmatischen Verschmutzung von Idealen durch den politischen Kompromiß, Abscheu vor der kühlen Vernunft, die den heißen Drang des Herzens zu korrumpieren droht, die Prämierung von Prinzipienfestigkeit, Grundsatztreue und rücksichtsloser Konsequenz gegenüber dem Ausgleich, dem Kompromiß, der stets und von vornherein als ›faul‹ gedacht wird und in die Nähe von ›Kuhhandel‹, wenn nicht ›Verrat‹ rückt:

Dieses Syndrom hat bei uns Geschichte. Nicht über einen ›Sonderweg‹ gilt es zu reden, wohl aber über ein ›Sonderbewußtsein‹.«[19]

Ein Bewußtsein nationaler Besonderheit hatte sich bekanntlich in der Auseinandersetzung mit der Französischen Revolution und der ihr folgenden napoleonischen Besatzungszeit in Deutschland zu bilden begonnen. Es war von daher antifranzösisch, antidemokratisch – in weiterem Sinne antiwestlich. Diese ursprünglich ganz auf Frankreich fixierte, zwischen Gefühlen verletzten Stolzes, trotzigen Abseitsstehens und hochmütiger Herablassung schwankende Gemütsverfassung der Deutschen nahm im 20. Jahrhundert immer stärker eine antiamerikanische Tönung an. Der kriegsentscheidende Eintritt der USA in den Ersten Weltkrieg, die deutsche Enttäuschung über Woodrow Wilson und den Versailler Vertrag spielten dabei ebenso eine Rolle wie ein verbreiteter deutscher Kulturpessimismus, eine in Deutschland populäre Kapitalismus- und Zivilisationskritik, die sich gegen Amerika als Vorreiter vieler industrieller und, in deren Folge, gesellschaftlicher Umwälzungen des Jahrhunderts richteten, nicht nur gegen die USA als neue, dominierende, Deutschland verdrängende Großmacht.

Das gebildete Deutschland sah sich damals, wie Thomas Mann, Dostojewski folgend, in den »Betrachtungen eines Unpolitischen« schrieb (diesem deutlichsten Zeugnis der »Besonderheit« Deutschlands gegenüber den »Weststaaten«, geradezu einem Höhepunkt deutscher kultureller Unabhängigkeitserklärung[20]), als das seinem Wesen, seiner Sendung nach besonders zum Protest, zum »Protestantentum« berufene Land. Zum Protestantismus in der Nachfolge Luthers? Nein, ungleich umfassender: im Sinne eines viel älteren, eines »ewigen Protests, wie er einsetzte mit Armin gegen die römische Welt«, zum Protest gegen die »Entente, ... Amerika eingeschlossen, die Vereinigung der westlichen Welt, der Erben Roms, der ›Zivilisation‹«. Das Ergebnis dieser Abwehr, des »uralten Kampfes gegen den Geist des Westens«[21], war in den zwanziger Jahren eine »im gesamten Bürgertum, ungeachtet seiner engeren Parteizugehörigkeit ... aus der Empfindung einer tiefen wesensmäßigen Verschiedenheit entsprungene, kritische Einstellung gegenüber Amerika«.[22]

»Ich will nicht die Parlaments- und Parteiwirtschaft, welche die Verpestung des gesamten nationalen Lebens mit Politik bewirkt«, hatte Thomas Mann in den »Betrachtungen« weltfremd-naiv gefordert. »Ich will nicht Politik. Ich will Sachlichkeit, Ordnung und Anstand... Die Politik macht roh, pöbelhaft und stupid... Demokratie, das bedeutet Herrschaft der Politik, das bedeutet ein Minimum von Sachlichkeit.«[23] Die Deutschen wollten ihren Sinn für Höheres, ihre Hoffnung auf Anstand und Würde nicht durch das Niedrige der Politik, der Parlamente und Parteien beleidigen lassen. Ihre antipolitische Haltung äußerte sich paradoxerweise, immer wieder, in einer seltsamen Vorliebe für Bewegungen.

»Das haben wir nicht gewollt!«

Doch was sind das eigentlich: *Bewegungen*? Bei Goethe hat das Wort noch die Bedeutung von Erregung, Aufregung (»Klopstock fand mich in sonderbaarer Bewegung«, heißt es im Brief an Knebel vom 14. April 1775), aber auch den Beigeschmack der Gerüchteküche (»Lavaters Erscheinung in der Gegend von Franckfurt hat grose Bewegung gemacht«[24]), und etwas von dieser Aromamischung ist ihm bis heute erhalten geblieben. Doch neben solchen sanften Bedeutungen schmeckt man auch strengeres Gewürz in unserem ursprünglich mittelhochdeutschen Wort, wenn es in Luthers Übersetzung der Apostelgeschichte (Kapitel 19, Vers 23) heißt, »es erhub sich aber umb dieselbige zeit nicht eine kleine Bewegung«, also eine nicht geringe Unruhe.[25] Denn dann haben wir den Aufruhr des Goldschmieds Demetrius zu Ephesus vor uns und damit eine härtere Lesart des Wortes.

Im politisch-historischen Sinne, nämlich als Beschreibung eines gemeinschaftlichen, weltanschaulichen Strebens größerer Gruppen hat sich, wie es im »Duden« heißt, das Wort »Bewe-

gung« erst im frühen 19. Jahrhundert in Deutschland durchgesetzt.[26] Entsprechend könnte man sagen, der Begriff habe jenen
harmlos milden Sinn, mit dem ihn noch Goethe gebrauchte,
während des letzten Jahrhunderts verloren und sich wieder seiner mittelalterlichen Bedeutung angenähert.

Eine romantische, verklärte Sicht des Mittelalters war ja
damals in Deutschland gang und gäbe, und so ist eben auch der
Bewegungsbegriff, wie wir ihn heute verstehen, romantischen
Ursprungs. In Abgrenzung zur Klassik betonte man den Weg,
während man das Ziel geringschätzte; man wollte immer in
Bewegung sein. Auch der Oppositionsgeist, der Aufstand gegen
die Konventionen, der Drang zum Leiden und zur Leidenschaft,
das Naturgefühl, der Hang zum Träumen, die schweifende,
ruhelose Sehnsucht (Engländer und Franzosen haben das deutsche Wort *wanderlust* unverändert in ihre Sprache übernommen), die Betonung des Sinnlichen (sehenden Auges blind sein zu
wollen) und schließlich auch der tiefe Kulturpessimismus – all
diese Haltungen haben ihre Entsprechungen in der Bewegung
unserer Tage. Ein zeitgenössischer Lyriker, Ludwig Fels, geboren
1946, hat in seinem Gedicht »Fluchtweg«[27] dieses neue, alte
deutsche Weltgefühl, bei dem Naturnähe und Apokalypse dicht
beieinander wohnen, schaurig schön in Worte gekleidet:

> Einen Sommer lang gehn
> durch Heide und über Gebirg
> sich vom Wegrand ernähren
> segeln durch wogendes Getreide
> immer den Vögeln nach und den Sonnen
> bevor sie ausgerottet sind.
> Man muß erfahren haben
> welche Welt vergeht.

Ein Charakteristikum der romantischen Welle und vergleichba-
rer Bestrebungen der deutschen Geschichte ist die bereits mehrfach erwähnte Tatsache, daß es sich immer wesentlich um
Jugendbewegungen, um Aufwallungen junger Leute handelte.
Überspitzt formuliert, kann man den Generationskonflikt als

eine besondere deutsche Form des Klassenkampfes bezeichnen: weit wichtiger, weit folgenreicher inzwischen als unsere eigentlichen Klassenkämpfe.

Warum? Einmal wegen des gewaltigen intellektuellen und emotionalen Potentials der Bewegung, bei der Studenten und Oberschüler, junge Akademiker, also die künftige Intelligenz des Landes, zumal in den protestantisch geprägten Gebieten, die ausschlaggebende Rolle spielen, die Masse der Anhänger stellen. Zum anderen wegen der unproportional zur Bevölkerungsentwicklung stark angewachsenen Zahl der Beteiligten. Beim Wartburgfest, der ersten Manifestation der »politischen Jugendbewegung der Burschenschaften«[28] im Jahre 1817, spricht man von 600 studentischen Beteiligten.[29] Für den Beginn unseres Jahrhunderts schätzt man, daß »die Mitgliedschaft der eigentlichen Jugendbewegung, der autonomen Gruppen, niemals 60 000 überstieg«.[30] Und heute rechnet die Anhängerschaft der Bewegung nach Millionen.

Sicher: Jugendrebellionen hat es auch in anderen Ländern gegeben. Nirgends jedoch gingen solche Bewegungen so weit, dauerten so lange, wurden so ernst genommen und wirkten so tief wie in Deutschland. So schreibt Laqueur beispielsweise über die zwischen 1890 und 1920 Geborenen, es gebe »nur wenige führende Politiker und noch weniger führende Intellektuelle« jener Jahrgänge, »die nicht irgendwann einmal der Jugendbewegung angehört« hätten »oder in ihren empfänglichsten Jahren von ihr beeinflußt worden« seien.[30]

Das hat eine lange Tradition. Schon Luthers Reformation hatte Züge einer Jugendbewegung. Man braucht nur beispielsweise bei Richard Friedenthal die Schilderung des 10. Dezember 1520 nachzulesen – des Tages, an dem auf dem Wittenberger Schindanger am Elbufer die gedruckte Bannbulle, ein schmales Heftchen, und gewichtige Bücher des päpstlichen Rechts und der scholastischen Theologie in Brand gesteckt wurden. Im folgenden heißt es in Friedenthals »Luther«:

»Die Studenten... feierten den großen Tag, dessen Bedeutung sie schwerlich begriffen, mit einem Fastnachtsaufzug, nachdem sie erst gefrühstückt hatten. Sie putzten einen Wagen mit Tafeln und Inschriften gegen das Papsttum auf und fuhren durch die Straßen, um weiteres Brennmaterial und Schriften der Luthergegner einzusammeln. Vorn im Wagen — die beliebten judenfeindlichen Späße durften nicht fehlen — saßen vier verkleidete Knaben, die als Gegenstück zu Rom die besiegte ›Synagoge‹ darstellen sollten und heftig zu lamentieren hatten über das Unglück. Ein Trompeter blies dazu Mißtöne; am Scheiterhaufen wurden die weiteren Schriften verbrannt mit Reden, Rezitationen aus dem Inhalt, Gelächter; nach Absingen eines Requiems ging man auseinander; erst dieser Umzug hatte auch größere Zuschauermengen angelockt.«[31]

Sturm und Drang, Burschenschaften, Junges Deutschland: Immer spielten das Eigenleben der Jungen, der Generationsgegensatz, die Revolte gegen die alte Welt eine zentrale Rolle.

Als sich in der Auseinandersetzung mit dem revolutionären, hegemonialen Frankreich die entstehende Jugendbewegung erstmals in ganzer Breite politisierte (so wie sie sich anderthalb Jahrhunderte später gegen die USA profilieren sollte), fand das aufbrausende Lebensgefühl junger Jahrgänge seine organisatorische Form in den Burschenschaften, ersten deutschen Studentenverbindungen, die sich als frühe Träger eines gesamtdeutschen Nationalbewußtseins gegen das System Metternichs auflehnten. Die bis heute deutsche Bewegungen charakterisierende Verbindung von Protestantismus und Nationalismus brachte damals Studenten auf den Gedanken, die 300. Wiederkehr der Reformation Luthers, des Thesenanschlags, gemeinsam mit dem vierten Jahrestag der Völkerschlacht von Leipzig zu begehen. Es kam nicht zu einer akademisch-stillen Zusammenkunft, blieb nicht bei Worten: die Wartburgfeier endete mit der Verbrennung reaktionärer Schriften und Symbole: mit Gewalt gegen Sachen.

Auch Gewalt gegen Personen ließ nicht lange auf sich warten. Die Radikalisierung der Bewegung führte bekanntlich 1819 zur Ermordung des Schriftstellers August von Kotzebue, der Figur eines frühen Rechtsintellektuellen, der nicht nur die Burschenschaftsideale samt der Nationalbewegung verspottet hatte, sondern – und das machte ihn besonders verhaßt – regelmäßige, vertrauliche Berichte aus dem geistigen Deutschland für den Zarenhof verfaßte, gewissermaßen auch hierin ein Vorläufer, nämlich ein früher, festangestellter Informant des (damals freilich autokratischen) Verfassungsschutzes. Schon auf dem Aachener Fürstenkongreß vom September 1818 hatte Metternich die »akademische Bewegung an den deutschen Universitäten« eindämmen, verbieten wollen, war damals aber noch am Widerspruch Hardenbergs und vor allem Wilhelm von Humboldts gescheitert. Erst der Mordanschlag des Jenaer Studenten Karl Ludwig Sand gab Metternich im Jahre darauf freie Bahn. Die Burschenschaften wurden durch die Karlsbader Beschlüsse 1819 verboten, Sand 1820 hingerichtet.

Dennoch wäre es übertrieben, ja falsch, wenn man meinen wollte, Jugendbewegungen seien in Deutschland immer mit brutaler Einmütigkeit von den Alten unterdrückt worden. Sie haben zu allen Zeiten auch Fürsprecher gefunden. Als der Student Bernhard Riemann bei seiner Rede auf der Wartburg »über das verkehrte Leben früher«, »über verfehlte und getäuschte Hoffnungen«, »über die Verwaistheit und gar Verfolgtheit der sich den Wissenschaften widmenden Jugend« lamentiert und gleichzeitig angekündigt hatte, die Studenten müßten »die Blicke des *erwachsenen* Volkes, das leider nichts mehr zu erreichen vermag«, ermunternd auf sich lenken, schrieb ein Augenzeuge, der Jenaer Mediziner Professor Lorenz Oken: »Wir Männer waren zu Tränen gerührt – aus Scham, daß wir nicht so getan, aus Schmerz, daß wir an solcher Trauer schuld sind, aus Freude über diesen schönen, reinen und klaren Sinn, und unsere Söhne so erzogen zu haben, daß sie einst erringen werden, was wir verscherzten.«[32]

Eine solche Reaktion war und ist kein Einzelfall. Wir haben ja schon betont: eine Jugendbewegung kann nur gelingen, kann sich nur dann durchsetzen, wenn ein Teil der Etablierten, der Erwachsenen, sie fördert und stärkt. Es muß mehr als Tolerierung im Spiel sein. Dem großen, oft übertriebenen Selbstgefühl und Geltungsbedürfnis der Jungen muß eine jugendbewegte Attitüde der Älteren entsprechen, also ein geheimes Einverständnis, gemischt aus viel Wehmut, Sehnsucht und stillem Neid, ja einer kaum verhohlenen Bewunderung der Jungen und von daher der Bereitschaft zu halblauter Komplizenschaft.

Die Jugend sollte nach Meinung solch begeisterter Alter für das ganz Neue stehen, das »Neu-Anpflanzen, Kühn-Versuchen, Frei-Begehren«, von dem Friedrich Nietzsche sprach[33], auf jeden Fall gegen das Hergebrachte, gegen all das, was einer ihrer leidenschaftlichen Propheten, Paul de Lagarde, 1885 als das »System« verurteilte: »Ich glaube an diese Jugend, ich glaube an die Zukunft unseres Vaterlandes: aber ich glaube nicht an die Befugtheit des jetzt herrschenden Systemes, nicht an die Berufenheit der Männer, welche der Sehnsucht und den Bedürfnissen ihrer Söhne und Enkel mit dem Trödel genügen wollen, der als Rest des Besitzes früherer Tage in ihren, der Alten, Händen geblieben ist.«[34]

Lagarde wurde eines der Idole der Wandervogelbewegung, die, im letzten Jahrzehnt des 19. Jahrhunderts in Berlin entstanden, ebenso heftig wie die Romantiker Jean-Jacques Rousseaus »Rückkehr zur Natur« forderte, ja an Wochenenden in die Tat umsetzte, weil die Jungen draußen im Grünen, in Wald und Heide, bei Wind und Wetter das Elementare suchten, neue, eigene Daseinswurzeln (und es ist ja Richtiges daran) – nicht in der verachteten Bürgerlichkeit, auch nicht in klaren Konzepten, rationalen, nachvollziehbaren Gedankengängen, ebensowenig in einem durchdachten historischen Standortbewußtsein.

»Jugend im höchsten Sinn hat nichts mit politischer Geschichte, überhaupt nichts mit Geschichte zu tun«, läßt Thomas Mann einen dieser jugendlichen Wandervögel, den Studenten Deutschlin, im »Faustus«-Roman sagen. »Sie ist eine metaphysische Gabe, etwas Essentielles, eine Struktur und Bestimmung. Hast du nie vom deutschen Werden gehört, von deutscher Wanderschaft, vom unendlichen Unterwegssein des deutschen Wesens? Wenn du willst, ist der Deutsche der ewige Student, der ewig Strebende unter den Völkern... Jung sein heißt ursprünglich sein, heißt den Quellen des Lebens nahe geblieben sein, heißt aufstehen und die Fesseln einer überlebten Zivilisation abschütteln können, wagen, wozu anderen die Lebenscourage fehlt, nämlich wieder unterzutauchen im Elementaren.«[35]

Es ging um Gefühle. Besonders elementar wirkte daher das Gemeinschaftserlebnis, das sich im Zuge des Aufstandes Gleichgesinnter gegen die alte oder elterliche Autorität einstellte. Ein lebenslang Beteiligter erinnerte sich später: »Die Generation der deutschen Jugendbewegung war eine solche des schöpferischen Überschwangs, sie war geprägt durch innere Leidenschaftlichkeit, mit der sie zu allem, was sie umgab oder sie bedrängte, Stellung bezog. Die Jugendbewegung ist ein spiritualistischer Aufbruch gewesen, wie er sonst nur aus religiösen Erweckungsbewegungen bekannt ist. ... Der jugendliche Überschuß, aus dem der Wandervogel lebte, ließ ihn oft geradezu rauschhaft und dionysisch Gemeinschaft erleben und Formen der Gemeinschaft erfahren, die der bürgerlichen Welt unbekannt waren und immer unbekannt bleiben werden. Dies, weil der Bürger ein auf Sicherung und Sicherheit bedachter Mensch ist und wir uns einfach hingegeben haben auf jede Gefahr hin, verpflichtet nur dem Kompaß unseres Gewissens, aber geöffnet dem Ruf der Stunde.«[36]

So mancher Wandervogel gedachte sein Leben lang mit Freude dieser bewegten, bewegenden Zeiten: »Es war ein wunderbares Geschenk, das uns damals zuteil wurde ... eine Gemeinschaft des Strebens nach einer neuen Lebensform.«[37] Das Erlebnis des Miteinander im Freundschaftsverband des Wandervogels beglückte offenbar so sehr, wurde als eine so starke Prägung empfunden, daß viele es ihre »Menschwerdung« nannten, eine Wiedergeburt – denn Suff, Tabaksqualm und Kartenspiel, das spießig-biedere Vereinsleben, die ganze »Verlogenheit der Lebensführung des Bürgertums«[38], wie Michael Jovy 1984, offenbar noch immer angeekelt, schrieb, war den Jugendbewegten aus tiefster Seele widerlich.[39]

Daher suchte man sich schon rein äußerlich von der Welt der Spießer deutlich abzusetzen. Wer fühlt sich nicht an die großen

Friedensdemonstrationen, an die Evangelischen Kirchentage unserer Zeit erinnert, wenn er den Bericht Kurt von Burkersrodas liest, der 1913 am Treffen der bewegten Jugend auf Burg Hanstein und dem Hohen Meißner teilnahm: »In verschiedenen Ecken feiert die Kleiderreform wilde Orgien mit Kitteln in allen Regenbogenfarben... Und über all dem Mischmasch von Loden, Manchester, Bunttuch, Reformhemden, Umhängen und Touristenanzügen ein Meer von erwartungsvollen Augen.«[40]

Wußten die Jungen, was sie erwarteten, was sie eigentlich genau wollten? Corona Hepp hat von der breiten kulturellen Aufbruchsstimmung in den ersten Jahrzehnten dieses Jahrhunderts gesagt, diese Avantgarde lasse sich am ehesten von ihren Negationen her erfassen, zu denen sie die pathetische Kritik an der Überfremdung des Lebens durch die »Segnungen« der technischen Zivilisation, die Kritik an bürgerlicher Vernunft und Rationalität ebenso rechnet wie den Protest gegen die Dominanz einer Kultur der Erwachsenen. »Die Suche und Sucht nach neuer Einfachheit und Natürlichkeit, nach Kreativität und Originalität bis hin zur Jugendtümelei um fast jeden Preis waren Projektionen des Überdrusses an den Normen der bürgerlichen Bildungsgesellschaft und des wilhelminischen Hurrapatriotismus.«

Für die Jugendbewegung ist sicher richtig, daß sie außerhalb des Gemeinschaftserlebnisses und ihrer weitreichenden, aber vagen Kritikbereitschaft wesentlich Abneigung, Auflehnung blieb. »Erfahrung«, schrieb der einundzwanzigjährige Walter Benjamin unter seinem Pseudonym *Ardor* 1913, sei das »Evangelium des Philisters«. Natürlich würde man das heute anders sagen, andere Worte wählen. Aber in Benjamins Aufbegehren gegen die Erfahrung der Älteren klang ein mächtiges Motiv sämtlicher Jugendbewegungen an. Sie alle – mochten sie selbst intern auch noch so autoritär, noch so streng hierarchisch organisiert sein – waren immer antiautoritär, nicht erst in unseren Tagen. Daher spielten Schülerzeitungen, Jugendzeitschriften eine maßgebliche Rolle. Der »Klassenkampf der Jugend« im 20. Jahrhundert, der sich selbst so nannte, begann mit Blättern, die bezeichnenderweise »Der Anfang« und »Der Aufbruch« hießen.[41]

Wohin man indessen aufzubrechen gedachte, blieb unbestimmt. Es wurde in aller Regel so hochtrabend wie vage beschrieben. Man strebte nach »Selbstverwirklichung«, nach »persönlichem Wachstum«, suchte die »Totalität des Ichs«, was immer das im einzelnen heißen mochte, war erfüllt von einer »Sehnsucht nach lebendigem Tun« – freilich zugleich überzeugt: »Handeln ist Schuld«.[42] Es gab viele interessante, oft sehr exzentrische Ansätze – etwa die »freiwirtschaftliche Bewegung« um Silvio Gesell, der in der Münchner Räterepublik von 1919 kurze Zeit Volksbeauftragter für Finanzen wurde und einen dritten Weg zwischen Kapitalismus und Kommunismus aufgetan zu haben glaubte. Er hatte zur Symbolfarbe der Bewegung Grün erwählt.[43] Es gab Landkommunen und Siedlungsgemeinschaften, vegetarische Künstlerkolonien und alternative Obstbauern. Reformation, Reform, Lebensreform, Reformhaus und Reformkleid: das alles sind sehr deutsche Worte. Die Lebensreformbewegung der zwanziger und frühen dreißiger Jahre, die eine »quasi-religiöse Heilslehre« verkündete, strebte nach Reinigung von Einzelperson und Gesellschaft durch richtige Ernährung und die Eindämmung von Suchtgefahren, aber auch durch eine gerechte Bodenordnung und Umweltschutz.[44] Da ist manches immer noch aktuell.

Wie man sieht, hat die heutige Bewegung mit denen der Vergangenheit viele Gemeinsamkeiten: Neben ihrer demonstrativen Naturverbundenheit, ihrer ähnlichen Herkunft (auch die Wandervögel und ihre vielen Nachfolger rekrutierten sich im wesentlichen aus der bürgerlichen Jugend, aus den gehobenen Mittelschichten), ihrem ausgeprägten Gemeinschaftsgefühl, ihrer Ablehnung spießiger Übersättigung und rastloser Großmannssucht, fallen hier wie dort ihre Vielgestaltigkeit und politische Vieldeutigkeit ins Auge. Der romantische Impuls konnte politisch rechts oder links wirksam werden. Die Jugendbewegung nach dem Ersten Weltkrieg wurde teils völkisch, teils sozialistisch oder syndikalistisch; oft auch mischte sie von allem etwas durcheinander: Ihr blieb »alles Gefühl, was Gedanke hätte werden müssen«, klagte Jahrzehnte später, im Rückblick, Hermann

Mau.[45] Viele hatten sich verträumt auf Siddharthas Spuren ins Nirwana der Innerlichkeit begeben – bis zum erstaunten Erwachen.

Denn sobald autoritäre Neigungen, totalitäre Regime die Jugend als Menschenmaterial ihrer Massenmobilisierung benötigten, konnten sie an alle Gemeinschaftsimpulse, Aufbruchsneigungen, Ablehnungen des Bestehenden anknüpfen. Die Naivität der Jungen wurde ausgenutzt, ihr Idealismus mißbraucht, ihre Anschauungen korrumpiert. Am Ende standen die Anhänger aller dieser Bewegungen erschöpft, enttäuscht und vor allem verblüfft darüber, was aus ihren reinen Impulsen geworden war, vor Trümmerbergen und Leichenhaufen. »Das haben wir nicht gewollt!« – dieser eine Satz, der die deutsche Geschichte in der ersten Jahrhunderthälfte zusammenfaßt, müßte als Resümee, als Motto nicht nur über jeder Geschichte der deutschen Jugendbewegung stehen, sondern über jeder deutschen Geschichte dieser Zeit überhaupt.

Wer an den Zusammenhang zwischen der deutschen Jugendbewegung und der nationalsozialistischen Bewegung, die sich selbst oft und deutlich bei diesem Namen nannte, nicht glauben mag, wer, beispielsweise, Heinrich Himmlers grüne Seite für erfunden hält, ist gut beraten, einmal in den Erinnerungen seines finnischen Leibarztes Felix Kersten nachzulesen: er wird erstaunliche Entdeckungen machen.[46] Man experimentierte im Dritten Reich gern mit Heilkräutermedizin, Recycling und einem »Kampf dem Verderb«. Auch die SS war ihrem Selbstverständnis nach alles andere als eine kriminelle Vereinigung, sondern so etwas wie eine gesellschaftliche Gesundheitspolizei, die eben alles ausrottete, was sie für volksschädlich hielt.[47] Hitler, der jüngste Reichskanzler aller Zeiten, ließ keine Gelegenheit vorübergehen, ohne zu betonen, daß seine Bewegung wesentlich ein Aufstand der kommenden Generation gegen das Alte und Morsche sei.[48]

Natürlich soll aus solchen Ähnlichkeiten, ja teilweisen Übereinstimmungen keine Gleichsetzung zwischen der nationalsozialistischen Bewegung und unseren gegenwärtigen Bewegungen hergeleitet werden. Die Unterschiede liegen auf der Hand, und sie überwiegen. Andererseits aber muß man nachdenklich einem älteren Emigranten wie Sebastian Haffner zuhören, wenn er sich bisweilen mit Unbehagen an längst vergangen geglaubte Zeiten erinnert fühlt. Haffner sagte 1978: Schließlich stecke in der heutigen Bewegung gegen die Industrialisierung, in den Grünen, den Bunten, viel Hitlersche Ideologie. Im Grunde habe Hitler ähnlich wie später Morgenthau gedacht: Zurück zum Boden, zurück zum Bauerntum, zurück zur Natur, zurück zum einfachen Leben! »Andererseits dachte er auch wieder äußerst modern: an Autobahnen und Volkswagen, um nur diese beiden zu nennen. Das alles ging bei ihm durcheinander. Trotzdem ist bei Hitler eine Art ›Grundmodell‹ erkennbar; dieses Grundmodell besteht — wie man das auch seinem Buch ›Mein Kampf‹ entnehmen kann — aus seiner Abneigung gegen das Moderne, gegen das Industrielle, gegen das von Menschen gemachte Unmenschliche.«

In aktualisierter Form sei all das wieder zur verbreiteten Mode geworden, und die Leute, die so dächten, wüßten nicht einmal, daß »sie leider auch ein wenig so wie Hitler denken«. Sie schreien verständlicherweise sogar auf, wenn man es ihnen sagt — weil sie von Hitler wissen, daß er ein Verbrecher war, der viele Millionen Menschen umbrachte, während ihnen der überzeugte Vegetarier, der er auch war, unbekannt geblieben ist. Haffner fuhr fort: »Ich erinnere Sie in diesem Zusammenhang nur an Gregor Strassers Schlagwort von der ›antikapitalistischen Sehnsucht‹. Diese Sehnsucht ist auch heute wieder sehr stark vertreten. Dabei handelt es sich eigentlich nicht einmal um eine antikapitalistische, sondern um eine antiindustrielle Sehnsucht.«[49]

Von dieser antiindustriellen Sehnsucht, wenn man es positiv, von der Angst vor der Modernität, vor den Folgen des technischen Fortschritts, wenn man es negativ formulieren will, war schon die Lebensreformbewegung geprägt worden, und daher rührte — und rührt noch heute — »die typische Abwendungs- und Aufbruchshaltung der Alternativbewegung«. Schon damals suchte man nach einem »Dritten Weg« zwischen Kapitalismus und Kommunismus. Gleichzeitig deutete die Alternativbewegung damals schon ihre eigene Existenz »als Anzeichen einer dem Untergang geweihten Alten Welt«. Wie auch immer die unterschiedlichen Bewegungen im einzelnen motiviert waren, ob christlich-völkisch, anarchistisch, national: alle waren »durch den Geist der gleichen apokalyptischen Erregtheit«[50] verbunden, der auch heute oft auffällt und beunruhigt.

Richard Löwenthal hat zur Erklärung dieses Phänomens weit ausgeholt. Er spricht von einer umfassenden Kulturkrise, die seit Jahrzehnten immer wieder den gesamten Westen heimsuche, mit besonderer Wucht im Ausbruch des Nationalsozialismus, in kleineren Eruptionen seit Mitte der sechziger Jahre. Für solche Situationen sei charakteristisch, daß die Weiterentwicklung der überkommenen, tragenden Werte, ihre Anpassung an neue Lagen, mißlinge. Die Normen entkräfteten sich, die Institutionen verlören ihre Autorität, und die Werte selbst erschienen schließlich als bloße Heuchelei. Was vom Standpunkt des Ganzen der Zivilisation her als Kulturkrise bezeichnet werden könne, sei vom Standpunkt des einzelnen aus Anomie, also der Zustand heftigen sozialen Unbehagens bei gleichzeitiger Mobilisierung großer Erwartungen. Die kulturelle Krise des Westens sei nicht ein Vorläufer revolutionärer Umstürze oder ein Vorzeichen für die Verwirklichung der totalen Utopie, wie viele Intellektuelle gemeint hätten. »Wohl aber ist sie ein Anzeichen für die Gefahr zunehmenden Verfalls und zunehmender Anomie aus Mangel an erkennbarem Sinn und einsehbaren Normen.«[51]

Ganz gewiß trifft diese Krise gestern wie heute verschiedene Länder in ganz unterschiedlichem Ausmaß. Eine großangelegte, international vergleichbare Wertestudie, über die Elisabeth Noelle-Neumann und Renate Köcher kürzlich berichtet haben, legt den bestürzenden Befund nahe, daß die Krise bei den Deutschen der Bundesrepublik besonders heftig ist.[52]

Wenn dem so ist, dann muß man leider die eindrucksvolle Studie des deutsch-amerikanischen Historikers Fritz Stern »Kulturpessimismus als politische Gefahr« heute bei uns noch immer, ja wieder für besonders aktuell halten. Dieses Buch sollte Pflichtlektüre in deutschen Oberschulen und Universitäten sein, wobei der englische Titel unsere Gefährdung noch treffender benennt: *The Politics of Cultural Despair,* also »Die Politik kultureller Verzweiflung«. Sterns Untersuchung wurde schon vor mehr als einem Vierteljahrhundert zu Papier gebracht. Sie beschäftigt sich mit der Pathologie deutscher Kulturkritik zwischem dem späten 19. und dem frühen 20. Jahrhundert, analysiert die Rolle geistiger und psychologischer Faktoren beim Heraufkommen des rechten Nationalismus, der unser Unglück wurde, zeichnet also, wie das Schlußkapitel lautet, den Weg »Vom Idealismus zum Nihilismus« nach.

Stern selbst hat schon im Vorwort der Taschenbuchausgabe von 1974 angedeutet, daß der neue Kulturprotest seit den sechziger Jahren, der sich mit einer verschwommen linken Auffassung verbunden habe, in vielem der traditionellen Kritik der politischen Rechten verwandt sei.[53] In ähnlichem Sinne hat 1976 Ralf Dahrendorf die Frage gestellt, ob die Neue Linke bei uns nicht, zumindest in Teilen, vor allem eine *deutsche* Linke sei, nicht der Gegensatz, sondern die Fortsetzung der nationalen Rechten von Weimar. Er meine das, schrieb Dahrendorf, nicht im Sinne eines generalisierenden Totalitarismusbegriffs, sondern gemeint sei »der auffällige Kultur- und Organisationspessimismus, die gewollte Primitivität, der Rousseau-Traum hinter den Marx-Analysen, die Forderung nach Destrukturierung«. Dies alles, fuhr er fort, sei nicht so ganz fern von den rembrandtdeutschen Phantasien eines Julius Langbehn, mit denen sich Fritz Stern ausführlich beschäftigt hatte.[54]

Und Langbehn stand ja nicht allein. Ganz andere, große Namen dachten ähnlich. Das Weltbild der Bewegung unserer Tage ist in der Tat vielen problematischen deutschen Vorbildern verpflichtet. Von Schopenhauer beeinflußt ist die Wahrnehmung der »Welt als Wille und Vorstellung« wie der Hang zu leidendem Pessimismus.[55] Nietzsche stand Pate bei der »Umwertung aller Werte«, Oswald Spengler schließlich steuerte die Überzeugung vom »Untergang des Abendlandes« bei. Wie Thomas Kluge gezeigt hat, erlebt Spengler in der Ökologiebewegung, bei den alternativen Vordenkern unserer Tage, eine »unbewußte Renaissance«.[56] Aus guten Gründen. Aber Untergangsvisionen finden sich ja auch außerhalb des neuen Umweltbewußtseins. Man nehme beispielsweise nur »Die Rättin« von Günter Grass, diese Johannesoffenbarung unserer Zeit mit Grass als wahnhaft phantasierendem Propheten, wie die *Washington Post* ironisch, ja höhnisch schrieb.[57] Es gibt bei uns hinreichend Anhaltspunkte dafür, daß zumal junge Deutsche für Vorhersagen einer Apokalypse besonders aufgeschlossen, anfällig sind. Man denkt bei uns gern in Alternativen von absolutem Heil oder unabsehbarer Katastrophe, von verheißungsvoller Wende oder schrecklichem, tödlichem Ende, mahnt schrill zur Umkehr oder sagt kalt den Untergang voraus.

Einige wenige unter uns bekennen sich mutig zu diesem deutschen Denken in Alternativen, in Extremen. Ein junger Linker, Thomas Schmid, sagte schon 1978, er könne nicht leugnen, daß er »von diesem deutschen Hang zum Absoluten, von dieser Verbohrtheit und Dickschädeligkeit auch fasziniert« sei: »den Sachen auf den Grund gehen, auch auf den Grund des Schreckens, nicht beim seichten *common sense* stehen bleiben. Tief, unergründlich, rätselhaft sein. Gegenpart dazu sind die angelsächsischen Kulturen: verschiedene Ansätze, Lebensweisen können nebeneinander bestehen... Die angelsächsische Toleranz *ist* eine Tugend, und uns Deutschen geht sie weithin ab. Aber sie hat auch ihr Negatives: alles dulden, an der Oberfläche bleiben, alles mit allem vereinbaren und versöhnen wollen: Seichtigkeit.« In diesem Bekenntnis zum Deutschen, zu Deutschland liegt gleichzeitig eine Abgrenzung, klingt eine ungeduldige, fast ärgerliche Abwehr ausländischer Kritiker an.

»Wenn ausländische Genossen kommen, gibt es ein schlechtes Ritual: man hat sich zusammen mit denen über das deutsche Elend zu entsetzen, Deutschland wird in den schwärzesten Farben gemalt; die ganze Welt ist besser – nur Deutschland ist der vollkommene Horror. Ich mag diese Unterwürfigkeit nicht mehr: von ausländischen Genossen nur akzeptiert zu sein, wenn ich mein eigenes Land verleugne. Das ist eine Sackgasse, das steht in der Tradition der imperialistischen Entnazifizierung durch die gottverdammten Yankees, die die Demokratie bei uns verordnet haben. Ich werde die deutschen Schrecken gewiß nicht vergessen – aber ich will auch mein Deutschland nicht länger vergessen, überspielen. Wo das deutsche Grauen liegt, da liegt auch ganz nah dabei die deutsche Faszination. Und ich möchte mich *beidem* nähern.«[58]

In solchen Sätzen, die eine weitverbreitete Stimmung widerspiegeln, äußert sich aufatmend ein neues, befreites Selbstgefühl, ein erstauntes Interesse an Deutschland, ja eine zaghafte, neugierige Zuneigung, ein Zusammengehörigkeitsbewußtsein, das man lange vermißte. Aber kehren nicht zugleich die alten Versuchungen zurück, die Selbstgefährdungen? Falsche Töne? Klingt nicht ein neuer Hochmut an, wird nicht Haß vernehmbar – auf die Angelsachsen, zumal die Amerikaner?

Die meisten bunt Bewegten werden solche Überlegungen vehement von sich weisen. Die Vergleiche werden sie kalt lassen oder entrüsten. Und die Vergangenheit werden sie ungerührt beiseite schieben, sobald sie dem eigenen, einfachen Weltbild nicht entspricht. Doch das hilft nichts. Denn wer die Geschichte nicht kennt, ihre Lehren nicht wahrhaben will, ist gezwungen, sie zu wiederholen.

Die neue Selbstüberschätzung

Wir nehmen nur einen kleinen Ausschnitt
der Bedrohungen wahr, die uns gelten, sehen oft nur
die schreckliche Verwüstungskraft
der Atomwaffen. Offenbar ist uns der Gefahrensinn,
das feinere Gespür abhanden gekommen.
Das kann uns eines Tages die Freiheit kosten.

Wohin geht die neue, kaum durchdachte, stark gefühlte Veränderungssehnsucht? Die Deutschen in Ost und West versuchen in den achtziger Jahren, ihre Lage neu zu definieren, mit sich, mit der eigenen Geschichte, ins reine zu kommen, die Zukunft neu zu bestimmen. Dabei ist der Grundton: Wir sind doch eigentlich wer.[1] Wir sollten, mehr als vierzig Jahre nach dem Krieg, eine größere, vor allem eine eigene Rolle spielen: zwischen den Blöcken, ihren Gegensatz überwölbend, zumindest für uns überwindend; endlich wieder wir selbst, auf neue Weise, endlich frei.

So würden es die meisten, die in der deutschen Identitätsdiskussion eine Rolle spielen und damit den Ton im Lande angeben, kaum formulieren. Die verbreitete Selbstreflexion, mit der sich die Deutschen ihrer neuen Lage und künftigen Richtung zu versichern suchen, findet mit Hilfe anderer Vokabeln statt.

Die heutigen Stichworte, Schlüsselbegriffe, heißen Frieden, Verantwortungsgemeinschaft, Äquidistanz, Sicherheitspartnerschaft. Ihr Inhalt ist unscharf. Kein Wunder: liegen ihnen doch zumeist weniger kühle, rationale Lageanalysen zugrunde als ein neues Bewußtsein, eine vage Stimmung, emotionale Ströme, Wunschträume. Wer macht sich schon die Mühe, sorgfältig abzuklären, was sich wirklich in der Realität unserer Situation inzwischen verändert hat?

Der Traum vom Frieden ist eine starke Sehnsucht, ein mächtiges Gefühl, das alle Konflikte beiseite schieben will, visionär ein Bild deutscher Einheit als der Gemeinschaft inzwischen moralisch gereinigter, besserer Menschen entwirft. Eine besondere Verantwortung der Deutschen für den Frieden, diese deutsche Verantwortungsgemeinschaft, zu behaupten, heißt demnach eine Sonderrolle anzustreben, die die beiden deutschen Staaten spielen sollen, eine moralische Führungsaufgabe unseres Volkes als Wächter des Weltgewissens, des Weltfriedens.

Überhaupt ist ein neues moralisches Sendungsbewußtsein die seltsame Kehrseite unseres ausgeprägten Schuldgefühls, unserer historischen Zerknirschung. Wir tun so, als ob die in unserem Namen begangenen größten Verbrechen der zivilisierten Welt uns mittlerweile instand setzten, an moralischer Sensibilität alle anderen Völker zu übertreffen. Dieses abstrakte, von der Kenntnis der Zusammenhänge vor Ort freie und damit um so selbstsicherere Urteilsvermögen bringt uns inzwischen mehr und mehr dazu, vielen geplagten Menschen in komplizierten Krisensituationen der Welt (wie in Israel, Südafrika und Chile) sachlich schlichte, ja oft ahnungslose, aber ethisch um so hochwertigere Ratschläge zu erteilen. Solche billigen, weltweiten Ermahnungen lassen uns allmählich ebenso moralisch besserwisserisch erscheinen wie die Schweden. Es bleibt offen, ob diese Pose den deutschen Interessen wirklich förderlich ist oder im Gegenteil das Ausland an frühere Zeiten anders getönter deutscher Selbstüberschätzung ungut erinnert.

Äquidistanz, gleicher Abstand, besteht insofern nicht nur zwischen unseren Positionen und denen der beiden Weltmächte, sondern im Grunde zwischen aller Welt, die – für uns unbegreiflich – immer noch den Gesetzen der Machtpolitik folgt, und uns. Wir heben ab vom Boden der Tatsachen, werden wieder überheblich, verheben uns mit der Vorstellung, die Weltmächte seien gleich weit von uns entfernt, könnten aus deutscher Kraft in gleicher Entfernung gehalten werden. Nichts daran stimmt. Die Russen sind geographisch nahe, werden immer in der Nähe bleiben – ein riesiges Reich, das sich um den halben Erdball bis vor die Küsten Japans dehnt.

Die USA hingegen sind unvermeidlich durch den breiten Atlantik von uns getrennt, gehören aber, wie wir, zur gleichen Wertegemeinschaft freiheitlicher Demokratien; wir können uns in San Francisco, am entgegengesetzten Ende der Welt, genauso zu Hause fühlen wie in Stuttgart oder Flensburg. In den wesentlichen, grundlegenden Überzeugungen gehören die USA zu unserem Europa. Anders die Sowjetunion mitsamt ihren Vorfeldstaaten, unseren unmittelbaren Nachbarn. Sie sind alle, trotz einiger hoffnungsvoll stimmender Ansätze der letzten Zeit – muß man das wirklich immer wieder unterstreichen? –, nach wie vor totalitäre Diktaturen, die unsere Freiheit und Selbständigkeit – wie die ganz Westeuropas – aktiv bedrohen.

Viele möchten das inzwischen gerne ganz anders sehen, fallen allerdings bei ihren Begründungen von einem Extrem ins andere. Bis vor kurzem konnte man bei uns jahrelang hören und lesen, die Sowjetunion befinde sich inzwischen in einem Alterungsprozeß, sei erstarrt und könne daher prinzipiell nicht mehr expansiv, nicht mehr aggressiv sein. Daher ziele sie auch nicht auf die Beherrschung Westeuropas ab, sondern sei friedfertig, zufrieden und gewillt, sich defensiv mit der Sicherung des in Europa Erreichten zu begnügen, sei bereit, sich mit der Bewahrung ihres 1945 erlangten ost- und mitteleuropäischen Besitzstandes zufriedenzugeben. Inzwischen, im Zeichen Gorbatschows, heißt es umgekehrt von uns, wir seien erstarrt, verkalkt, dringend erneuerungsbedürftig, hätten »Neues Denken« mindestens ebenso nötig wie die Russen. Wenn wir uns die gegenwärtige sowjetische Dynamik zu eigen machten, Gorbatschows Konzept einer friedlichen Welt zu folgen bereit seien, dann könne uns künftig überhaupt nichts mehr passieren.

Die eine Deutung, fürchte ich, ist ebenso oberflächlich und leichtfertig wie die andere. Wenn wir schon naiv sind, sollten wir nicht die Russen dafür halten. Der Harvard-Historiker und Rußland-Experte Adam Ulam unterschied vor fünf Jahren in der Moskauer Machtelite den Typ des Spekulanten von dem des Rentiers und war überzeugt, daß die Beschreibung dieser beiden Denkrichtungen der Wirklichkeit näherkomme als die Einteilung der Kreml-Gewaltigen in Falken und Tauben, in harte oder weiche Fraktionen.

Der *Spekulant,* schrieb Ulam 1983, glaube ebensowenig wie der Rentier an einen Angriff der Vereinigten Staaten. Aber der Spekulant sei überzeugt, daß nur der ständige Machtzuwachs der Sowjetunion und ihre Bereitschaft, einen Nuklearkrieg ins Auge zu fassen, bisher den Westen von der direkten Unterwühlung des sozialistischen Lagers abgehalten habe. Daher dürfe Moskau nicht auf eine aktive, aggressive Ausbeutung der Schwächen des kapitalistischen Weltsystems verzichten, auch wenn dieses Verhalten die Gefahr eines größeren Zusammenstoßes mit den USA in sich berge. Der Spekulant werde alle militärischen Vorteile, die die Sowjetunion gegenüber den Vereinigten Staaten bereits erlangt habe, auszubauen und zu nützen suchen. Denn ein anderes Verhalten wäre in seinen Augen militärisch und vor allem politisch ein großer Fehler. Jegliches Nachlassen der sowjetischen Aufrüstung werde nämlich vom Westen als Bestätigung seiner These betrachtet werden, daß interne, vor allem wirtschaftliche Probleme die Sowjets in ihrer Verteidigung und bei internationalen Fragen gefügiger machten. Übrigens sei Militanz nach Meinung des Spekulanten nicht nur gegenüber dem Westen notwendig. So habe der afghanische Coup trotz aller anfänglichen Verärgerung dazu beigetragen, den Respekt oder die Furcht zumal in der muslimischen Welt zu verstärken. Direkte sowjetische Militär-Interventionen seien zwar nicht allzu oft angebracht. Aber manchmal, in größeren Abständen, dienten sie als nützliche Erinnerung daran, daß mit der Sowjetunion nicht zu spaßen sei.

Anders, nach Ulam, der besonnenere *Rentier.* Nach seiner Überzeugung könne es sich die Sowjetunion leisten, umsichtige Geduld in ihrer Außenpolitik zu üben und riskante Abenteuer im Ausland zu unterlassen. Denn sie werde weiter wie bisher die Dividende früherer Erfolge und kapitalistischer Fehlentwicklungen einheimsen. In dieser abwartenden Haltung fühle sich der Rentier durch die historischen Erfahrungen des Sowjetstaates vor allem in der Zeit seit dem Zweiten Weltkrieg bestätigt. 1945 seien die Vereinigten Staaten die einzige Weltmacht gewesen. Dennoch hätten sie den Vormarsch Moskaus nicht wirksam behindern können. Wahrscheinlich seien die Amerikaner dazu in Zukunft ebensowenig imstande. Die umständlichen Prozeduren ihrer Außenpolitik und das aufsässige demokratische Ambiente, in dem sie entstehe, benachteiligten die USA (und ihre Verbündeten) unvermeidlich gegenüber dem flexiblen, von innenpolitischen Einflüssen völlig abgeschirmten Apparat der sowjetischen Außenpolitik. Es sei daher unklug, meine der Typ des Rentiers im Kreml, die Amerikaner zu provozieren und eine Konfrontation zu riskieren, wenn die westliche Position beim natürlichen Lauf der Dinge ohnehin zwangsläufig schwächer werde und die der Sowjetunion stärker.[2]

Sind durch Gorbatschow beide Typen obsolet geworden, Spekulant wie Rentier kaltgestellt? Dafür gibt es keine Anhaltspunkte. Vieles spricht dafür, daß außenpolitisch (und es geht ja hier um die sowjetische Außenpolitik, nicht um innenpolitische Reformprogramme) momentan in Moskau die Rentiers und nicht die Spekulanten das Sagen haben. Aber das verheißt uns keine dauerhaft stabile, friedvolle Ruhelage, so gerne wir das glauben möchten. Die Westdeutschen versprächen sich von der Neuen Ostpolitik vor allem Ruhe vor den Russen, sagte Egon Bahr schon vor fünfzehn Jahren. Diese Ruhe aber werde es nicht geben.

Was steht uns damit ins Haus? Mindestens seit Mitte der sechziger Jahre, meinte der damalige französische Staatspräsident Georges Pompidou 1973 gegenüber dem deutschen Bundeskanzler Willy Brandt, verfolge die Sowjetunion »mit bewundernswerter Beharrlichkeit« das Ziel einer Neutralisierung Mitteleuropas. Die Absicht, uns auf diese Weise aus Westeuropa herauszubrechen, gleichzeitig von den USA abzuspalten und statt dessen in den Einflußbereich Moskaus zu ziehen, bestand freilich schon viel früher; sie gehört seit dem letzten Weltkrieg zu den Zielen sowjetischer Politik. Der Gedanke muß in der Perspektive Moskaus so naheliegend wie verlockend sein, geradezu selbstverständlich. Denn ein maßgeblicher Einfluß der Sowjetunion bei uns, damit in ganz Westeuropa, würde ihr die Ressourcen des ganzen Kontinents nutzbar machen. Die Russen werden immer dieses Ziel zu erreichen versuchen – und möglichst, ohne sich und die Westeuropäer den Mißhelligkeiten einer Besetzung auszuliefern.

Freilich darf man auch die Möglichkeit einer gewaltsamen Verwicklung nie ganz außer Betracht lassen. Selbstverständlich wird der Kreml Strafaktionen, notfalls auch direktes militärisches Eingreifen, immer dann in Erwägung ziehen, wenn wir uns in wichtigen Fragen entgegen den sowjetischen Interessen verhalten sollten. Ein so ruhiger, besonnener Mann wie Pompidou hat in den eben schon erwähnten letzten Gesprächen mit Willy Brandt, in geradezu »testamentarischen Aussagen« (Pompidou starb Anfang 1974), dahingehende Befürchtungen offen ausgesprochen: Krisenhafte Entwicklungen beispielsweise in Jugoslawien, Italien oder Frankreich vorausgesetzt, könne man nicht ausschließen, daß die Sowjetunion versuchen werde, gewaltsam »nach Westeuropa vorzudringen«.[3]

Auch jetzt, in der neuen Entspannungsphase, haben die gewaltigen sowjetischen Verbände in Mitteleuropa, zumal in der DDR, nach wie vor eine auf Angriff, auf Blitzkrieg zielende Strategie, Aufstellung und Ausrüstung. Das große Vorbild ist dabei ganz offen der deutsche Frankreichfeldzug 1940, das Ziel eine rasche Überrumpelung der Bundesrepublik im Falle eines Krieges. Ist es klug, solche gewiß beunruhigenden Möglichkeiten bei eigenen Situationsanalysen und Zukunftsplanungen ganz außer acht zu lassen, sie auch nie mit unserer Bevölkerung zu diskutieren?

Wir nehmen nur einen kleinen Ausschnitt der Bedrohungen wahr, die uns gelten, sehen oft nur die schreckliche Verwüstungskraft der Atomwaffen. Offenbar ist uns seit dem ersten Entspannungszeitalter der späten sechziger Jahre der Gefahrensinn, das feinere Gespür für die Fülle der uns drohenden Gefahren abhanden gekommen. Das kann uns eines Tages die Freiheit kosten.

Oder liegt unsere neue, demonstrative Sorglosigkeit den

Sowjets gegenüber an den immer dunkleren Schatten, die das Dritte Reich auf unsere Gegenwart wirft? Hans-Peter Schwarz hat 1985 in seiner Studie über »Die gezähmten Deutschen«[4] die Befürchtung geäußert, nach den Verbrechen Hitlers und den verlorenen Kriegen hätten das Harmonisierungsbedürfnis und eine verständliche Friedenssehnsucht unser Land so überwältigt, daß seine Fortexistenz gefährdet sei. Man verfalle dem Wunschdenken, wenn man glaube, die Gefahren der Gegenwart lediglich durch Vereinbarungen ausschalten zu können, also ohne den gleichzeitigen Schutz mit Hilfe angemessener militärischer Machtmittel. Seit langem rede sich die Republik ein, daß der Friede ohne Kampfbereitschaft gesichert werden könne. Wer aber den gefährlichsten Feind der Freiheit in Europa, fuhr Schwarz fort, einen Sicherheitspartner nenne, verhülle vor sich selbst und vor der Öffentlichkeit die beunruhigende Tatsache, daß die europäische Weltmacht Sowjetunion ihr ganzes Potential dazu nutze, die Sicherheit der liberalen Demokratien zu vermindern und deren Bewegungsspielraum einzuschränken.

Schwarz bezweifelte nicht grundsätzlich den Wert der heutigen Entspannungspolitik. Aber seine Besorgnisse rührten von dem öffentlichen Schock her, den der Nato-Doppelbeschluß vom Dezember 1979 und dann die Raketenstationierung zu Beginn der achtziger Jahre in der Bundesrepublik ausgelöst hatten. Niemand bestreite heute mehr, meinte Schwarz, daß die Hochrüstung des Ostblocks während der Entspannungsperiode der siebziger Jahre zwar von vielen Experten beobachtet, aber nur selten öffentlich angesprochen worden sei. Die mit der sowjetischen Rüstungsanstrengung verbundene Änderung des militärischen Gleichgewichts zuungunsten des Westens sei damals kaum zur Sprache gekommen, während die Politik und große Teile der Publizistik bei uns tagtäglich die Notwendigkeit der Entspannung, des Dialogs, des Interessenausgleichs betont, also die Wollens- und Sollensaspekte der Außenpolitik in den Vordergrund gerückt hätten, statt die Realität zu analysieren und darzustellen. Es könne nicht überraschen, schloß Schwarz, daß unter diesen Umständen beträchtliche Teile der deutschen Öffentlichkeit ganz unvorbereitet gewesen seien, als es 1983, nach dem Scheitern der damaligen Rüstungskontroll-Verhandlungen, zu einem Vorgang charakteristischer Machtpolitik, nämlich der Aufstellung amerikanischer Mittelstreckenraketen in Westeuropa gekommen sei.

Inzwischen muß wohl jeder zugeben, daß diese Stationierung den sowjetischen Entscheidungsprozeß in einem günstigen, auf Abrüstung zielenden Sinne beeinflußt hat. Diese Nachrüstung ist also ein Beispiel dafür, daß Machtpolitik erforderlich sein kann, um längerfristig den Frieden zu stabilisieren, während der Frieden nicht notwendig durch diejenigen gesichert wird, die ihn unaufhörlich im Munde führen. Wer kann wirklich glauben, die neue Entspannungsphase, die wir gegenwärtig erleben und die im Washingtoner Abkommen vom 8. Dezember 1987 über die Beseitigung der atomaren Mittelstreckenwaffen ein erstes Ergebnis zeitigte, sei den Anstrengungen der Friedensbewegung zu verdanken, wo doch alle wissen, daß Moskau solche Aktivitäten nur milde belächelt? Kann es einen ernsthaften Zweifel daran geben, daß die heutige Wendung der Dinge ganz wesentlich den energischen, freilich auch halsbrecherisch kostspieligen Rüstungsanstrengungen des amerikanischen Präsidenten am Anfang der achtziger Jahre zu verdanken ist?[5] Sie wurden jedenfalls von der Sowjetunion außerordentlich ernst genommen.

Beträchtliche Gruppen der westdeutschen Intelligenz konnten allerdings schon damals, Jahre vor Gorbatschow, keinerlei russische Gefahr mehr ausmachen. Woran lag das?

Verglichen mit Frankreich, Großbritannien und den Vereinigten Staaten sind unsere Intellektuellen weiter links angesiedelt. Kaum ein ernstzunehmender Politiker oder Journalist in jedem dieser drei Länder würde heute behaupten, daß von der Sowjetunion keine militärische Bedrohung mehr ausgehe. Bei uns hingegen kann man diese Meinung immer wieder hören.

Hinter einer solchen verharmlosenden Position vermuten erfahrene Beobachter der Bundesrepublik eine komplizierte Mischung der Motive. So hat Gerhard Simon im Sommer 1987 betont, die gewaltigen Sympathien der Westdeutschen für Gorbatschow erklärten sich im wesentlichen nicht aus rationalem

Kalkül, sondern seien emotional zu verstehen. Diese Gefühle hätten nichts mit dem neuen Generalsekretär der KPdSU zu tun. Ihre Wurzeln lägen vielmehr in uns selbst, in einem anhaltend schlechten Gewissen wegen Hitlers Angriff vom 22. Juni 1941, in unserer Furcht vor dem großen Nachbarn, in der Ungewißheit über unsere Zukunft und in einem gewissen Antiamerikanismus.[6]

Diesen letzten Aspekt hat Martin Kriele scharfsinnig gedeutet. Im Blick auf die damalige Friedensbewegung entwickelte er 1983 die These, daß deren Ausbreitung Machtverschiebungen in der Welt widerspiegele. Unter der Überschrift »Das Recht der Macht« erinnerte Kriele an den von Georg Jellinek in seiner »Allgemeinen Staatslehre« von 1905 entwickelten Begriff der »normativen Kraft des Faktischen«. Allerdings habe Jellinek damals noch nicht erkannt, daß auch künftige Fakten normative Kraft entfalteten und damit das Verhalten der Menschen prägten: die Zielrichtung gegenwärtiger Wandlungsprozesse, Tendenzen des Geschehens, die erwartete Zukunft. Ein aktuelles Beispiel dieser Prägekraft vorausgeahnter Entwicklungen sah Kriele in den verschiedenen Bewegungen, die in den sechziger Jahren aufkamen. Ein meinungsbildender Teil der Öffentlichkeit, so könnte man ihn resümieren, orientiere sich seither am stetigen Machtzuwachs der Russen, rechne nämlich mit einem zunehmenden Machtverlust der Amerikaner. Wie begründete Kriele seine brisante Behauptung?

Seit der Mitte der sechziger Jahre habe man im Westen eine Welle der Re-Ideologisierung erlebt, nämlich eine Idealisierung des Marxismus und eine moralische Parteinahme gegen demokratische Verfassungsstrukturen. Man müsse sich fragen, warum diese Welle von Berkeley über Frankfurt bis Tokio gleichzeitig und gerade zu diesem Zeitpunkt die ganze westliche Welt erfaßt habe. »Warum nicht vorher, warum nicht in verschiedenen Ländern zu verschiedenen Zeiten, warum nicht mit verschiedenen Inhalten und Zielen? Warum wurden Bücher, die über zwanzig oder dreißig Jahre alt waren und bis dahin wenig Überzeugungskraft entfalteten (zum Beispiel von Marcuse, Horkheimer und

Adorno), plötzlich in den Rang der Maßgeblichkeit erhoben? ...
Ich will nicht behaupten, daß mein Vorschlag das Problem in
seiner ganzen Komplexität zu erfassen vermag; aber immerhin
mag es berechtigt sein, die Frage aufzuwerfen: Was war eigentlich in jener Epoche das dominante machtpolitische Faktum?
Welche Erkenntnis ... erfaßte 1968 die ganze Welt mit gewaltiger Evidenz? Es war die Erkenntnis, daß die USA den Vietnam-
Krieg nicht gewinnen werden.«

Kriele zufolge konnte der moralische Protest gegen die Kriegs-
greuel den damaligen Stimmungsumschwung gegen die Vereinigten Staaten nicht erklären, weil dann die Proteste auch nach dem
Sieg der Kommunisten in Vietnam hätten anhalten müssen.
Denn die Grausamkeiten, die Folterungen hörten ja nicht auf,
sondern wurden sogar schlimmer. Doch die Gruppen, die zuvor
so lautstark gegen die Amerikaner Front gemacht hatten, hüllten
sich nunmehr in Schweigen. Das war, sagt Kriele, eine stille
Anpassung an die Situation, an die vorweggenommene künftige
kommunistische Machtüberlegenheit in der Welt. »Die Niederlage Südvietnams und der Amerikaner hatte nicht nur lokale,
sondern globale Bedeutung. Nachdem die Amerikaner in Vietnam nicht siegen konnten, können sie in vergleichbaren Situationen anderswo auch nicht siegen. Die Evidenz dieser Tatsache
ließ erwarten, daß ihr Einfluß als Weltmacht in der Dritten Welt
zurückgeht und der der Sowjetunion steigt. Das vermochte jeder
Schüler zu erkennen... In Europa hat die Sowjetunion ihre militärische Macht aufs Äußerste und Bedrohlichste gesteigert, während wir uns um Entspannung bemühten und die Amerikaner
sogar die Wehrpflicht abgeschafft haben. Die Machtverhältnisse
haben sich global zu Lasten des Westens verschoben, und dies
war im öffentlichen Bewußtsein allenthalben gegenwärtig.«

Demnach war es ganz falsch, der Friedensbewegung ihre Naivität und Weltfremdheit anzukreiden. Man hätte ihr umgekehrt
eine schnelle, schlaue, unmoralische Anpassung an aktuelle
Machtverlagerungen, die zugunsten der Sowjetunion wirkten,
zum Vorwurf machen sollen. So argumentierte jedenfalls Kriele:
Diese Bewegung ziehe viele Gesinnungspazifisten und politisch

Naive in ihre Reihen. Es sei aber offenkundig, daß es sich zumindest bei ihren Strategen, Organisatoren und Agitatoren entweder um eitle, verantwortungslose Spieler oder um hinterhältig berechnende Zyniker handeln müsse. Unter ihnen fänden sich geheimdienstgesteuerte Kommunisten, aber auch ausgewiesene Demokraten, von denen einige sogar ihre antikommunistische Grundhaltung unter Beweis gestellt hätten.« Irgendwie muß man sich das erklären können, und da sich eine rationale Erklärung nicht finden läßt, muß man auf psychologische Erklärungsversuche zurückgreifen: Sie haben an dem intellektuellen Milieu teil, das seine Wertmaßstäbe nicht aus sittlichen Prinzipien, sondern aus der normativen Kraft der militärischen und machtpolitischen Entwicklungstendenzen seit Vietnam bezog.«[7]

Krieles Vorbehalte gelten denn auch nicht allein der Friedensbewegung, die sich zu Beginn der achtziger Jahre gegen die Raketenstationierung wandte. Bei der Untersuchung der verbreiteten westdeutschen Sympathien für die Sandinistas in Nicaragua stieß er auf dieselbe Personengruppe. »Überblickt man den Kreis der deutschen Prominenten, die sich in ›kritischer Solidarität‹ für das Regime in Nicaragua engagieren, so findet man ihn fast vollständig in der Friedensbewegung wieder«, schrieb Kriele 1985 und vermutete: »In unserem Verhältnis zu Nicaragua offenbart sich zugleich eine grundlegende Umorientierung unserer Stellung in Ost und West. In der sandinistischen Hymne heißt es: ›Der Yankee ist der Feind der Menschheit‹. Der Feind steht in Washington, der Freund in Moskau. Solidarität mit diesem Regime bedeutet, daß sich die Freund-Feind-Achse um 180 Grad dreht. Nachdem wir in Moskau ›Feindbilder‹ abgebaut haben, bauen wir sie in Washington auf... Was man in höflicher Zurückhaltung ›Anti-Amerikanismus‹ zu nennen pflegt, ist in seinem innersten Kern ein Pro-Sowjetismus, der eigentümlicherweise zahlreiche Menschen erfaßt, die das Sowjetsystem an sich unerträglich finden. Der Pro-Sowjetismus scheint etwas psychologisch Zwanghaftes zu haben. Er wurzelt in einer progressiven Moral, die fordert, im Einklang mit Geschichte und Evolution zu handeln. Der ›Befreiungskampf der Dritten Welt‹ erweckt die Vorstellung von der ›Zwangsläufigkeit‹ des sozialistischen Endsiegs, dem man folglich, wie widerwillig auch immer, glaubt dienen zu müssen.«[8]

Über diese Deutung Krieles wird man lange diskutieren können. Woher rührt die Neigung, der Sowjetunion, deren ideologische, ökonomische und politische Erstarrung lange überall im Westen laut beklagt wurde, plötzlich eine besondere Dynamik nachzusagen? Kann die neue, positive, ja oft euphorische Einschätzung Moskaus bei uns mit der Wirkung der Worte Gorbatschows erklärt werden? Womit sonst? Selbst ganz nüchterne, keineswegs naive amerikanische Wissenschaftler (wie zum Beispiel Richard N. Haass von der »John F. Kennedy School of Government« in Harvard) haben freilich in jüngster Zeit die Auffassung vertreten, der amerikanische Niedergang während der Administrationen Nixon, Ford und Carter sei zwar durch Ronald Reagan zeitweilig aufgehalten, sogar in sein Gegenteil verkehrt worden, nämlich abgelöst durch eine Dekade amerikanischer Erholung, ja Vorherrschaft. Inzwischen seien aber, wesentlich durch Gorbatschow, Optimismus und Initiative (erneut) auf die Sowjetunion übergegangen, so daß sich die Machtbalance zugunsten Moskaus neige.[9] Jedenfalls fällt in Deutschland auf, daß die antizipierte normative Kraft des Faktischen nicht in umgekehrter Richtung wirkt, also Anzeichen einer politischen, ideologischen und wirtschaftlichen – nicht militärischen! – Schwächung der Sowjetunion in Osteuropa nicht wahrgenommen, nicht ernstgenommen werden.

Sollte das an dem von Kriele behaupteten Pro-Sowjetismus liegen, einem positiven Vorurteil für den Kreml? Wie anders könnte man erklären, daß unsere Aufmerksamkeit fast ausschließlich Moskau gilt und nicht unseren osteuropäischen Verwandten? Die partiell weit fortgeschrittene Entsowjetisierung dort wird bei uns kaum bemerkt, obwohl die Erosion der kommunistischen Machtposition zumal in Ungarn und Polen eine der schwierigsten Herausforderungen des Moskauer Generalsekretärs darstellen dürfte, umgekehrt gesagt: eine greifbare Chance freierer, menschenwürdigerer Verhältnisse.

Bleiben wir beim Antiamerikanismus. Tatsächlich vollzieht sich die verbreitete Abkehr von den USA in aller Stille. Sie ist oft selbst den Befürwortern und Förderern dieses Wandels kaum voll bewußt. »Die schleichende, unspektakuläre Abwendung vom atlantischen Partner mit möglicherweise spektakulären Folgen«, schrieb Werner Weidenfeld, der von der Bundesrepublik bestellte Koordinator für die deutsch-amerikanische Zusammenarbeit, Anfang dieses Jahres, »das ist wohl die wirklichkeitsnächste Gefahr in den atlantischen Krisenszenarien.«[10]

Schwer zu sagen, was unbewußte Selbsttäuschungen sind, was bewußte Irreführungen. Denn die stereotype Leugnung eines westdeutschen Antiamerikanismus gehört in allen Lagern zu den Verhüllungsformeln unserer Tage. Kein westdeutscher Politiker, egal welcher Partei (außer den Grünen), unterläßt es, wenn er in Washington auftaucht, die wachsende Distanz wortreich zu bestreiten. Tatsächlich ist dieser Antiamerikanismus, wie wohl jedes »Anti«, ein kunterbuntes Gemenge verschiedener Unlustgefühle und Negativeindrücke; die Motivmischungen sind ähnlich kompliziert wie umgekehrt im Falle des Pro-Sowjetismus auch. Falsche Vergleiche, schiefe Bilder, viel loses Gerede machen die Runde.

So beschreibt man die Rolle der Vereinigten Staaten bei der Gründung der Bundesrepublik oft als Vater/Kind-Beziehung oder auch Adoptionsverhältnis. Die Schlußfolgerung lautet dann, daß die Bundesrepublik dergleichen loswerden, abwerfen müsse, weil sie erwachsen geworden, ihre Emanzipation überfällig sei. Eine solche Forderung beruht aber auf der irrigen Analogie zwischen dem unerläßlichen Lösungsprozeß von Kindern und Eltern – und dem ganz anders gearteten, nämlich auf Stabilität angelegten Verhältnis zwischen verbündeten Staaten. Hier geht es wesentlich nicht um Gefühle, deren Entwicklung und Wandlung, sondern um die gemeinsamen Interessen der beteiligten Länder, ihren Schutz in verläßlichen Allianzen. Sie müssen, sollen sie taugen, für beide Seiten berechenbar bleiben, dauerhaft sein.

Ein anderer Denkfehler liegt der hübschen, daher gern wiederholten, aber leider leichtfertig formulierten Formel Hans Magnus Enzensbergers zugrunde: wir seien nicht antiamerikanisch, sondern nur unamerikanisch.[11] Hier wird die angebliche Notwendigkeit politischer Distanzierung aus der kulturellen Unterschiedlichkeit der beiden Völker abgeleitet. Nun wird niemand diese Verschiedenheiten bestreiten, obwohl sie zwischen uns Westdeutschen und den USA erstaunlich gering sind, kleiner als zwischen fast allen westlichen Staaten; wir sind den Amerikanern vermutlich heute näher als den meisten europäischen Nachbarn. Wie auch immer: für die Frage, ob das Bündnis auch künftig erforderlich, ja vielleicht für uns überlebensnotwendig ist, geben die Besonderheiten unserer Kultur nichts her. Taucht bei denen, die anderer Meinung sind, also unsere kulturelle Eigenständigkeit und Kraft betonen, nicht jene für Deutschland schon im vergangenen Jahrhundert charakteristische Verquickung, ja Verwechslung von Geist und Macht wieder auf und damit, in rudimentärer Form, das Postulat, unsere (angeblich höherwertige) Kultur könne die (uns fehlende) Macht ersetzen?[12] Das wäre erneut der Weg in die Isolation.

Im übrigen gibt es ja nicht nur kulturelle Verschiedenheiten. Alle Völker und Staaten unterscheiden sich vielfältig – in ihrer Geschichte, kulturellen Prägung, den politischen und wirtschaftlichen Interessen. Zumal zwischen uns und den USA sind die Verschiedenheiten der Größenordnung und geographischen Lage, der dadurch geprägten Geschichte und Kultur offenkundig. Es gibt auch, neben den entscheidenden Gemeinsamkeiten, handfeste wirtschaftliche und politische Gegensätze zwischen ihnen und uns, gibt den Unterschied der Sichtweisen und Verantwortlichkeiten zwischen einer mittleren Regionalmacht hier und einer Weltmacht dort. Aus alledem aber den Schluß zu ziehen, wir dürften – oder müßten uns sogar – von den Vereinigten Staaten distanzieren, bedeutet nichts anderes als die Aufforderung zum politischen Selbstmord der Bundesrepublik.

Bündnisse müssen natürlich nüchtern, also danach beurteilt werden, ob ein anderes Land zum Schutz der eigenen Interessen nötig ist, weiterhin gebraucht wird. Die Allianz zwischen den

USA und der Bundesrepublik, da hat Enzensberger ganz recht, ist keine Frage freundlicher Gefühle, jedenfalls nicht in erster Linie, sondern beruht auf der Tatsache, daß sich das Eigeninteresse beider Seiten »für eine bestimmte Zeit und in einem bestimmten Grade« deckt – wobei er fälschlich davon ausgeht, diese Phase sei längst beendet.[13]

Gefühle, Wünsche, Hoffnungen gehören wesentlich in eine andere Sphäre – in die private. Wir haben als Deutsche mit einer doppelten inneren Gefährdung unserer gesamten Außenpolitik zu tun: mit entgegengesetzten Gefahren. Die eine ist kontaktarme Selbstüberschätzung, die andere maßloses Liebesbedürfnis. Entweder ziehen wir trotzig die Schultern hoch, behaupten tapfer, wir brauchten niemanden, kämen schon alleine durch und voran, ganz auf uns selbst gestellt. Das haben wir uns vor 1945 jahrzehntelang eingeredet. Neuerdings beginnen wir erneut, um uns selbst zu kreisen, uns allzu stark mit uns selbst zu beschäftigen, nicht genug die Interessen anderer in Rechnung zu stellen, uns verkannt, von den Freunden nicht genug umworben zu fühlen, die westliche Welt kalt zu finden.

Oder aber wir sind unaufhörlich auf immer neue Beweise fremder Zuneigung erpicht. Tief verunsichert, vermögen wir unser Selbstwertgefühl ohne das Echo anderer offenbar nicht zu stabilisieren. Ruhelos suchen wir nach Äußerungen der Sympathie, ja der Freundschaft in der weiten Welt, statt kühlen Kopfes und lebensklug unsere Interessen zum Leitstern unserer außenpolitischen Orientierung zu machen.

Ach, wenn wir doch nur wüßten, was unsere wirklichen, handfesten Interessen sind! Die Befreiung der Schwarzen Südafrikas? Das Ende der Militärdiktatur in Chile? Die Räumung der von Israel besetzten Gebiete? Ein starkes Westeuropa als Dritte Kraft? Ein geeintes Gesamteuropa? Die deutsche Wiedervereinigung? In erster Linie muß unser Interesse doch einfach dies sein: die Selbständigkeit und Freiheit der Bundesrepublik dauerhaft zu sichern. Verglichen damit ist alles andere zweitrangig.

Unsere Stabilität im Rahmen des westlichen Bündnisses ist

übrigens auch der wichtigste Beitrag, den wir zur allmählichen Selbstbestimmung Osteuropas leisten können – geradezu die Voraussetzung aller positiven Veränderungen dort. Denn wenn die Amerikaner abzögen und wir ins Rutschen kämen, wüchse automatisch im gleichen Maße die Macht Moskaus. Das würden die Osteuropäer als erste zu spüren bekommen.

Ist die Rangfolge unserer Interessen geklärt, dann gewinnen auch die Gefühle ihren angemessenen Platz. Denn natürlich spielen sie in einer Demokratie eine große Rolle. Zumal in den USA und in der Bundesrepublik sind öffentliche Emotionen von fundamentaler Bedeutung. Keine Außenpolitik dürfte in diesen beiden Ländern innenpolitisch durchsetzbar sein ohne eine kräftige Unterstützung durch die breite Öffentlichkeit.

Beim amerikanisch-deutschen Verhältnis hat es allerdings bei uns auffällig extreme Pendelausschläge gegeben. In den Anfangsjahren der Bundesrepublik war die Popularität der USA überwältigend groß; die Vereinigten Staaten wurden geradezu zum Ersatz-Vaterland der Westdeutschen. Das kann niemanden überraschen: hatten doch wesentlich die Amerikaner – nicht die Briten, schon gar nicht die Franzosen – uns vor den Russen bewahrt, gerettet. Hätte es die USA nicht gegeben, wäre uns nach 1945 das Schicksal Polens zuteil geworden, bestenfalls das der DDR. Mächtige Gefühle der Erleichterung, der Dankbarkeit erklären die überschwengliche Begeisterung für Amerika in den fünfziger Jahren. Ebenso kräftige Gefühle der Enttäuschung und eines energischen, moralisch getönten Aufbegehrens der nach 1945 erwachsen gewordenen Generationen bewirkten seit den sechziger Jahren den Umschwung ins Gegenteil: einen oft giftigen, verachtungsvollen Antiamerikanismus.

Die eine Welle hatte ebenso wie die andere viel mit unseren inneren Verletzungen zu tun, mit den demütigenden Erfahrungen der totalen Niederlage, mit der Auseinandersetzung um unsere politische und moralische Diskreditierung, also mit Kämpfen, die erst nach Selbstpreisgabe, dann nach Auflehnung riefen. Von einem stabilen Selbstgefühl, einer reifen Partnerschaftsfähigkeit sind wir Deutschen so weit entfernt wie eh und je. Im Gegenteil: die neue, zusätzliche Unausgeglichenheit ist unserem ohnehin labilen Nationalcharakter schlecht bekommen. Das zeigt sich besonders im Verhältnis zu den beiden Weltmächten. Wegen unserer komplizierten Nähe zu den Vereinigten Staaten wird unsere hinfällige Ambivalenz ihnen gegenüber weitaus stärker deutlich als in unserem bisher viel ferneren, abstraktexotischen Verhältnis zur UdSSR. Was Moskau angeht, sind wir Westdeutschen immer noch in der ersten Phase: beim Versuch der Anpassung, von übertriebenen Hoffnungen erfüllt. Die USA möchten wir hingegen inzwischen gerne links liegen lassen; wir versuchen uns von ihnen freizuschwimmen, mit kräftig fuchtelnden Armbewegungen – auf dem Trockenen. Hans-Peter Schwarz sieht in unserem Verhältnis zu Amerika geradezu »schwächliche Impertinenz« am Werke. Daran ist etwas. Tatsächlich greift in der Bundesrepublik ein kraftloses Imponiergehabe um sich, wie man es oft in Kleinstaaten findet, die sich einerseits ducken, andererseits aufzutrumpfen versuchen.[14] Sind wir Westdeutschen wesentlich solche rebellischen Bewohner eines neuen Kleinstaates geworden, die verdrossen im Restbestand eines vor vierzig Jahren untergegangenen großen Reiches hocken? Warten wir ressentimentgeladen auf Gelegenheiten, gegen unsere – historisch doch selbstverschuldete – Zurücksetzung und Entmachtung aufzubegehren?

Vermutlich haben wir unsere jüngere Vergangenheit weniger verarbeitet, als man lange meinte. Je mehr das ganze Dritte Reich der Unbegreiflichkeit anheimfällt, stehen wir mit unseren Deutungsversuchen immer wieder neu ganz am Anfang. Der Weg von Bismarck zu Hitler muß aber in seiner Furchtbarkeit, die bescheidene Fortsetzung zu Adenauer in ihrer rettenden Folgerichtigkeit verstanden sein, wenn die heutigen Schlußfolgerungen und die Handlungsimpulse für morgen stimmen sollen. Weil diese Einordnung von Vergangenheit und Gegenwart jedoch weithin fehlt, die großartige Errungenschaft, die diese Bundesrepublik in unserer mißglückten Geschichte darstellt, damit unterschätzt wird, haben die heranwachsenden Generationen die prekären Existenzbedingungen des neuen Staates und seine immer gefährdeten Überlebenschancen möglicherweise nicht begriffen. Sie halten den schwankenden Boden, auf dem er steht, offenbar für unerschütterlich fest.

Außerdem langweilen sie sich. Nur selten – das kommt nämlich hinzu – versuchen unsere Politiker, aus verständlichen Gründen, die Bürger emotional anzusprechen; der Mißbrauch des Pathos, auch des Patriotismus, gellt noch vielen im Ohr. Außerdem verstünden sich die heutigen Politiker wohl kaum auf die packende, zündende Rede. Sie fällt auch schwer, paßt nicht in die Gegend. Die Lage des Landes verlangt klare, nüchterne Worte, nicht verführerische Visionen. Dadurch liegen aber die öffentlichen Gefühle der Westdeutschen weithin brach (zumal in protestantischen Regionen; gar nicht in Bayern, das sich selbst genug ist), irrlichtern umher, begleitet von viel Wohlstandsverdruß, viel Wehklagen. Vermutlich sammeln sich schweifende Emotionen, sauer geworden, in unserer Einstellung zu den Vereinigten Staaten. Die USA sind unsere Klagemauer geworden – ohne Jahwes Trost.

Im Blick auf die Amerikaner sitzen freilich viele Landsleute einem großen Irrtum auf. Sie schätzen die Situation falsch ein. Aus diesem Mißverständnis der Lage könnte sich eine Tragödie entwickeln, wenn wir nicht bald aufwachen, besser aufpassen. Weithin meint man nämlich unter den Westdeutschen, die Bipolarität in Europa sei stabil, gewissermaßen naturwüchsig geworden: einfach da. Ganz von selbst werde sie auf die Dauer bestehenbleiben. Man hält demnach die Jalta-Grenze für die verläßliche Grundlage unserer westlichen Existenz, sieht die Präsenz beider Supermächte in Europa als permanent sicher an. Man ist, obwohl man oft gegenteilige Wünsche äußert, im Grunde von der Zuverlässigkeit des amerikanischen Schutzes überzeugt.

So geben sich zwar einige Gruppen, auch einflußreiche Leute, spielerisch den Anschein, als wollten sie lieber mit Frankreich als den USA eng zusammenarbeiten. In anderen Kreisen befürwortet man stärkere ostpolitische Initiativen, Avancen an Moskaus Adresse. Aber die einen wie die anderen gehen einhellig davon aus, daß auf die Vereinigten Staaten in Europa in jedem Falle fest zu zählen sei. Selbst viele derjenigen, die lauthals bei jeder sich bietenden Gelegenheit das Verschwinden der Amerikaner aus Europa fordern, sind daher insgeheim ganz beruhigt, schlafen fest. Denn auch sie glauben, daß all ihr Drängen letztlich risikolos ist, folgenlos bleiben wird.

Sie halten nämlich die USA für ebenso imperialistisch wie die Sowjetunion, also für eine Großmacht, die einmal erobertes Terrain nicht preisgeben werde. Außerdem, heißt es, seien die amerikanischen Wirtschaftsinteressen in Europa viel zu groß, als daß die Amerikaner es sich leisten könnten, alles fahrenzulassen; Washington werde immer verhindern, daß das ökonomische Potential Europas in den sowjetischen Einflußbereich gerate. Auch amerikanische strategische Erwägungen sprächen dafür, Westeuropa zu halten. Außerdem sei die Nato nicht nur ein Bündnis, sondern eine gewaltige Militärorganisation, ein eigenständiger Militärstaat; dergleichen sei sehr stabil. Kurz und gut: auch erklärte Gegner der US-Präsenz rechnen weiterhin mit einer unbegrenzten Anwesenheit der Amerikaner, sehen also in ihren Protestaktivitäten keinerlei Risiko für uns alle. Da können sie sich sehr täuschen.

»Die wachsende Distanz« zwischen uns und den USA, die Joachim Bölke bereits vor zwei Jahren so eindringlich wie richtig beschrieb, eröffnet für unsere Zukunft sehr bedrohliche Aussichten. Was er unter dieser Überschrift zu bedenken gab, gilt nach wie vor.

»Politische Veränderungen vollziehen sich in der Regel beiläufig und unauffällig; nur selten sind sie eruptiv. Oft sind sich auch die politisch Handelnden solcher Veränderungen gar nicht bewußt und spüren gar nicht, wie sehr sie an ihnen selbst mitwirken oder doch jedenfalls in ihrem eigenen Verhalten schon reflektieren. Wenn solche Veränderungen dann sichtbar werden, ist es für eine Korrektur, für ein Anhalten dieses Prozesses, oft schon zu spät.

Man muß sich heute ernsthaft fragen, ob das nicht auch schon für das die letzten vierzig Jahre bestimmende Verhältnis zwischen Europa und Amerika zutrifft, das in seiner bisherigen

Form immerhin Frieden und Freiheit in unserem Teil der Welt bewahrt hat. In Europa ist es schon lange üblich geworden, die amerikanische Politik im Zweifelsfalle als entweder naiv oder als abenteuerlich zu bezeichnen. Das war zur Amtszeit Präsident Carters nicht anders als in der von Präsident Reagan. Und diese Kritik greift schon längst auf das amerikanische Volk und auf die Motive über, die dieses bei Wahlentscheidungen bewegen. In den Vereinigten Staaten hat man sich zwar geraume Zeit damit abgefunden, daß dies die negative Seite der Weltmachtrolle sei, die man im Gefolge des Zweiten Weltkrieges zu spielen hatte. Aber wenn sich solche Kritik in einer mehr oder minder offen gezeigten Form des Mißtrauens auch in den Handlungen von europäischen Regierungen niederschlägt, so ist es nur selbstverständlich, daß die Vereinigten Staaten davon schließlich nicht mehr unberührt bleiben. In der Tat ist in den Vereinigten Staaten nun inzwischen eine öffentliche Debatte darüber im Gange, ob man sich für die Zukunft überhaupt noch auf ein vertrauensvolles, von der Erkenntnis gemeinsamer Interessen genährtes Verhältnis zu Europa verlassen kann.

Die Ursachen für das empfindlich gestörte Verhältnis sind vielfältig. Zum einen ist die oft larmoyante und wehleidige Kritik an Amerika das Ergebnis des Mangels an natürlichem Selbstvertrauen. Europa hat auf dem Wege zur politischen Einheit kaum Fortschritte gemacht. Nicht nur in eigenen Angelegenheiten, sondern auch im Verhältnis zur Außenwelt erweist sich dieses Europa oft als handlungsunfähig und, was schlimmer ist, als handlungsunwillig. Um diesen Zustand nicht als schmerzliche Niederlage empfinden zu müssen, hat Europa Handlungsunterlassung oder Handlungsaufschub geradezu zur politischen Maxime gemacht. Darauf laufen im Grunde auch die meisten Ratschläge hinaus, die europäische Regierungen den Vereinigten Staaten erteilen.

Das verkennt nun aber völlig die Rolle, die die Vereinigten Staaten in der Welt zu spielen haben. Gewiß kann ein Bündnis zwischen den Vereinigten Staaten und Europa nicht funktionieren, wenn Washington europäische Interessen, so sie denn überhaupt einleuchtend formuliert werden, ständig vernachlässigte. Aber schließlich können die Europäer die Aufgabe der Vereinigten Staaten auch nicht auf die einer Schutzmacht Europas reduzieren, die am besten europäischem Ratschlag und dem europäischen Bedürfnis, selber nicht herausgefordert zu werden, folgt, wenn damit eine Vernachlässigung weltweiter amerikanischer Verpflichtungen verbunden ist.

Nicht unwesentlich für das Verhältnis zu den Vereinigten Staaten ist auch, daß die Europäer im Gefühl der eigenen Unzulänglichkeit immer stärker einer pessimistischen Grundstimmung zuneigen, während das amerikanische Bewußtsein auch in schwierigen Lagen eher von Optimismus bestimmt wird, der angesichts eigener Lethargie in Europa fast schon als aggressiv empfunden wird. Unter diesen Umständen kommt es dazu, daß man überall da, wo man noch von der Notwendigkeit einer politischen Einigung Europas spricht, dies nur noch als Möglichkeit größerer Distanzgewinnung zu den Vereinigten Staaten versteht. Ein einmal einig gewordenes Europa müsse sich zwischen beiden Supermächten einrichten, sich im eigenen Interesse gewissermaßen in gleicher Entfernung zu ihnen halten, als ob das auch nur geographisch möglich wäre. Von Amerika her gesehen wirkt das denn auch eher so, als wolle sich Europa bequem im Vorhof sowjetischer Macht einrichten und seine Sicherheit daraus beziehen, daß es jeweils, abgestimmt auf die sowjetischen Interessen, beschwichtigend auf die Vereinigten Staaten einredet.

Natürlich ist die Bundesrepublik in ihrer Lage ein besonderer Gradmesser. Hier sind die Veränderungen vielleicht am größten, berühren nicht nur das Verhältnis zwischen Europa und Amerika, sondern auch das Verhältnis zwischen der Bundesrepublik und ihren europäischen Nachbarn. Es gibt hier einen schleichenden Prozeß, der in einem nicht unerheblichen Teil der Bevölkerung den Wert der eigenen demokratischen Lebensform in Frage stellt, sie als ›System‹, das also leicht und besser durch ein anderes zu ersetzen wäre, abwertet. Wo man das bestehende demokratische Regelsystem jedoch gering einschätzt, greift dann auch der Begriff der Wertegemeinschaft nicht mehr, der sowohl die demokratischen Länder Europas als auch die Vereinigten Staaten umschließt. Wo eine solche Wertegemeinschaft besteht, können Meinungsverschiedenheiten durchaus schwerwiegend sein, aber man bleibt an der Seite eines Freundes auch dann, wenn er nach eigener Ansicht Fehler macht. Man prüfe einmal, wieviel davon tatsächlich vorhanden ist, wenn Kritik an den Vereinigten Staaten geübt wird.

Eng verbunden damit ist eine wachsende Selbstbezogenheit, die Tendenz, eigene Anschauungen allen anderen voranzustellen, sie ausschließlich für richtig zu halten. Selbstverwirklichung ohne Rücksichten auf die Interessen anderer und deren ebenso begründbare politische Überzeugungen wird zum Ideal. Das ist ein zwar noch nicht nach außen, aber ein nach innen gewandter neuer Nationalismus. Greifen solche Tendenzen um sich, ist kein Bündnis mehr zu halten, weder zwischen den europäischen Ländern noch zwischen Europa und den Vereinigten Staaten. Es ist gewiß eine achtenswerte Formel, wie sie heute im Verhältnis zwischen den beiden deutschen Staaten gebraucht wird, daß vom deutschen Boden nie wieder ein Krieg ausgehen dürfe. Aber sie hat zwei Fehler. Sie impliziert, Deutschland, und vorerst die Bundesrepublik, habe eine ganz besondere Rolle in der Welt zu spielen, die sie von anderen Ländern, von den Vereinigten Staaten allzumal, unterscheide. Und sie verkennt, daß Friede immer nur auf Sicherheit beruht. Sicherheit ist vorerst aber noch immer nicht eine Funktion von Absprachen zwischen Ost und West, sondern die des jeweils eigenen Beitrages zu dieser politischen und militärischen Sicherheit. Und die Bundesrepublik kann nicht nur an eigener Sicherheit interessiert sein; sie hat auch Verantwortung für die Sicherheit unserer westlichen Nachbarn. Jeder, der der Bundesrepublik einen eigenen Weg empfiehlt, stellt Sicherheit von anderen in Frage.

Der frühere amerikanische Außenminister Kissinger hat kürzlich die europäischen Regierungen dafür kritisiert, daß sie oft ihre Bindungen an Amerika als ein Mittel verteidigten, die ›kampflustigen Amerikaner‹ zurückzuhalten. Damit schafften sie in den eigenen Ländern selber ein öffentliches Klima, das sie schließlich mit zwingender Logik zu immer stärkerer Distanzierung zu den Vereinigten Staaten veranlassen werde. Auch die Bundesregierung und die demokratischen Kräfte in der Bundesrepublik müssen sich heute solche Fragen vorlegen lassen und entscheiden, ob statt selbstverständlicher gegenseitiger Kritik Distanz zum Inhalt der Politik werden soll.«[15]

Das seien alles bloße Behauptungen, hört man sagen? Beweise fehlten?

Antiamerikanismus als Ventil

Man kann die deutsche Entfremdung von den Vereinigten Staaten schon am Vokabular erkennen. Da wird von der Bundesrepublik als einem Satelliten, einer Kolonie oder einem Protektorat der USA gesprochen (Hans Magnus Enzensberger). Da wird kritisiert, was man für »strikte Anlehnung und Unterordnung gegenüber den USA« hält (Otto Schily), wird gern auftrumpfend betont, daß wir keine Vasallen der Amerikaner seien (ein Punkt, bei dem Bernhard und Hans-Jochen Vogel einer Meinung sind). Da wird die »Verselbständigung Europas« (Oskar Lafontaine), eine »allmähliche Emanzipation der Deutschen … aus der Vormundschaft der Großmächte« gefordert, im Namen der »Selbstbestimmung« ein »Rückzug aller fremden Mächte« aus Deutschland verlangt (Peter Bender).

Björn Engholm fragt rhetorisch: »Gibt es nicht zwei Großmächte, denen die beiden deutschen Staaten unterworfen sind?« Die beiden Weltmächte unserer Tage, so erklärt Erhard Eppler, stünden gleichermaßen in der Tradition der *Pax Romana,* jener Ordnung der Sieger, welche die Friedsamkeit der Besiegten erzwang. Deutschland sei »in beiden Staaten«, behauptet Heinrich Albertz, »ein besetztes Land«; Dorothee Sölle sieht in der Bundesrepublik nur einen »Satellitenstaat der Amerikaner«, eine »Militärkolonie«. Egon Bahr meint: »Der Mangel an deutscher Selbstbestimmung ist so gut wie vollständig.« Jutta Ditfurth sieht das genauso. Sie beklagt die »begrenzte Souveränität der

BRD« und folgert ganz konsequent: »Insofern trägt der Parlamentarismus mit der Vorspiegelung, im Parlament würden nach freier Diskussion, im freien Austausch der Argumente und in demokratischer Entscheidung die Weichen für die Entwicklung dieser Gesellschaft gestellt, zur Verschleierung der realen Machtverhältnisse bei.«

Werden die Weichen also in Washington gestellt? »Nicht wir, sondern andere treffen Entscheidungen über unsere Existenz«, glaubt auch Egon Bahr. Und warum tun sie das? Weil sie, die USA nämlich, dazu neigen, dem Bündnis ihre Weltmachtinteressen »überzustülpen«, wie Horst Ehmke fürchtet, weil, anders, radikaler ausgedrückt, unser Staat »wichtigster Bestandteil des globalen Bündnis- und Stützungssystems der USA zur militärischen Absicherung und Durchsetzung amerikanischer Weltmachtinteressen« ist, wie Willi Preßmar erkannt hat. Von dieser Einsicht ist es zu Alfred Mechtersheimers Schlußfolgerung nicht mehr weit: »Nato und Frieden sind grundsätzlich miteinander unvereinbare Größen.«

Ton Veerkamp führt den Gedanken fort: »Die Überwindung des politischen Nachkriegsdogmatismus ist … Aufgabe der Friedensbewegung. Das heißt: sie kann und darf der Bündnisfrage nicht länger ausweichen und muß dabei gelassen das Antiamerikanismus-Geschrei aushalten.« Man ist weithin darin einig, daß »sich die Europäer aus der tödlichen Umklammerung der beiden Weltmächte lösen müssen — insbesondere die beiden deutschen Staaten«, wie Oskar Lafontaine fordert. »Längerfristig haben weder amerikanische noch sowjetische Soldaten etwas in Europa verloren«, fährt der saarländische Ministerpräsident fort. »Der Schwenk der SPD auf die Politik der Westintegration Adenauers und die Bejahung der mit dem Beitritt zur Nato verbundenen Antagonismen zwischen Ost und West ist ein Widerspruch zum demokratischen Sozialismus, der eine solche politische Konzeption nicht zuläßt.«

Derlei Forderungen werden nicht nur negativ, wie bei Lafontaine, sondern auch positiv begründet. Man hofft, den internationalen Einfluß der Bundesrepublik erweitern zu können, wenn man sich von den Amerikanern abkehrt und der Sowjetunion zuwendet. So haben Thomas Fuchs, Jakob Marti und Georg Soldner in einem gemeinsamen Aufsatz über »Neue deutsche Ostpolitik und mitteleuropäische Emanzipation« kürzlich entdeckt, daß die Bundesrepublik »Spielraum und Gewicht« zurückgewinnt, wenn sie »ein intimeres Verhältnis mit der Sowjetunion eingeht«[16].

So weit, die Zusammenarbeit mit den Amerikanern ausdrücklich durch eine mit den Russen ersetzen zu wollen, würden allerdings nur wenige gehen. Dafür wäre in Deutschland gegenwärtig auch keine Mehrheit zu finden. Aber manch einer mag glauben, diesem Ziel indirekt nahezukommen. So hofft Harro Honolka auf eine neue, in seinem Sinne »friedensverträgliche«, »friedensförderliche« »Großgruppenidentität« der Bundesrepublik. Im Bewußtsein unserer historischen Belastungen sollten wir uns zu entscheidenden, einseitigen Positionsveränderungen bereit finden, und zwar zur »Blockentflechtung«, »Souveränisierung« und »Defensivität«, zu einer immerwährenden Neutralität nach dem Vorbilde Österreichs.

Doch dieser Satz gibt allzu ungenau wieder, was Honolka vorschwebt. Welcher Gedanke seiner (unaufhörlich beschworenen) »Friedenspolitik« zugrunde liegt und wie sie nach seinen Vorstellungen Wirklichkeit werden soll, muß man ihn in seinen eigenen Worten sagen lassen: »Indem wir durch einseitige Abrüstungsschritte die eigene Verwundbarkeit hinnehmen, Risiken eingehen, würden wir gewissermaßen nachträglich sühnen, ein Stück historischer Schuld abdienen. Der Vorgang wäre als sozialhygienischer Akt zu verstehen, weniger als moralischer: damit wir das verdrängte Böse, Gewalttätige in uns nicht in andere Kollektive projizieren müssen« – womit pathologische Ängste vor einer expansionistischen Sowjetunion, den nur angeblich »aggressiven Russen« gemeint sind.

Honolka möchte also unser Volk der Sowjetunion als Sühneopfer anbieten. Dazu muß er vorher den amerikanischen Schutzschild entfernen. Freilich weiß er, daß blinder Eifer, allzu drängende Eile seinem Vorhaben schaden, nämlich die gegenteilige

Wirkung haben können. Deshalb rät er von dem »verführerischen« Gedanken ab, bei uns allzusehr Stimmung gegen die Vereinigten Staaten zu machen. »Hiervor muß angesichts der starken affektiven Bindung an die Amerikaner gewarnt werden. Die Friedensbewegung könnte an ihr scheitern und sich ins Abseits manövrieren.« Honolka vertraut darauf, daß sich die Kluft zwischen uns und den USA ganz von allein verbreitern wird und »Möglichkeiten größerer sozialpsychologischer Unabhängigkeit von den Amerikanern«[17] gefunden werden können.

Es gibt inzwischen in der Bundesrepublik eine merkwürdige, heterogene, breite Koalition derjenigen, die einem Rückzug der Amerikaner aus Europa das Wort reden und ihn auf diese oder jene Weise zu beschleunigen versuchen. Die Bewegung ist sich in dieser Frage weitgehend einig. Wer erinnert sich nicht der erst kurz zurückliegenden Nachrüstungsdebatte, in der die Vereinigten Staaten ihr als stärkste Bedrohung des Weltfriedens galten? Daran hat sich bis heute wenig geändert. In der Bewegung gehört ein gewisser Antiamerikanismus zum guten Ton, zu den Initiationsriten. Da man gegen das Bestehende ist, wendet man sich auch gegen die Amerikaner, vielleicht in der durchaus richtigen Empfindung, daß diese in der Tat das bei uns Bestehende, nämlich die Bundesrepublik, erhalten helfen. Die USA stehen für das verachtete System.

Hans-Ulrich Wehler ist diesem Zusammenhang nachgegangen: »Frei vagabundierende ›linke‹ Meinungsströmungen haben inzwischen offenbar dazu geführt, daß ein Teil dieser Generation die russische Politik verharmlost. Durch die rosarote Brille wirkt ausgerechnet der Verbündete, der 35 Jahre lang Frieden und Wohlstand der Bundesrepublik garantiert hat, als potentieller Aggressor, die Invasoren Ungarns, der Tschechoslowakei und Afghanistans dagegen erscheinen als biedere Freunde des Friedens, die jedes machtpolitische und revolutionäre Kalkül endgültig *ad acta* gelegt haben.

Darin äußert sich u. a. die Illusion, man könne als mittelgroßer Staat im Vorfeld einer Hegemonialmacht unbegrenzt ungestört leben, durch die Nabelschnur wohlfunktionierender Röhren- und Erdgaslieferungen friedlich miteinander verbunden. Es gibt einige gute Gründe, die Ernsthaftigkeit der weltrevolutionären Rhetorik Moskauer Provenienz zu bezweifeln... Keine guten Gründe aber stellt die Geschichte der Internationalen Beziehungen demjenigen zur Verfügung, der sich dem Glauben an die Utopie einer dauerhaft reibungslosen Koexistenz von Hegemonialmächten und Kleinstaaten hingibt. Hier gilt unverändert das seit der Antike überlieferte Gebot äußerster Wachsamkeit.«

Wehler hat sich Gedanken über die Ursachen und Motive der Bewegung gemacht und gelangt zu dem Schluß: »Es ist nicht leicht, Anhänger der neuen Protestbewegung dazu zu bringen, ihre Argumente klar zu artikulieren. Nicht selten wird jedoch eine Enttäuschung deutlich, die aus dem Eindruck herrührt, lohnende Aufgaben in der Spanne ihrer Generation selber nicht mehr gestellt zu bekommen und lösen zu können. Wenn die Älteren den Wiederaufbau, das ›Wirtschaftswunder‹, die Wohlstandssteigerung – womöglich etwas verklärt – geltend machen, erhalten sie zur Antwort, daß inzwischen alle Weichen gestellt seien. Wird aber eine bestimmte Weichenstellung – ob für den Atomstrom oder die Nachrüstung – als verhängnisvoll empfunden, entlädt sich die aufgestaute Unzufriedenheit geradezu explosionsartig. In solchen Zeiten auszusprechen, daß die Bundesrepublik der bislang freieste, bürgerfreundlichste und ein Höchstmaß an sozialer Sicherheit verbürgende Staat auf deutschem Boden sei, wiederholt zwar eine historisch schlechterdings unumstößliche Wahrheit. Dahinter steht jedoch die Überzeugung von Generationen, welche die Zeit von 1933 bis 1945, von 1945 bis 1949 ... mit der Gegenwart vergleichen können. Da den Jüngeren diese vergleichende Perspektive fehlt, empfinden sie die Beschwörung der FDGO als Karikatur ihrer eigenen Lebensverhältnisse.

Der Antiamerikanismus bietet nun all diesen Frustrationen ein bequemes Ventil. Mit Hilfe eines schlichten Projektionsmechanismus wird die Kritik an der Bundesrepublik auf Amerika als Inkarnation des westlichen Kapitalismus, als Gipfel der Konsumvergottung und des Wachstumsfetischismus, des krassesten Materialismus und einer unerhörten Arroganz der Macht fugenlos übertragen. Tiefe Unzufriedenheit mit der eigenen Gesellschaft ist jedoch eine wesentliche Triebkraft dieses deutschen Antiamerikanismus. Seine Giftigkeit wird dadurch noch verschärft, daß eigene Amerikaerfahrungen weithin fehlen.«[18]

Der Antiamerikanismus verbindet die Bewegung, die heute, anders als früher, bekanntlich vorwiegend auf der linken Seite des politischen Spektrums anzusiedeln ist, mit der jetzt eher kleinen Gruppe rechter Nationalisten und Deutschtümler, die von jeher die staatliche Einheit für wichtiger als bürgerliche Freiheiten gehalten haben und deshalb der Westintegration ablehnend gegenüberstanden und -stehen. Die rechte und linke Radikale »verbindende Geringschätzung angelsächsisch-demokratischer Tugenden, die gemeinsame Verachtung der Rationalität der wissenschaftlich-technischen Zivilisation, die Verachtung des pluralistischen Interessenausgleichs« wird das Ihre zum antiamerikanischen Protestbündnis beitragen.[19]

Der junge Publizist und regelmäßige *konkret*-Mitarbeiter Wolfgang Pohrt hat in mehreren polemischen Essays auf die seltsame Verbindung zwischen rechten Deutschnationalen und dem neuen, linken Nationalismus der Friedensbewegung hingewiesen. Schon vor Jahren, berichtet Pohrt, habe ein Mann wie Henning Eichberg, »Berufsvertriebener aus Schlesien, Ex-CDU-Mitglied, ehedem in der Hamburger rechtsradikalen Szene aktiv und nun bei den *Nationalrevolutionären*«, als Interviewpartner an renommierter linker Stelle seine Überzeugung in folgendem Beispiel zusammengefaßt:

»Ich habe gerade von ›Quelle‹ eine Reklame bekommen. Und weil ich Kinder habe, geht mich das etwas an. Da steht also drauf: ›80 süße Leckereien ... süße Kinderkiste, gefüllt mit Mars-Riegeln, Snickers-Riegeln, Milky-Way, Bonitos, Banjo, Raider, Caramac, Smarties, Fruit-Kaubonbons, Kitkat, Bubble-Gum usw.‹ Wenn man dafür eine Antenne hat, dann steckt da sehr viel drin: Ich meine, daß das eine sehr wichtige Erfahrung ist, daß wir nach Jahrzehnten der Besetzung plötzlich merken, daß wir ein besetztes Land sind, und daß das nicht nur eine Frage von Besatzungstruppen ist, sondern daß uns das auch in unserem Alltag betrifft. Der empirische Befund ist, daß wir heute den wirtschaftlichen, politischen und kulturellen Imperialismus sehen.«

Weil solche Urteile inzwischen nicht nur am rechten Rand, sondern auch bei den linken Mitgliedern der Friedensbewegung gang und gäbe sind, spricht Pohrt von einer »deutschnationalen Erweckungsbewegung«[20], mit der wir es zu tun hätten. Wörtlich meint er:

»Jedenfalls waren Propagandaformeln der Friedensbewegung wie die vom ›besetzten Land‹ bis vor fünf Jahren noch ein Monopol der Rechtsradikalen und der Deutschnationalen, der NPD, der *Nationalzeitung*. Und wie soll man es interpretieren, wenn Friedensbewegte meinen, sich gegen den amerikanischen Kulturimperialismus aufbäumen zu müssen, gegen den amerikanischen Kulturimperialismus, der dies Land immerhin zeitweilig vom Heimatfilm, von Schlagerschnulzen und vom ärgsten Nazikitsch befreit hat...? ... Wer die Befreier von den Nazis hier als Besatzer bezeichnet, hat damit eindeutig politisch Position bezogen.«[21]

Pohrt fühlt sich sogar an die schlimmste deutsche Vergangenheit erinnert. Es sei kein fairer Vergleich, keine taktvolle Anspielung, wenn man bei der heutigen deutschen Friedensbewegung an die Friedensbeteuerungen Hitlers denke. »Aber der wiedererwachende Glaube, daß man selbst nur den Frieden wolle, während das Ausland, die internationale Clique oder die Supermächte den Frieden gefährden – dieser Glaube hat in Deutschland eine böse Tradition, und sie läßt sich nicht übersehen.

Und außerdem: Was heißt es schon, wenn man heute in Deutschland den Frieden will. Was sollte man sonst wohl wollen, wenn man weder die Macht noch die Mittel besitzt, einen Krieg zu führen. Wie sollte man ... Krieg wollen, wenn man den Krieg nicht machen kann, sondern bloß erleiden. Warum also wird der selbstverständliche Wunsch so laut, so ostentativ, so aufdringlich propagiert, und warum wird für das nackte Interesse ein haushoher moralischer Überlegenheitsanspruch reklamiert? Weil man den Frieden will?«

Scharfsinnig fährt Pohrt fort: »Oder geht es in Wahrheit um etwas ganz anderes? Man hat den Verdacht geäußert, daß die deutsche Friedensbewegung eine getarnte nationale Erweckungsbewegung sei, und für diesen Verdacht gibt es viele Indizien. … Wenn die Deutschen den Frieden wollen und das Ausland ihn gefährdet, dann muß der Einfluß des Auslands zurückgedrängt werden – zumindest der Einfluß des Auslands auf Deutschland. Kein Anspruch auf moralische Überlegenheit, der nicht irgendwann in politische Machtansprüche mündet. So friedliebend, wie die Deutschen geworden sind, wäre es nur recht und billig, wenn sie wieder Weltmacht würden.«[20]

Für die Neonationalisten sei Deutschland immer noch oder wieder einmal der Dreh-, Angel- und Mittelpunkt der Weltgeschichte, der Schicksalsort, an dem sich Wohl und Wehe der ganzen Menschheit entscheide: »Aus der pathetisch beschworenen besonderen Bedrohung der Deutschen erwächst diesen gewissermaßen eine besondere Verantwortung und eine besondere historische Heilsmission: die Deutschen an der Friedensfront, diesmal um die Welt … vor dem Atomkrieg zu retten. Schon immer lagen Verfolgungs- und Größenwahn dicht beieinander.« Stets sei der nationale Freiheitskampf der Deutschen ein Kampf gegen die ihnen von anderen, Napoleon oder den Amerikanern, zugemutete und aufgezwungene Freiheit gewesen. Man brauche nur die Dokumente der Kriegsbegeisterung 1914 und solche der Friedenssehnsucht 1982 nebeneinander zu stellen, damit die beiden gemeinsame fixe Idee hervortrete. »Wir dienen als Geisel, die man bedroht«, die BRD laufe Gefahr, »zum bevorzugten Probier- und Schlachtfeld, zum Glacis der Franzosen und Amerikaner« zu werden, fürchte heute, stellvertretend für viele, Rudolf Augstein. »Feig sind wir angegriffen worden, wie gemeine Verbrecher haben sich die Länder zusammengetan, um uns zu überfallen«, hätten die Patrioten damals geglaubt. Das ressentimentgeladene, wehleidige und dabei stets sprungbereite Gefühl, als Volk um den Platz an der Sonne betrogen zu sein, von tückischen Feinden umzingelt und tödlich bedroht, habe sich nicht verändert.[21]

Wie kommt es dazu? Was steckt dahinter? Die moralische Überzeugungskraft der Bewegung wird wesentlich genährt durch wichtige, aber irregeleitete Stimmen, Proteststimmungen, im deutschen Protestantismus.[22] Während die Grüne Partei die zeitweilig wirksamste Organisationsform und das Sprachrohr der Bewegung ist, sind die Evangelischen Kirchentage ihr Missionszelt und der Ort spiritueller Aufrüstung.

Damit ist ein großes, schwieriges Thema auf dem Tisch, das hier nicht in der ihm an sich gebührenden Breite aufgerollt werden kann. Es muß daher die Erinnerung genügen, daß nun schon zum zweiten Male in unserer jüngsten Geschichte politisch problematische Positionen die religiöse Substanz der evangelischen Kirchen überlagern. Wie sich der deutsche Protestantismus während der ersten Hälfte dieses Jahrhunderts in großer Mehrheit politisch weit rechts profilierte, so engagiert er sich zu wesentlichen Teilen in den letzten Jahrzehnten auf dem radikal linken Flügel des politischen Spektrums. Heinrich Albertz, Dorothee Sölle, Erhard Eppler, Helmut Gollwitzer und Martin Niemöller haben als Wortführer der Bewegung auf den Kirchentagen unter großem Andrang evangelischer Massen dazu beigetragen, diese Veranstaltungen zu mitreißenden, makabren Festen der Furcht zu machen.[23] Furcht ist es wesentlich, die alle diejenigen bewegt, die den Vereinigten Staaten in diesen Kreisen kritisch, ja oft scharf ablehnend, gegenüberstehen und daher den Abzug der USA aus Europa energisch befürworten.

So sprach – um nur einige wenige Stimmen zu nennen – etwa Helmut Gollwitzer mit Blick auf die Amerikaner von der bedingungslosen Unterwerfung unseres Volkes unter fremde Interessen, einer »Auslieferung der Verfügung über die Existenz unseres Volkes an eine fremde Regierung«, die kein Deutscher hinnehmen könne.[24] Heinrich Albertz stellte (auf der großen Friedensdemonstration, die am 10. Oktober 1981 Hunderttausende im Bonner Hofgarten zusammenführte) die rhetorische Frage, »ob sich die Interessen der Vereinigten Staaten und die der Europäer noch decken«, um sie gleich darauf in seinem Sinne zu beantworten: »Jedermann weiß, daß dies nicht so ist. Jedermann weiß, daß nach dem heutigen Stand der Rüstung und der strategischen Pläne Deutschland in seinen beiden Teilen Schießplatz der Supermächte sein wird. Und dies im Zustand völliger Abhängigkeit, ohne volle Souveränität, ohne Friedensvertrag in einem geteilten Land.«[25]

Dorothee Sölle wiederum erinnert sich mit Grausen jener Zeit, »als Adenauer uns sozusagen an die Amerikaner ausverkaufte«, »unsere Statthalter in Bonn«, und setzt seither bei jeder sich bietenden Gelegenheit, wie so viele andere auch, die *Pax Americana* mit der *Pax Romana* gleich: »Das war ein Frieden, der aufgebaut war auf der Unterdrückung und Ausbeutung der gesamten damaligen Welt durch Rom.« »Die Mittel«, so Frau Sölle, von heiligem Zorn durchbraust, »die Welt unter der Herrschaft Roms zu halten, waren Steuerpolitik, wirtschaftliche Beherrschung, Preiskontrolle, Folter, Verhöre und Militarismus. Die *Pax Romana* war ein terroristisches System« – so wie das heutige »Gleichgewicht des Terrors«, das natürlich den Amerikanern anzulasten ist. Dieser Frieden sei kein Frieden, das »Weitervegetieren« unter solchen Bedingungen könne nicht mehr »Leben« genannt werden.

So hat der Christ im Grunde nichts zu verlieren außer seinen Ketten, wenn er beherzigt, was Dorothee Sölle ihm – unausgesprochen zwar, aber offenbar mit Blick auf die Sowjets (nur hier handelt die Theologin nach dem beherzigenswerten Motto, daß man über das, wovon man nichts versteht, am besten schweigt) – rät: »Gott will sich selbst nicht schützen und unnahbar halten. Gott hat auf Gewalt und Eingreifen in der Art von Superherren verzichtet. Gott übt keine Gewalt. ... Gott rüstete in Christus einseitig ab.« Und Christus habe den Menschen gesagt (wann und wo, erfährt man nicht): »Du bist stark, du bist schön... Du kannst ohne Rüstung leben.«

Es ist müßig, Derartiges zu diskutieren, und man brauchte es nicht einmal zu erwähnen, wenn Frau Sölle nicht in der Friedensbewegung und unter jungen Menschen dank ihres Charisma, ihrer Eloquenz und integren Wirkung über eine große Schar von Bewunderern verfügte. Man kann ihr deshalb (leider) nur beipflichten, wenn sie von der großen »Spiritualität der Friedensbewegung«, ihren »religiösen Dimensionen« redet: Antiamerikanismus in der vermeintlichen Nachfolge Jesu, paradoxerweise auch hier häufig zu den Klängen von »We shall overcome«.

Es ist wirklich nicht ganz einfach zu begreifen, daß politisch engagierte Christen den Antichrist unserer Tage im Weißen Haus wähnen, nicht etwa im Kreml. Dabei werden ihre Glaubensbrüder und -schwestern im Machtbereich Moskaus immer noch gegängelt, bespitzelt und verfolgt wie – ja, allenfalls wie unter der *Pax Romana* bis in die Zeit eines Julian Apostata. Frau Sölle dürfte das bekannt sein, sie will es aber nicht wissen. Ihr Reich des Bösen ist Amerika: »Das Böse hat eine Anschrift, hat eine Adresse, hat eine Telefonnummer. Das Böse ist nicht anonym und irgendwo waltend. Man kann es benennen. Wir wissen, wer Hiroshima vernichtet hat, von Nagasaki ganz zu schweigen. Man kann die Senatoren im amerikanischen Senat ausfindig machen, die für die Aufrüstung sind und die Dividende daran verdienen.«[26]

Solche und ähnliche Feststellungen dienen manchen Christenmenschen zur Rechtfertigung einer verblüffenden Aggressivität. So vertritt beispielsweise der Berliner Synodale, Politikwissenschaftler und Friedensforscher Theodor Ebert, ein langjähriger Vorkämpfer gewaltfreier Protestformen, inzwischen Thesen, die mit Hilfe der Evangelischen Kirche einer radikal neuen Außen- und Innenpolitik den Weg bahnen sollen:

»Entscheidende Änderungen im internationalen System werden von innenpolitischen Konflikten und Strukturänderungen ausgehen. Träger solcher Änderungen sind soziale Bewegungen. ... Soziale Bewegungen legitimieren sich durch den Anspruch, eine sich abzeichnende Krise oder Katastrophe abzuwenden, und sie werden getragen von der Hoffnung auf ... radikalen gesellschaftlichen Wandel. ... Zur Zeit bietet nur die rätedemokratisch

organisierte evangelische Kirche als einzige etablierte Groß-
organisation der Kritik sozialer Bewegungen breiten Raum. ...
Am Anfang der Entwicklung einer Gesamtstrategie steht die
Suche nach den konstitutiven Merkmalen der Gesamtsituation.
Es bedarf einer knappen Check-Liste, um grobe Fehler zu vermeiden. Ein Vorbild bietet Maos Liste der Merkmale des chinesischen Guerillakrieges.«[27]

Mit »Maos Liste des chinesischen Guerillakrieges« dürften
dessen grundlegende Ausführungen zur Strategie und Taktik des
revolutionären Krieges gemeint sein. Es überrascht, ausgerechnet
Maos Rezept für den sozialen und nationalen Befreiungskampf
unterentwickelter Länder als Orientierungsschrift deutscher Veränderungssehnsucht bei uns von einem Christen angepriesen zu
sehen. Nicht jedermann wird einleuchtend finden, daß sich in
der Mitte Europas gerade mit Maos Anleitung zum erfolgreichen
Bürgerkrieg, zur Totalguerilla, zum Krieg als Dauerzustand,
grobe Fehler, fatale Kalkulationsirrtümer vermeiden lassen sollten. So findet sich in der Liste der Gesichtspunkte, die Mao
zufolge beim revolutionären Kampf unbedingt zu beachten sind
– also dem Vorbild der *check list* Eberts – auch der Rat oder
Befehl, man müsse sich »einer Kampfart widersetzen, die lediglich darauf ausgeht, den Feind in die Flucht zu schlagen, und
dagegen für eine Kampfart eintreten, die den Feind vernichtet«[28].
Will Ebert seiner Kirche und uns allen tatsächlich Maos Bürger-
kriegsanweisungen zur Nachahmung in Deutschland empfehlen?
Das kann ich mir nicht denken. Warum tut er dann aber so? Wer
kann einen Erneuerungswillen ernst nehmen, der sich exotisch
auf Maos bürgerkriegstheoretische Schriften beruft?

Die Auffassung, daß die amerikanische Gesellschaft die
aggressivste auf dieser Erde sei, dürfte bei den Grünen, die als
Partei der Bewegung selbstverständlich das Zentrum der Koalition zur Auflösung des Bündnisses darstellen, durchweg auf
Zustimmung stoßen. Eine Abkoppelung von den Vereinigten
Staaten erscheint den meisten Grünen wünschenswert, ja dringlich. Im nach wie vor gültigen Saarbrückener Bundesprogramm
vom 23. März 1980 heißt es: »Der Ausbau einer am Leitwert

Frieden ausgerichteten Zivilmacht muß mit der sofort beginnenden Auflösung der Militärblöcke, vor allem der Nato und des Warschauer Pakts einhergehen. Damit wird die Grundlage geschaffen, um die Teilung Europas und damit auch die deutsche Spaltung zu überwinden.« Zu diesem Zweck wird, logisch nicht ganz einwandfrei, der »Abzug aller fremden Truppen von fremden Territorien« gefordert.[29] Eine solche Forderung mutet hinsichtlich der sowjetischen Truppen in Osteuropa immer noch ziemlich phantastisch an, was auch den Verfassern dieses Programms nicht entgangen sein dürfte. Im Hinblick auf die Amerikaner aber liegt seine Verwirklichung durchaus im Bereich des Möglichen. Denn trotz aller anderslautenden Behauptungen ist die Bundesrepublik ganz gewiß kein besetztes Land. Wenn wir die Amerikaner loswerden wollen, werden sie gehen.

Folgerichtig hat der friedenspolitische Arbeitskreis der Grünen beschlossen, hier den Hebel anzusetzen. Ein Nato-Austritt der Bundesrepublik gilt zahlreichen führenden Grünen als Beitrag zur Friedenssicherung. Die oft geforderte einseitige Abrüstung soll dabei als Mittel zum Zweck dienen. So heißt es in einer Entschließung dieses Friedens-Arbeitskreises vom Oktober 1987: »Wir begreifen eine Strategie der einseitigen Abrüstung als Prozeß der Herauslösung der Bundesrepublik aus der Nato. Wenn in der Auseinandersetzung um die Durchsetzung dieser Forderungen die Nato-Mitgliedschaft der Bundesrepublik zur Diskussion steht oder die Nato in eine Zerreißprobe geführt wird, so ist uns das gerade recht. Wir müssen raus aus der Nato, weil es mit der Nato keinen Frieden geben kann und die Schwächung, Desintegration und schließlich Aufhebung dieses Bündnisses unabdingbar ist, um Frieden zu schaffen.«[30] Die Bundestagsfraktion der Grünen hatte schon 1986 festgestellt: »Der Nato-Austritt kann zur Entschärfung der Blockkonfrontation beitragen und damit die Kriegsgefahr in Europa vermindern. Denn er ist gleichbedeutend mit der Abkoppelung der BRD vom Kriegskurs der USA, er schwächt das Kriegsbündnis Nato und deren Blockführungsmacht erheblich und minimiert die Möglichkeiten der BRD, eine aggressive Außenpolitik zu verfolgen –

ja, er kann die Nato insgesamt in Frage stellen«, was die Autoren selbstverständlich begrüßen würden.[31]

In jüngerer Zeit haben einige führende grüne »Realos« die allgemeine Überzeugung in ihrer Partei, daß unser Nato-Austritt dringlich sei, in Frage gestellt. So meinte Otto Schily 1986: »Die Ausrufung isolierter Blockfreiheit im Schnellverfahren, das kann kaum gutgehen. Kein Gedanke wird darauf verwendet, wie die Situation der Bundesrepublik nach einem Nato-Austritt aussähe und wie sich ihre Beziehungen zu den europäischen Staaten, insbesondere zu den USA und zur Sowjetunion, nach einem solchen Schritt gestalten sollen. Insbesondere scheint es den Befürwortern eines sofortigen Nato-Austritts keinerlei Kopfzerbrechen zu bereiten, ob sich die Bundesrepublik damit nicht in eine höchst unerfreuliche Abhängigkeit von der Sowjetunion begäbe.«[32]

Am 27. September 1987 erklärte Schily im *Südwestfunk:* »Selbst wenn heute eine Mehrheit der Bevölkerung für den Nato-Austritt wäre, würde ich mich in meiner Partei dafür einsetzen, daß wir diese Forderung nicht miterheben, sondern daß wir sie bekämpfen, weil ich aus innen- und außenpolitischen Gründen der Meinung bin, ein einseitiger Nato-Austritt der Bundesrepublik ist nicht machbar. Das würde die gesamte Architektur der Nachkriegszeit in Auflösung bringen und zu einem Zustand der Unsicherheit in Europa führen.« Schily wird aber von Parteifreunden entgegengehalten: »Die Grünen wurden allerdings gegründet, weil wir den *gegenwärtigen* Zustand in Europa für einen Zustand der Unsicherheit halten und in der Tat die Architektur der Militärblöcke der Nachkriegszeit in Auflösung bringen wollen.«[33]

Immerhin, eine kleine Minderheit in der Partei bezweifelt mittlerweile dieses »grüne Glaubensdogma«.[34] So betonte Joschka Fischer hellsichtig in der *taz:* »Der Nato-Austritt endet, vom Ergebnis her gedacht, auf der Gegenseite des politischen Spektrums.«[35] Die grüne Abgeordnete Karitas Hensel und ihr Mitarbeiter Jürgen Schnappertz gehen so weit, die »beispiellose Naivität« der Forderung, die Bundesrepublik müsse aus der Nato austreten, offen zu kritisieren. Denn im Falle eines Austritts der Bundesrepublik aus dem westlichen Bündnis gebe es nur die Alternative: reaktionäre Nationalbewegung in der Bundesrepublik oder Schutzmachtwechsel zur Sowjetunion. In einer Diskussionsvorlage der beiden heißt es daher: »So ist zu fragen, ob die bedingungslose Forderung nach dem Austritt der BRD aus der Nato nicht auch der anachronistischen Vorstellung aufsitzt, nationalstaatliche Souveränität ließe sich im Zeitalter transnationaler politischer, ökonomischer und kultureller Entwicklungen herstellen. Denn in ihren (sic) Implikationen bedeutet ein einseitiger, alleiniger Austritt aus der Nato die politische Singularisierung der BRD, ihre scheinbare Rückführung in einen Zustand sich selbst genügenden Nationaldaseins. Daß die Nato-Frage zum ideologischen Dogma, zur Glaubensfrage, zur unantastbaren Grundkategorie politischen Selbstverständnisses werden konnte, ist eigentlich nur bei einer Partei wie den Grünen möglich, bei der die überwiegende Mehrheit ihrer Mitglieder einen erschreckenden Mangel an historischem Bewußtsein zeigt.«

Schnappertz stellt daher aufatmend fest: »Wir können von Glück sagen, daß es diese West-Integration gegeben hat. Sie war unvermeidlich und notwendig.«[36] Unvermeidlich war sie sicherlich nicht, notwendig und richtig bestimmt: da kann man Schnappertz nur zustimmen und hoffen, daß er sich mit dieser Auffassung allmählich in seiner Partei durchsetzt.

Freilich dürfte man selbst das, wenn es geschähe, nicht überbewerten. Denn auch wenn die Grünen die Forderung nach dem einseitigen Austritt der Bundesrepublik aus der Nato irgendwann einmal aufgeben sollten, bleibt ihr Ziel, zu dem sich auch Schily und Fischer bekennen, die Auflösung der Militärbündnisse, die natürlich ebenfalls einen Abzug der Amerikaner aus Europa zur Folge hätte.

Diese Vorstellung indessen dürfte nun wiederum in der SPD längst mehrheitsfähig sein. Insofern gehört auch diese Partei, wie man leider feststellen muß, längst nicht mehr ins Lager der Atlantiker, das sie in den sechziger Jahren unter dem Einfluß

Fritz Erlers und Helmut Schmidts sogar mit anführte. Schon während der Nachrüstungsdebatte Ende der siebziger, Anfang der achtziger Jahre wurde deutlich, daß sich die sozialdemokratische Partei im Geiste mehr und mehr aus der Allianz verabschiedete.

Bedrohungsängste – hauptsächlich gegenüber den Amerikanern, seltsamerweise nicht gegenüber den Russen – einerseits, die friedenspolitischen Vorstellungen der Bewegung andererseits gewannen bei den Sozialdemokraten zunehmend an Boden und steigerten sich gegenseitig. Die Grenzen zwischen Partei und Bewegung gerieten in Fluß. Bundeskanzler Helmut Schmidt trotzte damals den eigenen Leuten, bei denen er für seine sicherheitspolitischen Vorstellungen weniger und weniger eine Mehrheit fand.[37]

Inzwischen hat innerhalb der SPD ein Machtwechsel stattgefunden. Schmidt und die Seinen sind kaltgestellt, ja ausgeschaltet. Die Partei hat eine Wende hin zu Positionen vollzogen, die entfernt an die Jahre vor jener großen Bundestagsrede erinnern, in der Herbert Wehner am 30. Juni 1960 die SPD auf Adenauers Westintegrationskurs einschwenken ließ. Sicher gibt es immer noch zahlreiche führende Sozialdemokraten, die einen Abzug der Amerikaner aus Europa eher fürchten als herbeiwünschen. Bei anderen jedoch scheinen die Dinge umgekehrt zu liegen.[38]

Oskar Lafontaine etwa hat der Bundesrepublik schon vor vier Jahren in seinem Buch »Angst vor den Freunden« den französischen Weg empfohlen, aus der militärischen Integration der Nato auszuscheiden, und zwar mit der Begründung: »Solange die Bundesrepublik durch die militärische Infrastruktur Operationsgebiet für eine Weltmacht ist, die globale Interessen hat, wird das Risiko der horizontalen Eskalation stets vorhanden sein.« Lafontaine kann keinerlei Rechtfertigung für das erkennen, was er, wie allzu viele, mit dem vagen Modewort der *Pax Americana* belegt, also doch wohl die Anwesenheit amerikanischer Truppen in Europa: »Außer Größenwahn sehe ich nichts. Da unter Freiheit das Recht eines jeden Menschen und natürlich auch eines jeden Volkes verstanden wird, sein Leben selber zu bestimmen, ist diese imperiale Komponente der Politik beider Weltmächte gegen die Freiheit gerichtet.«[39]

Auch später ist der saarländische Ministerpräsident und stellvertretende SPD-Vorsitzende, ein brillanter politischer Taktiker, dem viele Beobachter den Aufstieg in höchste Stellungen zutrauen, von diesem Standpunkt nicht abgerückt, sondern hat ihn wiederholt bestätigt. Die Formel »Raus aus der Nato« ist Lafontaine zwar »zu glatt«. Er möchte zunächst einmal »mehr Souveränität für die Bundesrepublik«: »Es geht darum, das große Gefährdungspotential zu überwinden, das durch die gegenwärtige Nato-Struktur, den militärisch-technischen Apparat, gegeben ist. Diese destabilisierenden atomaren und chemischen Systeme müssen weg – das ist mein Hauptanliegen. Das meine ich mit Änderung der Bündnisstruktur und Ausscheiden aus der militärischen Integration.«[40]

»Politische Zugehörigkeit zur Nato ja, militärisch aber nicht integriert und atomwaffenfrei« – so lautet Lafontaines Formel.[41]

Egon Bahrs verwegenes Konzept

Viel folgerichtiger, aber auch viel gefährlicher als Lafontaine sucht Egon Bahr, der außenpolitische Vordenker der SPD, überhaupt einer der wenigen konzeptionell kreativen Köpfe des Landes, deutsche Interessen (oder was er dafür hält) in deutlicher Abgrenzung, ja Entgegensetzung zu denen der USA neu zu definieren. Nicht erst heute.

Egon Bahr ist von staunenswerter politischer Kontinuität und Konsequenz. Seit über vier Jahrzehnten ist für ihn die Ost- und damit die Deutschlandpolitik nicht nur das Feld unaufhörlichen beruflichen Nachdenkens, sondern zugleich eine Lebensaufgabe, eine Leidenschaft: seine Mission. Denn so verhalten, so kühlrational und in sich gekehrt er wirken mag – er ist zugleich ein Mann heftiger Emotionen, nämlich eines altmodischen Nationalgefühls: ausschließlich auf die Deutschen fixiert, ohne tieferes

Verständnis für unsere Partner und Freunde im Westen. Dieser Wahlberliner aus Thüringen, vielleicht gerade wegen seiner jüdischen Großmutter unerschütterlich ein gesamtdeutscher Patriot, hielt es immer für selbstverständlich, daß es eines Tages wieder zu einem einigen, bedeutenden Deutschland käme.

Schon in den fünfziger Jahren war er deshalb überzeugt, es sei ein geschichtlicher Fehler Adenauers, Chancen einer Vereinigung Deutschlands, die es nach Bahrs Überzeugung mehrfach gegeben hatte, versäumt zu haben. Bahr argwöhnte, durchaus zu Recht, Adenauers Westintegration sei ein Ziel in sich, kein Mittel zum Ziel gewesen und habe daher die Einheit unseres Landes voreilig abgeschrieben. Bahr hielt es demnach für seine Hauptaufgabe, die Chance einer neuen Märznote der Sowjetunion[42], wenn es eines Tages zu ihr käme, besser zu nutzen, als alle westdeutschen Politiker, einschließlich der Sozialdemokraten, es damals im März 1952 getan hätten.

So geheimnisvoll er oft auch tut: Bahr hat eigentlich nie einen Hehl daraus gemacht, wofür er steht. Er sei eigentlich ein Nationalist, sagte er, untertreibend, beispielsweise 1967 zu seinem späteren Widersacher, dem Freiherrn zu Guttenberg; ganz zu Unrecht halte man ihn in der Union für unzuverlässig in Fragen der Wiedervereinigung.[43] Wie Bahr sich selbst, sah ihn auch Henry Kissinger, dessen Memoiren ihn als einen jener deutschen Nationalisten der Linken zeigen, die damals aufkamen. Bahr wolle Deutschlands zentrale Lage ausnutzen, schrieb Kissinger, um mit beiden Seiten zu feilschen. Er gehöre zu jenen Deutschen, die immer glaubten, Deutschland könne seiner natürlichen Bestimmung nur dann gerecht werden, wenn es freundschaftliche Beziehungen zum Osten unterhalte.[44]

Richtig ist, daß Bahr seit mehr als einem Vierteljahrhundert präzise und zugleich tagträumerisch immer neue Sachzwänge entdeckt, die eine Ost/West-Annäherung in Europa und damit auch in Deutschland unvermeidlich machen sollen. Wieder und wieder hat Bahr seit den späten sechziger Jahren ausgemalt, wie der Prozeß einer europäischen Entspannung, dann Normalisierung und endlich Zusammenarbeit aussehen könnte. Bahr sah die Überwindung der Spaltung in Europa, in deren Verlauf auch die Deutschen einander näherkommen sollten, schon vor zwei Jahrzehnten in mehreren aufeinanderfolgenden Abschnitten. Er hatte eine zweite Phase der Entspannung längst vorausgesehen und beschrieben, ehe seine Partei sie in den achtziger Jahren neu für sich entdeckte. Übrigens auch schon die dritte.

Beginnen sollte alles – so Bahr schon 1968 – mit Gewaltverzichtsvereinbarungen und vollen diplomatischen Beziehungen zu den osteuropäischen Staaten sowie einem geregelten Verhältnis zur DDR. Diese erste Etappe brachte die Bundesrepublik unter Bahrs aktiver Mitwirkung – er war bekanntlich Bonns Chefunterhändler in Moskau wie in Ost-Berlin – wesentlich in den Jahren 1969 bis 1973 hinter sich.

Auf einer zweiten Stufe sollte es, als logische Konsequenz der ersten, wie Bahr schon während der Großen Koalition meinte, zu mitteleuropäischen Truppenverminderungen auf beiden Seiten kommen. Das hat sich, trotz der Wiener Verhandlungen seit anderthalb Jahrzehnten, noch immer nicht bewerkstelligen lassen. Hier hakte bisher alles fest.

Daher liegt auch die dritte Stufe Bahrs vorerst in dunstiger Ferne. Auf ihr sah er schon damals eine europäische Friedensordnung heranwachsen, die allmählich eine freiwillige deutsche Wiedervereinigung ermöglichen sollte. Eingebettet in einen gesamteuropäischen Ausgleich, fand Bahr frühzeitig, lasse sich ein einiges Deutschland denken.[45]

Bei den Gedankenexperimenten und Planspielen Bahrs haben einzelne Aspekte und Argumente bisweilen gewechselt. So setzte er anfangs stärker als später auf die verbindende Wirkung wirtschaftlicher Ost/West-Zusammenarbeit, während inzwischen die Sicherheitspolitik, in der er mehr und mehr zum Experten wurde, seine Darlegungen beherrscht, die Erörterung aller anderen Elemente des Konflikts völlig verdrängt. Aber auch bei der Einschätzung militärischer Faktoren gibt es auffällige Verschiebungen, ja Kehrtwendungen. Während Bahr in den letzten Jahren in den Atomwaffen unsere größte Bedrohung, die Gefahr einer Auslöschung der Deutschen zu erkennen meinte, hatte er noch 1973 geschrieben: »Man muß einmal die Atombombe loben. Ich weiß nicht, ob ohne die so äußerst wirksame Gewalt ihrer Abschreckung die Welt weise genug gewesen wäre, die Klippen der tiefgehenden Gegensätze und Interessenunterschiede zwischen Ost und West ohne einen allgemeinen Konflikt in Europa zu umschiffen.«[46] Man darf rätseln, wer sich in der Zwischenzeit mehr geändert hat: Bahr oder die Bombe.

In solchen Meinungsumschwüngen werden Aufwallungen des Zeitgeistes, auch der Tagesopportunität erkennbar, etwa Rücksichten auf die Friedensbewegung, die ja nicht nur bei den Grünen, sondern auch in Bahrs eigener Partei einflußreich war, ihr neue Generationen zuzuführen versprach. Doch solche Beobachtungen erreichen nur Nebenpunkte. Bei allen taktischen Wendungen ändert sich die Grundrichtung Bahrs nie. Wir haben bei ihm ein Gesamtkonzept von seltener Geschlossenheit und atemberaubender Kühnheit vor uns. In der heutigen Bundesrepublik hat es nicht seinesgleichen – weder unter den Verfechtern des Bestehenden noch bei den Herausforderern des gegenwärtigen Kanzlers und seiner Partei.

Bahr zielt langfristig auf nichts Geringeres als den sanften Bruch mit Adenauers Weststaatskonzept. Das ist im Laufe der Jahre immer deutlicher geworden, zeigt sich mittlerweile glasklar in der jüngsten Fassung seiner Pläne.[47] Er traut sich zu, die Teilung allmählich und mit Zustimmung der DDR zu überwinden, sieht eine deutsche Nationallösung zwar nicht um die nächste Ecke, aber in erreichbarer Nähe. Er begnügt sich keineswegs, wie so viele, mit der monotonen, gedankenarmen Forderung, den Deutschen endlich das Recht der Neuvereinigung einzuräumen. Er weiß schon lange, daß das gar nichts bringt. Die Deutschen müssen ihre eigenen Angelegenheiten schon selbst in die Hand nehmen, vorwärtstreiben, dabei freilich äußerst vorsichtig zu Werke gehen, jede aufgeregte Hast vermeiden, zielstrebig auf allmählichen Wandel setzen. Tun sie das, folgen sie Bahrs Führung, dann werden sie nach seiner Überzeugung das Recht der Selbstbestimmung zurückgewinnen.

Wieso zurückgewinnen? Haben wir dieses Recht in der Bundesrepublik nicht längst zurückerhalten? Bestimmen wir Westdeutsche nicht frei über unser eigenes Schicksal? Schon solche Fragen können Bahr in Rage bringen. An zentralen Stellen seines neuen Buches finden sich Zitate wie diese: »Die Umstände waren eben so, daß es der naheliegende, jedenfalls der bequemere Weg war, den westlichen Teil Deutschlands fest in den Westen zu ordnen. Der Wunsch nach Einheit wurde zurückgestellt, die Forderungen nach Selbstbestimmung in Verträgen ›hinterlegt‹. Da liegen sie nun, nicht länger Hindernis für die praktische Politik... Die Nato wird von Helmut Kohl eher zur Staatsräson der Bundesrepublik erklärt als die deutsche Einheit, und das entspricht zwar nicht dem Grundgesetz, aber einem verbreiteten Gefühl der Westdeutschen... Wer in der entscheidenden Frage seiner Souveränität auf Souveränität verzichtet, ist nicht souverän. Entweder ist die deutsche Einheit für uns keine entscheidende Frage; dann ist in der Tat unsere Souveränität nicht entscheidend eingeschränkt. Oder aber das Selbstbestimmungsrecht ist für uns wesentlich; dann müssen wir Handlungsfreiheit für das Wesentliche einfordern. Zumal die Bemühungen der Drei Mächte begrenzt waren, jedenfalls keinen Erfolg hatten. Nur wenig überspitzt könnte man von der Lebenslüge der Bundesrepublik sprechen, die an diesem Punkt erhellt wird, daß nämlich die Herstellung der deutschen Selbstbestimmung gar nicht so drückt oder drängt, daß wir ihr Fehlen bedauern und unter dem Mangel leiden. Erstaunlich ist, daß Verzichtspolitiker nicht jene genannt wurden, die für unbegrenzte Dauer anderen das Recht gegeben haben, über die deutschen Dinge zu bestimmen.« In solchen Sätzen klingt eine neue Dolchstoßlegende an.

Wie will Bahr nun die Dinge praktisch vom Fleck bringen? Sein Stufenplan ist als Antwort auf »Gorbatschows Konzept einer friedlichen Welt« überarbeitet und dem heutigen Diskussionsstand angepaßt worden. Dabei merkt Bahr mit kaum verhohlenem Stolz an, Gorbatschow habe seinerseits den von Bahr entwickelten Gedanken gemeinsamer Sicherheit übernommen, also die – bestenfalls halbrichtige – Vorstellung, im Zeitalter gegenseitig gesicherter Zerstörung sei Sicherheit nicht mehr vor dem Gegner, sondern nur mit ihm zu erreichen. »Nun ist es relativ gleichgültig«, schreibt Bahr mit gespielter Lässigkeit, »ob es sich um ein Konzept handelt, das im Westen entstanden ist; interessant wird es, wenn der führende Mann einer Weltmacht es als objektiv richtig erkennt, sich zu eigen macht und daraus politische Konsequenzen zieht.« Große unter sich.

Mit den Amerikanern hapert es allerdings noch. Sie haben sich nämlich bisher nicht entschließen können, ihrerseits Bahr zu folgen. Aber: »Sobald ein Präsident der Vereinigten Staaten sich diese Auffassung zu eigen macht, ist die Perspektive für den Weltfrieden sicher.« So einfach ist das also. Jedenfalls muß das Bewußtsein, den Kreml überzeugt zu haben, Bahr mit euphorischer Zuversicht erfüllen. Anders kann man sich bei der gegenwärtigen Lage und den Aussichten Gorbatschows Bahrs pathetischen Überschwang kaum erklären. Gleich im ersten Satz seines Buches ruft Bahr mit jungenhafter Begeisterung aus, die Zeit für Visionen sei wieder gekommen, nach langer Dürre.[47]

Doch der begeisterte Seher ist nur Bahrs eine Seite, der nüchterne Praktiker seine andere. Die problematischen Zentralbegriffe, anhand derer er seinen Gedankengang entwickelt, sind aus sozialdemokratischen Diskussionen, auch aus Bahrschen Beiträgen der letzten Jahre geläufig: die eben erwähnte gemeinsame Sicherheit, die Selbstbehauptung Europas, eine atomwaffenfreie Region in Mitteleuropa, ein zentraleuropäischer Korridor struktureller Nichtangriffsfähigkeit. Es wäre ganz falsch, wenn man sich unter seiner »Antwort auf Gorbatschow« ein durchgängig gefühlvolles Plädoyer vorstellen wollte. Nüchternheit herrscht vor, und die Lektüre soll den Leser nicht nur auf Bahrs bestechenden Gedankengang zwingen, sondern gleichzeitig beruhigen.

Bahr scheint zunächst die Dinge so zu nehmen, wie sie nun einmal sind. Er will an nichts rütteln. Doch er sieht in der gegebenen Situation einen Ausgangspunkt, keinen Dauerzustand. Deshalb will er zwar nicht die existierenden Formen zerbrechen, aber ihren Inhalt ändern. Und zwar ganz und gar.

Das alles ist, wie gesagt, nicht neu; Bahrs Grundgedanke läßt sich über mehr als ein Vierteljahrhundert zurückverfolgen. Nicht von ungefähr hat er noch in jüngster Zeit gesagt, das erste Berliner Passierscheinabkommen sei das bewegendste Ereignis seines politischen Lebens gewesen.

Worum ging es damals, was war die Besonderheit, die grundsätzliche Bedeutung dieser Vereinbarung, die an sich eine nur lokale Angelegenheit regelte? Mehr als zwei Jahre nach dem Mauerbau, und zwar kurz vor Weihnachten 1963, hatten der West-Berliner Senatsrat Horst Korber und Erich Wendt, Staatssekretär im DDR-Außenministerium, im Auftrag ihrer Chefs ein Abkommen ausgehandelt, das West-Berlinern über die Feiertage erstmals wieder Besuche in Ost-Berlin ermöglichte. Die diplomatische Zauberformel, die das Wunder – denn das war die Übereinkunft damals für die Betroffenen – ermöglicht hatte, beruhte auf dem Gedanken des *agree to disagree,* also auf dem beiderseitigen Einverständnis, strittige Punkte, unvereinbare Positionen auszuklammern, auf sich beruhen zu lassen. Im Protokoll der Übereinkunft hieß es demgemäß: »Beide Seiten stellten fest, daß eine Einigung über gemeinsame Orts-, Behörden- und Amtsbezeichnungen nicht erzielt werden konnte.« Gleichzeitig aber hieß es in jenem Text: »Ungeachtet der unterschiedlichen politischen und rechtlichen Standpunkte ließen sich beide Seiten davon leiten, daß es möglich sein sollte, dieses humanitäre Anliegen zu verwirklichen.«[48]

Man kann schon in diesen beiden Sätzen die Grundgedanken der gesamten späteren Entspannungspolitik der siebziger Jahre finden. Denn die gleichen Formeln tauchten sinngemäß auch im Vier-Mächte-Abkommen über Berlin von 1971 wieder auf, und sie lagen wesentlich der Neuen Ostpolitik zugrunde, wie sie unter maßgeblicher Beteiligung von Egon Bahr und Willy Brandt nach 1969 ins Werk gesetzt wurde, nachdem sie am Anfang jenes Jahrzehnts in Berlin ausprobiert worden war. Bahr war ja zwischen 1960 und 1966 Leiter des Senatspresseamtes und ein enger Vertrauter des Regierenden Bürgermeisters gewesen, ehe er Brandt als Leiter des Planungsstabes ins Auswärtige Amt nach Bonn folgte.

Aber für Bahr bedeutete die Entspannungspolitik, für die das Berliner Passierscheinabkommen ein Modell abgeben sollte, von Anfang an viel mehr als bloß die Regelung humanitärer Anliegen. Entspannungspolitik war für Bahr ein Mittel zur Überwindung des Status quo. Konfrontationspolitik – das war die Urerkenntnis angesichts des Berliner Mauerbaus – hatte zu einer Zementierung der bestehenden Verhältnisse geführt. Dementsprechend erklärte Bahr in seinem sofort berühmt gewordenen Diskussionsbeitrag in der Tutzinger »Evangelischen Akademie« am 15. Juli 1963: »Wir haben gesagt, daß die Mauer ein Zeichen der Schwäche ist. Man könnte auch sagen, sie war ein Zeichen der Angst und des Selbsterhaltungstriebes des kommunistischen Regimes. Die Frage ist, ob es nicht Möglichkeiten gibt, diese durchaus berechtigten Sorgen dem Regime graduell so weit zu nehmen, daß auch die Auflockerung der Grenzen und der Mauer praktikabel wird, weil das Risiko erträglich ist. Das ist eine Politik, die man auf die Formel bringen könnte: Wandel durch Annäherung.«

Bahr hatte mit diesen Worten der Wiedervereinigung nicht abgeschworen. Ganz im Gegenteil. Nachdrücklich bekannte er sich zu diesem Fernziel, das er auf neuen Wegen zu erreichen hoffte, als er bei derselben Gelegenheit sagte: »Heute ist klar, daß die Wiedervereinigung nicht ein einmaliger Akt ist, der durch einen historischen Beschluß an einem historischen Tag in einer historischen Konferenz ins Werk gesetzt wird, sondern ein Prozeß mit vielen Schritten und vielen Stationen… Die Zone muß mit Zustimmung der Sowjets transformiert werden. Wenn wir soweit wären, hätten wir einen großen Schritt zur Wiedervereinigung getan.«

Hier liegt ein zweiter, wichtiger Grundgedanke Bahrs vor uns: Eine Veränderung in Deutschland und Europa ist nur mit, nicht gegen die Sowjetunion möglich. Man muß, wenn man etwas erreichen will, mit den Sowjets zusammenarbeiten. Freilich sah Bahr damals, ganz anders als heute, die von ihm entworfene und ins Werk gesetzte Politik, wie der Anfang des folgenden Zitats zeigt, noch ganz und gar im Zusammenhang mit zeitgenössischen amerikanischen Entspannungsbemühungen. Was die Vereinigten Staaten unter Präsident John F. Kennedy gegenüber der UdSSR versuchten – den Kalten Krieg zu beenden und statt dessen mit Moskau ein risikoärmeres, kooperativeres Verhältnis zu begründen –, das sollten die Westdeutschen nach Bahrs Vorstellungen als besonderen deutschen Beitrag im Rahmen einer gesamtwestlichen Aufgabenteilung gegenüber der DDR bewerkstelligen. Die Neue Ostpolitik sollte und wollte sich, wo immer und so weit es irgend ging, in den Gesamtrahmen westlicher Entspannungsanläufe einfügen. Demgemäß hieß es in Bahrs Tutzinger Ausführungen wörtlich:

»Die amerikanische Strategie des Friedens läßt sich auch durch die Formel definieren, daß die kommunistische Herrschaft nicht beseitigt, sondern verändert werden soll. Die Änderung des Ost/West-Verhältnisses, die die USA versuchen wollen, dient der Überwindung des Status quo, indem der Status quo zunächst nicht verändert werden soll. Das klingt paradox, aber es eröffnet Aussichten, nachdem die bisherige Politik des Drucks und Gegendrucks nur zu einer Erstarrung des Status quo geführt hat. Das Vertrauen darauf, daß unsere Welt die bessere ist, die im friedlichen Sinne stärkere, die sich durchsetzen wird, macht den Versuch denkbar, sich selbst und die andere Seite zu öffnen und die bisherigen Befreiungsvorstellungen zurückzustellen. Die Frage ist, ob es innerhalb dieser Konzeption eine spezielle deutsche Aufgabe gibt. Ich glaube, diese Frage ist zu bejahen, wenn wir uns nicht ausschließen wollen von der Weiterentwicklung des Ost/West-Verhältnisses. Es gibt sogar in diesem Rahmen Aufgaben, die nur die Deutschen erfüllen können, weil wir uns in Europa in der einzigartigen Lage befinden, daß unser Volk geteilt ist.«[49]

Demzufolge wurden nach 1969 die innerdeutsche Grenze und die ganze DDR hingenommen, anerkannt, um die Konfrontation zu beenden, ein Näherrücken beider Staaten zu ermöglichen und eine vielfältige Zusammenarbeit in Gang zu setzen. Diese Prozesse haben zwar die DDR im Innern nur sparsam gewandelt, aber das Verhältnis nicht nur der beiden Staaten zueinander gründlich verändert (wie lange liegen inzwischen jene Zeiten zurück, in denen Bahr sagte: »Bisher hatten wir zwischen Bonn und Ostberlin überhaupt keine Beziehungen, jetzt haben wir wenigstens schlechte«[50]!), sondern auch ihre Stellung in Europa, gegenüber aller Welt. Mittlerweile gibt es sogar – nicht unproblematische – Elemente einer gemeinsamen Außenpolitik beider Staaten, die man an den Schlagworten der gemeinsamen Interessen, der gemeinsamen Sorge um die Entspannung, der gemeinsamen Verantwortung für den Frieden ablesen kann.[51]

Nicht grundsätzlich anders als dieses alte deutsch-deutsche Konzept sehen jetzt Bahrs neue, großräumige Pläne für Nato und Warschauer Pakt aus. Ihm schwebt kein Nato-Austritt vor, wie vielen Grünen. Bahr will nicht einmal die militärische Integration des Bündnisses verlassen, wie es Lafontaine vor einiger Zeit forderte. Die Allianzen können und sollen ruhig einstweilen bestehenbleiben. Bahr hat erkannt, daß ein Rütteln an der deutschen Nato-Zugehörigkeit gar nichts nützt, ja seinen Plänen nur schadet. Wenn man die Allianz lang- oder mittelfristig beseitigen will, muß sie links liegen bleiben. Man muß sie austrocknen, verrotten lassen. Für den Moment genügt es, daran zu erinnern, wie Bahr das gerne tut, daß Selbstbestimmung und Nato Widersprüche seien.[52] Im übrigen betont Bahr, wenn auch sichtlich ohne Begeisterung, die Bundesrepublik werde die militärische Integration des Bündnisses nicht verlassen. »Wer wachsende europäische Eigenständigkeit will, darf die Realität nicht leugnen, daß sie nicht ohne oder gar gegen die beiden Weltmächte erreichbar ist. Die Transformation verlangt Stabilität.«[53]

Da haben wir es wieder: Stabilität ist kein Selbstzweck. Sie ist nur der Rahmen dynamischer Veränderungen, bei denen neue Kräfte und Faktoren einen angeblich besseren Zustand herbeiführen. Daher spricht sich Bahr innerhalb des fortbestehenden Bündnisses für eine Gewichtsverlagerung aus; er will eine europäische Strategie und einen europäischen Oberbefehlshaber.

Will er sie tatsächlich? Denn nach seiner (und auch meiner) Überzeugung ist es, großen Worten und schönen Vorsätzen zum Trotz, mit der angeblich wachsenden Eigenständigkeit der Westeuropäer nicht weit her. An eine wirkliche europäische Armee scheint Bahr nicht zu glauben; auf die militärische Zusammenarbeit zwischen Paris und Bonn gibt er bisher nicht viel – womit er leider recht hat. Der deutsch-französische Verteidigungsrat oder die gemeinsame Brigade, schreibt er, seien lediglich Symbole einer löblichen Absicht, zugleich freilich Anzeichen der Unfähigkeit, die eigentlichen Fragen zu beantworten. Verteidigungsfähigkeit könne nicht symbolisch hergestellt werden (was stimmt). Die Schwalbe einer Brigade mache noch keinen Sommer einer europäischen Streitmacht.[47]

Mit den Franzosen ist also bislang wenig anzufangen. Aber mit den Amerikanern hat Bahr fatalerweise noch weit weniger im Sinn. Kein Zweifel, daß er ihnen mit großer Reserve gegenübersteht. Wenn er sie erwähnt, dann geringschätzig, eher beiläufig, oft in gereiztem Ton. Auf die künftige Lastenverteilung im Bündnis wird kein Gedanke verschwendet. Naiv tut Bahr so, als ob der amerikanische Schutz für uns selbstverständlich sei, ganz unabhängig von unserem Verhalten. Wir könnten – will er glauben machen – auch dann immer auf die Vereinigten Staaten zählen, wenn wir uns künftig einer aktiven Weiterentwicklung der Allianz mehr und mehr entziehen sollten.

Ganz wohl scheint es ihm in diesem brenzligen Punkt aber nicht zu sein. Daher hängt sein sonst so kühler, scharfsinniger Kopf bei diesem Thema Wunschträumen nach, erlaubt sich lose Reden. Die USA, versichert Bahr, blieben bestimmt ebenso lange wie die Sowjetunion in ihrem europäischen Vorfeld. Der Rückzug der Vereinigten Staaten in den Isolationismus, fabuliert er, würde immer unwahrscheinlicher. Auch wenn es zu der (von Bahr angepeilten) Atomwaffenfreiheit Deutschlands käme, würden es die USA nicht zulassen, daß Europa unversehrt in die Hände der Sowjets falle.[47] Aber da Bahr in den letzten Jahren mehr über die Russen als über die Amerikaner nachgedacht hat, sind seine beruhigenden Vorhersagen in einem solchen Punkte nicht wörtlich, nicht ganz ernst zu nehmen. Das weiß er auch selber. So hat Bahr kürzlich, auf die denkbare Drohung der Amerikaner angesprochen, sie würden sich aus der Bundesrepublik

zurückziehen, wenn sie dort ohne moderne Atomwaffen auskommen müßten, gleichmütig bemerkt, dann sollten sie eben
gehen.[52]

Bahr traut sich und uns in einer geradezu unglaublichen Ver-
kennung der Größenordnungen und Rahmenbedingungen offenbar zu, auf längere Sicht die großen Fragen mit den Russen
direkt und allein zu regeln – ohne Franzosen, ohne Amerikaner.
Er möchte daher in Ost- und Westeuropa die Rüstungspotentiale
beider Seiten stark vermindern, um nach der Herstellung eines
konventionellen Gleichgewichts zu einem gesamteuropäischen,
kollektiven Sicherheitssystem zu kommen. Nach seiner Überzeugung wird dann nämlich über kurz oder lang der amerikanische
Schutz entbehrlich: Wenn die Russen nicht mehr angreifen können, brauchen wir nicht länger das Bündnis mit den Amerikanern.

Bahr zielt also durch substantielle Veränderungen im Rahmen
der bestehenden Verhältnisse auf deren Überwindung. Dabei
denkt er nicht in Jahrzehnten oder Jahrhunderten, wie andere
Leute, sondern rechnet mit relativ kurzen Zeiträumen. Schon
heute erscheint ihm als ausgemacht, daß die Amerikaner mit
ihrer gegenwärtigen Truppenstärke nicht in Westeuropa bleiben
werden. Doch das ist nur ein erster Schritt. Bereits bis zum Jahre
2000, meinte er jüngst in einem Berliner Vortrag, könne man
konventionelle Stabilität vom Atlantik bis zum Ural zustande
bringen. Dann wären die europäischen Bündnissysteme überflüssig und damit die Voraussetzungen des Versuchs gegeben, Nato
und Warschauer Pakt durch das bereits erwähnte System kollek-
tiver Sicherheit, eine neue europäische Friedensordnung, abzu-
lösen.

Was immer solche Begriffe beinhalten mögen, fest steht, daß
sie ohne die Amerikaner in die Tat umgesetzt werden sollen.
»Der europäische Frieden«, das nächste, wenn auch sicher nicht
das letzte Ziel Bahrschen Nachdenkens, »läuft ganz am Ende auf
den Rückzug der beiden Weltmächte aus dem hinaus, was heute
deren verbündetes Vorfeld ist. Wenn Europas Sicherheit sich
selbst trägt, haben die amerikanischen und sowjetischen Trup-

pen ihre Aufgabe erfüllt, den Westen vor dem Osten und den Osten vor dem Westen zu schützen.«[47]

Die Russen werden dann immer noch eine Weltmacht, die dominierende Großmacht auf unserem Kontinent sein, die Amerikaner aber Tausende von Kilometern entfernt jenseits des Atlantik sitzen. Ist Bahr tatsächlich nicht bewußt, was das bedeutet? Oder hindert ihn eine nationalistische Blickverengung, die ganze Wirklichkeit unvoreingenommen wahrzunehmen?

Christoph Bertram, der Außen- und Verteidigungsexperte der Hamburger *Zeit,* auf diesen Gebieten einer der besten Köpfe des Landes, dabei gewiß kein Rechter, meinte jüngst bei einer Erörterung der Aufgaben und Perspektiven westlicher Sicherheitspolitik in den neunziger Jahren: »Der Schatten sowjetischer Militärmacht wird weiterhin über Westeuropa fallen. Gewiß, Abrüstungsvereinbarungen, auch der finanzielle Druck werden in Ost und West die Zahl der Truppen und die Arsenale der Rüstungen vermindern. Aber daß die Weltmacht Sowjetunion je bereit sein könnte, ihre militärischen Optionen auf das Maß einer europäischen Mittelmacht zurückzustutzen, ist undenkbar. Das militärische Ost-West-Gefälle wird andauern.« Zwar sei durchaus möglich, daß ein Zuwachs an Vertrauen die politischen Auswirkungen dieses militärischen Machtgefälles zu normalen Zeiten neutralisiere. Aber in Krisenzeiten könne es sich um so stärker geltend machen. »Dazu bedarf es nicht der Unterstellung sonderlich aggressiver sowjetischer Absichten. Die Realität des militärischen Machtunterschiedes hat ihre Eigendynamik.«[54]

Es ist mir unbegreiflich, wie irgend jemand diese einfachen Wahrheiten vergessen, die stete Warnung, die in den tatsächlichen Machtverhältnissen liegt, in den Wind schlagen kann. Bei unserer Vergangenheit, bei den gewaltigen Katastrophen, die wir mit unserer früheren Realitätsblindheit für uns und unzählige andere heraufbeschworen haben, zeigt sich in dieser vergeßlichen Blindheit und leichtfertigen Risikofreude — ein neuer deutscher Größenwahn.

Bahr betont zwar wiederholt, die USA würden, wegen ihrer strategischen Waffen, noch lange zur Stabilisierung Europas gebraucht. Aber im Grunde hält er die Anwesenheit der Vereinigten Staaten auf unserem Kontinent für eine Begleiterscheinung eines überholten Weltmachtanspruchs und daher für ebenso überflüssig wie, auf Dauer, die Existenz der Bundesrepublik.[47] Die europäische Präsenz der USA wie der deutsche Weststaat sind in seinen Augen Übergangsphänomene, Provisorien, denen keine Dauer zukommen kann, innewohnen darf.

Das ist ein wirklich aufregendes, ja schlechthin abenteuerliches Konzept. Was soll aus Europa, nicht nur aus Westeuropa werden, wenn die Amerikaner und die Bundesrepublik Deutschland auf diesem Kontinent nicht mehr da sind? Was soll werden, wenn die beiden Pfeiler fallen, auf denen alles ruht, was es an Unabhängigkeit und Freiheit in Europa gibt? Und was soll aus den Deutschen werden? Ohne die Vereinigten Staaten, wie gesagt, hätten wir schon in den Jahren nach 1945 das Schicksal der Polen erlitten, günstigstenfalls das der DDR. Ohne die USA stünden wir nur auf dem Papier, hat Kurt Birrenbach gesagt, und Karl Dietrich Bracher hat hinzugefügt: »samt unserer scheinbaren Realpolitik«. Besorgt fuhr Bracher fort: »Verfallen wir zum dritten Male in diesem Jahrhundert in den Kardinalfehler, uns von der großen, der freiheitlichen Demokratie abzuwenden?«[55]

Über eine solche Frage werden die meisten Sozialdemokraten heute achselzuckend hinweggehen. Bahr steht mit seinen Auffassungen nicht allein, sondern artikuliert besonders pointiert den außenpolitischen Grundtrend seiner Partei; man soll sich da nichts vormachen. Er wäre wohl noch immer der ernsthafteste Anwärter auf den Posten des Außenministers, falls die Sozialdemokraten je dieses Amt zu vergeben hätten.

Längst hat sich in der ganzen SPD die Meinung ausgebreitet, man müsse die Entspannungspolitik notfalls auch gegen die Vereinigten Staaten vorantreiben. Denn das genau ist gemeint, wenn die unterschiedlichen Interessen der Europäer und der Amerikaner herausgestrichen, harmlos die geographische Mittellage Deutschlands und das besondere, regionale Entspannungsinteresse der Bundesrepublik betont werden. Darin unterschieden wir uns nun einmal, heißt es dann unschuldig, von den weitgespannten Weltmachtinteressen der USA. Weil wir besondere Interessen haben, soll die Entspannung teilbar sein.

Außerdem herrscht bei den Sozialdemokraten – und nicht nur dort, sondern weit über die Grenzen dieser Partei hinaus – weitgehend Einigkeit darüber, daß die Bindungen zwischen der Bundesrepublik und den Vereinigten Staaten in dem Maße gelockert werden können, in dem sich die Beziehungen zur Sowjetunion verbessern. Dabei wird seltsamerweise zumeist gar nicht nach dem Sinn einer solchen Politik gefragt. Sie gilt ohne weitere Begründung als wünschenswert, als friedenssichernd. Aber kann wirklich irgend jemand glauben, daß wir besser dran wären, wenn wir statt der (schwierigen) Freundschaft mit den USA gleichermaßen laue Beziehungen nach beiden Seiten hätten? Nichts spricht dafür. Selbst Bahr hat nie gefordert, daß wir uns nunmehr um die Freundschaft der UdSSR bemühen, also die Russen gegen die Amerikaner eintauschen sollten. Es wäre auch selbstmörderisch.

Illusionäre Gedankenspiele

Was Bahr nur andeutet, malt man sich am linken Rand der SPD, also in deren heutiger Mehrheit, entzückt in leuchtenden Farben aus. Seit sich Gorbatschow als aufgeschlossener, einfallsreicher Gesprächspartner erweist, freut man sich hier auf das nahende Ende der amerikanischen Hegemonie, knüpft ausschweifende Hoffnungen daran. Nur ein Beispiel, aus vielen Belegen: In einem Diskussionsbeitrag über »Osteuropa und die deutsche Frage« beschworen Peter Brandt und Günter Minnerup in der sozialdemokratischen *Neuen Gesellschaft* das Bild eines ganz neuen, »amerikafreien« Europa: »Ein atomraketenfreier Kontinent, sogar ein von sowjetischen Besatzungstruppen freies Osteuropa«, schrieben sie enthusiastisch, »liegen plötzlich im Rahmen des politisch Denkbaren.« Denn die bipolare Konfrontation weiche mehr und mehr einer Struktur, in der die westeuropäischen Staaten zunehmend eigene Interessen entwickelten und diese mit größerem Selbstbewußtsein artikulierten. Entsprechend sei eine Umorientierung der sowjetischen Westpolitik zu beobachten. In der größeren Aufmerksamkeit, die den Westeuropäern geschenkt werde, der Anerkennung der EG als politischem Gesprächspartner Moskaus und in der Aufwertung der westeuropäischen, insbesondere der westdeutschen Sozialdemokratie durch die neue sowjetische Führung lägen vielversprechende Anzeichen eines Kurswechsels. Im bürgerlichen Lager weckten die neuen Töne aus dem Osten zwar Unruhe, denn bei aller wirtschaftlichen Konkurrenz mit den USA seien die herrschenden Eliten des kapitalistischen Europa doch ideologisch noch so sehr auf die Atlantische Allianz eingeschworen, daß ihnen der Abschied vom liebgewonnenen Status quo einige Angst einjage.

Für die Linke böten jedoch die neuen Konstellationen »eine geradezu historische Chance«, und zwar nicht allein in Westeuropa, sondern auch in den sowjetisch beherrschten Staaten Osteuropas. »Die günstigste Konstellation sowohl für westeuropäische Sozialisten als auch für die demokratische Opposition im ›real existierenden Sozialismus‹ ist ohne jeden Zweifel die Zusammenarbeit zwischen einem ›amerikafreien‹, sozialistischen Westeuropa und der Sowjetunion.« Aber selbst wenn der Sieg eines revolutionär-demokratischen Sozialismus im Westen des Kontinents noch längere Zeit auf sich warten lasse, böte die Perspektive einer gesamteuropäischen Kooperation und eines neuen sicherheitspolitischen Arrangements in Europa die Möglichkeit, die in vielen Bereichen existentiell bedrohte europäische Industrie zu sichern und zukunftsträchtig umzurüsten, nämlich die westliche und östliche Wirtschaft miteinander zum gegenseitigen Vorteil zu verzahnen und Europa gleichzeitig vom apokalyptischen Alptraum einer nuklearen Supermächte-Konfrontation im »europäischen Theater« zu erlösen.

Eine wirtschaftliche und kulturelle Symbiose zwischen Westeuropa und der Sowjetunion, die den Namen einer »friedlichen Koexistenz« tatsächlich verdiene, schüfe sicherlich Rücksichten und Abhängigkeiten, die man ruhig »Finnlandisierung« nennen dürfe. Viel wichtiger sei, daß durch eine derartige »Europäisierung Europas« auch die politischen Horizonte drastisch verändert würden und der politisch-ideologischen Debatte endlich die Zwangsjacke genommen werde, die ihr durch die Blockspaltung seit vier Jahrzehnten auferlegt sei.

Brandt und Minnerup schlagen demgemäß vor, Bonn solle der Sowjetunion eine umfassende Partnerschaft anbieten, eine wirtschaftliche, technische und kulturelle Zusammenarbeit, das »Ausscheiden beider deutscher Staaten aus ihren Militärblökken«, den Abzug aller ausländischen Truppen und einen »konföderationsähnlichen Zusammenschluß« von Bundesrepublik und DDR. Ob aus einer solchen Konföderation im Laufe der Zeit ein einheitlicher deutscher Staat hervorgehe, müsse dem inneren Entwicklungsprozeß beider Einzelstaaten überlassen bleiben.

Es solle nicht darüber hinweggetäuscht werden, daß »dieses Projekt voller Risiken und Gefahren« sei. Aber: »Wer sich nicht in Gefahr begibt, kommt darin um.« Das Ziel eines demokratischen und sozialistischen Europa erfordere, »den deutschen Stier bei den Hörnern zu packen und aktiv nach progressiven Wegen zur Lösung der deutschen Frage zu suchen«[56].

So weit werden die wenigsten Sozialdemokraten gehen wollen. Die meisten würden wohl auch, Gottseidank, vor den eben angekündigten Risiken zurückschrecken. Sie teilen sicher die verbreitete, angenehm beruhigende Überzeugung, eine verstärkte Zusammenarbeit mit der UdSSR werde nur Positives bieten, neue, große Chancen eröffnen. Man müsse nur die letzten noch verbliebenen Konfliktpunkte zwischen Russen und Deutschen entschlossen ausräumen, dann werde Frieden herrschen, ohne Gefahren.

Da die Stimmung zugunsten der Sowjetunion umgeschlagen ist, hat sich auch auf dem rechten Flügel der SPD der Ton geändert – wie in Teilen der FDP, ja sogar der Union. Bei der Minderheit des rechten Flügels der Sozialdemokraten wird inzwischen zwar nicht gerade eine Trennung von den Amerikanern gefordert, aber doch eine Lockerung unserer Bindung an die Vereinigten Staaten wie selbstverständlich vorausgesetzt.

An wem könnte man diese Wandlung besser beobachten als an Helmut Schmidt! Über Jahrzehnte hinweg war er der Garant des Bündnisses – nicht nur in seiner Partei, sondern in der ganzen Bundesrepublik. Das außerordentliche Prestige Schmidts in der deutschen und internationalen Öffentlichkeit, auch das beträchtliche Ansehen, das er sich in den USA erworben hatte, machten ihn zum natürlichen Sprecher all derer, die in der Atlantischen Gemeinschaft den einzigen verläßlichen Bürgen unserer Freiheit sahen.

Der Wandel hat sich ganz allmählich, fast unmerklich vollzogen. So schrieb Helmut Schmidt im Jahre 1970, während der Anfangsphase der Neuen Ostpolitik, die er zu jener Zeit nicht ohne Skepsis beobachtete, da sie von seinem Rivalen Willy Brandt betrieben wurde: die Nato behalte bleibenden Wert als Vorsichtsmaßnahme gegen jedes Wiederaufleben kommunistischer Aggressivität. Ohne die Allianz könne es für Europa keine Sicherheit geben. Denn ohne sie lasse sich die Hauptdrohung nicht ausschalten: der politische Würgegriff, der beispielsweise West-Berlin erdrosseln oder Länder wie die Bundesrepublik unter Druck setzen könne. Amerikanische Truppen auf dem Kontinent seien, zumal angesichts der fundamentalen militärischen Asymmetrie zwischen Ost und West in Europa, für eine glaubhafte Abschreckung unerläßlich. Selbst wenn Westeuropa willens und in der Lage wäre, jeden abziehenden US-Soldaten durch einen europäischen zu ersetzen, werde der Abschreckungseffekt niemals derselbe sein wie bei den amerikanischen Truppen, die durch ihre bloße Anwesenheit eine unmittelbare Verbindung zur amerikanischen strategischen Abschreckungsmacht garantierten.[57]

Schmidt hält sicher seine damaligen Ausführungen heute nicht für falsch. Aber er würde sie nicht wiederholen. Er betont auch jetzt, die geistigen Wurzeln unseres Staates lägen im Westen; unsere Sicherheit hänge an der Strategie und dem Willen der USA, ihren europäischen Verbündeten beizustehen; ein Nato-Austritt der Bundesrepublik »käme einer Katastrophe gleich«. Allerdings fügt er bezeichnenderweise hinzu: Unser Verlassen der Nato könne nur durch einen sehr weitgehenden Rückzug der Sowjets ausgeglichen werden, für den es aber gegenwärtig überhaupt keine Anhaltspunkte gäbe.[58] Immerhin kann man dieser Passage entnehmen, daß auch Schmidt ein Ende der Allianz, eine Lösung von den USA für denkbar hält.

Ebensowenig scheint mir bedeutungslos, sondern zeigt die Akzentverlagerung bei Schmidt, wie er seinen Memoirenband »Menschen und Mächte« gliedert. Dort werden in drei Abschnitten nacheinander die Weltmächte behandelt. Schmidt beginnt mit der Sowjetunion unter der programmatischen Überschrift, dem heute populären Aufruf: »Mit den Russen leben«. Natürlich ist dieser beherzt vorgetragene Wunsch berechtigt; selbstverständlich müssen wir versuchen, mit dem eurasischen Großreich möglichst reibungslos zu Rande zu kommen. Aber ich bin mir ziemlich sicher, daß Schmidt früher sein bedeutsames Erinnerungsbuch, das Stücke eines politischen Testaments enthält, niemals so begonnen hätte. Denn erst an zweiter Stelle, nach den breit abgehandelten Beziehungen zu den Russen, kommen die Amerikaner, die USA, an die Reihe, sie aber mit dem eher skeptischen Titel: »Von der Schwierigkeit, eine Weltmacht zu sein«. Der dritte Abschnitt ist überraschenderweise nicht Europa, sondern China gewidmet, in dem Schmidt schon seit langem eine dritte, kommende Weltmacht wittert, schon in den neunziger Jahren zu erkennen meint. Westeuropa hingegen sieht er »im Begriff, seine Chancen zu verschlafen«, eine vierte Weltmacht zu werden.[58]

Wird hier eine bloße Gliederung von mir überinterpretiert? Das ist möglich. Aber kann man den Aufbau eines Buches, eines ganzen Memoirenwerkes, wirklich für zufällig halten? Und was ist mit Willy Brandts Abschiedsrede vom 14. Juni 1987, die ihrerseits Elemente eines Vermächtnisses enthält, testamentarische Züge zeigt? Sollte die Tatsache, daß sie die Vereinigten Staaten überhaupt nicht erwähnt, während von Europa, Westeuropa, wiederholt die Rede ist, gleichfalls unbeabsichtigt sein? Brandt sagt dort ausdrücklich, daß unsere Politik nicht mehr enteuropäisiert werden könne; es sei »töricht..., ohne EG sein

163

zu wollen«. Eine vergleichbare Warnung vor dem doch noch viel gefährlicheren Wunsch, die Allianz mit den USA aufzukündigen, fehlt leider. Hingegen finden wir zustimmende, anerkennende Worte für den »aufregenden, manchmal atemberaubenden« Prozeß der Veränderung in der Sowjetunion, dessen Zeugen wir seien.[59]

Sind solche Unterschiede, solche Auslassungen vielleicht unbewußt? Das macht die Sache nicht besser. Ich denke, daß sie halbbewußt sind; man läßt seinen Gefühlen freien Lauf. So erklärt sich ja der ganze westdeutsche Kurswechsel, all die stillen Abkopplungstendenzen vom Westen, die innere Neutralisierung der Bundesrepublik, bei der die Westbindungen formal aufrechterhalten, aber langsam ausgehöhlt werden. Die deutschen Impulse der Selbstvergewisserung nähren sich aus neuen – oder eher alten, jahrzehntelang vergessen geglaubten, wiederentdeckten – Gefühlslagen, aus Stimmungen, Unstimmigkeiten, Enttäuschungen hier, Hoffnungen dort. In der Jugend, bei der Bevölkerung, quer durch die Parteien, auch unter den Spitzenpolitikern. Alle heutigen Veränderungswünsche kommen mehr aus dem Bauch als aus dem Kopf. Das sollte nicht sein, Verstand und Gefühl sollten zusammenwirken. Aber es ist so.

Offenbar auch bei Schmidt. Dieser kühle, sachbezogene, rational durchtrainierte Hanseat ist möglicherweise viel emotionaler, als man dachte. Das ließ sich beispielsweise an seinem Begrüßungsartikel vor dem Honecker-Besuch ablesen, in dem er uns überraschenderweise aufforderte, den Staatsratsvorsitzenden als »einen unserer Brüder« zu empfangen.[60] Der deutsch-französische Gelehrte und Publizist Joseph Rovan schrieb daraufhin erstaunt und besorgt: Bei den Völkern der Demokratie müsse das Wissen wachbleiben, »daß die Herren der kommunistischen Herrschaftsapparate keine Brüder sind und sein können. In Ideologie und Praxis sind sie verantwortliche Träger der Unmenschlichkeit.« Auch in den zwischenstaatlichen Beziehungen bleibe eine Diktatur eine Diktatur. Wenn Honecker als Bruder empfangen werden solle, bedeute das letztlich, daß man die nationale Einheit als Wert über Demokratie, Freiheit und Menschenrechte stelle. »Honecker als deutschen Bruder, nicht nur als Staatsrats-vorsitzenden zu empfangen, zeugt von einer Verwirrung des Geistes und des Denkens.«[61] Es zeigt vor allem lange unterdrückte emotionale Bedürfnisse. Wenn man das nicht begreift, kann man nicht verstehen, was im Deutschland der achtziger Jahre vor sich geht.

Gerade weil er sich so rational gibt, ist Schmidt vermutlich besonders emotional anfällig. Auch darin den Amerikanern ähnlich, sind wir Deutschen fast alle in einem gefährlichen, uns selbst gefährdenden Maße gefühlsbestimmt, so seltsam und verquer sich das oft äußert. Werner Weidenfeld hat scharfsinnig beobachtet, daß sich in Schmidts harschen, verletzenden Urteilen über Reagan und besonders Carter und ihre Administrationen »die klassischen Symptome enttäuschter Liebe« zeigten. In seiner Rezension des Schmidtschen Erinnerungsbandes schrieb der Mainzer Politikwissenschaftler: »Da ist dann kein Raum mehr für verständnisvolles Nachempfinden der Handlungszwänge, für ein Aufspüren der Ideale und Motive, da bleibt nurmehr das schonungslose Verdikt. Nur Gerald Ford, Henry Kissinger und George Shultz können letztlich in seiner Beurteilung bestehen. Manch ein Leser wird sich die Frage stellen, was den Autor immer wieder dazu veranlaßt, gleichsam aus höherer Warte Lob und Tadel über seine damaligen Gesprächspartner auszustreuen.« Mit hanseatischer Kühle würden den Hauptakteuren der Weltpolitik ungefragt Haltungsnoten zugewiesen, also Zensuren für Fleiß und Betragen erteilt.

Mit der Kühle ist es eben möglicherweise nicht so weit her. Zu Recht hebt Weidenfeld hervor: es sei aufschlußreich und spiegle zugleich die ganze Ambivalenz seiner Gefühle, daß Schmidt den USA-Abschnitt seiner Erinnerungen lyrisch mit einem Vers beschließe – »eine Gemütsbewegung, die sich der Autor an dieser einen Stelle gönnt«.[62]

Wie lautet dieser Schluß? Nachdem er kenntnisreich die Interessenlagen, Zwänge und Schwierigkeiten unseres Bündnisses mit den Vereinigten Staaten geschildert hat, bemerkt Schmidt resümierend (und sicher zu Recht), die amerikanische Außenpolitik könne genauso rücksichtslos sein wie jahrhundertelang die der europäischen Mächte. Doch nach dieser Feststellung nimmt sein Gedankengang abrupt eine Wendung ins Persönliche:

»Trotzdem bleiben meine Bewunderung für die Vitalität der Amerikaner und meine Zuneigung unvermindert. Wenn ich jemals in ein fremdes Land gehen müßte, so ginge ich in die USA. Aber dieser Fall wird nicht eintreten, weil die USA uns, den europäischen Demokratien, beistehen werden. Weil sie moralisch zu den Pflichten stehen werden, die sie übernommen haben – so wie es in jenem schönen Vers von Robert Frost heißt:

> The woods are lovely, dark and deep,
> But I have promises to keep,
> And miles to go before I sleep,
> And miles to go before I sleep.«[58]

Das ist in mehrfacher Hinsicht eine verblüffende Passage. Sagt sie, was Schmidt sagen will – und was will er sagen? So sanft und poetisch, ja melancholisch hat er sich selten und in diesem Buch sonst nie geäußert. Beschwört er nicht, woran er so recht selbst nicht mehr glaubt: die Verläßlichkeit der Amerikaner? Da stehen nebeneinander starke Sympathie und leise Skepsis, untergründige Zweifel und energische Entschlossenheit, sich das über Jahrzehnte hinweg bewahrte Vertrauen nicht nehmen zu lassen. In dieser Mischung entgegengesetzter Motive entsprechen die Schmidtschen Schlußsätze vermutlich genau der Gemütsverfassung vieler Anhänger unter den Landsleuten des Altkanzlers. Gerade in ihrer offenkundigen Ambivalenz wird Schmidts Einstellung zu Amerika manch einem aus dem Herzen sprechen.

Doch mit solchen Redensarten darf es nicht sein Bewenden haben. Im ganzen beunruhigt sehr, in welchem Maße Schmidt offenbar bei seiner Einschätzung der USA ihre Stetigkeit und Berechenbarkeit mittlerweile in Zweifel zieht aufgrund von persönlichen Enttäuschungen, wie sie ihm von Ronald Reagan und vor allem Jimmy Carter zuteil geworden sind. Sein Verhältnis zu Carter darf man geradezu giftig nennen, und auch mit Reagan kam Schmidt schon bald schlecht zurecht. Umgekehrt profitierte

Schmidts Beurteilung der Sowjetunion von dem positiven Eindruck, den er von Leonid Breschnew gewonnen hatte. Schmidt fand rasch »ein sehr besonderes und persönliches«, offenkundig von gegenseitigem Respekt getragenes Verhältnis zu Breschnew.[58] Das eine liegt so sehr im Trend der Zeit wie das andere: hoffnungsvolle Annäherung hier, halbherzig-widerwillige Distanzierung dort.

Aber wie soll das gutgehen, wenn es Schule macht? Was soll aus uns Deutschen werden, wenn auch künftig unsere Kanzler ihre Zuneigungen und vor allem Abneigungen so ungefiltert wie Schmidt zum besten geben? Hat er sich als Regierungschef eines mittleren, historisch belasteten, rundum mißtrauisch betrachteten Landes nicht viel zu hoch angesiedelt, als Weltwirtschaftsdirigent und gar als Mentor der beiden Supermächte viel zuviel vorgenommen, seine Rolle und die der Bundesrepublik gefährlich überschätzt? Der Ton, den er sich in Washington wie Moskau herausnahm, kann seinen Nachfolgern nicht zur Nachahmung empfohlen werden. Auch dieser hochintelligente, kenntnisreiche, eminent fähige Mann war nicht gegen die Versuchung deutscher Selbstüberschätzung gefeit.

Und damit gegen eklatante Fehlurteile. Man fragt sich nämlich, inwieweit realistische Nüchternheit oder seine außerordentliche Wertschätzung, seine Freundschaft für den französischen Staatspräsidenten Valéry Giscard d'Estaing neuerdings Schmidt zu der nachhaltigen Forderung motiviert hat, die Bundesrepublik müsse nahe an Frankreich heranrücken. In einer fünfteiligen Artikelserie, die im Frühsommer 1987 in der *Zeit* erschien, hat Schmidt seine vertrauensvolle Beziehung zu Giscard d'Estaing betont, der genau wie er 1974 in das höchste Führungsamt seines Landes gelangt war, wo er bis 1981 blieb. Schmidt, der bekanntlich 1982 gestürzt wurde, konnte also fast die ganze Dauer seiner Amtszeit mit Giscard teilen. Rasch entwickelte sich ein Vertrauensverhältnis zwischen ihnen. Da sie beide glänzend Englisch sprachen, war es ihnen in all den Jahren möglich, sich ohne Mittelsmänner oder Dolmetscher frei auszutauschen, ohne daß der Inhalt »in die Akten oder gar in die Medien« kam. Dabei habe er, berichtet Schmidt, dem Franzosen immer wieder drei Punkte vor Augen geführt, ans Herz gelegt:

Zum ersten »die unerwünschte übergroße Abhängigkeit der Bundesrepublik von den Vereinigten Staaten«, die unvermeidlich aus der Weigerung Frankreichs folge, sich an einer gemeinsamen Verteidigungsorganisation zu beteiligen. Zwar würde er, sagte Schmidt zu Giscard, »äußerste Anstrengungen unternehmen, um … in keiner Lage in eine Alternative« hineinmanövriert zu werden, bei der Bonn »zwischen Paris und Washington zu wählen hätte; aber in etwaigen Krisenlagen seien solche Zwänge nicht völlig auszuschließen«.

Zum zweiten zeigte sich Schmidt gegenüber Giscard überzeugt, »daß die französischen Truppen und ihre mobilisierbaren Reserven zusammen mit den deutschen Truppen und deren Reserven allein fast ausreichen würden, um die Sowjetunion von jedem konventionellen Übergriff in Europa abzuschrecken«.

Zum dritten habe er, Schmidt, Giscard auf die Gefährlichkeit der geltenden Nato-Strategie hingewiesen. »Weil man sich konventionell den sowjetischen Streitkräften stark unterlegen fühle, wolle man im Falle der Verteidigung sehr früh mit sogenannten taktischen nuklearen Waffen antworten; eine nukleare Explosion auf deutschem Boden werde aber alsbald jeden weiteren deutschen Widerstandswillen erschüttern, gleichgültig, ob es sich um eine amerikanische, englische oder französische Nuklearwaffe handele. Deshalb beruhe die französische Vorstellung von einem Glacis östlich des Rheins, welches die Westdeutschen verteidigen würden, auf sehr dubiosen theoretischen Überlegungen.«

Am Ende ihrer siebenjährigen vertrauensvollen Zusammenarbeit, im Jahre 1981, seien sich die beiden Männer in der Absicht einig gewesen, nach Giscards Wiederwahl (aus der dann nichts wurde) die Lösung dieser Probleme anzupacken. Aber auch wenn Giscard und nicht François Mitterrand damals das Rennen gemacht hätte: war dieser beiderseitige »Entschluß« Schmidts und Giscards wirklich mehr als eine freundschaftliche Redensart, ein deutsch-französisches Luftschloß, mit dessen Ausmalung man sich die vertraulichen Unterhaltungen verschönte? Denn eine Realisierungschance hatte doch das Projekt einer irgendwie gearteten deutsch-französischen Verteidigungsgemeinschaft nie.

Beiden Völkern ist längst der Gefahrensinn abhanden gekommen, den Westdeutschen, so exponiert sie sind, seltsamerweise noch mehr als den Franzosen. Von den gewaltigen Risiken der Umweltzerstörung, der Atomkraft und der Raketen einmal abgesehen, kann man sich bei uns überhaupt keine wirkliche äußere Gefahr vorstellen. Man fühlt sich von nichts und niemandem mehr ernstlich bedroht, hatte die Sowjetunion, diese europäische Großmacht, schon lange vor Gorbatschow glatt vergessen, ausgeblendet. Noch weniger wurde die angebliche Unzuverlässigkeit amerikanischer Administrationen, die Giscard und Schmidt so bekümmerte, in der Breite der Bevölkerung als Problem empfunden; die Fragen, um die es da ging, waren sehr weit weg und viel zu abstrakt. Es kann keine Rede davon sein, daß man die Beziehungen zu den Vereinigten Staaten als so unangenehm und gleichzeitig so riskant empfunden hätte, daß man zu tatkräftiger Abhilfe aufgelegt, also zu finanziell aufwendigen, ja opferreichen Eigenanstrengungen bereit gewesen wäre.

In einer solchermaßen psychisch stabilen, befriedeten Atmosphäre hätten sich dem Projekt einer leistungsfähigen deutsch-französischen Verteidigungsorganisation unübersteigliche Hindernisse in den Weg gestellt. Jeder wußte in beiden Ländern, daß ein vergleichbares Projekt, die Europäische Verteidigungsgemeinschaft (EVG), selbst in viel brenzligeren Zeiten 1954 am überwältigenden Widerstand der französischen Nationalversammlung gescheitert war. Zwanzig oder dreißig Jahre später sah es nicht besser aus, im Gegenteil. Warum hat wohl Raymond Aron 1978 von einem dekadenten Europa gesprochen? Weil es sich trotz seines Reichtums, seiner Kultur und seiner Freiheiten außerstande sähe, seine Verteidigung aus eigener Kraft zu gewährleisten.[63]

Doch Helmut Schmidt sieht das ganz anders, erweckt er doch den Eindruck, Giscard und er hätten das deutsch-französische Verteidigungswerk in den achtziger Jahren auf den Weg gebracht, wenn man sie beide an der Macht gelassen hätte: »Über die innen- und außenpolitischen Schwierigkeiten, die dabei in beiden Ländern zu überwinden sein würden, hatten wir keine Illusionen; aber das bedrückende Erlebnis der Unberechenbarkeit zweier amerikanischer Präsidenten hätte gewiß der öffentlichen Meinung in Europa im Verständnis der notwendigen Korrekturen der Situation geholfen.«[64] Und weiter: »Mir war sehr bewußt, daß Giscard d'Estaing und ich beide ursprünglich stärker in transatlantischer Richtung tendiert hatten. Vietnam, Watergate, der Fehlschlag im Iran und die Unberechenbarkeit Jimmy Carters, viele Enttäuschungen über die Vereinigten Staaten hatten uns inzwischen beeinflußt. Gleichwohl wären wir auch ohne alle diese Enttäuschungen zur Einsicht in die Notwendigkeit gelangt, die deutsch-französische Freundschaft auszubauen. Wir wollten beide – darüber gab es zwischen uns keinen Zweifel – am Bündnis mit Amerika festhalten. Doch wollten wir unsere Nationen nicht zu Klienten werden lassen, die von wechselvollen Stimmungen und Strömungen in Amerika abhängig sein würden. Giscard wollte die Würde Frankreichs geschichtlich sichern. Und ich wollte beitragen zur Wiederherstellung der Würde meiner eigenen Nation.«[65]

Damit darf Schmidt wohl für sich in Anspruch nehmen, als erster Bundeskanzler die Gefährdung der Würde unseres Landes durch das Bündnis mit den Vereinigten Staaten erkannt zu haben. Die Gefährdung der Bundesrepublik durch die Sowjetunion hingegen scheint Schmidt eher unbedeutend: »Ich war – auch früher als Verteidigungsminister – wegen der tatsächlich nicht zu leugnenden größeren Zahl sowjetischer konventioneller Truppen niemals wirklich besorgt, weil ich überzeugt war und bin von dem hohen Kampfwert, den die Bundeswehr im Falle eines Angriffs aus dem Osten an den Tag legen würde.« Hm. Die konventionellen Streitkräfte Westeuropas hätten überhaupt einen hohen Abschreckungswert. Er könne noch beträchtlich gesteigert werden, wenn die konventionellen französischen, deutschen und Benelux-Streitkräfte integriert würden, wie er, Schmidt, dies aus politischen Gründen zur Förderung des westeuropäischen Einigungsprozesses seit längerer Zeit vorgeschlagen habe. Auf jeden Fall reichten diese Streitkräfte heute schon aus, um eine rationale Kremlführung von jedem Gedanken an einen konventionellen Angriff auf Europa abzubringen. Und eine irrationale? Kann man deren Möglichkeit für alle Zukunft gänzlich ausschließen? Wie auch immer: Im konventionellen Bereich sieht Schmidt also keine Probleme.

Aber die atomare Abschreckung, jedenfalls die Nato-Strategie der flexiblen Antwort, scheint ihm auf Dauer untragbar. Diese Strategie sieht bislang vor, einen Angriff der Sowjetunion auf Westeuropa auch dann mit Atomwaffen zu beantworten, wenn die Sowjets ihrerseits auf die Benutzung nuklearer Waffen verzichten. So soll zum einen gesichert werden, daß die Amerikaner frühzeitig in den Konflikt verwickelt werden, was natürlich im Interesse der Westeuropäer liegt. Zweitens ist auf diese Weise eine Eskalation zum Atomkrieg geradezu programmiert – was wiederum den Abschreckungseffekt auf die Sowjetunion erhöht.

Für die Richtigkeit dieser beiden Erwägungen gibt es einen klaren, einfachen Beweis: Die sowjetische Strategie ist darauf abgestellt, im Ernstfall die nukleare Ausweitung eines europäischen Krieges zu verhindern. Auf diese Weise soll ein Eingreifen der Amerikaner, ihre Verwicklung in europäische Konflikte, nach Möglichkeit ausgeschlossen werden. Wenn es den Sowjets gelänge, den Krieg auf die konventionelle Ebene zu begrenzen, könnten sie hoffen, die sicherheitspolitische Klammer zwischen Westeuropa und Amerika aufzubiegen. Diese Absicht sollte eigentlich niemanden verwundern, da bereits ihre Politik in Friedenszeiten aus naheliegenden, verständlichen, aber für uns natürlich nicht akzeptablen Gründen auf diese Abkopplung zielt.

»Aus sowjetischer Sicht«, berichtet der Politikwissenschaftler Wolfgang Pfeiler, »gibt es keinen Widerspruch zwischen einer defensiven Doktrin und einer offensiven Strategie. Letztere sieht gegenüber Europa eine offensive Kriegführung vor... Auch wenn man inzwischen in Moskau davon ausgeht, daß es in einem Atomkrieg keinen Sieger geben kann, so schließt das doch keineswegs aus, in Europa einen solchen Sieg unter Vermeidung eines allgemeinen Atomkriegs zu erringen. Und dies erfordert eben ein Kriegführungskonzept, das möglichst ganz auf den Einsatz nuklearer Waffen verzichtet. Sollte es in Europa – entgegen sowjetischen Absichten – zu einem Kriege kommen, so würde Moskau sein Äußerstes tun, um ein Überspringen des Krieges auf die nukleare Ebene zu verhindern.«

In Rahmen solcher Überlegungen mache es immer weniger Sinn, sowjetischen nuklearen Waffen militärische Ziele in Westeuropa zuzuweisen. Insbesondere der Ersteinsatz von Kernwaffen entspreche nicht mehr dem sowjetischen Interesse. Bedingt durch die östliche Überlegenheit bei der konventionellen Kriegführung, bleibe Westeuropa in der Rolle der potentiellen Geisel gerade dann, wenn es nicht zum Ersteinsatz von nuklearen Waffen der Sowjetunion komme.

In zwölf bis achtzehn Tagen, meint Pfeiler weiter, könnten die Streitkräfte des Warschauer Paktes Westeuropa überrennen. »Dabei steht der massierte Durchbruch motorisierter und gepanzerter Verbände mit Luftunterstützung, Feuerunterstützung aus der Tiefe und nachgeführter Feuerunterstützung durch bewegliche Artillerie wieder im Vordergrund der Angriffsplanungen. Neu ist bei diesen Planungen vor allem die Schnelligkeit, mit der die Operationen vorgetragen werden sollen, und die Präzision der Truppenführung.«

Ein solches Konzept erfordere, die Nuklearsysteme der Nato schon in der ersten Phase des Krieges weitgehend auszuschalten. Denn dann bestünde nicht mehr die Gefahr, daß die massierten Verbände des Ostblocks von wenigen nuklearen Gegenschlägen vernichtet würden. Zusammenfassendes Merkmal der sowjetischen Planungen für den Ernstfall sei es also, den Einsatz nuklearer Systeme möglichst ganz zu vermeiden. Sowjetisches Territorium werde im Falle eines rein konventionellen Krieges kaum betroffen sein, und es erscheine zugleich eher möglich, eine Eskalation zum strategischen Schlagabtausch mit den USA zu vermeiden. Die sowjetische Einschätzung des Nutzens nuklearer Waffen habe sich somit im Laufe der letzten Jahre radikal gewandelt. Je geringer nämlich die Anzahl dieser Systeme in Europa sei, um so leichter lasse sich ihre Vernichtung mit konventionellen Mitteln planen, und die Wahrscheinlichkeit wachse, eine möglichst große Anzahl von ihnen in der ersten Phase eines europäischen Krieges zu zerstören. Jede Form von Null-Lösung – einfach, zweifach, dreifach – liege daher im sowjetischen Interesse.

Ein zu weit gehender Abbau, gar die Beseitigung der nuklearen Abschreckung in Westeuropa erhöhe deshalb die Wahrscheinlichkeit eines konventionellen Krieges. Im Hinblick auf das bisherige Funktionieren nuklearer Abschreckung wäre daher eine vollständige Entnuklearisierung aus westeuropäischer Sicht nicht wünschenswert. Das gelte in besonderem Maße für die Bundesrepublik Deutschland. »Aufgrund ihrer geostrategischen Situation würde ein Krieg zwischen den Blöcken auf jeden Fall auf deutschem Territorium ausgetragen werden. Deshalb kommt es für uns Deutsche darauf an, jeden Krieg zu vermeiden, nicht nur den Atomkrieg. Für uns Deutsche liegt die entscheidende Schwelle nicht zwischen konventionellem und nuklearem Krieg, sondern zwischen Krieg und Nichtkrieg.«[66]

Man darf gewiß sein, daß Helmut Schmidt diese Überlegungen und Tatsachen vertraut sind; schließlich ist er ein weltweit ausgewiesener Verteidigungsfachmann. Um so unbegreiflicher ist, was Schmidt jetzt darüber schreibt: »Als ich 1969 Verteidigungsminister wurde, war mir klar, daß die tatsächliche Anwendung dieser Strategie innerhalb weniger Tage zu millionenfacher Vernichtung menschlichen Lebens in beiden Teilen Deutschlands führen konnte. ... Ich war als damaliger Inhaber der Befehls- und Kommandogewalt fest entschlossen, für den (unwahrscheinlichen) Fall eines sowjetischen konventionellen Angriffs einer westlichen Eskalation in die nukleare Kampfführung keinerlei Beihilfe zu leisten. Es erschien mir allerdings nicht sinnvoll, dies öffentlich auszusprechen: denn es war denkbar, daß ein gewisses Maß an sowjetischer Ungewißheit über die zu erwartende westliche Reaktion abschreckend wirkte.

Heute ist es an der Zeit, die zwanzig Jahre alte *flexible response*-Strategie durch ein neues Konzept zu ersetzen, zum Beispiel durch Bereitstellung ausreichender konventioneller

Streitkräfte mittels Integration deutscher, französischer und Benelux-Truppen unter gemeinsamem französischen Oberbefehl.«[67]

In einem weiteren *Zeit*-Artikel hat Schmidt diesen Gedanken breiter ausgemalt. An die Stelle der bisherigen Nato-Struktur solle ein westeuropäisches Verteidigungssystem treten, ein französischer Oberbefehlshaber an der Spitze stehen, der dem Rat der beteiligten Staats- und Regierungschefs verantwortlich sei. Dieser solle alle Kompetenzen vereinigen, außer dem Recht, nukleare Waffen einzusetzen, das ausschließlich beim französischen Staatspräsidenten liegen solle. Durch eine einseitige Erklärung, gestützt auf Frankreichs Beistandsverpflichtungen aus dem Nordatlantik-Pakt und dem WEU-Vertrag, solle die Aufgabenstellung der autonomen französischen Nuklearstreitmacht, der *force de dissuasion,* auf die Verteidigung des gesamten westeuropäischen Territoriums ausgedehnt werden.

Die Vorstellungen des Altkanzlers laufen, wie man sieht, deutlich darauf hinaus, die Nato zu europäisieren und die Führungsrolle in diesem neugewichteten Bündnis den Franzosen zuzuweisen, also die Amerikaner durch die Franzosen zu ersetzen. Schmidt fährt demgemäß fort:»Selbstverständlich könnten und sollten auch konventionelle amerikanische und englische Verbände auf dem Kontinent verbleiben; aber eine Verminderung der Präsenz amerikanischer Heeresverbände würde durchaus denkbar, und jedenfalls könnten die westeuropäischen Bündnispartner in Zukunft nicht mehr politisch mit der Drohung amerikanischer Truppenabzüge behelligt werden... Deutschland könnte sich zukünftig an Frankreich anlehnen; der immer wiederkehrende ambivalente Bonner Spagat zwischen Paris und Washington würde einer eindeutigen Struktur weichen. Frankreich wäre nicht nur unser engster, sondern auch unser wichtigster Verbündeter.«[68]

Allerdings betont Schmidt in seinen Memoiren, wie schon erwähnt, daß ein Austritt der Bundesrepublik aus der Nato eine Katastrophe wäre. Doch darin Egon Bahr ähnlich, mit dem ihn sonst wenig verbindet, hat auch Helmut Schmidt von seiner einst atlantischen inzwischen zu einer betont europäischen Perspektive gefunden. Er setzt dabei weniger als Bahr auf die Sowjetunion, obwohl er ebenfalls betont, daß die »Wahrung des Zusammenhalts der deutschen Nation ... angesichts der Teilung Europas nicht gegen die Sowjetunion möglich« sei. Gleichwohl dürfe die Bundesrepublik »im Interesse des strategischen Gleichgewichts in Europa und damit der Verteidigungsfähigkeit des Westens ihre derzeitigen Bindungen an den Westen auch dann nicht aufgeben oder lockern, wenn sie Zugeständnisse der Sowjetunion« anstrebe. Schmidt unterstreicht den »kategorischen Unterschied im Verhältnis der Bundesrepublik zu den beiden Supermächten«[58] und betont immer wieder, daß wir eine westliche Demokratie geworden seien.

Aber mit dem »Westen« sind bei Schmidt inzwischen eben viel eher die Franzosen als die Amerikaner gemeint; Schmidt ist auf seine alten Tage zum Gaullisten geworden. Jedoch hat er dabei, beflügelt von seiner Freundschaft zu Giscard, möglicherweise nicht bedacht, was das Dilemma der Gaullisten schon zu Adenauers Zeiten war. Man kann bei Alfred Grosser nachlesen, daß die Haltung des Generals gegenüber den politisch Schwächeren in Europa, also auch im Verhältnis zu uns, dem Benehmen nahekam, das de Gaulle nicht ohne Grund den USA auf der transatlantischen Ebene zum Vorwurf machte.[69] Das war nicht nur zu Zeiten de Gaulles der Fall, das galt und gilt allgemein für die facettenreiche französische Politik gegenüber uns Deutschen. Wir würden also bei einer Verklammerung mit Frankreich in die gleiche Abhängigkeit geraten, die Schmidt jetzt bei den USA beklagt. Mit zwei großen, in meinen Augen entscheidenden, ebenfalls von Grosser am Beispiel de Gaulles angedeuteten Unterschieden: Frankreich hat nicht die gleiche Macht wie die Vereinigten Staaten, und es kann uns daher auch keinen vergleichbaren Schutz bieten.

Es sei, schrieb Schmidt an anderer Stelle im letzten Jahr, »immer ein Wunsch der Deutschen gewesen, das historische und kulturelle Kontinuum wiederherzustellen, das über 1000 Jahre hinweg ›Europa‹ genannt wurde und natürlich auch die Polen, die Ungarn und viele andere zusammen mit den westeuropäischen Nationen« umfasse. Europa müsse endlich gegen seine politische Abwertung angehen.[70] Müßte. Muß. Kann aber nicht, leider. Und das große, ganze Europa natürlich noch weniger – angesichts der heutigen Machtrealitäten, zu denen gehört, daß Rußland wie ein Gletscher auf Ost- und Mitteleuropa lastet. Aber selbst für das freie, westliche, nicht sowjetisch kontrollierte Europa sieht es schlecht aus: kommt doch schon lange nicht einmal die EG recht vom Fleck. Wie schrieb Alfred Grosser schon vor zehn Jahren? »Weder hat die Gemeinschaft einen Körper, noch spricht sie mit einer Stimme. Weder ist sie Untergebilde in einem Block unter amerikanischer Führung noch zweiter Pfeiler des atlantischen Bauwerks noch neue Großmacht zwischen den beiden Giganten.«[69]

Was ist da zu tun, wie kann man es ändern? Da wir, unserer historischen Belastung wegen, Westeuropa nicht führen dürfen (und uns daher glücklicherweise die Frage gar nicht zu stellen brauchen, ob wir es eigentlich wollen), muß man als Westdeutscher immer wieder an Frankreich appellieren, es bitten, beschwören, es solle anders werden, als es ist. »Geschichte und Selbstachtung Frankreichs sollten« – fährt Schmidt fort – »dieses Land zum Vorkämpfer gegen die jetzige Lage machen, die sich von einem amerikanischen Präsidenten zum anderen verschlechtert.« Die Benelux-Länder würden sich vermutlich leichten Herzens einem solchen System anschließen; denn für sie liege Paris »sowieso näher als Palm Springs oder Georgia oder andere Gegenden, aus denen amerikanische Präsidenten heute kommen«.

Allerdings räumt Schmidt ein, daß die Nuklearwaffen Frankreichs allein Westeuropa vor den Nuklearwaffen der Sowjetunion nicht schützen könnten. Doch durch eine Umverteilung der Gewichte von der atomaren zur konventionellen Verteidigung werde die Bedeutung der Atomwaffen, gerade auch der amerikanischen Atomwaffen, herabgemindert. Dies läge besonders im deutschen Interesse, wie Schmidt jetzt nicht müde wird zu betonen.

Dieser Meinungsumschwung dürfte Schmidts innerparteiliche Gegner aus der Phase der Nachrüstungsdebatte ziemlich überrascht haben. Denn genau dies war schließlich ihr einstiges Hauptargument gegen seine Stationierungsbestrebungen Ende der siebziger, Anfang der achtziger Jahre. Jetzt betont Schmidt wie sie damals: die Nato als Ganzes habe ein Militärkonzept, das den sehr frühzeitigen Einsatz von Kernwaffen durch den Westen vorsehe. Die Deutschen verstünden viel besser als irgend jemand sonst in Europa und Amerika, was das heiße, weil sie im Zielgebiet all dieser Kernwaffen lebten. Die derzeit gültige Nato-Strategie bedeute für die Deutschen, daß der Westen, indem er sich selbst verteidige, Deutschland zerstören werde.

Die Ursache dieser ganzen Doktrin liege im konventionellen Minderwertigkeitskomplex des Westens. Dieser Komplex könne aber leicht (!) überwunden werden. Erstens seien die Russen nicht drei Meter groß. Zweitens gebe es die Möglichkeit, wenn (!) man die deutschen und französischen konventionellen Streitkräfte integriere, fünf Tage nach der Mobilmachung gemeinsam über zwei Millionen Soldaten zu verfügen. »Kein sowjetischer Marschall würde es je wagen, eine solche kombinierte konventionelle Streitmacht anzugehen.« Experten behaupten, die Zahl von zwei Millionen sei viel zu hoch gegriffen.[71] Aber in welcher Größenordnung auch immer: es wird, unter den heute absehbaren Umständen, nicht zu ihrer Integration, ihrer Kombination zu einem handlungsfähigen Ganzen kommen. Und die Russen wissen das so gut wie wir.

Die Integration der konventionellen Streitkräfte in Westeuropa, wie Schmidt sie sich vorstellt, wird »natürlich nicht unter dem Signum der Nato« erfolgen. Man könne das neue Gebilde, sagt er, das »Integrierte Westeuropäische Verteidigungssystem« nennen. Selbstverständlich benötige es einen französischen Oberbefehlshaber, während zur Finanzierung auf die Finanzkraft der Bundesrepublik Deutschland hinzuweisen sei. Das Nordatlantische Bündnis bleibe selbstredend erhalten; nicht ein Wort oder auch nur ein Komma seines Vertrags werde geändert werden. Andererseits wäre es dann nicht mehr unbedingt eine

177

große Tragödie, wenn sich die Amerikaner entschlössen, eine oder zwei Divisionen abzuziehen.

Der Zweifel an der Zuverlässigkeit des amerikanischen Bundesgenossen geht indessen offensichtlich viel weiter. Denn Schmidt fährt fort: In Amerika schwinde sowieso der Wille, Europa im schlimmsten Falle durch den Einsatz nuklearstrategischer Waffen gegen die Sowjetunion zu verteidigen. Auch im Lichte dieser Entwicklung werde eine deutsch-französische Sicherheitspartnerschaft zwar immer noch einen »tiefgreifenden«, »einen wesentlichen Wandel« im Vergleich zu den vergangenen fünfundzwanzig Jahren bedeuten: gegenüber dem früheren Zustand einer verläßlichen amerikanischen Nukleargarantie. Aber wenn die Deutschen bei dieser Gelegenheit eine Militärstrategie loswürden, die das Land im Ernstfall ruiniere, werde das »von großem Nutzen sein«. Deutschland könnte sich jetzt »deutlich und eng an Frankreich und an die französische Führung anlehnen«.[70]

Solche Vorschläge sind kontraproduktiv. Sie bewirken das Gegenteil dessen, was wir brauchen. Unsere Sicherheit würde nicht erhöht, sondern drastisch vermindert, wenn man ihnen folgte. Das ist erfahrenen Beobachtern der europäisch-atlantischen Szenerie nicht verborgen geblieben. In einer diplomatisch zurückhaltenden Sprache, aber deutlich zur Sache hat François Heisbourg, der Direktor des renommierten Londoner »Instituts für Strategische Studien«, kürzlich klargestellt: die Konstruktion eines Europäischen Pfeilers der Allianz müsse vermeiden, das zu beschleunigen, was sie gerade verhindern solle – den Bruch der atlantischen Kopplung. Deshalb führe Schmidts Vorschlag der Schaffung einer deutsch-französischen Armee unter französischem Kommando nicht in die richtige Richtung, da er den Rückzug der Bundesrepublik aus der Nato-Integration voraussetze, der sich zweifellos auf die amerikanische Präsenz grundlegend auswirken würde.[72] Kurz und klar: derartige Konzepte werden unter den gegenwärtigen Bedeutungen nur denjenigen Amerikanern, die ohnehin auf den Rückzug aus Europa hinarbeiten, die Durchsetzung dieses Entschlusses erleichtern.

Können diese einfachen Zusammenhänge dem besonders weltkundigen Helmut Schmidt wirklich entgangen sein? Nein. Auch er ist eben inzwischen jener informellen innenpolitischen Koalition zuzurechnen, die unsere Bindungen an die Vereinigten Staaten lockern, vielleicht sogar längerfristig lösen will. Daneben gibt es aber auch diejenigen, die sich aktiv auf diesen Ablösungsprozeß einstellen (und ihn damit vorantreiben), weil sie ihn für unausweichlich halten. Manch einer, der einen Abzug der Amerikaner durchaus nicht herbeiwünscht, ja nur schweren Herzens hinnehmen würde, hält ihn eben doch für letztlich unumgänglich, ist also überzeugt, daß er auf Dauer ohnehin nicht zu vermeiden sei. Man habe sich, heißt es dann, wohl oder übel auf eine solche Entwicklung einzustellen, weil sie mit historischer, geopolitischer oder ökonomischer Notwendigkeit in nicht zu ferner Zukunft auf jeden Fall eintreten werde.

So denken nicht wenige auch in den Unionsparteien. Spiegelbildlich zum rechten SPD-Flügel und vergleichbar dem Wandlungsprozeß bei Helmut Schmidt sind hier spätestens seit dem Gipfeltreffen von Reykjavik im Oktober 1986, als Russen und Amerikaner, über die Köpfe der Europäer hinweg, erstaunlich weitreichende, unseren Kontinent unmittelbar berührende Absprachen zu treffen bereit waren, starke Unlustgefühle gegenüber den USA spürbar. Sie haben sich durch die doppelte Null-Lösung vom Dezember 1987, die beträchtlichen Druck Washingtons auf Bonn mit sich brachte, noch kräftig gesteigert.[73]

So erklärte die CSU während der Debatte um das künftige Abkommen bereits im September 1987 in einem Zehn-Punkte-Papier zur Sicherheitspolitik, daß die »Teilung des Bündnisgebiets in drei Zonen von unterschiedlicher Sicherheit mit dem Totalrisiko für die Bundesrepublik Deutschland, vermindertem Risiko für die europäischen Partner und fast ohne Risiko für die Verbündeten jenseits des Ozeans ... unerträglich« sei. Das Bündnis verliere unter solchen Umständen seinen Sinn. Eine »Neuorientierung der deutschen Politik« sei dann »zwangsläufig«.[74] Glauben die Weltpolitiker aus Bayern wirklich, daß sie der Bundesrepublik mit solchen (natürlich leeren) Drohungen nützen[75]?

In Wahrheit wird durch derartiges Trotzgerede bei unseren Verbündeten nur der Zweifel an unserer Verläßlichkeit geweckt.
Man beginnt heute im Ausland zu fürchten, die ruhelosen Deutschen seien wieder einmal im Aufbruch – in die Weiten des
Nichts. Das Mißtrauen breitet sich aus, daß »die Deutschen wieder ›deutscher‹ würden«, die Angst greift um sich »vor einer
neuen Welle verbitterter Gleichgültigkeit, die jetzt in Deutschland hochkommen mag«.[76]

Solche Beobachtungen besorgter, dabei wohlgesinnter und
mitfühlender Ausländer – wie die eben zitierten Feststellungen
Fritz Sterns – darf man nicht einfach vom Tisch wischen.[77] Denn
seit einiger Zeit kann man bei uns auch auf der bisher eher
atlantisch ausgerichteten Rechten ein gerüttelt Maß Enttäuschung über den wetterwendischen, für unzuverlässig gehaltenen
großen Verbündeten beobachten. Man betont zwar in diesen
Kreisen nach wie vor, daß die Anwesenheit der Amerikaner in
Europa weiterhin sehr erwünscht, ja unerläßlich sei – an solchen
Bekenntnissen herrscht im übrigen auch sonst kein Mangel –,
beginnt aber bereits, sich auf die gegenteilige Situation einzurichten.

Zwar ist Helmut Kohl ein unermüdlicher Anhänger und Förderer der Atlantischen Allianz, ein Fels in der neuen, saugenden
Brandung. Wer hat zu Johannes Gross gesagt, man werde dem
gegenwärtigen Kanzler noch nachtrauern, wenn man ihn eines
Tages nicht mehr habe?[78] Nun, das mag sich hinziehen, länger
jedenfalls, als Kohls Gegner gerne glauben. Aber auch seine
Regierung mißt der Zusammenarbeit mit Frankreich ein deutlich
gesteigertes Gewicht bei.

Mitterrand und Kohl haben das gute Verhältnis, das zwischen
Schmidt und Giscard herrschte, ohne Zögern fortgesetzt und als
gegenseitiges Jubiläumsgeschenk zur 25-Jahr-Feier des deutsch-
französischen Vertrages, gewissermaßen als bescheidenes Echo
auf Giscards und Schmidts viel großartigere Absichten, die
Schaffung eines deutsch-französischen Verteidigungsrates
beschlossen, der zu einer engeren Angleichung, ja Verzahnung
der außen- und sicherheitspolitischen Auffassungen beider

Regierungen führen soll.[79] Na ja. Immerhin sprach Mitterrand bei dieser Gelegenheit sogar von einer deutsch-französischen Wiedervereinigung: Frankreich und Deutschland, sagte er, die von dem alten Reich abstammten, aus dem gleichen Herrscherhaus der Karolinger, und die gleichen Quellen und gleichen Wünsche hätten, stünden nun vor der Aufgabe, sich zu vereinen und damit die Unterbrechung ihrer Einheit durch die Geschichte zu beenden.[80]

Schöne Sätze, noble Absichten, symbolische Schritte. Gut gemeint – und völlig folgenlos. Solange wir Deutschen halbwegs urteilsfähig bleiben, einen Sinn für Proportionen, für Größenordnungen behalten, werden wir hoffentlich wissen, daß Frankreich kein Ersatz für die USA sein kann.

Daher ist die Zahl derer in der Union, die ernsthaft annehmen, wir könnten unsere Sicherheit damit fördern, daß wir die Amerikaner durch die Franzosen zu ersetzen versuchen, wahrscheinlich nicht sehr groß. So betont etwa Alfred Dregger: »Solange Europa geteilt ist, kann es Gleichgewicht in Europa nur geben, wenn beide außereuropäischen Mächte daran beteiligt sind; d. h. die Präsenz der atlantischen Weltmacht USA in Europa als Gegengewicht gegen die europäische Weltmacht Sowjetunion ist nach wie vor notwendig.«

Doch auch Dregger hält eine militärische Integration »Kerneuropas« im Rahmen der Westeuropäischen Union (WEU) für unerläßlich – bei ihm gehört also, anders als bei Helmut Schmidt, Großbritannien dazu. Warum dieser Zusammenschluß? Solange Westeuropa, schreibt Dregger, keine politisch-militärische Einheit sei, sich zwei getrennte Abwehrstrategien leiste, eine atlantische und eine französische, solange die Europäer im Gespräch der Weltmächte nicht als Einheit aufträten, solange werde ihr Schicksal im wesentlichen fremdbestimmt bleiben. Genau wie Helmut Schmidt will also Dregger durch die Errichtung einer Europäischen Sicherheitsunion verlorene Würde und Kraft zurückgewinnen: »Im Rahmen einer Sicherheitsunion würde Europa in die Lage versetzt, seine Sicherheitsinteressen am Verhandlungstisch selbst wahrzunehmen. Daß

Europa an Verhandlungen, die vor allem seine Sicherheit betreffen, nicht als Verhandlungspartner teilnimmt, ist seiner unwürdig und gefährlich zugleich.« Das Ziel, das Dregger anstrebt, scheint der Wortwahl nach aufs Haar dem Egon Bahrs zu gleichen: Auch Dregger spricht von der Schaffung »einer gesamteuropäischen Friedensordnung, die die Teilung Deutschlands und Europas überwindet«.[81]

Auch der CDU-Bundestagsabgeordnete Bernhard Friedmann fordert, dabei kräftig unterstützt von einigen Stimmen der *Frankfurter Allgemeinen,* aber zum Verdruß des Kanzlers, eine neue »Sicherheits- und Friedensordnung für Europa«. Mit Dregger, mit Helmut Schmidt, mit der SPD, mit der Friedensbewegung und den Grünen ist sich Friedmann darüber einig, daß wir uns in einer Lage befinden, »in der mit Reykjavik beginnend über unsere Köpfe hinweg und gegen unsere deutschen Interessen entschieden wurde und die beiden Supermächte sich anschicken, ihre strategischen Interessen in der Ost-West-Konstellation neu abzustecken und dabei auch den Platz und die Rolle der Westeuropäer und der Deutschen neu festzulegen«. Auch Friedmann beklagt, daß wir ein »Sonderrisiko« trügen, daß die nukleare Gefährdung »in nicht mehr akzeptabler Weise auf Deutschland und die Deutschen konzentriert« sei. Für Friedmann wäre die deutsche Wiedervereinigung die Basis einer dauerhaften Friedensordnung in Europa. Als ersten Schritt in dieser Richtung schlägt er eine Konföderation der beiden deutschen Staaten vor: »Gemeint ist damit, daß zwei deutsche Staaten, nämlich die Bundesrepublik und die DDR, bei völlig verschiedenen Gesellschaftssystemen in gemeinsamen politischen Institutionen zusammenarbeiten und nach außen eine mehr oder weniger gemeinsame Außenpolitik betreiben.«[82]

Überblickt man das politische Gesamtpanorama der bundesrepublikanischen Parteienlandschaft, dann sieht man natürlich sofort den Niveau-Unterschied zwischen Männern wie Bahr einerseits, Friedmann andererseits. Während Bahr zu den wenigen »wirklichen Vordenkern der Republik«[83] zählt, kann man Friedmann bestenfalls ein angenehm mittleres Talent nennen.

Nicht von ungefähr schrieb Wilhelm Grewe, der Mitarbeiter Adenauers und *grand old man* unserer Außenpolitik, über Friedmanns Fraktions-Arbeitspapier zur Deutschlandfrage vom Frühjahr 1987[84] ratlos, ja verärgert, es gebe »keinen Ladenhüter vergangener Konferenz- und Notenschlachten, der hier nicht in aller Unschuld wieder vorgebracht würde«.[85] Wenn man jedoch die intellektuellen Rangunterschiede der Diskussionsbeteiligten im Auge behält, kann man Egon Bahrs Feststellung kaum widersprechen, daß es bei den außenpolitischen Grundvorstellungen keinen Richtungsstreit in den großen Parteien mehr gibt[86], und man kann den Stolz, den Triumph verstehen, der aus seinen Worten spricht, wenn er sagt: Mit der Formulierung der gemeinsamen Sicherheit, der konventionellen Stabilität oder der strukturellen Nichtangriffsfähigkeit habe es die SPD aus der Rolle der Opposition heraus geschafft, die internationale Diskussion zu bestimmen.[87]

Doch diese letzte Behauptung ist natürlich in hohem Maße irreführend und geeignet, dem neuen deutschen Größenwahn Vorschub zu leisten. Sie erweckt den Anschein, als ob die internationale Diskussion – und damit die internationale Entwicklung der letzten Jahre, also das neuerdings wieder positivere Verhältnis der Supermächte zueinander – wesentlich ein Verdienst der deutschen Sozialdemokratie sei. Davon kann aber keine Rede sein. Die Beiträge der SPD waren bestenfalls marginal. Die Sozialdemokraten hatten einfach Glück. Ganz unabhängig von ihrer Forderung, eine zweite Phase der Entspannung einzuleiten, zeichnete sich unverhofft die Möglichkeit einer solchen Entspannungsperiode ab, und zwar infolge zweier unvorhergesehener und unvorhersehbarer Änderungen der Großwetterlage: Gorbatschow setzte sich in Moskau mit neuen Ideen durch, zumindest in Szene, und in Washington änderte Reagan seinen Kurs, suchte statt der Konfrontation die Kooperation.

Aber Bahrs selbstzufriedener Satz ist auch wieder zeittypisch für uns und damit aufschlußreich. Viele Deutsche nehmen, allem Reisen, allem Fernsehen zum Trotz, ja umgekehrt proportional zu beider Zunahme, die Wirklichkeit um uns herum, die Politik anderer Länder und Gesellschaften, immer weniger wahr. Sie lassen selbst die wichtigsten auswärtigen Staaten aus dem Auge. So können sie sich leicht einbilden und wichtigtuerisch verkünden, den Weltfrieden kräftig zu fördern, während sie in Wahrheit, von der Außenwelt wenig beachtet, ihren eigenen Hirngespinsten nachhängen. Was bedeutet also die neue deutsche Veränderungs-Sehnsucht? Etwas sehr Vages, Vieldeutiges. Und wohin geht sie? Ins Leere.

Wir Deutschen wollen uns nicht länger unsere Rolle in der Welt von anderen vorschreiben lassen, meint der frühere SPD-Bundesgeschäftsführer Peter Glotz, weil wir unsere Identität selbst und womöglich in Abgrenzung zu anderen Interessen finden, weltpolitisch erwachsen werden müssen.[88] Solche Sätze entsprechen einem verbreiteten Zeitgefühl. Die meisten, die in der deutschen Identitätsdiskussion den Ton angeben, formulieren es ähnlich, mitunter abgeschwächter, oft erheblich kräftiger, selbstbewußter – gespielt selbstsicher. Deutsche Identität definiert sich dabei vorwiegend negativ: gegenüber den Vereinigten Staaten, ihrer naiven Umerziehungsdemokratie, ihrem eigensüchtigen Weltmachtstreben.

An den Grenzen amerikanischer Macht

*»Das Problem ist, daß die Vereinigten Staaten
sich die Pax Americana einfach nicht mehr leisten können ...
Das Amerikanische Jahrhundert ist vorbei;
die Weltordnung wandelt sich.«*

Das Ausmaß der neudeutschen Distanz gegenüber den USA, der
wachsenden Entfremdung, ist den Amerikanern in der Breite der
Bevölkerung bisher verborgen geblieben. Ganz im Gegenteil:
Überall in den Vereinigten Staaten trifft man auf ein ausgepräg-
tes Wohlwollen den Westdeutschen gegenüber (die Ostdeut-
schen sind nach wie vor so gut wie unbekannt), was wohl
wesentlich auf den insgesamt positiven Erfahrungen beruht, die
die in Deutschland stationierten Soldaten ihren Familien und
Freunden vermittelt haben oder bei ihrer eigenen Rückkehr nach
Hause mitbrachten. Die Hunderttausende, ja Millionen von
Amerikanern, die unser Land aus eigener, frischer Anschauung
der jüngsten Zeit kennen und schätzen, weil sie gern unter uns
gelebt haben, sind wahrscheinlich der wichtigste Rückhalt, den
wir drüben besitzen. Wenn es in den USA die Wehrpflicht gäbe
statt einer Berufsarmee, wäre die Ausstrahlung vermutlich weit
größer, weil dann nicht, wie gegenwärtig, hauptsächlich sozial
schwächere Gruppen in der Armee wären, sondern auch zahlreiche Angehörige der mittleren und oberen Gesellschaftsschichten,
also auch Studenten und junge Männer aus dem Wirtschafts-
management. So aber kommt es, daß in den politischen, intellektuellen Führungsgruppen selbst an der amerikanischen Ostküste
Deutschland seit einiger Zeit kaum noch eine Rolle spielt.

In den ersten Nachkriegsjahrzehnten war das anders. Damals
sorgten die Berlin-Krisen, sozusagen außer der Reihe, immer

wieder für erhöhte amerikanische Aufmerksamkeit. Aber seit dem Vier-Mächte-Abkommen vom September 1971 ist es – glücklicherweise – mit diesen Krisen und zugleich – leider – auch mit der gelegentlich erhöhten Aufmerksamkeit und Sympathie vorbei. Seither empfindet man die Deutschen vor allem als langweilig und gemütlich, wie der langjährige Deutschland-Korrespondent der *New York Times*, David Binder, kürzlich meinte. In Deutschland geschehe einfach zu wenig Interessantes, die Bundesrepublik sei zu ereignisarm und statisch, um in den Vereinigten Staaten Aufmerksamkeit zu finden.[1]

In Washington oder New York redet und schreibt man über aktuelle, für wichtig oder brenzlig gehaltene Themen wie Mittelamerika, die Golfregion, vor allem über Gorbatschows Verheißungen eines neuen Rußland. Deutschland gehört außerhalb der kleinen Gruppe von Mitteleuropa-Experten – Gott sei Dank oder leider Gottes – nicht länger zu den Diskussionsgegenständen. Es beschäftigt fast niemandes Phantasie, regt weder an noch auf. Es gilt als befriedet, stellt kein Problem mehr da – und Honeckers Besuch in der Bundesrepublik 1987 bewies den meisten der wenigen Amerikaner, die überhaupt geneigt waren, auf dieses Ereignis einen Gedanken zu verschwenden, daß sich die Deutschen mit dem Status quo als Dauerzustand inzwischen abgefunden hätten. Charakteristisch für diese Auffassung war die Feststellung der *New York Times*, Honeckers Reise befestige die deutsche Teilung; sie sei ebenso wie die Nato Teil der etablierten, akzeptierten Wirklichkeit geworden.[2]

Welche amerikakritische Übellaunigkeit unterschwellig bei uns schwärt, bleibt auch an der intellektuell so aufgeschlossenen, lebendigen Ostküste weitgehend unbekannt. Kaum jemand beschäftigt sich momentan mit solchen für skurril gehaltenen Randerscheinungen. Es herrscht also schläfrige Ruhe gegenüber Deutschland.

Allerdings gibt es ab und an einzelne aufgeschreckte publizistische Stimmen, die Alarm schlagen. So schrieb Thomas F. O'Boyle am 9. September 1987 im *Wall Street Journal*: seit Willy Brandt 1970 vor der Gedenkstätte für die getöteten Juden des

Warschauer Ghettos niederkniete, habe die Aussicht auf eine Annäherung an Osteuropa eine gewaltige Anziehungskraft auf die deutsche Psyche entwickelt, die sich seit dem amerikanisch-sowjetischen Gipfeltreffen von Reykjavik noch verstärkt habe. Zum Rüstungskontrollabkommen der Supermächte, das Westdeutschland vom Schutz durch Raketen entblöße, für deren Stationierung Kanzler Helmut Kohl und die Christdemokraten harte Kämpfe durchzustehen gehabt hätten, geselle sich der Zweifel an der amerikanischen Bereitschaft, Deutschland im Verteidigungsfall beizustehen. Dies habe zahlreiche Gedanken und Diskussionen über außenpolitische Alternativen zur Folge.

Eine Option, so glaubten einige Deutsche, liege im Osten, in einer forscheren Ostpolitik. Die andere liege im Westen, in der Verbindung mit Frankreich, also in der Errichtung eines europäischen Pfeilers im Herzen der Atlantischen Allianz. Da jedoch keine dieser beiden Möglichkeiten eine wirkliche Alternative darstelle, steckten die Deutschen wieder einmal in einem typisch deutschen Dilemma. Ihr Vertrauen zu Amerika sei ernstlich zerrüttet; sie seien zwischen zwei Polen hin- und hergerissen. Wo auch immer die Ursachen der erneuten Selbstüberprüfung der Deutschen lägen – der wirtschaftliche Riese und langzeitige politische Zwerg sei ohne Zweifel dieser Tage geneigt, seine Unabhängigkeit geltend zu machen. Die Deutschen beschäftigten sich heute mehr mit ihrer Souveränität als früher – wahrscheinlich, weil sie seit 1945 so sehr beschränkt gewesen sei. Gleichgültig, ob die USA Atomwaffen auf deutschem Boden zu stationieren oder abzuziehen gedächten: in jedem Falle versuchten Politiker beider Lager, auf der Linken wie auf der Rechten, sich als Verteidiger deutscher Interessen zu porträtieren. Diese Besessenheit von der Frage der eigenen Souveränität, meine ein westlicher Diplomat, nähre einen Überdruß am Atlantischen Bündnis und lasse unter den Deutschen eine romantische Einschätzung der Alternativen wachsen.[3]

Zwei Tage später konnte man in der *Washington Post* aus der Feder von Rowland Evans und Robert Novak lesen: der triumphale Besuch Erich Honeckers, des sowjetischen Marionetten-

Regenten der kommunistischen DDR, in der Bundesrepublik deute sehr darauf hin, daß der Einfluß des sowjetischen Führers Michail Gorbatschow auf die Politik des vordersten amerikanischen Verbündeten größer werde. Welle auf Welle verändere sich die Stimmung in diesem Frontstaat der Nato hin zu der Überzeugung, daß die sowjetische Bedrohung im Schwinden begriffen sei. Umfragen zeigten, daß Gorbatschow, nicht Reagan, politisches Kapital aus der Entspannung schlage.

Wichtige Leute in der SPD beschwerten sich inzwischen freimütig über die Bundeswehr, die zuviel koste und nach ihrer Meinung verkleinert, in eine Art Nationalgarde verwandelt werden sollte. Das werde Wasser auf die Mühlen derer sein, die im amerikanischen Kongreß für eine Verminderung amerikanischer Truppen in Europa einträten. Als die Autoren einen wichtigen westdeutschen Politiker gefragt hätten, ob die Wähler für oder gegen einen völligen Abzug aller ausländischen Truppen aus beiden deutschen Staaten stimmen würden, habe er nach einer längeren Pause am Ende geantwortet: Er denke, man werde »immer noch eine Mehrheit« gegen einen solchen Vorschlag zusammenbekommen. Vor zehn Jahren aber wäre ein negatives Votum eindeutig ausgefallen. Das beweise einen unheilvollen Trend.[4]

Vermutungen und Schlußfolgerungen, wie sie sich in solchen Artikeln äußern, sind ja nicht aus der Luft gegriffen. Sie zeigen, daß bei einigen besonders wachen Journalisten ein neues Mißtrauen gegenüber Deutschland aufkommt. Aber bisher rütteln solche Warnrufe niemanden wach, regen kaum einen Menschen auf. Daher findet man insgesamt in amerikanischen Zeitungen heutzutage nur selten etwas über Deutschland, sei es im guten oder im schlechten. Soweit sich Amerikaner überhaupt für Außenpolitik interessieren, wenden sie sich gegenwärtig ganz anderen, aktuellen, brennenden Fragen zu: der Golf-Region, Afghanistan, dem Nahen Osten, Nicaragua, natürlich vor allem Gorbatschow, der Abrüstung, dem künftigen amerikanisch-sowjetischen Verhältnis. Die meisten Amerikaner sind vor allem mit sich selbst, mit inneramerikanischen Problemen beschäftigt.

Das umfassende Desinteresse an Deutschland könnte sich aber

sehr rasch ändern, von einem Tag auf den anderen in gespannteste Aufmerksamkeit verwandeln, wenn nämlich irgendein plötzliches Ereignis, ein dramatischer Zwischenfall – sagen wir: ein erfolgreiches Attentat Deutscher auf einen amerikanischen Spitzenrepräsentanten – schlagartig in den Vereinigten Staaten die veränderte, die sich verändernde deutsche Wirklichkeit bekannt machen sollte. So entwickeln sich öffentliche Debatten in den USA nämlich immer – ungeplant, unverhofft. Der Anstoß kann von außen kommen. Und das Gedächtnis ist kurz. Mag die Auseinandersetzung in Presse, Fernsehen und Politik auch noch so heftig gewesen sein – sobald die Erregung abgeflaut ist, Entscheidungen auf den Weg gebracht sind (manchmal auch nicht), wird das Thema wieder vergessen.

Das geht nicht nur uns, das geht aller Welt so mit den USA. Die Amerikaner beschäftigen sich überhaupt nur punktuell mit der Außenpolitik. Wie alle Demokratien sind sie wesentlich innenpolitisch orientiert.[5] Alle Politik sei Lokalpolitik, hat der langjährige, das letzte halbe Jahrhundert für seine Partei aktive Sprecher des Repräsentanten-Hauses, der Mehrheitsführer der Demokraten, Thomas (»Tip«) O'Neill in seinen kürzlich veröffentlichten Erinnerungen behauptet. Nie habe er einen Politiker in Amerika getroffen, der aufgrund einer außenpolitischen Entscheidung oder seines außenpolitischen Glaubensbekenntnisses wegen gewählt worden wäre.[6]

Demokratien sind eben tendenziell ganz von ihren internen Angelegenheiten absorbiert. Diese Neigung verstärkt sich noch in Großflächenstaaten wie Indien, Brasilien, Kanada oder eben auch den USA, die ja im Grunde für sich allein ganze Kontinente sind. Die meisten Bewohner solcher Länder haben nie eine Grenze gesehen, setzen daher das eigene Land mit der für sie bedeutsamen Erdoberfläche gleich und neigen deshalb dazu (ganz verschieden von uns, die wir immer schon nach wenigen Stunden auf Grenzen treffen), andere Völker sämtlich für exotisch, unverständlich, auch marginal zu halten – vielleicht mit Ausnahme der Russen.

Eigentlich erscheinen auswärtige Staaten mit ihren verzwickten Problemen vielen Amerikanern als zutiefst überflüssig, da ihre Bewohner ja herüberkommen, einwandern, sich in den USA niederlassen könnten – wie Menschen aller Erdteile in Vergangenheit und Gegenwart das ja auch getan haben. Entgegen der naheliegenden Annahme, die Vereinigten Staaten als klassisches Einwanderungsland seien besonders kosmopolitisch gesonnen, sind ihre Bürger in aller Regel, zumal heute, patriotisch und provinziell in dem Sinne, daß sie mehrheitlich das amerikanische Gesellschafts- und Regierungssystem kritiklos für unvergleichlich großartig halten. Diese Überzeugung ist so weit verbreitet und so fest verwurzelt, daß die USA trotz krasser sozialer Mißstände als politisch völlig stabil gelten können, ja bemerkenswert konservativ sind.

Wenn man wissen will, warum das erstaunlich ist, muß man das Elend in den amerikanischen Großstädten erlebt, die Massen Armer, Obdachloser, oft Geisteskranker auf den Straßen gesehen haben (allein in New York werden sie auf 60 000 bis 80 000 geschätzt), die hilflos und ohne Hoffnung dahinvegetieren, auf Parkbänken, in Hauseingängen oder auf Pappkartons, über Luftschächten oder auch in Nachtasylen schlafen, wo sie allerdings ihrer armseligen Habe, oft auch ihres Lebens nicht sicher sind.[7] Dennoch gibt es in diesem stark christlich geprägten Lande keine tatkräftige Empörung.

Warum das so ist? Weshalb sich eine wirtschaftsliberale, also nach unseren Begriffen konservative Mentalität so unangefochten über die Jahrzehnte hinweg hat behaupten können, ja in den achtziger Jahren unerwartet stark neue Kraft gewonnen hat? Wie man es sich umgekehrt erklären soll, daß es in den Vereinigten Staaten nie einen nennenswerten Sozialismus gegeben hat? Über diese Frage haben sich kluge Beobachter seit langem immer wieder den Kopf zerbrochen.[8] An der Tatsache als solcher ist nicht zu zweifeln.

Wir sind auch nicht gut beraten, diese Autosuggestion, eine gewiß selbstgefällige Einbildung, zu belächeln, ja vielleicht sogar zu verhöhnen. Denn wir profitieren von ihr, sollten daher dankbar für sie sein. Die Unkenntnis des Durchschnittsamerikaners über die Annehmlichkeiten des Lebens in Westeuropa, zumal über die Wohltaten eines vergleichsweise opulenten sozialen Netzes, ist zwar nicht unsere Schuld, aber in unserem unmittelbaren Interesse. Wäre es anders, könnte sich leicht ein neiderfüllter Aufschrei gegen uns richten und lautstark größere Leistungen im Bündnis von uns einfordern. Man hat sowieso oft Ressentiments gegen die besserwisserischen, tatenarmen Verbündeten, diese immer vorwurfsvollen, dabei wehleidigen Europäer. Man lehnt sich längst gegen die Last des Imperiums auf[9], hat die weite Welt überhaupt ziemlich satt. Die Vereinten Nationen, einst enthusiastisch im eigenen Lande willkommen geheißen, für wichtig und zukunftsweisend gehalten, täglich im Fernsehen dem amerikanischen Volk nahegebracht, sind, was die USA angeht, längst ins Dunkel und Schweigen der Irrelevanz versunken: »Die UN: Palast zerbrochener Träume« war kürzlich eine Buchbesprechung der *New York Times* treffend überschrieben.[10]

Nur punktuell, meist unter dem Eindruck von Zwischenfällen, Krisen, Umstürzen, fernen Kriegen, läßt sich in den Vereinigten Staaten, diesem »insularen Kontinent«[11], wie Raymond Aron gesagt hat, ein Interesse für die Außenwelt plötzlich und für kurze Zeit wachrufen. Washington muß in solchen Fällen, um die erforderliche innenpolitische Aufmerksamkeit zu finden, die unerläßliche finanzielle Unterstützung zu mobilisieren, große Worte gebrauchen, laut auf die Pauke hauen, von irgendeinem Reich des Bösen reden. Diese martialische Sprache erklärt sich nicht nur aus der puritanisch-protestantischen Tradition der USA, sondern ebensosehr aus der allgemeinen Konzentration auf die Innenpolitik und aus der entsprechenden Neigung zu außenpolitischer Enthaltsamkeit, die seit dem Vietnam-Debakel erneut stark um sich gegriffen hat; dieses Trauma wird noch lange nachwirken.

Außenpolitische Verwicklungen galten den Amerikanern schon immer als Ausnahmefall, die Distanz der USA zu Problemen außerhalb der eigenen Sphäre als Normalzustand. Von daher wird auch klar, warum ein hervorstechendes Merkmal der amerikanischen Außenpolitik permanente Pendelbewegungen von Quietismus und Aktivismus sind, »das Schwanken zwischen Kreuzzug und Rückzug auf sich selbst«[12]. Das Böse soll durch eine tatkräftige Strafaktion ein für allemal ausgelöscht werden, damit die USA danach zur gebotenen Selbstbeschränkung, jedenfalls zur Beschränkung auf den amerikanischen Kontinent, zurückkehren können.

Dieses Muster – energische Intervention mit anschließendem Rückzug – entspricht nach wie vor am meisten der amerikanischen Weltsicht. Es paßt am besten in das dort bevorzugte Weltbild, die USA für einen Ort produktiver Zurückgezogenheit zu halten. Beweist die Geschichte des Aufstiegs der Vereinigten Staaten nicht die Richtigkeit des frühen Entschlusses, sich auf die eigenen Belange zu konzentrieren? War diese Selbstisolierung nicht ihr wichtigstes Erfolgsrezept? Wohin wären die USA wohl gekommen, wenn sie sich in den ersten anderthalb Jahrhunderten auf die Streitigkeiten der Alten Welt eingelassen, sich weiterhin als deren Teil betrachtet hätten? Nirgendwohin. Vielleicht wären sie sogar wieder ausgelöscht worden, untergegangen. Schwach in jeder Hinsicht, wie sie anfangs waren, mußte es in dieser Frühzeit das wichtigste Anliegen ihrer Außenpolitik sein – und zwar unter den Anhängern Alexander Hamiltons ebenso wie unter denen Thomas Jeffersons –, die neue, prekäre Unabhängigkeit gegen die damals übermächtigen britischen und auch französischen Bedrohungen zu sichern.

Das liegt lange zurück. Aber die Mahnung zu außenpolitischer Abstinenz, zumindest zu deutlicher Distanz gegenüber Europa, die der erste Präsident der USA, George Washington, in seiner *Farewell Address* von 1796, diesem politischen Testament, der gerade neu gegründeten Republik mit auf den Weg gegeben hat, gilt noch immer, wird immer noch als Richtschnur zitiert und beachtet. In den letzten Jahren bestimmt Washingtons Abschiedsbotschaft sogar zunehmend wieder das amerikanische außenpolitische Denken. Man möchte anderen Völkern ein Beispiel geben, ein Vorbild der Freiheit und des Wohlstands sein. Man ist es leid, als ein Volk von Missionaren zu gelten, noch dazu unter unbelehrbaren, unbekehrbaren Heiden. Und schon gar nicht möchte man künftig noch zu den Kreuzfahrern gezählt werden, die den eigenen Glauben, die eigenen Ideale mit dem Schwert ausbreiten.

Washington hat es in seiner Abschiedsbotschaft als »das große Gesetz« amerikanischen Umgangs mit fremden Nationen bezeichnet, zwar Handelsbeziehungen auszuweiten, aber sowenig wie möglich politische Bindungen einzugehen. Die USA sollten dauerhafte Bündnisse vermeiden und sich nur in Fällen außerordentlichen Notstands an kurzfristige Abkommen halten.

Zu Europa meinte Washington wörtlich: »Europa hat eine Reihe wesentlicher Interessen, zu denen wir gar keine oder nur sehr entfernte Beziehungen haben. Es ist daher häufig in Kontroversen verwickelt, deren Gründe unseren eigenen Belangen im Wesen fremd sind. Es wäre daher unklug, uns unnötig zu binden und uns dadurch in das übliche Wechselspiel seiner Politik sowie seiner Bündnisse und Zwistigkeiten ... hineinziehen zu lassen.«[13]

Nach den enttäuschenden Erfahrungen einiger Jahrzehnte der Weltmachtrolle ist der Traum, den Gefahren und Konflikten der übrigen Welt aus dem Wege zu gehen, so verlockend wie zu Washingtons Zeiten. Was könnte der Sehnsucht nach einem abgeschiedenen Glück im Winkel, in der freiwilligen, segensreichen Isolierung einer Festung Amerika, mehr entsprechen als Ronald Reagans »Strategische Verteidigungs-Initiative«, das Raketenabwehrsystem *SDI*? Verspricht doch dieses Projekt einer ausschließlich zur Abwehr geeigneten Waffe, aber eben einer unbedingt verläßlichen Abwehr, also einer Ausschaltung jeder äußeren Verletzbarkeit der USA, zwei verlockende, fundamentale Ziele gleichzeitig zu erreichen: einen Zustand absoluter Sicherheit bei völliger Abgeschiedenheit und Friedfertigkeit.[14]

Es gibt also eine natürliche, immer wieder hervortretende Neigung der Amerikaner zum Rückzug auf sich selbst, zum Isolationismus, auch wenn dieser Begriff von den meisten heute abgelehnt wird. Die Sache selbst, die Neigung, ja Entschlossenheit, sich mehr und mehr aus allem herauszuhalten, ist aber unübersehbar.

Man darf nie vergessen, daß die Verwicklung der USA in die

Angelegenheiten der Welt, zumal in die Europas, zu der es im 20. Jahrhundert dann doch kam, von den wenigsten Amerikanern gewünscht wurde. Das zeigt bereits die Geschichte des amerikanischen Eintritts in den Ersten Weltkrieg und noch mehr die des Eintritts in den Zweiten. Erst die törichte, kurzsichtige Entscheidung der Obersten Heeresleitung des kaiserlichen Deutschland zum uneingeschränkten U-Boot-Krieg im Jahre 1917 brachte die Vereinigten Staaten zu dem Entschluß, der gegnerischen Koalition beizutreten. Und ohne Pearl Harbor, ohne den japanischen Angriff vom 7. Dezember 1941 auf die dort stationierte Pazifik-Flotte, wäre es Franklin D. Roosevelt womöglich nicht gelungen, seine Landsleute von der Notwendigkeit eines eigenen, militärischen Eingreifens in den Krieg gegen die Achsenmächte zu überzeugen. Was Deutschland angeht, enthob ihn am Ende bekanntlich Hitler allen weiteren Nachdenkens, indem der Führer von sich aus rätselhafterweise den USA am 11. Dezember 1941 eine Kriegserklärung zukommen ließ.[15]

Um so außergewöhnlicher, ja einmalig in der amerikanischen Geschichte war daher die nicht nur – wie bei einer Kriegskoalition – vorübergehende, sondern auf Dauer angelegte Bindung der Vereinigten Staaten an Westeuropa nach dem Zweiten Weltkrieg.[16] Was damals, im ersten Nachkriegsjahrzehnt, aufgebaut wurde, war in der Tat eine *entangling alliance,* also das, was man immer, auch nach dem Ersten Weltkrieg noch, zu vermeiden gewußt hatte. Ab 1947, als es um Trumandoktrin und Marshallplan ging, lag es anders als früher. Daher brachen die USA mit ihrer Tradition. Und warum? Weil sie feststellen mußten, daß nur sie und die Sowjetunion als potentielle Weltmächte nach 1945 übriggeblieben waren. Entweder mußten sich also die Vereinigten Staaten, entgegen ihren althergebrachten Grundsätzen, in Europa engagieren oder den Russen überlassen, was von Europa außerhalb des sowjetischen Herrschaftsbereichs geblieben war. Auf längere Sicht ging es dann auch um die Frage, was aus den früheren europäischen Kolonialreichen werden sollte, die von den abgedankten kontinentalen Großmächten nach und nach geräumt wurden.

Bemerkenswerterweise wurden diese Entscheidungen über die neue, amerikanisch bestimmte Nachkriegsordnung, was auf dem skizzierten Hintergrund nicht überrascht, von weniger als einem Dutzend Leuten getroffen. Ein jüngst erschienenes Buch spricht von »sechs Weisen«, nämlich »Sechs Freunden und der von ihnen geschaffenen Welt«: Dean Acheson, Charles Bohlen, Averell W. Harriman, George F. Kennan, Robert A. Lovett und John McCloy.[17] Ich persönlich würde noch vor den Genannten an erster Stelle Harry S. Truman und George C. Marshall nennen.[18] Aber wie auch immer: Es waren einige ganz wenige Männer, die sich plötzlich in den berühmten 15 Wochen zwischen dem 21. Februar und dem 5. Juni 1947[19] des ganzen Ausmaßes der Verelendung und damit der Bedrohtheit Europas bewußt wurden und zugleich die Kühnheit besaßen, in Milliarden zu denken, wie Lucius D. Clay später einmal gesagt hat, und nicht nur in Millionen wie bis dahin der Kongreß. Sprecher Sam Rayburn wurde schneeweiß vor Schreck, als der Präsident ihm vertraulich den zur Sanierung Europas erforderlichen Betrag von 15 bis 16 Milliarden Dollar nannte, und wandte zunächst ein: die USA könnten eine derartige, damals enorme Summe nicht aufbringen; der Marshallplan werde das Land in den Ruin treiben. Doch er verspreche, sein Äußerstes zu versuchen.[20]

Bekanntlich gelang es, das Projekt durch den Kongreß zu bringen. 1947 reichte eben die Entschlossenheit einer kleinen, damals noch wesentlich vom Establishment der Ostküste geprägten Führungsgruppe aus, den Amerikanern eine Weltmachtrolle aufzunötigen, die Rolle einer »Weltmacht wider Willen«, wie Ernst Fraenkel gesagt hat.[21] Viel zu früh, meinten allerdings schon damals manche Zeitgenossen. Mehr und mehr Menschen in den Vereinigten Staaten meinen es seither.

Immerhin: es gelang, in einer Ausnahmesituation. Das Land war infolge des Rüstungsbooms der Kriegsjahre so wohlhabend geworden, ja so reich wie nie zuvor; Amerika stand im Zenit seiner Macht, seiner ökonomischen Möglichkeiten. Andererseits erschreckte und empörte der heraufziehende Kalte Krieg, der eben beginnende Konflikt mit der Sowjetunion, dem Bündnispartner von gestern, die breite Öffentlichkeit. Beides zusammen ermöglichte kühne Initiativen einer weitsichtigen, historisch erfahrenen Führungselite. Nur zweimal in ihrer inzwischen zweihundertjährigen Geschichte haben die USA eine vergleichbar hochqualifizierte, international herausragende Führungsschicht besessen: zur Zeit ihrer Gründung und dann wieder im ersten Jahrzehnt nach 1945. Nichts spricht für die Vermutung (wie wir aus unserer eigenen Vergangenheit wissen sollten), daß eine Großmachtrolle das ihr adäquate Führungspersonal erzwingt. Wir wären daher gut beraten, wenn wir uns auf den amerikanischen Normalzustand einstellten, also künftig Präsidenten, Kabinettsmitglieder und Kongreßabgeordnete schlichteren Zuschnitts für die Regel, nicht die Ausnahme hielten.

Alle im letzten Absatz genannten Voraussetzungen fehlen jedoch heute. Das Haushaltsdefizit, das zu einem Dollarschuldenberg in Billionenhöhe geführt hat (Experten gehen davon aus, daß Ronald Reagan seinem Nachfolger 2 600 000 000 000 Dollar Schulden hinterlassen wird[22]), spricht für sich[23]; ein Mangel an wirklicher Führung, an demokratischen Eliten, wird in den USA allenthalben lauthals beklagt.[24] Die Weltmachtrolle wird daher zunehmend weniger bereitwillig getragen; die Versuchung, sie abzuschaffen, wächst, damit der Impuls des Rückzugs auf den eigenen Kontinent. Man diskutiert intern, aber auch teilweise in der Öffentlichkeit darüber, ob die USA wirklich die Mission hätten, die ganze Welt zur Demokratie zu bekehren, oder ob sie sich nicht auf die bescheidenere Rolle eines Leuchtturms beschränken, sich also mit ihrer Ausstrahlung als freie, erfolgreiche Gesellschaft zufriedengeben sollten. Die zweite Auffassung ist ohne Zweifel im Vormarsch.[25]

Aber auch schon auf dem Höhepunkt amerikanischer wirtschaftlicher, militärischer und politischer Kraft ist eine oft als imperialistisch ausgreifend, als maßlos dargestellte Außenpolitik im Grunde genommen nur begrenzte Risiken eingegangen, ist weit hinter ihren damaligen Möglichkeiten zurückgeblieben.[26] Das kann man schon an der Politik Trumans sehen. Truman hat zum Beispiel 1951 General MacArthur, den Oberbefehlshaber der amerikanischen Streitkräfte in Fernost, abgesetzt, weil er der Meinung war, daß dessen eigenmächtig aggressives Verhalten, die Bereitschaft zu kriegerischen Verwicklungen mit China an der nordkoreanischen Grenze, die Gefahr eines großen Krieges heraufbeschwöre, der den Amerikanern eine viel zu große Last neben ihrem gerade begonnenen Engagement in Europa aufbürden würde. Wenn dies sogar auf dem Höhepunkt der amerikanischen Macht galt, zu einer Zeit, als Amerika ganz allein rund die Hälfte des Bruttosozialprodukts der Welt produzierte[27], dann ist natürlich heute, wo der amerikanische Anteil bei rund 20 Prozent liegt, erst recht anzunehmen, daß Amerika risikoreiche Engagements scheuen wird. Polizeiaktionen ja, aber keine dauernden Verwicklungen, keine langfristig bindenden Verpflichtungen – das ist die allgemeine Meinung.

Der Vietnamkrieg hat diese Neigung, sich vor dem Sumpf unabsehbarer Hilfspflichten zu hüten, natürlich außerordentlich gesteigert. Dieser Dschungelkrieg fand auf einem schlecht analysierten Terrain statt und war in seinen Zielen von Anfang an unklar definiert. Man war also mit einer Situation konfrontiert, die Washington mit einem schwachen, zumindest schwankenden, halbherzigen und am Ende dementsprechend erfolglosen Engagement zu stabilisieren versuchte, was den Amerikanern die erste größere Niederlage eintrug, die sie in ihrer Geschichte erlitten haben.

Diese Erfahrung des Scheiterns wird noch lange traumatisch in Amerika nachwirken, noch lange die amerikanische Diskussion bestimmen, wird noch lange von neuen Verwicklungen abhalten – mögen sie auch noch so dringend, diesmal auch noch so berechtigt sein. Man muß nur das Vietnam-Memorial in Washington und seine vielen Besucher gesehen haben, die schweigend in langen Reihen langsam vorüberziehen, muß die dort aufgestellten Blumen und die ihnen angehefteten Gedenktexte in Erinnerung behalten. Dann weiß man, daß eine Wiederholung einer solchen Erfahrung vorerst kaum zu erwarten ist, gehe es nun um den Libanon, die Golf-Region oder Nicaragua. Wie gesagt: kurzfristige Eingriffe, um rasche Beilegung bemüht, rasch dann zum Rückzug geneigt – das geht gerade noch, mehr aber nicht.

Das neue Denken, das sich in den letzten Jahren auch in den USA, nicht nur in der Sowjetunion, abzeichnet, hat aber nicht nur mit Vietnam zu tun. Es beruht vielmehr auf der verbreiteten amerikanischen Einsicht, dem bisherigen Ausmaß grundsätzlich weltweiter Verpflichtungen nicht mehr gewachsen zu sein. Die Weltmachtrolle könne nicht mehr im bisherigen Umfang aufrechterhalten werden, ohne die USA längerfristig zum Abstieg zu verurteilen – diese Auffassung wurde zwar lange Zeit selten in aller Öffentlichkeit diskutiert, aber im Laufe jedes vertraulichen Gesprächs, jeder internen Diskussion seit Jahren unweigerlich geäußert.

Die Ahnung des eigenen, unaufhaltsamen Niedergangs war schon während der Regierung Jimmy Carters in den USA weit verbreitet. Dieser Präsident erschien so redlich wie machtlos. Verfiel sein Amt, das Weiße Haus, damals als Institution nicht ebenso wie das ganze Land auch? Die Vereinigten Staaten stagnierten sichtlich, sie schienen zu resignieren. Viele Amerikaner hatten zu Carters Zeiten den Eindruck, als versuche dieser Präsident, sie an die Realitäten einer künftig nur noch begrenzten Macht der USA zu gewöhnen. Er versuche, sie zu lehren, den Gedanken allmählichen Abstiegs zu akzeptieren. Sie sollten lernen, sich mit Gelassenheit und Würde in das Unvermeidliche zu schicken und mit einer reduzierten Rolle in der Welt abzufinden.

Es ist eine große Leistung Ronald Reagans gewesen, diese Abwärtsbewegung des Präsidentenamtes und des amerikanischen Selbstvertrauens zu Beginn der achtziger Jahre aufgefangen, ja den Trend umgekehrt zu haben. Dieser Präsident wurde als Persönlichkeit wie in seiner Bedeutung für die Rückgewinnung amerikanischen Selbstgefühls anfangs in Deutschland fast durchweg unterschätzt. Aber auch für viele seiner Landsleute, ja für Kenner des amerikanischen Regierungssystems, für die Politikwissenschaft der USA, war sein Start verblüffend. In den ersten Jahren seiner Präsidentschaft widerlegte Reagan die pessimistischen Prognosen, die Fachleute ihm anhand ihrer Erfahrungen mit Richard Nixon, Gerald Ford und eben Jimmy Carter gestellt hatten.[28] Reagan zeigte sich überraschenderweise imstande, von einem erneuerten Weißen Haus aus kraftvoll zu führen.

Es wird ihm vermutlich in der amerikanischen Geschichte als bleibendes Verdienst angerechnet werden (was immer im übrigen seine Fehler und Fehlschläge bedeuten, in der Schlußbilanz wiegen mögen), daß er damals die Selbstsicherheit der Amerikaner neu festigte. Das fiel ihm nicht schwer; er strahlte persönlich stark aus, was er da forderte: den wiedergewonnenen Glauben an die unvergleichlichen Qualitäten der eigenen politischen Kultur, an die wirtschaftliche Leistungskraft und den sozialen Chancenreichtum der USA. Indem Reagan beständig und optimistisch an die Kraft der gemeinsamen Grundüberzeugungen der Amerikaner erinnerte, förderte er den trotzigen Entschluß, sich nicht länger auf die klägliche Weise der siebziger Jahre zurückstufen zu lassen. Damals hatten die Vereinigten Staaten der sowjetischen Hochrüstung und dem russischen Ausgreifen auf andere Kontinente tatenlos zugesehen.[29] Jetzt wollte man aufholen, die Sowjetunion erneut überholen.

Man schaffe es noch einmal, hochzukommen, sei keine Weltmacht von gestern, sondern könne den eigenen Rang behaupten – das wurde durch Reagan wieder die vorherrschende, die maßgebliche Überzeugung. In Europa hätte sich ein solcher Entschluß, den die Amerikaner mit ihrem Präsidenten teilten, vermutlich in Rhetorik erschöpft. In Deutschland wäre er, wie die »Wende«, wohl weitgehend eine Vokabel geblieben. Reagan setzte es durch, den Worten Taten folgen zu lassen.

Durch seine forcierte Rüstungspolitik[30] machte er den Russen nämlich die Gefahr deutlich, nun ihrerseits zu Rüstungsanstrengungen genötigt zu werden, die ihre ohnehin angeschlagene Wirtschaftskraft weit überfordern mußten. Mit seinem Beweis der amerikanischen Entschlossenheit, die Terrainverluste der siebziger Jahre wettzumachen, den russischen Vorsprung in der Raketenrüstung aufzuholen, hat Reagan wesentlich dazu beigetragen, daß die Russen unter Gorbatschow ihren eigenen Kurs zu überprüfen begannen und weitreichende Abkommen der Rüstungsminderung ins Auge faßten, ja überhaupt außen- wie innenpolitisch einen neuen Kurs einschlugen. Es scheint mir zweifelhaft, ob es ohne diese erzwungene Einsicht in die Begrenztheit der eigenen wirtschaftlichen Möglichkeiten so rasch nach Gorbatschows Machtantritt zur Neuorientierung der sowjetischen Politik gekommen wäre.

Die beiden genannten Leistungen der Regierung Reagan lagen im Gesamtinteresse des Westens. Sie werden, von Europa aus gesehen, nicht wesentlich berührt durch die überraschenden administrativen Schwächen Reagans, wie sie zwei Jahre nach der triumphalen Wiederwahl von 1984 allgemein erkennbar wurden. Seine Anleitung und Kontrolle des eigenen Apparates waren unzulänglich, sein Verfassungsverständnis allzu leger. In der Geiselaffäre erwies sich, daß Reagan als Regierungschef einfach zu oberflächlich war, zu distanziert gegenüber den Tagesgeschäften, nicht interessiert, nicht fleißig genug. Ausfallserscheinungen der Altersschwäche kamen hinzu. Den energischen Boß konnte man daher fortan weniger und weniger in ihm erkennen. Dennoch war er nach wie vor als Staatsoberhaupt eindrucksvoll, weil er weiterhin in geradezu idealer Weise die Amerikaner verkörperte, artikulierte, einte. Er ist ja, von der Verfassung her, beides in einer Person: Staatsoberhaupt und Regierungschef. Der Weizsäcker in ihm blieb also am Ende überzeugender als der Kohl.

Schwerer wiegt auch für uns am Ende der Amtszeit Reagans, daß im Ergebnis Carter mehr recht behalten hat, als Reagan anfangs wahrhaben wollte. Das wurde im Laufe der achtziger Jahre immer deutlicher: Die forcierte Aufrüstung der frühen Reagan-Jahre überstieg nicht allein die sowjetischen, sondern auch die amerikanischen Möglichkeiten. Nicht nur die Wirtschaftskraft der UdSSR, auch die der USA ist solchen Anstrengungen nicht mehr gewachsen.

Ein nicht unbeträchtlicher Teil der »Reagan-Revolution«[31] am Anfang unseres Jahrzehnts hatte eben eine zweifelhafte ökonomische Grundlage. Der neue Optimismus der Amerikaner beruhte auf Pump. Die gewaltigen Rüstungsanstrengungen ebenso wie die großen Erleichterungen der radikalen Steuerreform[32] wurden durch Kredite ermöglicht; voreilige Erfolgsbilanzen verschleierten die langfristigen Kosten. Kommende Generationen werden diese Schulden abtragen müssen, und es ist sehr wahrscheinlich, daß das amerikanische Stimmungspendel dann noch viel weiter zurückschlägt als nach Vietnam und Nixons Watergate, nach Afghanistan und dem Iran-Debakel am Ausgang der Carter-Administration. So könnte, mittelfristig betrachtet, Reagan mehr zur Unterminierung der Allianz beigetragen haben als sein Vorgänger. Denn ein naheliegender Weg, vom eigenen Schuldenberg herunterzukommen, wird die Forderung nach einer neuen Lastenverteilung im Bündnis sein, also eine Europäisierung der europäischen Verteidigung aufgrund reduzierter amerikanischer Verpflichtungen dort, wo sich die USA am leichtesten ihrer entledigen können: bei uns, auf unserem Kontinent.

Vorerst geben sich die Vereinigten Staaten nach außen sorglos. Das phantastische Defizit des amerikanischen Bundeshaushalts[33] scheint sie nicht zu erschüttern. Offenbar haben die Amerikaner bisher noch immer das Selbstvertrauen, es mache nichts, in solchem Umfang eine öffentliche Schuldenlast aufzuhäufen. Derartige Gedankenlosigkeiten sind vielleicht das Merkmal wirklicher Weltmächte. Eine Zeitlang geht das ja auch.

Heute reden zwar alle in den Vereinigten Staaten über das Defizit. Aber niemand will ernsthaft daran rühren, niemand wirklich etwas dagegen unternehmen. Genauer gesagt: alle Politiker sind gemeinsam entschlossen, vorläufig nichts zu tun. Warum das so ist, verriet am 19. November 1987 die *New York Times:* Umfrage nach Umfrage zeige, daß die Amerikaner größere öffentliche Dienstleistungen wünschten, aber gleichzeitig entschieden jede Steuererhöhung ablehnten. Die Folge seien — inzwischen große – Defizite. Nicht, daß die Öffentlichkeit Defizite schätze; die Meinungsumfragen belegten das genaue Gegenteil. Aber vor die Wahl gestellt, entschieden Wähler und Abgeordnete in Washington sich am Ende stets für eine Politik, die

Defizite zur Folge habe. Sie wünschten zwar nachdrücklich, die Schulden reduziert zu sehen. Doch die beste Botschaft sei für sie 1980 Reagans Ankündigung gewesen, er werde das Defizit durch die Abschaffung von Verschwendung, Betrug und Machtmißbrauch beseitigen. Wenn man sage, daß nur Nichtsnutze Schaden erleiden sollten, heiße das praktisch, daß kaum Abstriche an populären Programmen in Frage kämen.

Am liebsten würden die Wähler, wie Umfragen ausnahmslos zeigten, nirgendwo Ausgaben einsparen. Wenn unbedingt eingespart werden müsse, wollten die Amerikaner am ehesten Militärausgaben kürzen. Aber selbst diese Streichungen seien nicht beliebt. Nur 28 Prozent wünschten eine Reduzierung der Verteidigungskosten. 54 Prozent der Befragten hingegen wünschten eine Erhöhung der Staatsausgaben bei Wohlfahrtsprogrammen. Jedoch werde man vergebens nach einer Unterstützung der Wähler für Steuererhöhungen suchen, die man zur Finanzierung solcher Programme brauche. »Diese Zustimmung gibt es nicht.« Erst recht sei der Steuerzahler gegen höhere Abgaben zur Senkung der Defizite, da er davon persönlich nichts habe.

Da der Warnruf der Republikaner, die Demokraten planten Steuererhöhungen, ebenso wie die Warnung der Demokraten, die Republikaner beabsichtigten eine Kürzung der Sozialversicherungsleistungen, jeweils verängstigte Wähler mobilisiere, seien beide Parteien in Steuerfragen die Geisel der anderen. Interessanterweise habe keiner der Bewerber im Rennen um die Präsidentschaftskandidatur eine Erhöhung der Einkommensteuer vorgeschlagen. Fast alle Bewerber lehnten alle Arten von Steuererhöhungen ab.

Wenn es in der Wählerschaft einen breiten Rückhalt für hohe Staatsausgaben und eine breite Unterstützung für Steuersenkungen gebe, aber keine für eine Senkung der Defizite, dann könne dieses Problem nur durch einen Burgfrieden, also die Kooperation beider Parteien, oder im Zuge einer Wirtschaftskrise gelöst werden. Beides aber gibt es gegenwärtig nicht – und daher keine Lösung.[34]

Die amerikanische Öffentlichkeit reagiert, wie gesagt, bisher bemerkenswert wenig, bleibt erstaunlich ruhig. Doch offenkundig wird am amerikanischen Haushaltsdefizit wie am gleichzeitig großen Defizit der amerikanischen Handelsbilanz, daß die Vereinigten Staaten über ihre Verhältnisse gelebt haben und leben. Das wird auf die Dauer nicht so weitergehen. Irgendwann müssen die Schulden zurückgezahlt werden. Schon jetzt drückt der Zinsendienst.[35] Erhebliche Einschränkungen des amerikanischen Lebensstandards sind abzusehen, Konsumeinschränkungen, Erwartungsverzichte.

So prophezeite das *Wall Street Journal* vom 3. August 1987 eine langfristige Senkung des Lebensstandards. Eine Studie des »Committee for Economic Development« sei angesichts des Haushalts- und Leistungsbilanzdefizits zu dem Ergebnis gekommen, daß die Beseitigung dieses Zwillingsdefizits sowohl Kürzungen im Staatshaushalt wie auch eine Steigerung der Exporte bei gleichzeitiger Verminderung der Importe voraussetze. Dies bedeute eine Herabsetzung des Lebensstandards künftiger amerikanischer Generationen, denen seit dem Bürgerkrieg, also seit 120 Jahren, kein derartiges Vermächtnis mehr aufgeladen worden sei. Die Enttäuschung über diese negative Entwicklung und ein mögliches Aufbegehren gegen solche Lasten stellten für die amerikanische Gesellschaft eine große Herausforderung dar.[36] Spätestens wenn der Augenblick drastischer, fühlbarer Kürzungen an der amerikanischen Lebenshaltung kommt, wird es eine öffentliche Debatte über die dann fälligen Schlußfolgerungen geben. In intellektuellen, politischen Kreisen hat sie bereits eingesetzt.

Das Ergebnis einer solchen Bilanz kann nicht zweifelhaft sein, läßt sich heute schon voraussagen. Der partielle Verfall der USA liegt für jeden aufmerksamen Beobachter offen zutage. Die Vereinigten Staaten leiden sichtlich unter schweren sozialen Mißständen, auf weite Strecken an einer, nach europäischen Maßstäben, erschreckend großen Armut, wirklichem Elend, zumal in den Großstädten. Die Integration der Schwarzen und anderer Minderheiten stagniert nicht nur, sondern ist rückläufig. Vielerorts verfällt das öffentliche Bildungswesen. Das Verkehrswesen, die Infrastruktur überhaupt, müßten dringend erneuert werden. Neben erstklassigen Unternehmen der Weltspitzentechnologie findet man ganze Industriezweige, die obsolet geworden, einfach nicht mehr konkurrenzfähig sind. In vielen Landstrichen trägt Amerika heute Züge eines Entwicklungslandes.

Bündnis-Überdruß

Die Schlußfolgerung aus alledem kann nur lauten, daß man seine weltweiten Ambitionen zurückschrauben, seine Verpflichtungen jenseits der Meere reduzieren, wenn nicht aufkündigen muß. Die amerikanische Forderung eines Truppenrückzugs aus Westeuropa ist zwar schon Jahrzehnte alt, ohne daß sie zum Ziel geführt hätte; viele Europäer haben sich daher an etwas gewöhnt, das sie inzwischen nur noch für ein Ritual halten. Damit verkennen sie die von Grund auf veränderte wirtschaftliche und psychologische Lage der Amerikaner. Die gegenwärtig erwartungsvolle Begeisterung für den vielleicht heute denkbar gewordenen Versuch, vom Kalten Krieg zum kühlen Frieden überzugehen, also zu einem Verhältnis friedlichen Wettkampfs, zu einer kooperativen Konkurrenz mit der Sowjetunion, fördert den im Grunde längst vorhandenen Wunsch, die bisher in Europa stationierten Truppen zurückzuholen – und zu demobilisieren. Wenn amerikanische Kritiker solcher Rückzugspläne schon früher wiederholt darauf hingewiesen haben, daß die Unterhaltung der aus Europa abgezogenen Verbände wegen des deutschen Beitrages zu den Stationierungskosten in den USA kaum billiger werde als in Übersee[37], dann geht dieses durchaus richtige Argument an einer verbreiteten Stimmungslage der USA vorbei, die diese Truppen nicht zurückholen, sondern abschaffen will![38]

Bei uns pflegt man diese Tendenzen abzutun, zu unterschätzen, obwohl in Amerika längst ein heimliches, aber heftiges Ringen um den Fortbestand der Allianz im Gang ist. Wenn Horst Ehmke betont, daß der »Aufbau eines von Amerika unabhängigen europäischen Verteidigungssystems so schwierig wie der Aufbau einer politischen Union«, also praktisch unmöglich sei, kann man ihm nur beipflichten. Ebenso, wenn er vor Traumtänzerei, vor hochfliegenden Plänen warnt: »Die Europäer dürfen sich keinen Illusionen hingeben. Aufgrund ihrer geographischen Lage als westlicher Zipfel des eurasischen Kontinents sind sie auch weiterhin auf das Bündnis mit den Vereinigten Staaten als Gegengewicht zur Macht der Sowjetunion angewiesen. Welche Sicherheitsanstrengungen die Westeuropäer auch immer unternehmen würden, schon ihre geographische und geostrategische Lage macht es ihnen so gut wie unmöglich, allein auf sich gestellt ein ausreichendes Gegengewicht darzustellen. Ihnen fehlt zur Abschreckung gegenüber der sowjetischen Kontinentalmacht die räumliche Tiefe, und ihnen fehlen die Mittel zur weltweiten Sicherung ihrer lebenswichtigen Verbindungswege. Der Aufbau einer ausreichenden nuklearen Abschreckungskapazität wie der Aufbau von ausreichenden Streitkräften zum Schutz der See- und Luftwege würde sie auch finanziell überfordern.«[39]

Berndt von Staden spricht sogar von steigender Abhängigkeit der Europäer von den Vereinigten Staaten, die leider mit wachsender Distanz einhergehe. Die Zunahme der Abhängigkeit werde vor allem im sicherheitspolitischen Bereich deutlich, weil hier in den letzten Jahrzehnten eine allgemeine Verschiebung des Gleichgewichts zu Lasten des Westens stattgefunden habe.[40]

Vor allem wohl psychologisch, wie man hinzufügen muß. Denn vor der Frage nach den Finanzierungsmöglichkeiten würde sich die nach dem politischen Selbstbehauptungswillen stellen. Wenig deutet darauf hin, daß er bei uns vorhanden ist – oder in der dann gegebenen Situation sich Bahn bräche.[41] Aber Ehmke hält es wie viele unserer Landsleute ohnehin nicht für wahrscheinlich, daß sich dieses Problem in absehbarer Zeit auftun könnte. »Westeuropäer wie Amerikaner können trotz gegenseitiger Kritik und zunehmenden Interessenkonflikten auch weiterhin von dem vitalen Interesse der anderen Seite am Atlantischen Bündnis ausgehen. Amerikas eigene Sicherheit würde entscheidend geschwächt, wenn es die europäische Gegenküste des Atlantiks und das zweitgrößte Industriepotential der Welt sowjetischem Einfluß überließe. Sein Weltmachtstatus würde entscheidend reduziert. Sollten die Amerikaner diese Frage eines Tages anders beurteilen, so würden sie einen Fehler von historischem Ausmaß begehen, ohne daß die Europäer sie daran hindern könnten. Für die Europäer wäre die Lage dann allerdings weitaus schwieriger.«[39]

In der Tat. Doch Ehmke täuscht sich, wenn er glaubt, daß man in Amerika einhellig seiner Definition der amerikanischen Interessen zustimmt.

Auch in den Vereinigten Staaten ist in den letzten Jahren allmählich eine Koalition zur Auflösung der Allianz entstanden. Das Banner, unter dem man sich zusammenschart, ist der Begriff »Reform«: Eine grundlegende Reform der westlichen Allianz sei, heißt es, längst überfällig.

Wie David Calleo unterscheidet auch Helga Haftendorn bei den Stimmen, die in den Vereinigten Staaten eine Reform der Nato verlangen, drei verschiedene Zielrichtungen. Da gebe es einmal die Forderung einer besseren Verteilung der Lasten, nämlich eines größeren Verteidigungsbeitrages der Europäer *(burden sharing)*. Zweitens höre man den Ruf nach einer Reduzierung des amerikanischen Engagements in Europa *(devolution)*. Schließlich finde man drittens sogar das Verlangen einer Aufkündigung der amerikanischen Verpflichtungen gegenüber Europa *(disengagement)*. In einer wissenschaftlich zurückhaltenden Sprache heißt es über diese alarmierenden Absichten bei Helga Haftendorn wörtlich:

»Für eine ›Devolution‹ wird ins Feld geführt, daß die Vereinigten Staaten als Hegemonial- und Schutzmacht nur so lange glaubwürdig gewesen seien, wie sie sowohl militärisch als auch wirtschaftlich überlegen waren. Die Sicherheit Westeuropas habe auf der Drohung der Vereinigten Staaten beruht, im Falle eines sowjetischen Angriffs als erste Nuklearwaffen einzusetzen. Seitdem sie jedoch Gefahr liefen, dabei ihre eigene Zerstörung zu riskieren, sei die Nato zum einschnürenden Bündnis (›entangling alliance‹) und damit zur Bürde geworden. Ein Abbau des

Engagements soll die Europäer veranlassen, in Zukunft selbst für ihre Verteidigung zu sorgen. Dazu seien sie so lange nicht bereit, wie sie unter dem Schutzschirm der amerikanischen Hegemonie leben könnten. Die erhofften Einsparungen sollen es den Vereinigten Staaten ermöglichen, ihr Haushaltsdefizit auszugleichen — ein Argument freilich, das auch in den USA nicht unumstritten ist.«[42]

Hinter den genannten drei Vokabeln *burden sharing, devolution* und *disengagement,* so Calleo, seien nicht selten die weitreichendsten Ablösungsvorstellungen verborgen, bisweilen sogar, etwa bei einigen Neokonservativen, Erbitterung und Feindseligkeit gegenüber den Westeuropäern.[43] Natürlich spielen bei alledem finanzielle Erwägungen eine wichtige Rolle.

Wie sind solche Forderungen zu bewerten? Als die Vereinigten Staaten nach dem Zweiten Weltkrieg den Europäern psychologisch, wirtschaftlich und militärisch unter die Arme griffen, war Amerika die größte Macht der Welt, während Europa am Boden lag. Aber das hat sich längst geändert; heute geht es den Europäern gut, nicht selten besser als den Amerikanern. Das gibt drüben natürlich Anlaß zu einigem Nachdenken. So schreibt David Aaron, einst Präsident Carters stellvertretender Sicherheitsberater:

»Wenn die Vereinigten Staaten die veränderten Verhältnisse in der Welt nüchtern betrachten, erhebt sich die fundamentale Frage: Warum gibt Amerika — 40 Jahre nach der Gründung der Allianz und trotz aller grundlegenden Veränderungen in den militärischen und ökonomischen Verhältnissen, angesichts einer Europäischen Gemeinschaft, die ein politisches Faktum darstellt, und angesichts eines Europa, das reicher ist als die Sowjetunion und mindestens ebenso viele Einwohner hat — jedes Jahr 135 Milliarden Dollar für die Verteidigung Europas aus? Wenn man noch hinzurechnet, was für die Verteidigung Japans und Süd-Koreas ausgegeben wird, ist von einem Betrag die Rede, der dem jährlichen Defizit des amerikanischen Bundeshaushalts entspricht.«[44]

Die Schlußfolgerung daraus kann nur lauten: Wenn die Amerikaner ihre überseeischen Verpflichtungen abschafften, wären sie ihre Neuverschuldungsprobleme los. Das hat schon etwas Verlockendes, zumal sich gleichzeitig in Amerika das Gefühl ausbreitet, die Lastenverteilung in der Allianz sei ohnehin von Grund auf ungerecht geregelt.

Die Europäer, schreibt Theodore Draper, zogen von Anfang an Nutzen aus der strategischen Abschreckung, ohne dafür zu bezahlen; Europa konnte sich nach dem Kriege sorglos dem ökonomischen Wiederaufbau widmen, während die Vereinigten Staaten für seine Sicherheit sorgten. Das sei anfangs auch ganz in Ordnung gewesen.[45] Doch inzwischen habe sich vieles fundamental geändert. Westeuropa liege schon lange nicht mehr am Boden, sei nicht mehr arm, sondern steinreich.

Viele Amerikaner können deshalb nicht begreifen, daß die Europäer, obwohl es schließlich um ihre eigene Verteidigung geht, einen wesentlich geringeren Teil ihres Bruttosozialproduktes als die USA für diesen Zweck ausgeben; in der Regel um die drei Prozent gegenüber den sechs Prozent, die die Vereinigten Staaten verauslagen.[46]

Wenn man dann noch in Rechnung stellt, daß die rund 135 Milliarden Dollar, die die amerikanischen Truppen in Europa jährlich kosten, den Löwenanteil der Gesamtkosten für die US-Army (etwa 250 Milliarden Dollar) ausmachen, lassen sich die Überlegungen amerikanischer Natokritiker unschwer nachvollziehen.[47] So spricht sich beispielsweise Earl C. Ravenal, ein früherer Mitarbeiter des amerikanischen Verteidigungsministers und inzwischen Professor für Internationale Beziehungen an der Georgetown-Universität in Washington, für einen schrittweisen amerikanischen Rückzug aus Europa aus: »Wenn wir uns zum *disengagement* entschlössen, könnten wir pro Jahr um die 150 Milliarden Dollar vom laufenden Verteidigungshaushalt einsparen.«

Und wie stünde es dabei um die Sicherheit der USA? Kein Problem, meint Ravenal: »Unsere eigene Sicherheit und unsere fundamentalen Werte könnten wir mit weitaus bescheideneren Kräften schützen.«[48] Europa soll sich selber helfen.

Melvin B. Krauss, ein führender Kopf der amerikanischen

Neokonservativen, geht bei seiner Einschätzung der Kosten, die den Vereinigten Staaten die Nato verursache, noch einen Schritt weiter als Ravenal. Krauss weist auf die indirekten Belastungen hin, die Washington durch das Bündnis aufgebürdet würden. Er beklagt einen *defense-feedback effect,* einen Rückkopplungseffekt: die Westeuropäer trieben im Namen der Entspannung ausgedehnten Handel mit den Sowjets, subventionierten den Kreml geradezu und ließen ihm auf diese Weise die wirtschaftlichen und technologischen Mittel zukommen, die ihn zur ständigen Vergrößerung seiner Militärmaschine befähigten. Die Vereinigten Staaten wiederum müßten anschließend durch eigene Bemühungen das militärische Gleichgewicht wiederherstellen. Neben den *defense-feedback*-Kosten beklagt Krauss auch die »strategischen Kosten«, die den Amerikanern durch die Nato erwüchsen: für Waffensysteme wie etwa die Pershing II, die allein dem Schutz und den Interessen der Westeuropäer zu dienen bestimmt gewesen seien.

Alles in allem, so meint Krauss, schwäche die Nato den Westen eher, als daß sie ihn gegenüber der Sowjetunion stärke. Die Grundvoraussetzungen des Bündnisses bestünden nämlich schon lange nicht mehr. In den ersten Nachkriegsjahren sei es aus amerikanischer Sicht nötig und richtig gewesen, Westeuropa vor dem sowjetischen Expansionismus zu schützen, weil die europäischen Volkswirtschaften verwüstet gewesen seien. Doch dieses Argument habe längst keine Gültigkeit mehr: 1984 zum Beispiel habe der US-Anteil am gesamten Bruttosozialprodukt der Nato-Staaten 44,50 Prozent betragen, der Anteil Westeuropas 34,18 Prozent, also nicht sehr viel weniger. Doch der Anteil der USA an den Nato-Ausgaben habe im selben Jahr bei 64,73 Prozent gelegen, während die Europäer nur 29,45 Prozent übernommen hätten.

Die Europäer hätten durch eine »klassische Trittbrettfahrer-Strategie« den Amerikanern die Hauptlast an der Verteidigung des Westens zugeschoben. Sie pflegten die militärische Herausforderung durch die Sowjets zu verniedlichen und nähmen insgesamt eine neutralistischere Haltung ein, als sie es tun würden,

»wenn Onkel Sam nicht da wäre, um die Rechnung zu zahlen«.
Auf diese Weise sei es den Europäern gelungen, in den Vereinigten Staaten den Eindruck zu erwecken, daß niemand in der westlichen Welt außer Washington sich um die gemeinsame Verteidigung kümmere. Und so hätten die Europäer ihre anwachsende Wirtschaftskraft zum Aufbau gewaltiger Wohlfahrtsapparate verwenden können, anstatt für eine angemessene konventionelle Verteidigung zu sorgen.

Zugleich hätten die Europäer jedoch eine zweite Verteidigungslinie gegenüber der Sowjetunion aufgebaut: die Entspannung. Unter dem Schutz des amerikanischen Atomschirms trieben sie Handel und Wandel mit der Sowjetunion, was deren Rüstungsvorhaben mittel- und unmittelbar zugute komme, die Amerikaner aber, wie schon ausgeführt, zusätzlich indirekt belaste. Obendrein seien die Europäer dazu übergegangen, amerikanische Interessen zu untergraben, um die Sowjetunion zu befrieden, wie ihr Widerstand gegen das SDI-Projekt zeige. Zur Hauptarena des europäischen Obstruktionismus hätten sich jedoch die Vereinten Nationen entwickelt. Immer wieder stimmten die Europäer dort in strategischen Schlüsselfragen gegen Amerika – wegen Nicaragua, El Salvador, Grenada und so fort.[49] Besonders die Westdeutschen schienen sich mittlerweile in großer Zahl nicht mehr als Teilnehmer des Ost/West-Konflikts zu fühlen[49]: »Während die Europäer sich als Freunde aufspielten, haben sie – unter amerikanischem Schutz – einen Pakt mit dem Teufel geschlossen, der die nationalen Sicherheitsinteressen der USA ernstlich untergräbt.«[50]

Nutznießer dieser Entwicklung sei natürlich der Kreml. Der Grund für das militärische Ungleichgewicht in Europa zugunsten des Ostens sei also mitnichten, daß Westeuropa die materiellen Mittel fehlten, um es mit den Sowjets aufzunehmen – es fehle allein der politische Wille, die reichlich vorhandenen Ressourcen für die eigene Verteidigung einzusetzen.[51] Die europäische Unwilligkeit sei das Ergebnis jener verdrehten »Leistungsprämie«, welche die militärischen Schutzversprechen der Amerikaner böten: »Indem die Vereinigten Staaten sich zur Verteidigung

Westeuropas verpflichteten, stellten sie für ihre europäischen Alliierten einen unwiderstehlichen Anreiz her, eigene Militärausgaben durch amerikanische zu ersetzen.« Deshalb müsse die amerikanische Garantie zurückgenommen und die Nato-Mitgliedschaft der USA aufgekündigt werden. Die USA müßten die Nato verlassen. Innerhalb von fünf Jahren solle Washington seine Truppen aus Europa abziehen. Die Vereinigten Staaten sollten weiterhin gute Freunde der Europäer bleiben: durch Hilfe zur Selbsthilfe, aber nicht, indem sie ihnen alle Anstrengungen abnähmen.[49]

In einem Artikel für die neokonservative Zeitschrift *The National Interest* hat Colin S. Gray, Präsident des »National Institute for Public Policy« in Fairfax, Virginia, die Argumente zusammengefaßt, mit denen amerikanische Natokritiker für die Reduzierung des amerikanischen Engagements in Europa, die bereits erwähnte *devolution,* eintreten. Die Kernidee dieser Reform-Konzepte bestehe darin, daß die Vereinigten Staaten viele, ja die meisten Aufgaben zur Wahrung bzw. Herstellung des militärischen Gleichgewichts in vorgelagerten Regionen *(forward military power-balancing duties)* wie Europa ihren Verbündeten übertragen sollten. Das werde zahlreiche Vorteile mit sich bringen: Erstens stelle man auf diese Weise die Flexibilität der amerikanischen Außenpolitik, die Fähigkeit Washingtons, nach eigenem Entschluß zu handeln, nach langen Jahren endlich wieder her.

Zweitens werde die militärische Unterstützung der Europäer durch die Vereinigten Staaten nicht länger als selbstverständlich betrachtet werden können. Bisher hätten sich die Westeuropäer immer überzeugt gezeigt, daß die Vereinigten Staaten keine sicherheitspolitische Alternative zur Stationierung ihrer Truppen in Europa besäßen. Eine *devolution* werde diese Annahme korrigieren. Drittens werde die bisherige sicherheitspolitische Abhängigkeit Europas von den USA in eine echte Partnerschaft umgewandelt werden. Viertens würden Risíken und Interessen der amerikanischen Außenpolitik künftig besser aufeinander abgestimmt sein. Die gegenwärtige Nato-Strategie ruhe auf sehr schütteren geopolitischen Grundlagen. Sie bilde einen Kompromiß zwischen geopolitisch getrennten Partnern, die ihre Überlebens- und Lebensinteressen *(survival and vital interests)* unterschiedlich definierten, und sei deshalb operativ wenig sinnvoll.

Fünftens müsse der amerikanische Entschluß deutlich werden, nicht länger die Vorlieben anderer zu finanzieren. Den europäischen Nato-Ländern seien ihre außerordentlichen Sozialstaatsmaßnahmen nur dadurch ermöglicht worden, daß die Vereinigten Staaten als Sicherheitsdecke zur Verfügung gestanden, die Hauptlast der Verteidigung getragen hätten.

Freilich hält Gray, im Gegensatz zu Krauss, dies nicht für europäische Bosheit oder Bequemlichkeit: Die westeuropäischen Regierungen, so betont er, glaubten wirklich, wenn auch fälschlicherweise, daß ihre nationale Sicherheit durch eine bewußt riskierte Unterfinanzierung der regionalen Verteidigung erhöht werde.

Man kann nicht leugnen, daß etwas an diesem Hinweis ist. Bisher war es nämlich stets ein – freilich nicht unbedingt lautstark verkündetes – Standardargument europäischer Verteidigungspolitiker, daß man nicht zuviel für die eigene, vor allem konventionelle Verteidigung tun dürfe, weil das zu einer Auflösung des amerikanisch-europäischen Verteidigungsverbundes, zu einer Abkopplung der amerikanischen von der europäischen Sicherheit führen könne.

Konventionelle Unterlegenheit der Westeuropäer ziehe nämlich im Falle eines sowjetischen Angriffs den frühzeitigen Einsatz amerikanischer Nuklearwaffen und damit die Eskalation zum totalen Weltkrieg nach sich. Anders ausgedrückt: Die konventionelle Unterlegenheit Westeuropas stelle sicher, daß die Amerikaner im Ernstfall wirklich an der Seite der Westeuropäer kämpften. Der Abschreckungseffekt sei also bei geringerer konventioneller Rüstung Westeuropas paradoxerweise größer. Wenn man hingegen ernsthaft eine ausreichende westeuropäische Eigenverteidigung ins Auge fasse, die eine Einhegung des Krieges, seine Begrenzung auf europäisches Territorium, zumindest theoretisch zuließe, wachse die Gefährdung Westeuropas.

Doch nach Grays Ansicht ist dieser Gedanke, bei allem Verständnis, letzten Endes falsch. Insofern sei der amerikanische Rückzug auch ein Weg, den Europäern eine reifere und verantwortlichere Haltung gegenüber ihren eigenen Sicherheitsbelangen beizubringen.

Obwohl Gray selbst kein Anhänger der *devolution* ist, vielmehr für einen Verbleib Amerikas in der Nato und der US-Truppen in Europa eintritt, gesteht er ein, daß die zitierten Argumente amerikanischer Westeuropa-Kritiker viel Wahres enthielten. Sie drückten darüber hinaus eine latente amerikanische Haltung aus, die in Europa bislang nicht ernst genug genommen würde. Die Rückzugsvorstellungen auf der einen Seite und auf der anderen das mit dem SDI-Programm verbundene Konzept einer »Festung Amerika«, das eine dauerhafte Anziehungskraft auf den amerikanischen Charakter habe, genössen in den Vereinigten Staaten sowohl auf der Linken als auch auf der Rechten des politischen Spektrums Unterstützung. Beide Konzepte könnten sehr bald Wirklichkeit werden, sei es durch entschlossenes politisches Handeln der USA oder infolge des Drucks künftiger Ereignisse.[52]

Wie man sieht, finden auch solche Amerikaner, die den Europäern wohlgesinnt sind und daher am Bündnis auch in Zukunft festhalten wollen, daß nicht einfach alles beim alten bleiben kann. Die Europäer, so sagte Henry Kissinger unlängst, hätten in der Nato bisher keine angemessene Rolle gespielt. Und damit meine er nicht die Rolle des Geldgebers. Er spreche von einer angemessenen intellektuellen Rolle bei der Ausformung einer gemeinsamen Strategie und langfristigen Politik des Westens.[53] Kissingers Worten liegt der Zweifel zugrunde, ob die Europäer die sowjetische Bedrohung eigentlich noch ernst nähmen und nach wie vor an die Einheit der Demokratien, an das gemeinsame Interesse des Westens glaubten, sich einer totalitären Herausforderung vereint entgegenzustellen. Im Grunde ist dies die Kernfrage der Allianz. Wenn hier die Meinungen auf Dauer auseinandergehen, wird auch das Bündnis am Ende zerfallen.

Seit den massiven innenpolitischen Auseinandersetzungen in

einigen Staaten Westeuropas am Ende der siebziger, zu Anfang der achtziger Jahre um die Neutronenwaffe, dann die Nachrüstung mit Mittelstreckenraketen sind in diesem Punkt jedoch bei vielen amerikanischen Beobachtern Zweifel zurückgeblieben. So weist etwa Lester C. Thurow, Professor am »Massachusetts Institute of Technology«, auf die Tatsache hin, daß sowohl die Europäer wie auch die Japaner keine unmittelbare sowjetische Invasion mehr befürchteten. Auch die Amerikaner hielten zwar einen solchen Angriff gegenwärtig für unwahrscheinlich. Sie betrachteten jedoch die sowjetischen Interventionen in Südostasien (Vietnam, Laos, Kambodscha), in Afrika (Angola, Äthiopien), Lateinamerika (Kuba, Nicaragua) und Südwestasien (Afghanistan) ebenfalls als Verletzungen der strategischen Interessen der westlichen Allianz und fühlten sich vom Sturz des Schah und den Ereignissen in Polen offensichtlich stärker betroffen als ihre europäischen Bündnispartner. Es sei unübersehbar, meint Thurow, daß die europäische und die amerikanische Wahrnehmung der Wirklichkeit auseinanderzulaufen beginne.[54]

Christopher Layne, Rechtsanwalt in Los Angeles und als Mitglied eines *think tank* der amerikanischen Armee Spezialist für amerikanisch-europäische Beziehungen, ist gleichfalls der Ansicht, daß Westeuropa und Amerika die sowjetische Bedrohung sehr unterschiedlich wahrnähmen und darüber hinaus durch wichtige, zunehmende Unterschiede ihrer politischen Grundsätze, Strategien und wirtschaftlichen Interessen getrennt seien.

Da man die Fassade einer alliierten Einheit, die nicht mehr vorhanden sei, zu wahren versuche, komme es immer wieder zu Reibereien, mit denen man Moskau zudem widersinnigerweise die beste Chance biete, die amerikanisch-westeuropäischen Beziehungen zu untergraben. Bisher hätten die verantwortlichen Außenpolitiker der USA noch nicht begriffen, daß die Ära der amerikanischen Vorherrschaft anomal, nicht der historische Normalfall gewesen sei. Die Möglichkeiten der Vereinigten Staaten seien begrenzt. Auch eine Supermacht könne einer widerspenstigen Welt ihre Ordnung nicht aufdrängen. »Der Versuch kann nur zur Erschöpfung, einer gefährlichen Überlastung und dauernden Beschädigung des amerikanischen Gesellschaftsgefüges führen.«

Ronald Reagans Annahme, die Lücke zwischen Amerikas Macht und seinen Verpflichtungen lasse sich durch eine Steigerung der Leistungskraft des Landes schließen, habe sich als zweifelhaft erwiesen. Sein Verteidigungsprogramm sei zwar als ausufernd angeprangert worden, doch wenn man es mit den Jahren zwischen 1955 und 1970 vergleiche, sei es eher bescheiden gewesen. Damals hätten die Verteidigungsausgaben – ausgenommen nur das Jahr 1965 – stets zwischen acht und neun Prozent des Bruttosozialprodukts betragen, mithin 40 bis 45 Prozent des Gesamthaushalts. Solche Werte habe Reagan nicht erreicht, sein Verteidigungshaushalt habe unter acht Prozent des Bruttosozialprodukts und bei ungefähr 30 Prozent des Haushalts gelegen. »Nichtsdestotrotz: Die verbreitete Annahme, daß der Verteidigungshaushalt der Administration gigantisch sei und obendrein strategischen Weitblick vermissen lasse, hat bereits alle Chancen auf Unterstützung durch den Kongreß oder die Öffentlichkeit zunichte gemacht. Schon die laufenden Ausgaben werden den strategischen Verpflichtungen des Landes nicht gerecht. Faktisch hat sich während Reagans Präsidentschaft, trotz aller Rüstungsanstrengungen, die Lücke zwischen Macht und Interessen vergrößert. Das Land zeigt keine Anzeichen dafür, die Reagan-Doktrin finanzieren zu wollen.«

Darüber hinaus habe Ronald Reagans Versuch, die ökonomischen Möglichkeiten des Landes bis an die Grenzen der Belastbarkeit auszuschöpfen, zu unübersehbaren Gefährdungen für Amerikas Wohlstand und Freiheit geführt. Washington müsse also künftig andere Länder – vor allem Westeuropa und Japan – dazu veranlassen, größere Mittel aufzubringen, so daß es selbst erheblich weniger zu tun brauche. Mittlerweile zahle Amerika nur noch den Preis für seine Nachkriegspolitik, ohne deren Wohltaten zu ernten. Deshalb sollten die Vereinigten Staaten ihre eigentliche historische Nachkriegsmission erfüllen und Westeuropa wie Japan nunmehr die volle Verantwortung für deren eigene Verteidigung übertragen, ihnen politische und militärische Unabhängigkeit zubilligen.

Innerhalb einer festgelegten Frist solle Amerika seinen Rückzug abwickeln. Layne nennt dies den *Marshallplan II:* »Westeuropa und Japan sind ohne jede Frage imstande, sich selbst zu verteidigen. Ein zweiter Marshallplan würde ihnen den Anstoß geben – der ihnen so lange fehlt, wie sie unter dem amerikanischen Schutzschirm bleiben –, ihren Reichtum in echte militärische Macht umzusetzen. *Marshallplan II* könnte zu jenem Gleichgewicht der fünf Mächte führen, von dem Präsident Nixon und sein Außenminister Henry Kissinger einst sprachen – oder auch nicht. Aber damit die neue US-Außenpolitik funktioniert, brauchen diese Länder nur stark genug zu werden, um glaubwürdige regionale Gegengewichte zur Sowjetunion zu bilden. Das können sie leicht schaffen.«[55] Es bestehe zwar ein kleines Risiko, daß die Westeuropäer in diesem Fall unter die sowjetische Vormacht gerieten, doch die amerikanischen Risiken seien weit größer, wenn man nicht endlich »ein Leben nach der Nato« ins Auge fasse.

Mit diesen Argumenten wendet sich Layne gegen die Neokonservativen, denen er eine rückwärtsgewandte, romantisierende Sicht der westlichen Allianz vorwirft. Doch Verhältnisse änderten sich, und deshalb seien Allianzen nie für die Ewigkeit.[55] Echte Konservative nähmen die geänderten Gegebenheiten zur Kenntnis und zögen die angemessenen Konsequenzen.[56]

Earl C. Ravenal wies schon 1985 auf den bemerkenswerten Umstand hin, daß eine »unheilige und unbeabsichtigte Koalition« zwischen amerikanischen Rechten und europäischen Linken das Fundament der Allianz untergrabe. Die Ausbrüche der einen verstärkten jeweils den Groll der anderen. Doch auch Ravenal gab dem Bündnis keine Zukunft mehr, freilich aus anderen Gründen. Die eigentlichen, essentiellen Probleme der Allianz seien strategischer Natur. Die westeuropäischen Länder lägen an der Frontlinie der Verteidigung, unmittelbar am Rande des Warschauer-Pakt-Gebiets – die Vereinigten Staaten hingegen könnten frei darüber entscheiden, ob sie dieses Schicksal teilen

wollten oder nicht. Bisher spanne Washington seinen Atom-
schirm auch über die westeuropäischen Allierten. Doch diese
»erweiterte Abschreckung« *(extended deterrence)*, mit der Amerika der Sowjetunion nicht nur bei einem Angriff auf die Vereinigten Staaten, sondern auch für den Fall einer Invasion Westeuropas drohe, sei auf die Dauer unglaubwürdig. Sie führe darüber
hinaus zu ständigen Krisen in der Allianz. Denn solange den
Vereinigten Staaten die Verteidigung Westeuropas anvertraut
sei, führten die Risiken, die aus dieser erweiterten Abschreckung
folgten, zu immer wieder neuen amerikanischen Anstrengungen,
eine mögliche nukleare Vernichtung des eigenen Landes zu verhindern.

Mit einer Umverteilung der Lasten im Bündnis und einer Aufwertung der europäischen Rolle sei dem Problem letztlich nicht
beizukommen: »Wir bekämen Teilhaberschaft ohne Autorität,
Risiko ohne Kontrolle, Verwicklung ohne klare Verteidigungsfähigkeit, Entblößung ohne angemessene Abschreckung.« Statt
dessen plädiert Ravenal für einen rechtzeitigen Rückzug auf die
traditionelle, zurückhaltende Außenpolitik *(a true noninterven-
tionist position)* und für eine Verminderung der Militärausgaben. »Der einzige Weg, ernstzunehmende Summen beim Verteidigungshaushalt einzusparen, besteht darin, Truppen umfassend
abzubauen. Und das würde es unumgänglich machen, unsere
militärischen Beistandsverpflichtungen in der Welt zu reduzieren. Genaugenommen müßten die beiden Hauptelemente der
gegenwärtigen amerikanischen nationalen Strategie sich ändern.
An die Stelle von Abschreckung und Allianz würden wir Kriegs-
verhütung und Selbstvertrauen setzen. Selbstvertrauen ist eine
Antwort auf den Verfall von Allianzen (wobei es diese Entwicklung zugleich beschleunigt), auf die Weiterverbreitung von
Atomwaffen und das praktische Ende der erweiterten Abschrekkung. Gerade weil Amerikas Stellung in der Welt nicht aggressiv
und expansionistisch, sondern von Grund auf defensiv ist, würde
es uns zugute kommen, wenn die anderen Staaten ihre tödlichen
Streitigkeiten untereinander ausmachten.« Die einzelnen Länder
sollten sich in Zukunft selber verteidigen, und die USA sollten

akzeptieren lernen, was dabei herauskäme – im guten wie im bösen.

Ravenal bezieht Westeuropa in diese Überlegungen ausdrücklich nicht mit ein, sondern will sie zunächst einmal auf den Nahen Osten und den westlichen Pazifik angewandt wissen. Doch auch im Verhältnis zu Europa soll sich seiner Meinung nach Washington in Zukunft bereit finden, aus grundsätzlichen Erwägungen gewisse auswärtige Einbußen *(some foreign damage)* hinzunehmen. Denn die Unversehrtheit des politischen, sozialen und wirtschaftlichen Systems der USA wiege schwerer als alle auswärtigen Verantwortlichkeiten, die dieses System letzten Endes gefährdeten. Zum Kernbestand der amerikanischen Grundwerte, die es auch in Zukunft in jedem Fall zu schützen gelte, zählt Ravenal die Unversehrtheit des Verfassungssystems, die Sicherheit des Lebens der Bürger und ihres Privateigentums, die Gesundheit der amerikanischen Wirtschaft und die Lebensqualität der Amerikaner. Er fügt ausdrücklich hinzu: »Diese Aufzählung schließt die unbeschränkte Verteidigung anderer Länder mit vergleichsweise ähnlicher politischer Ordnung nicht ein.« Europa sei stark genug, um sich selbst zu verteidigen.

Die Vereinigten Staaten sollten sich deshalb zurückziehen. Die damit möglicherweise verbundenen Risiken müsse man in Kauf nehmen. Im Falle eines amerikanischen Abzugs sei das schlimmste, freilich auch am wenigsten wahrscheinliche Szenarium ein entschlossener, weiträumiger Angriff der Sowjetunion auf Westeuropa. Eine plausiblere Gefahr stelle die Möglichkeit dar, daß der amerikanische Abzug Westeuropa sowjetischem Druck öffne. Wegen der europäischen Gefühle von Ohnmacht und Ausgeliefertsein könne das auf eine »Finnlandisierung« hinauslaufen. In Wahrheit aber seien die Finnlandisierung und, noch schlimmer, die Schaffung von Satellitenstaaten der Sowjetunion das Ergebnis ganz besonderer Zeitumstände gewesen. Heute laute die entscheidende Frage: »Würde dieses Modell auch bei einem großen, dichtbevölkerten, reichen, hochindustrialisierten, politisch stabilen Land mit einer Militärmacht von mehr als marginaler Bedeutung funktionieren – kurzum, einem Land wie

Westdeutschland? Das scheint unglaubhaft. Finnlandisierung erfordert ein williges Opfer und einen entschlossenen Aggressor.« Doch wie auch immer die Europäer und die Deutschen reagieren sollten: »Die Amerikaner stehen immer deutlicher vor der Alternative: entweder Europa zu retten – oder den eigenen Wohlstand und die eigene Sicherheit zu opfern.«[57]

Alle diese Ansichten konnte man lange Zeit für die von Außenseitern halten. Bis heute steht zumindest das Washingtoner Establishment in Treue fest zum Atlantischen Bündnis. Doch auch hier machen sich inzwischen Tendenzen bemerkbar, die auf eine Trendwende hindeuten. Eine von Sicherheitsberater John Poindexter und Verteidigungsminister Caspar W. Weinberger eingesetzte Kommission, die sich unter Leitung von Fred C. Iklé und Albert Wohlstetter Gedanken über die zukünftige, langfristige Strategie der Vereinigten Staaten gemacht und im Januar 1988 ihren Bericht vorgelegt hat, ist teilweise zu für uns Europäer beunruhigenden Ergebnissen gekommen.

Europa steht keineswegs mehr im Zentrum dieser Überlegungen, es ist vielmehr unübersehbar an den Rand gerückt. Die Autoren der Studie gehen von einer langfristigen Veränderung der Weltlage aus, sehen Japan und China als künftige Mitglieder im Klub der Weltmächte. Diesen Wandel müsse die amerikanische Politik berücksichtigen. Man wolle zwar die gültige Strategie nicht durch eine neue ersetzen, doch müsse sie mit den zeitgenössischen Realitäten in Einklang gebracht werden. Bei der Verteidigung Europas will man daher in Zukunft verstärkt auf technisch überlegene konventionelle Waffen setzen, denn die Planer sind zu dem Schluß gekommen: »Die Allianz sollte ankündigen, daß Atomwaffen künftig nicht mehr als Bindeglied zu einem erweiterten, noch verheerenderen Krieg eingesetzt werden. Obwohl das Eskalationsrisiko für die Sowjetunion weiter erhalten bleiben muß, sollten diese Waffen hauptsächlich dazu dienen, einen militärischen Erfolg sowjetischer Invasionstruppen unmöglich zu machen.«[58]

Derartige Überlegungen geben sehr deutlich ein amerikanisches Bestreben zu erkennen, sich in einen militärischen Konflikt mit der Sowjetunion in Europa künftig möglichst nicht hineinziehen zu lassen – eine seit langem erkennbare, im übrigen durchaus verständliche Tendenz, die von antiamerikanischen Rüstungskritikern gern in den Vorwurf umgemünzt wird, daß Washington den Atomkrieg »europäisieren«, sich auf unsere Kosten, ja, um den Preis unserer Existenz, mit den Russen in Europa schlagen wolle.[59] Das ist natürlich eine groteske, geradezu irrwitzige, wahnhafte Behauptung. Wirklich gefährlich ist etwas ganz anderes, im Grunde das Gegenteil: daß nämlich die Amerikaner zusehends weniger bereit zu sein scheinen, die Kosten und Risiken zu tragen, welche ihnen die Garantie unserer Sicherheit abverlangt. Ebendies wird in der zitierten Studie spürbar, und das hat in Westeuropa mit Recht Befürchtungen wachgerufen.

Wenn die Vorschläge der Kommission in ihrer bisherigen Form übernommen würden, so mahnte beispielsweise Alfred Dregger, dann sei die Sicherheit Europas nicht mehr gewährleistet. Es würde unter die machtpolitische Dominanz der Sowjetunion geraten.[60] Auch Michael Howard, Professor für Militärgeschichte an der Universität Oxford, François de Rose, Ständiger Vertreter Frankreichs bei der Nato, sowie Karl Kaiser, der Direktor des Forschungsinstituts der Deutschen Gesellschaft für Auswärtige Politik in Bonn, warnten gemeinsam vor den Ideen der amerikanischen Experten: »Der Bericht betont zu Recht, daß eine nukleare Abschreckung in Europa, die im Kriegsfall automatisch zur Apokalypse führt, in den Vereinigten Staaten Legitimität verlieren würde. Aber es trifft auch zu, daß eine Abschrekkung, die sich ausschließlich auf einen Kernwaffenkrieg in Europa stützt, nicht nur für Europa ebenfalls die Apokalypse bedeuten würde, sondern wahrscheinlich das europäische Vertrauen in die kriegsverhütende Funktion der Abschreckung untergräbt, da in einem solchen Falle das Risiko für die Sowjetunion dramatisch reduziert wäre. In Europa würde damit die Gefahr einer Erosion sowohl der Legitimität der nuklearen Abschreckung als auch des Vertrauens in den amerikanischen Verbündeten offenkundig.«

Außerdem beklagten die Autoren generell »die Abwesenheit Europas in den langfristigen Überlegungen des Berichts«[61]. Auch andere besorgte westdeutsche Beobachter wie Josef Joffe und Michael Stürmer merkten im Blick auf die Studie an, daß Amerika offenbar Entlastung von der Rolle des Beschützers suche, das Bündnis mitunter mehr als Bürde denn als Stütze empfinde, eine kaum versteckte Ermüdung gegenüber den Verbündeten an den Tag lege.[62]

Die europäischen, besonders die westdeutschen Reaktionen auf die amerikanische Studie folgten erneut dem bekannten, wiederholten Muster aus der jüngsten Vergangenheit: Sie wurde auf der rechten wie auf der linken Seite des politischen Spektrums kritisiert. Während die Rechte amerikanische Abkopplungstendenzen beklagte, Enttäuschung und Mißtrauen bekundete, geißelte man links die vermeintliche Aggressivität der Amerikaner. Erich Hauser stellte in der *Frankfurter Rundschau* vom 12. Januar 1988 fest, die im Papier geforderte »Fähigkeit zu konventionellen Gegenoffensiv-Operationen tief in feindliches Territorium hinein« – was natürlich nur für den Verteidigungsfall gilt, nichts Neues und außerdem so naheliegend ist, daß man es für selbstverständlich halten sollte – werde alle Hoffnungen der westeuropäischen Bündnispartner der USA auf die geplanten gesamteuropäischen Abrüstungsverhandlungen torpedieren.[63]

Und Egon Bahr antwortete dem *Spiegel* auf die (völlig absurde!) Frage: »Es erschreckt Sie gar nicht, daß die Amerikaner zu offensivem militärischen Denken zurückkehren wollen, während die Russen sich mit defensiven Verteidigungsmethoden beschäftigen?«: »Ich bin nicht schreckhaft... Ich glaube nicht, daß eine Politik, die auf diesem Papier basieren würde, in Europa mitgetragen wird. Die Amerikaner hätten in Europa keine Verbündeten für eine solche Strategie.«[64]

Aus amerikanischer Sicht mag die europäische Debatte widersprüchlich, exotisch und unernst wirken. Denn die Zwänge des eigenen Budgets sprechen, wie die eben zitierte Studie zeigt, eine deutliche Sprache: »Um wirklich nennenswerte Schnitte im Verteidigungshaushalt zu machen, ist es unumgänglich, konventio-

nelle Streitkräfte aufzulösen, nicht nur, sie aus Europa abzuziehen.«[58]

Auch Jeane Kirkpatrick, Reagans frühere UNO-Botschafterin,
bekannt für ihren rigorosen Konservatismus, tritt für eine erneu-
erte Doktrin der Selbstbeschränkung ein. Die Amerikaner könnten sich nicht überall auf der Welt für alles engagieren:»Wir sind
verwundbar, können innerhalb von wenigen Minuten zerstört
werden. Unsere Ressourcen sind begrenzt. Die Vereinigten Staaten benötigen wie andere Nationen eine Außenpolitik, die die
Frage der nationalen Sicherheit mit Priorität behandelt.«[65]
Europa muß sich selber helfen.

Potentielle oder zeitweilige amerikanische Präsidentschafts-
bewerber wie der New Yorker Milliardär Donald Trump oder
die demokratische Kongreßabgeordnete Patricia Schroeder sind
nicht unbeachtliche Meinungsführer. Sie artikulieren breitere
untergründige Strömungen in der Öffentlichkeit, wenn sie mittlerweile sogar offen anti-europäische Parolen äußern. Trump
beklagte im Herbst 1987 mit einer Anzeigenkampagne die mil-
liardenschweren Verteidigungsausgaben, die den Verbündeten
eine florierende Wirtschaft, den Amerikanern jedoch den Niedergang einträgen.[66] Frau Schroeder, die Mitglied des Militär-
ausschusses ist, fordert in diesem Gremium publizitätswirksam
Importzölle für Waren aus verbündeten Ländern, deren
Rüstungsausgaben im Verhältnis zum Bruttosozialprodukt
geringer seien als die der Vereinigten Staaten – empfahl also eine
Art umgekehrten Marshallplan.[67] Und der Bonner US-Botschafter Richard Burt, der sich in einem scharf formulierten Artikel
gegen solche Bestrebungen wandte, an die europäische Wehrpflicht sowie die Belastungen durch die Stationierungsdichte und
viele Manöver erinnerte, gestand am Ende ein:»Dennoch:
Unsere Hauptverbündeten müssen mehr für ihre Verteidigung
ausgeben.«[68]

Burt war bereits zu Beginn des Jahres 1987 in einem *Washington Post*-Artikel für den weiteren Verbleib von US-Truppen in Westeuropa eingetreten. Nach wie vor, schrieb er
damals, sei Europa der kritischste Punkt in der Verteidigung

des Westens, nach wie vor seien die Länder Westeuropas die größte Beute für die Sowjets.[69] Frau Schroeder entgegnete, daß die Vereinigten Staaten nicht mehr nur in *einem* Weltkonflikt stünden, in der Konfrontation mit Moskau, sondern in deren zweien, nämlich außerdem in einem Handelskrieg mit den eigenen Verbündeten:

»Die Verbindung von Sicherheit und Handel liegt auf der Hand. Die Japaner können billig auf den amerikanischen Markt gelangen, da die USA mit ihrer Marine die Handelswege sichern. Die Deutschen können sich darauf konzentrieren, Konsumgüter von höchster Qualität herzustellen, weil ein Großteil der D-Mark in Forschung und Entwicklung fließt, nicht in die Verteidigung wie unsere Dollars... Was wir zum Schutze unserer Verbündeten aufwenden, ist nahezu dieselbe Summe, die wir im Handelskrieg verlieren.«[70]

Weltmacht im Niedergang?

Natürlich sind dies fragwürdige Argumente. Denn es waren ja nicht die transatlantischen Verpflichtungen, die die USA in die Schuldenkrise getrieben haben. Es war vielmehr Ronald Reagans ideologisch motivierte Wirtschaftspolitik, vor der die meisten europäischen Experten von Anfang an gewarnt hatten. Reagan hatte schon bald nach seinem Amtsantritt die Steuern drastisch gesenkt; es gelang ihm jedoch nicht, die angestrebte Verminderung der Staatsausgaben zu verwirklichen. Real stark verminderten Einnahmen standen also weiter steigende Ausgaben gegenüber[71]; denn bekanntlich erhöhte der Präsident den Verteidigungshaushalt kräftig, wenn auch keineswegs so exorbitant, wie die Legende bei uns es will. Die durchschnittliche Steigerungsrate betrug nominell rund 13 Prozent[72], und auch unter Reagan machten die Verteidigungsausgaben nie mehr als 30 Prozent des Gesamthaushalts aus: für amerikanische Verhältnisse ein völlig normaler Anteil.[73] Nur in der Carter-Ära waren diese Ausgaben auf durchschnittlich rund fünf Prozent des amerikanischen Bruttosozialprodukts abgesunken; Reagan steigerte diesen Anteil wieder auf durchschnittlich gut sechs Prozent und lag auch damit noch weit unterhalb dessen, was in den Jahren zwischen 1950 und 1972 üblich gewesen war.[74]

Die Zuwachsraten des Verteidigungshaushalts haben – das muß man wissen, um Reagan gerecht beurteilen zu können – in der amerikanischen Nachkriegsgeschichte überhaupt erstaunlich geschwankt; Erhöhungen und Kürzungen wechselten einander ab. Die gängige Behauptung, es habe zwischen den USA und der Sowjetunion in der Nachkriegszeit ein sich gegenseitig aufschaukelndes, ständig zunehmendes Wettrüsten, einen rasenden Rüstungswettlauf gegeben, ist so falsch wie weit verbreitet. In Wahrheit sollte man besser von einem stetigen, zwar schwerfällig voranschreitenden, zugleich aber eisern entschlossenen Ausbau der sowjetischen Militärmacht sprechen, dem auf amerikanischer Seite sprunghafte, unbeständige Anstrengungen gegenüberstanden.[58]

Ganz anders verhielt es sich mit den Sozialausgaben, die seit 1952 unablässig gestiegen sind, nicht selten mit jährlichen Zuwachsraten zwischen 20 und 30 Prozent. 1971 überflügelten die Sozialausgaben erstmals die Verteidigungslasten. Inzwischen sind sie längst nahezu doppelt so hoch. Sie machen rund die Hälfte des Gesamthaushalts aus. Diese Entwicklung wurde in der Reagan-Ära keineswegs aufgehalten. Auch der Gesamthaushalt selbst wuchs unter Reagan, wie in den Jahren zuvor, ständig weiter.[75] Es gelang dem Präsidenten nämlich nicht, wie er ursprünglich wohl gehofft hatte, den für den Haushalt verantwortlichen Kongreß zu einer sparsameren Politik zu veranlassen.[76]

Diesen steigenden Ausgaben standen nun wegen des verminderten Steueraufkommens stark gesunkene Einnahmen gegenüber. Das Ergebnis waren krebsartig wuchernde Budgetdefizite; denn mittlerweile müssen bereits neue Schulden aufgenommen werden, um die Zinsen für frühere Kredite zu bezahlen. Jeder Tag vergrößert Amerikas Schuldenberg um rund eine halbe Milliarde Dollar.[77] Schon bald nach Reagans Amtsantritt stieg die jährliche Etatlücke von knapp 80 Milliarden Dollar im Jahre 1981 auf 208 im Jahre 1983[33], hatte sich also binnen kurzem fast verdreifacht; die Gesamtverschuldung erreichte 1987 den Stand von sage und schreibe 2,36 Billionen Dollar: eine unvorstellbare Summe mit 10 Nullen.[23] Wenn Reagan sein Amt verläßt, wird die Bundesschuld trotz der inzwischen gesunkenen Neuverschuldung (1988 nur noch rund 150 Milliarden Dollar), wie schon erwähnt, etwa 2,6 Billionen Dollar betragen. Die Zinslast darauf beläuft sich auf über 150 Milliarden Dollar jährlich.[35] Die Wirtschaftsforschungsfirma »Data Resources Inc.« errechnete, daß die US-Regierung im Jahre 2000 rund eine Billion (1000 Milliarden) Dollar an Schuldzinsen zu zahlen haben wird, also mehr als den gesamten Staatshaushalt vom Jahre 1986. Schon jetzt sind die Schuldzinsen der am stärksten steigende Kostenfaktor im amerikanischen Staatsbudget.[78] Seit Jahren bereits entspricht der Schuldendienst nahezu der Hälfte des Verteidigungshaushalts der USA.[79]

An der Erbschaft, die Ronald Reagan hinterläßt, werden künftige Generationen schwer zu tragen haben: »In fünfzehn oder zwanzig Jahren«, klagte schon vor einiger Zeit Leif H. Olsen, Vorsitzender des Komitees für Wirtschaftspolitik in Amerikas größtem Bankenkonzern »Citicorp«, »werden Amerikas Steuerzahler immer noch die Kredite abstottern, mit denen wir unseren Konsum eines Jahres finanzieren. Unsere Kinder werden folglich noch für uns weiterblechen, wenn sie schon gar nicht mehr wissen, wofür sie eigentlich zahlen.«[77]

Gewiß stehen dieser trübseligen Bilanz auch ungewöhnliche wirtschaftliche Leistungen Reagans gegenüber. Seit seinem Amtsantritt erlebten die Vereinigten Staaten eine beispiellose Hochkonjunkturphase, eine Zeit ununterbrochenen Wirtschaftswachstums und stark verringerter Inflationsraten. Neue Unternehmen schossen aus dem Boden, Millionen von Arbeitsplätzen wurden geschaffen. Doch diese Errungenschaften, so bemängeln Reagans Gegner, seien nur auf Pump zustande gekommen.[80] Die Vereinigten Staaten hätten unter Reagan maßlos über ihre Verhältnisse gelebt: Das zeige beispielsweise die im Vergleich zur Bundesrepublik Deutschland und Japan außerordentlich geringe Sparquote.[81] Statt die geliehenen Dollars in Produktion und Forschung zu investieren, hätten die Amerikaner sie für den Konsum verwandt und auf eine weitblickende Wirtschaftspolitik verzichtet. Die amerikanische Wirtschaft sei von der Produktion zum *Cash*-Management verkommen.

»Wir Amerikaner werden zu einer Gesellschaft, die groß im Verwalten von Reichtum ist – aber die selbst keinen neuen Reichtum mehr schöpft«, klagt der Chikagoer Ökonom David Hale. Und der Volkswirt Mancur L. Olson von der Universität Maryland kritisierte, daß die »hellsten Köpfe der Nation ihren Intellekt darauf verschwenden, in Anwaltspraxen milliardenschwere Rechtsstreitigkeiten auszutüfteln, anstatt das Land wirtschaftlich voranzubringen«[82].

Die Folge von alldem sei ein unaufhaltsamer Verlust der internationalen Wettbewerbsfähigkeit. Die amerikanische Infrastruktur liege am Boden, die Ausbildung sei allgemein schlecht.[83] Fast die Hälfte der amerikanischen Patente seien 1986 an Ausländer gegangen, was die wirtschaftliche Abhängigkeit der USA in den nächsten Jahren programmiere. Zudem hätten die Vereinigten Staaten etwa im Bereich der High-Tech-Produkte für den Privathaushalt längst den Anschluß verloren, wie das Beispiel der Videorecorder anschaulich zeige: Nicht eine einzige amerikanische Firma sei am Verkauf dieser nahezu ausschließlich in Japan hergestellten und in millionenfachen Stückzahlen in Amerika abgesetzten Geräte beteiligt, weil man den Binnenmarkt nicht rechtzeitig sondiert habe.[84] Auch der amerikanische Markt für Werkzeugmaschinen sei längst zur Hälfte in ausländischer Hand.[85]

In den USA wachsen inzwischen bereits Überfremdungsängste.[86] Denn die Amerikaner haben sich nicht nur im eigenen Land, bei den eigenen Banken, sondern auch kräftig im Ausland verschuldet. Der zeitweilig potenteste internationale Geldgeber ist inzwischen zum größten Schuldnerland der Welt geworden.[87] Aus der mächtigsten Exportnation ist ein gewaltiger Importeur geworden: Wie die Zahlungsbilanz ist auch die amerikanische Handelsbilanz defizitär, während Japan und die Bundesrepublik gewaltig exportieren.[88] Als Folge dieser Entwicklung haben deutsche und japanische Unternehmen Milliarden in den Vereinigten Staaten investiert, Fabriken und Hotels, Lebensmittelketten und Immobilien erworben. Ende 1984 überschritten die deutschen Investitionen in den USA erstmals die der Amerikaner in der Bundesrepublik.[89] Als Reaktion machen sich in letzter Zeit in Amerika immer stärker protektionistische Tendenzen bemerkbar, eine bedenkliche Parallele zum Anwachsen isolationistischer Bestrebungen in der Außen- und Sicherheitspolitik.[90]

Es ist nicht auszuschließen, daß diese Tendenzen nach Reagans Abtreten noch stärker werden. Denn die Probleme bleiben, auch wenn der Präsident geht. Sein Nachfolger steht, wie Beobachter glauben, in der Wirtschaft »vor einem Scherbenhaufen«. Und nicht nur er: »Denn Ronald Reagan hat durch Steuersenkungen, Haushaltsdefizite, Staatsschulden und langfristige Verteidigungsprogramme so viele vollendete Tatsachen geschaffen, daß der Handlungsspielraum der nächsten Präsidenten drastisch eingeschränkt ist.«[91]

Soviel steht fest: der Nachfolger wird sparen müssen. Und das kann, wie die Dinge nun einmal liegen, nur auf dem Gebiet der Verteidigungsausgaben geschehen, denn nur dafür wird die öffentliche Meinung zu gewinnen sein. Daß sich die Überlegungen hierbei vielfach auf die amerikanischen Nato-Aufwendungen, die Kosten für die europäische Verteidigung konzentrieren, mag manchen Europäern ungerechtfertigt erscheinen, die schließlich seit Jahren vor den Spätfolgen der *Reagonomics* gewarnt, deshalb mit der Reagan-Administration manchen Zusammenstoß gehabt haben.

Aber was hilft's? Niemand kann den Amerikanern das Recht streitig machen, ihre eigenen Prioritäten zu setzen, und man kann verstehen, daß sie angesichts ihres Schuldenberges nach Lösungen suchen und in der Nato wesentlich nur noch ein »Billiarden-Dollar-Verhältnis« sehen – wie Alfred Kingon, der US-Botschafter bei der Europäischen Gemeinschaft, es nennt. Er betont: »Der transatlantische politische Apparat ist vor langen Jahren konstruiert worden – und die Welt hat sich geändert.«[92]

Evan Thomas, der Chef des Washingtoner Büros der *Newsweek*, gelangte kürzlich zu dem Ergebnis: »Das Problem ist, daß die Vereinigten Staaten sich die *Pax Americana* einfach nicht mehr leisten können... Das Amerikanische Jahrhundert ist vorbei; die Weltordnung wandelt sich.«[93]

Auch der berühmte Ökonom Robert M. Solow, der für seine vor dreißig Jahren entwickelte Theorie, daß Technologie und Produktivität im weitesten Sinn für eine Volkswirtschaft eine wichtigere Rolle spielen als das Kapital, 1987 den Nobelpreis erhielt, hält nunmehr die Zeit für gekommen, sich von liebgewonnenen Illusionen zu lösen: »Die Amerikaner haben lange in der Vorstellung gelebt, daß ihr Lebensstandard immer höher sein müßte als der aller anderen Länder. Das ist natürlich Nonsens. Es mußte immer damit gerechnet werden, daß Europäer, Japaner oder andere uns einholen und auch überholen könnten. Uns sollte das nicht nur nicht überraschen, wir sollten es begrüßen. Und in diesem Sinne ist die tiefe Überzeugung, der große amerikanische Traum, Gott hätte mit diesem Land etwas Besonderes vor, wahrscheinlich zu Ende gegangen.«[94] Aber soll und darf ein solchermaßen ernüchtertes, derart enttäuschtes Amerika sich weiter um die Verteidigung ferner Länder kümmern?

Europa kann sich selber helfen. Die deutsche Bundeswehr, so glauben viele der amerikanischen Neo-Isolationisten, könne ohne weiteres an die Stelle der amerikanischen Truppen treten, wenn diese eines Tages von europäischem Boden verschwänden.[95] Daß sie abziehen werden, scheint vielen unabwendbar. Denn die Amerikaner hätten, heißt es, ihre eigenen Probleme, die längst nicht mehr in Europa, wo nun seit Jahrzehnten im großen und ganzen Ruhe und Frieden herrschten, an sie heranträten.

Alan Tonelson, Mitherausgeber der amerikanischen Zeitschrift *Foreign Policy*, bemühte sich bereits vor drei Jahren um eine Definition der »wirklichen Nationalinteressen« der USA. Tonelson forderte damals eine Abkehr von der bisherigen amerikanischen Universalpolitik; neue Engagements sollten nicht eingegangen, alte überdacht werden. Die Wichtigkeit der europäischen Verbündeten für Amerika sei begrenzt – und deshalb auch die amerikanischen Verpflichtungen gegenüber Europa. Die USA könnten sich vor konventionellen wie nuklearen Angriffen selber schützen; generell hänge die Sicherheit der Vereinigten Staaten nicht von der Sicherheit anderer Staaten ab. Ausnahmen seien lediglich Kanada und Mexiko.[96]

Kanada ist kein Sicherheitsrisiko für die USA. In Mittelamerika hingegen zeichnet sich schon heute eine Entwicklung ab, bei der mehr auf dem Spiele steht als nur die Freiheit, Demokratie und Entwicklungschance Nicaraguas. Der ganze zentralamerikanische Raum zwischen Costa Rica und der amerikanisch-mexikanischen Grenze steckt in einer tiefen Krise, die wirtschaftliche und soziale Ursachen hat: Ein rapides Bevölkerungswachstum, eines der höchsten der Erde, hat die Probleme der Ernährung, Unterbringung, Erziehung, Gesundheitsfürsorge und vor allem der Arbeitsbeschaffung, auch der Landverteilung, ins Unerträgliche wachsen lassen. Immer neue Wellen Hungernder stoßen in die Städte vor, lassen diese wild und uferlos anwachsen, die Massen der Hoffnungslosen anschwellen; denn selbst Fachkräfte finden zunehmend kein Auskommen. Nach Jahren der Rezession, der Arbeitslosigkeit und Geldentwertung, dann auch zunehmender politischer Instabilität, in der schlimmsten Wirtschaftskrise dieses Raumes in unserem Jahrhundert, wächst die Bereitschaft zur Gewalt, zum Aufstand, zur Revolution – die auch ihrerseits allerdings weit davon entfernt ist, wie man in Nicaragua sehen kann, Lösungen für alle diese Probleme bereitzuhalten.[97]

In gewissem Umfang war in den letzten Jahren die Auswanderung in die USA ein Sicherheitsventil. Man schätzt, daß rund eine Million Mittelamerikaner, meist aus El Salvador und Nicaragua, inzwischen in den Vereinigten Staaten leben; die Zahl der Mexikaner in den USA soll beträchtlich höher sein. Bisher wird dieser lateinamerikanische Zustrom nicht als Gefährdung empfunden – im Gegenteil. Man fischt aus ihm willkommene Arbeitskräfte und neue Nachbarn.[98] Aber was wird passieren, falls sich die

Revolution ausbreitet? Was wird, wenn eines Tages Mexiko in die Luft fliegt, politisch explodiert? Dann spätestens werden die Vereinigten Staaten alle die Truppen, die sie heute in Hessen und am Rhein stehen haben, dringend in Arizona und am Rio Grande brauchen. Schon jetzt meinen Stimmen in Washington, Amerika habe die Kontrolle über seine südliche Grenze verloren.[99]

Bisher werden solche Mutmaßungen nicht nur Europäern seltsam in den Ohren klingen. Auch in den USA weiß kaum jemand, was eigentlich hinter dem Rio Grande los ist. Seit eh und je blickt man, falls man überhaupt das Ausland wahrnimmt, nach Ost und West, über die Meere hinweg auf Europa und Asien, kalkuliert den Einfluß dieser beiden Kontinente auf die Vereinigten Staaten. Doch der Süden des eigenen Erdteils, der so viel näher liegt, wird meist einfach übersehen, hochmütig vernachlässigt, heimlich verachtet.

Dabei kann man sich diese Attitüde längst nicht mehr leisten. Lateinamerika ist schon seit geraumer Zeit nicht mehr der »Hinterhof der USA«, wie Günter Grass noch Anfang der achtziger Jahre in der *Zeit* nach einer romantisch-gutgläubigen, also problematischen Reise nach Nicaragua schrieb.[100] Von den Vereinigten Staaten nur noch halb beherrscht, wird Südamerika mehr und mehr zum Pulverfaß.

Das sollte seit einem Vierteljahrhundert klar sein. Denn schon 1962 sind die USA während der Kuba-Krise hart an den Rand des dritten Weltkriegs gebracht worden – und zwar nicht so sehr durch Nikita Chruschtschow, sondern durch Fidel Castro. Die sowjetische Raketen-Installation auf der Karibikinsel hatte nur eine allgemeine Gefahrenlage geschaffen. Brenzlig wurde es erst (»ein Geruch von Versengtem lag in der Luft«, wie Chruschtschow später sagte), als Castro entgegen sowjetischen Vorstellungen und Anweisungen am 27. Oktober mit dem Abschuß amerikanischer Aufklärungsflugzeuge begann.[101] Damals gelang es, wesentlich infolge eines panikartigen Rückzugs Chruschtschows, der zwei Jahre später nicht unwesentlich zu seinem Sturz beitrug, das Kuba-Problem einzukapseln.

Aber solche Infektionen haben die Eigentümlichkeit oder Unart, bei bestimmten Veränderungen, zum Beispiel bei Entzündungen an anderen Stellen des Körpers, wieder aufzubrechen, auszugreifen. Grenada ist eine Insel, fast nur ein Flugplatz; man konnte es im Handstreich nehmen. Aber so einfach läßt sich anderswo keine Lösung finden. Das zeigt Nicaragua. Es bleibt eine Herausforderung ernster Natur für die USA. Sie bekommen den dortigen Entzündungsherd nicht recht unter Kontrolle. Sie wollen und können nicht direkt eingreifen. Das verhindert bisher die amerikanische öffentliche Meinung, die das Vietnam-Trauma noch immer nicht überwunden hat. Anderweitige militärische Inanspruchnahmen der USA – wie im Golf – kommen hinderlich hinzu. Die halbherzig unterstützten »Contras« vor Ort sind politisch wie finanziell kostspielig – und gleichzeitig ziemlich unnütz. Die Erfolgschancen des Arias-Friedensplanes sind offen.

Die eben genannten, eher lokalen Krisenherde müssen im Rahmen der Gesamtentwicklung Lateinamerikas gesehen werden. Die soziale – und damit politische – Lage in weiten Teilen des südamerikanischen Kontinents ist schlecht bis katastrophal.[102] Wer rasche, revolutionäre Veränderungen erwartet, unterschätzt freilich die Lethargie und Leidensfähigkeit der dortigen Bevölkerungen, zumal wenn sie indianisch oder stark mestizisch sind. Aber irgendwann werden mit Sicherheit Umwälzungen kommen, freilich, wie schon in der Vergangenheit, eher punktuell als auf breiter Front. Dem Westen, vor allem den Vereinigten Staaten, verspricht und bringt das alles nichts Gutes. Daher hält Washington, so lange es geht, auch an Bündnissen mit Diktatoren fest, die es an sich verabscheut. Das galt gestern für Männer wie den Kubaner Batista und die Somozas in Nicaragua, heute für Chiles Pinochet oder Paraguays Stroessner. Die evolutionäre Ablösung solcher falschen Freunde ist nicht ohne Risiken, wie der Fall Somoza lehrt. Auch sind die Ergebnisse selbst im günstigsten Falle oft zweifelhaft, indem es zu labilen Demokratien kommt wie in Argentinien und Brasilien nach dem (zeitweiligen?) Ende der dortigen Militärdiktaturen.

Mexiko ist allein schon wegen seiner geographischen Lage der für die USA gefährlichste Herd explosiver Entwicklungen. Der südliche Nachbar der Vereinigten Staaten ist das bei weitem wichtigste Land Mittelamerikas, ja von besonderer Bedeutung für ganz Lateinamerika. Zugleich haben sich gerade hier seit längerem Krisenelemente kumulativ aufgehäuft. Da gibt es eine beängstigende demographische Entwicklung, die sich besonders in der Hauptstadt konzentriert, deren Bewohner inzwischen auf nahezu 20 Millionen geschätzt werden.[103] Der Gegensatz zwischen unvorstellbarer Armut und ungewöhnlichem Reichtum ist so kraß wie sonst kaum auf der Welt. Eine alles durchdringende, beispiellose Korruption, die schon vor Jahrzehnten der Maler David Alfaro Siqueiros geißelte (was natürlich nichts half), quält Mexikos Menschen in ihrer großen Mehrzahl; López Portillo, Staatspräsident Mexikos von 1976 bis 1982, brachte dieses Krebsgeschwür zu einer vorher unbekannten Verbreitung. Zugleich wächst die Erosion und vernichtet mehr und mehr die Möglichkeit der Eigenversorgung für die auf dem Lande lebenden Massen. Kurz und schlecht: die Folgen aller dieser Faktoren sind eine um sich greifende Verelendung, Arbeitslosigkeit, ein verbreiteter Analphabetismus, eine hohe Auslandsverschuldung, die beträchtliche politische Radikalisierung des Landes, die sich auch in der Suche nach externen Schuldigen äußert.

Da liegen die Vereinigten Staaten nahe, vor der Tür. Mexiko hat ein besonders schwieriges Verhältnis zu ihnen (»Gott so weit und die USA so nah!«). Noch immer ist der Verlust der Nordgebiete Mexikos an die Vereinigten Staaten nach dem Krieg von 1846/48 nicht verwunden; Mexiko büßte damals die Hälfte seines Territoriums ein, verlor neben Texas auch Arizona, Neumexiko und Kalifornien. Der ausgeprägte Stolz einer indianisch und spanisch geprägten Bevölkerung kann sich in diesem Jahrhundert aus bedeutsamen künstlerischen und intellektuellen Leistungen des Landes nähren. Auf der anderen Seite findet man einen neiderfüllten, tiefen Minderwertigkeitskomplex. Die Entwicklung der beiden Nachbarn ist extrem unterschiedlich verlaufen: die USA sind reich, Mexiko ist bitterarm. Die Vereinigten

Staaten haben Weltgeltung, Mexiko aber kann sich kaum auf den eigenen Beinen halten. Kenntnisreiche Beobachter sind sich weitgehend darüber einig, daß die Situation in Mexiko über Nacht brandgefährlich werden kann. »Korruption, Armut und ungeheure Auslandsschulden lasten auf der mexikanischen Regierung; ihr drohen der wirtschaftliche Zusammenbruch, politische Instabilität, möglicherweise sogar revolutionäre Gewalt.« Mit diesem Satz begann die amerikanische Zeitschrift *Orbis* im letzten Winter unter der Überschrift »Next to the Volcano: Mexico's Future« drei Diskussionsbeiträge zur Entwicklung im südlichen Nachbarstaat der Vereinigten Staaten.[104]

Eine Umwälzung in Mexiko hätte ungleich größere Ausmaße und damit Wirkungen auf die USA als die bisherigen, eher kleindimensionierten mittel- und südamerikanischen Revolutionen. Vermutlich wäre ein solcher Ausbruch auch international kaum mehr einzudämmen. Sobald aber in Mexiko eine offen feindselige Grundstimmung gegenüber den USA durchbräche und eine entsprechende antiamerikanische Politik nach sich zöge, müßte diese Entwicklung auf die Vereinigten Staaten extrem bedrohlich wirken.

Denn die Konsequenzen für die USA wären schwer abzuschätzen. Die amerikanisch-mexikanische Grenze ist über 3000 Kilometer lang und kaum zu überwachen; selbst den Rio Grande kann man an vielen Stellen durchwaten. Starke Bevölkerungsanteile mexikanischer Herkunft in den südlichen Grenzstaaten der USA wären vom Schicksal ihrer Verwandten mitbetroffen, würden möglicherweise mit einer solchen Revolution des Mutterlandes sympathisieren. Vielleicht würden sich diese *chicanos,* also die mexikanischen Bevölkerungsgruppen der USA, sogar gemeinsam mit weiteren spanischsprachigen Minderheiten der Vereinigten Staaten – man denke nur an die zum amerikanischen Staatsgebiet gehörende Karibikinsel Puerto Rico und die Bedeutung der Puertoricaner in einer Stadt wie New York – zur Unterstützung der Revolution entschließen.

Selbst wenn nur ein Teil dieser Gefahren akut würde, wären die USA mit schweren außen- wie innenpolitischen Problemen konfrontiert. Man braucht sich ja nur zu erinnern, welche beträchtlichen, zum Teil sogar blutigen Rückwirkungen über ein Jahrzehnt hinweg die Unruhen der mexikanischen Revolution von 1910 für die USA, vor allem für Texas mit sich brachten, um sich Szenarien eines heutigen Ausbruchs der viel gewaltigeren angestauten Probleme und Leidenschaften dieses temperamentvollen Landes auszumalen. Sie würden den großen verhaßten Nachbarn im Norden zweifellos um vieles mehr in Mitleidenschaft ziehen.[105]

Eine Geheimstudie des Nationalen Sicherheitsrates im Weißen Haus kam daher schon vor Jahren zu dem Ergebnis, daß Mexiko unter den fünf besonders gefährlichen, absehbaren Krisenherden der Zukunft an erster Stelle stehe. Die bereits erwähnte Wohlstetter/Iklé-Kommission ist im Hinblick auf Mittelamerika zu dem Schluß gelangt: »Wenn das Sandinisten-Regime in Nicaragua seine Macht befestigen und weiterhin sowjetische Unterstützung erhalten sollte, könnten sich auch anderswo in Zentralamerika feindliche kommunistische Regierungen allmählich festsetzen – beispielsweise in El Salvador, Honduras oder Panama. Jede derartige Entwicklung würde aller Wahrscheinlichkeit nach die Kontrolle über den Panama-Kanal gefährden und die politische Stabilität Mexikos bedrohen. Die USA wären dann gezwungen, ihre außenpolitischen Hilfsquellen und Verteidigungskapazitäten erheblich stärker als bisher auf den karibischen Raum zu konzentrieren, was zu einer verringerten amerikanischen Rolle in der Nato führen müßte.«[58]

Wie man sieht, wächst unter dem Zwang der Verhältnisse in den Vereinigten Staaten die Zahl der Befürworter einer Rückbesinnung auf die außenpolitischen Traditionen der Vergangenheit, eines Rückzugs auf den Raum, den man seit der »Monroe-Doktrin« von 1823 als ureigene Hemisphäre betrachtet: den amerikanischen Kontinent und die ihn umgebenden Meere. Auch Experten in den USA, die nicht so denken und amerikanische Truppen auf den eurasischen Kontinenten beizubehalten wünschen, möchten deren »gegenwärtige Überkonzentration in Europa« beenden, wie Zbigniew Brzezinski am 7. Juni 1987 in der *Washington Post* schrieb. Der noch lange andauernde Machtkampf mit der Sowjetunion, eine Rivalität historischer Dimensionen, spiele sich außer in Europa im Nahen und Fernen Osten ab. Die USA aber konzentrierten ihre Truppen nach wie vor da, wo eine militärische Auseinandersetzung am wenigsten wahrscheinlich sei, eben in Europa, und hätten nichts dort parat, wo eine Herausforderung mit hoher Sicherheit auf sie zukomme: in der Golf-Region.

Unter der Überschrift »We Need More Muscle in the Gulf, Less in Nato« forderte Brzezinski daher eine Umverteilung, eine Umgruppierung der amerikanischen Streitkräfte. Es sei unausweichlich, den Europäern größere Lasten, nämlich eine kräftige Steigerung ihrer konventionellen Streitkräfte zuzumuten. Die Behauptung, daß diese Forderung den Neutralismus in Europa fördern werde, sei unglaubhaft. Es verrate zudem eine geringe Zuversicht in das Urteilsvermögen der europäischen Alliierten Amerikas, wenn man ihnen zutraue, bei einem teilweisen amerikanischen Truppenrückzug politisch Selbstmord begehen zu wollen.[106] Wenn die Europäer, so hatte Brzezinski schon 1986 in seinem Buch »Game Plan« argumentiert, nach wie vor davon überzeugt seien, daß die Sowjetunion eine militärische Bedrohung für sie darstelle, würde der Abzug einiger amerikanischer Truppenteile allenfalls größere europäische Verteidigungsanstrengungen nach sich ziehen. Und wenn nicht, fügte er ironisch hinzu, dann würde ein amerikanischer Teilabzug den europäischen Gefahrensinn gewiß eher schärfen.[107]

Solche Argumente, denen der damalige Verteidigungsminister Caspar Weinberger übrigens sofort widersprach[108], hört man jetzt allenthalben. In ihnen spiegeln sich ganz verschiedene Gedanken und Hintergedanken: Da ist einmal die Hoffnung, daß ein dauerhafter Ausgleich mit der Sowjetunion jetzt vielleicht möglich ist, jedenfalls energisch versucht werden sollte. Er werde amerikanische Truppen in Europa entbehrlich machen. Daneben gibt es eine verbreitete, bittere Enttäuschung über die europäischen Alliierten, die man – übrigens mit Ausnahme von Margaret Thatcher – seit langem als hohle Volltöner, als selbstgerechte und bequeme Besserwisser empfindet, als Leute kluger Worte, aber schwacher Taten.

Die Politiker in Europa wagten nicht, ihren Völkern die Wahrheit über die fortbestehenden Risiken der Lage mitzuteilen, weil sie fürchteten, sonst eine Panik auszulösen, vielleicht auch nur, sich unbeliebt zu machen. Während allen Experten auch in Westeuropa klar sei, daß es nach wie vor militärische und politische Bedrohungen gebe, täten viele Politiker so, als ob alle weitere Entwicklung ausschließlich von unserem eigenen Friedenswillen abhinge. Mit einer solchen Attitüde erwiesen sich aber die westeuropäischen, auch viele westdeutsche Politiker als ebenso schwachnervig wie verantwortungsscheu. Eine derartige Haltung könne im Ergebnis nämlich nur auf ein Appeasement gegenüber der Sowjetunion, auf die Selbstfinnlandisierung Westeuropas hinauslaufen.

Statt den schwankenden Stimmungen ihrer Länder einen festen, realitätsnahen, verantwortungsbewußten Halt zu geben, redeten Politiker lieber den Leuten nach dem Munde. Manche, die es durchaus besser wüßten, seien aus Geltungsbedürfnis, Feigheit oder Wichtigtuerei bereit, dem verständlichen, aber leider grenzenlosen und damit gefährlichen Ruhebedürfnis der Bevölkerung nachzugeben. Das sei in den ersten Nachkriegsjahren anders, besser gewesen. Gerade die Bundesrepublik habe damals in allen Parteien außergewöhnliche Führungsfiguren besessen, während heute nicht nur in der Politik, sondern ebenso auch in den intellektuellen, den publizistischen Eliten Mittelmäßigkeit um sich greife, ja bereits vorherrsche. Ein umfassender Wirklichkeitsverlust sei die eigentliche Krankheit Westeuropas. Darüber habe schon 1978 Raymond Aron in seinem »Plädoyer für das dekadente Europa« wortreich geklagt, allerdings vornehmlich den verbreiteten Traum eines rein fiktiven, in der Realität unauffindbaren Sozialismus für das Merkmal dieses Niedergangs gehalten.[109]

Das sei indessen nur ein Teilaspekt. Bei der westeuropäischen Wahrnehmungsschwäche habe man es vermutlich im Kern mit einer umfassenden Lähmung des Selbstbehauptungswillens zu tun. Die Westeuropäer trügen zwar gerne die Überzeugung zur Schau, etwas Besseres zu sein als die Amerikaner, und seien immer zu etwas beleidigten Ratschlägen an die Adresse der USA aufgelegt, sähen sich aber nicht imstande, an der Seite Amerikas als echte, gleichberechtigte Verbündete wirkliche Mitverantwortung zu übernehmen.

Schon Ende der sechziger Jahre hat Henry Kissinger in einem Aufsatz auf dieses Problem hingewiesen: Am Anfang der Nato habe es noch eine gemeinsame Vorstellung einer drohenden Gefahr gegeben, die Amerikaner und Europäer verband. Allerdings hätten die Vereinigten Staaten gedrängt werden müssen, sich dauerhaft in Europa zu engagieren. Inzwischen jedoch seien die Rollen vertauscht: »Europa entzieht sich unseren dringenden Bitten, eine weltweite Rolle zu spielen. Das heißt, die Europäer haben nicht das Gefühl, daß ihre Interessen dort auf dem Spiele stehen, wo sich Amerika außerhalb Europas engagiert hat.« Kissinger machte für diesen Wandel die jahrzehntelange amerikanische Vorherrschaft im Bündnis verantwortlich: »Für den führenden Partner im Bündnis ist Vormundschaft ganz angenehm. Auf lange Sicht ist sie jedoch demoralisierend. Sie führt auf der einen Seite zu der Illusion, alles zu wissen und alles zu können, und auf der anderen zu einer Haltung schwächlicher Scheu vor Verantwortung.«[110]

Theodore Draper gibt als Beispiel für die Verschiebung der Interesseneinschätzung den Konflikt um Ronald Reagans Entscheidung aus dem August 1981 an, die Produktion der Neutronenwaffe aufzunehmen. Heftige Proteste aus Europa führten damals zu der Entscheidung, die für den europäischen Kriegsschauplatz, also zur Abschreckung einer großräumigen sowjetischen Panzeroffensive entwickelten Waffen zwar herzustellen, danach aber in den USA zu lagern. Draper schließt: »Das Ergebnis dieses Zwischenspiels war in der Tat eine potentielle Verlagerung amerikanischer Atomwaffen zurück in die Vereinigten Staaten. Wenn die (damals) erfolgreichen europäischen Neutronenbombengegner sich ganz durchsetzen sollten, erwartet die anderen Atomwaffen in Europa das gleiche Schicksal.«

Doch die eigentliche Bedeutung jener Ereignisse liege woanders. Die damalige Affäre habe die Vereinigten Staaten veranlaßt, allein eine Entscheidung zu treffen und in die Tat umzusetzen, um aus der Sackgasse der Allianz herauszukommen. Der Unilateralismus der USA scheine für die Amerikaner dasselbe zu bedeuten wie der Neutralismus für die Europäer: die Freiheit des Handelns oder des Nichtstuns. Die Amerikaner seien hauptsächlich an der Freiheit des Handelns interessiert, die Europäer an der Freiheit des Nichtstuns. Der Fall der Neutronenwaffe habe dies illustriert – die Amerikaner hätten auf der Freiheit bestanden, die Waffe zu produzieren, während die Europäer die Freiheit beanspruchten, die Waffe abzulehnen. Die USA hätten es daraufhin vorgezogen, einseitige Maßnahmen zu ergreifen, damit überhaupt etwas geschähe. Dies sei inzwischen typisch für die Verhältnisse in der Allianz: amerikanischer Unilateralismus sei die praktische Alternative zum Isolationalismus. Die USA seien heutzutage durchaus nicht mehr isolationistisch, sie seien ganz einfach isoliert: »Isolationismus ist Politik, Isoliertsein ein Sachverhalt.« Es wäre das Beste für alle Beteiligten, meint Draper, wenn man die Europäer über ihr eigenes Schicksal frei entscheiden lasse und ihnen damit die alleinige Verantwortung für ihre Entschlüsse übertrüge, wie immer sie im einzelnen auch ausfallen sollten.[111]

So wie Draper denken viele Amerikaner über die schwierigen europäischen Verbündeten. Die Vereinigten Staaten sollten daher, hört man immer wieder, künftig auch gar nicht weiter auf diese Alliierten zählen, ihnen aber ebenso gelassen jedenfalls diejenige Verantwortung übertragen, die nun unbestreitbar die ureigenste Angelegenheit der Europäer sei: die Zuständigkeit für die eigene Sicherheit. Entweder nähmen die Westeuropäer künftig den Schutz ihrer Unabhängigkeit und Freiheit, die Vertretung der eigenen Lebensinteressen in die eigene Hand – oder aber sie ersetzten den USA die Kosten, die beim Schutz europäischer, übrigens auch japanischer Interessen anfielen.

Nur ein Beispiel: Die Vereinigten Staaten bezögen etwa zehn Prozent des in der Golf-Region geförderten Erdöls, neunzig Prozent gingen an die Konkurrenten der USA in Westeuropa und Japan. Gegenwärtig seien rund 25 000 Amerikaner im Golf stationiert, um die Öltransporte zu schützen, was Hunderte von Dollars pro Barrel koste. Schon 1985, also vor der gegenwärtigen, kostspieligen Zuspitzung im Golf, hätten die USA 47 Milliarden Dollar für den Schutz der dortigen Schiffahrt ausgegeben, was auf 468 Dollar pro Barrel importierten Öls hinauslaufe – das Achtzehnfache des Preises von 27 Dollar, den das Öl an sich koste. Noch absurder sei, daß die Vereinigten Staaten diesen Aufwand mit geliehenem Geld finanzierten, das sie bei ihren Konkurrenten und den Ölexporteuren borgten. Man könne das Ganze knapp mit einer Karikatur Dan Wassermans paraphrasieren: Die USA gäben Geld aus, das sie nicht hätten, um Schiffe zu verteidigen, die ihnen nicht gehörten, die Öl transportierten, das die Vereinigten Staaten nicht brauchten, für Alliierte, die die Kosten nicht übernehmen wollten, und das alles in Verfolgung einer Politik, die man nicht habe.[112]

Als harter Kern aller solcher Unmutsäußerungen sind immer wieder die neuen Grenzen der amerikanischen Leistungsfähigkeit auszumachen. Wie soll sich an diesem relativen Schrumpfungsvorgang in absehbarer Zeit, ja auf längere Sicht je viel ändern? Es ist ausgeschlossen, daß die USA wirtschaftlich, politisch und militärisch aus eigener Kraft die Position zurückgewinnen, die sie nach 1945 eine Zeitlang gehabt haben.

Wir Europäer und Deutschen sollten nicht auf die leichte Schulter nehmen, wenn ein Mann wie Henry Kissinger, gewiß ein Freund Europas und ein Befürworter des Atlantischen Bündnisses, kürzlich bei einer Tagung des Berliner Aspen-Instituts mit großem Ernst betonte: »Wenn ich an mein eigenes Land, meine Wahlheimat denke, dann fühle ich, daß die Last, ganz allein eine weltweite Verantwortung tragen zu müssen, mehr ist, als irgendeiner Nation der Erde aufgeladen werden kann.«[113]

Man muß deshalb allen denjenigen leisen Stimmen aufmerksam zuhören, die hinter den Kulissen und in den Beratungszimmern amerikanischer Machtzentren zunehmend bohrende Fragen stellen. In der Öffentlichkeit melden sie sich allerdings bisher nur selten zu Wort.[114] Der Senator Indianas und Vorsitzende des Auswärtigen Senatsausschusses in den Jahren 1985 und 1986, Richard G. Lugar, stellte kürzlich fest, daß keine künftige amerikanische Regierung an den Veränderungen der strategischen Position des Landes vorbeikommen könne.

Lugar beschrieb drei neue, fundamental wichtige Bedingtheiten amerikanischer Außenpolitik: Zum ersten gäbe es eine potentiell gefährliche Unausgewogenheit zwischen jenen vitalen Sicherheitsinteressen, die das amerikanische Volk auch mit Waffengewalt zu verteidigen bereit sei, und dem Willen wie den Fähigkeiten, die entsprechenden militärischen Aufwendungen zu machen. »Kurz: Unsere Ziele könnten unsere Mittel übersteigen.« Dieses Sicherheitsdilemma, das bisweilen als der Niedergang amerikanischer Macht beschrieben werde, die wachsende Lücke zwischen Zielen und Fähigkeiten, habe zum Ende des nationalen Konsenses in der Außenpolitik geführt: Der Verlust der *bipartisanship,* also des traditionellen außenpolitischen Einvernehmens zwischen Demokraten und Republikanern in Angelegenheiten von zentraler Bedeutung, sei die zweite wichtige Veränderung. Und schließlich sei drittens der Konflikt zwischen Exekutive und Legislative, also zwischen Regierung und Kongreß, über die Außenpolitik erneut aufgebrochen. Mit alldem, meinte Lugar, werde man in näherer Zukunft wohl oder übel zurechtkommen müssen.[115]

Intern wird aber um so engagierter diskutiert, wie nahe die Gefahr des Niedergangs der Vereinigten Staaten gerückt ist. Sind die USA, so erörtert man mehr und mehr, infolge ihrer wirtschaftlichen Abwärtsentwicklung, aufgrund ihrer geschmälerten ökonomischen Position in der Welt, als Großmacht zum Abstieg verurteilt, ja bereits im Abstieg begriffen?

Man hat jenseits des Atlantik begonnen, die Konsequenzen der eigenen Schwächung zu prüfen, etwa den Fall Roms zu studieren und, viel naheliegender, den Lehren nachzufragen, die der Untergang früherer Großmächte der Neuzeit wie Spaniens, Frankreichs und besonders Großbritanniens für die USA bereithält.[116]

Auch hierzu nur ein Beispiel. Anfang Juni 1987 beschäftigte sich eine glanzvoll besetzte Tagung des »Woodrow Wilson International Center for Scholars« in Washington mit den Parallelen zwischen dem Aufstieg und Fall anderer Nationen und der gegenwärtigen Situation der USA.

In seiner Einleitung erinnerte der damalige Direktor des Center, James H. Billington (der kurz darauf *Librarian of Congress* wurde, also zu einem der wichtigsten kulturellen Repräsentanten des Landes), an eine elf Jahre zurückliegende Zusammenkunft im Hause, die aus Anlaß der Zweihundertjahrfeier der amerikanischen Unabhängigkeitserklärung stattgefunden habe. Da 1976 die Veröffentlichung von Edward Gibbons Werk über den »Niedergang und Fall des Römischen Reiches« sich gleichfalls zum 200. Male jährte, habe das Center es damals für nicht unoriginell gehalten, beide Jubiläen zu verbinden. Daher sei den Teilnehmern Gibbons berühmtes Schlußkapitel[117] zugeschickt und ihnen gleichzeitig die Frage gestellt worden, ob ihrer Ansicht nach die USA das neue Rom seien, ob also auch die Vereinigten Staaten ihrem Niedergang und Fall entgegengingen.

Der Abend sei höchst interessant verlaufen. Denn *jeder* Teilnehmer sei mit der Überzeugung angetreten, er werde *der einzige* sein, der in der Runde *nicht* den Abstieg der USA voraussage, der einzige, der Amerika nicht im Schleudern sähe, dem Untergang geweiht. Alle hätten an jenem Abend 1976 auf jemanden gewartet, der die Behauptung wagen würde, die Vereinigten Staaten seien das neue Rom, mit dem es abwärtsginge. »Aber niemand tat es.« Im Laufe des Abends habe sich daher eine heitere Erleichterung ausgebreitet, das Gefühl, wenn sich Amerika anstrenge, habe es vielleicht doch noch eine Chance, sich als Weltmacht zu halten.

Elf Jahre später war die Stimmung pessimistischer, teilweise geradezu defätistisch. Der Historiker Paul M. Kennedy von der Universität Yale verglich in seinem Eröffnungsbeitrag (»Wie große Mächte kommen und gehen«) die Entwicklung der USA und den Niedergang Spaniens, der Niederlande und Großbritanniens. Bedenke man die gegenwärtige Lage der Vereinigten Staaten, die einerseits nicht den gleichen hohen Prozentsatz des eigenen Nationaleinkommens in die Rüstung fließen lassen wollten wie die Sowjets[118], aber andererseits mit Rücksicht auf ihre Verpflichtungen in Übersee auch nicht zu wenig auszugeben wagten, so sei diese Situation dem Dilemma nicht unähnlich, mit dem in den dreißiger Jahren die heute allgemein verachteten britischen Staatsmänner konfrontiert gewesen wären.

Deutschland und Japan hätten damals rund 25 Prozent ihrer Nationaleinkommen in die Rüstung gesteckt. Dieser Anteil sei für ihre Volkswirtschaften viel zu groß, sei mit deren langfristiger Entwicklung unvereinbar gewesen. Bei den USA habe zu jener Zeit der Anteil 1,5 Prozent betragen. Unter den gegebenen Umständen hätten die Briten, übrigens auch die Franzosen, vor dem Bankrott gestanden, wenn sie versucht hätten, den gleichen Prozentsatz wie die Deutschen für die Rüstung auszugeben. Hielten sie aber die Rüstungslasten so niedrig wie die Vereinigten Staaten, hatten sie keine Chance, den Deutschen die Stirn zu bieten.

Gemeinsame Anzeichen des damaligen britischen Niedergangs und des heutigen der USA lägen offen zutage: Wachstum und Produktivität gingen zurück. Bei Erfindungen und der internationalen Konkurrenzfähigkeit sei die Führungsposition gefährdet, ja verloren. Ein immenser Import stehe einem mageren Export gegenüber, das Land übernehme sich mit einem riesigen Verteidigungsbudget und einem weltweiten Engagement, während große Teile der Bevölkerung in sozialem Elend lebten, die Stadtkerne verkämen und das Erziehungssystem den Ansprüchen der Menschen und ihrer Zeit nicht mehr genüge.

Zwei wichtige Fragen gelte es zu beantworten: Erstens, ob die Vereinigten Staaten die Position in der Welt, die sie zu Lebzeiten der meisten Anwesenden erreicht hätten, permanent behalten könnten. »Die ehrliche Antwort auf diese Frage muß Nein lauten, und zwar aus dem einfachen Grunde, daß es keiner Gesellschaft je vergönnt gewesen ist, auf Dauer allen anderen voraus zu sein.« Gleichwohl könnten die USA ihren relativen wirtschaftlichen Niedergang abbremsen. Das setze aber voraus, daß man den Haushalt in Ordnung bringe, die Rüstungsausgaben kürze und massive Investitionen statt dessen in zukunftsträchtigen, zivilen Industriezweigen tätige. Alle Langzeitdaten wiesen darauf hin, daß sich die Welt von einer wesentlich bipolaren zu einer multipolaren Konstellation mit fünf Machtzentren weiterentwickle, zwischen denen lebhafte Konkurrenz herrsche. Ein Blick auf die jüngsten Veränderungen des Weltbruttosozialprodukts zeige, daß die Europäische Gemeinschaft die Vereinigten Staaten und Japan die Sowjetunion wirtschaftlich überholt hätten.

Die zweite Frage, die immer gestellt werde, laute, ob die USA – wie frühere Weltmächte auch – ins Dunkel der Bedeutungslosigkeit absteigen müßten. Hier sei die Antwort wiederum nein, und zwar nicht aufgrund irgendwelcher besonderer Tugenden der USA, sondern wegen der schieren Ausdehnung des Landes. Auch in diesem Punkte sei der Vergleich mit Großbritannien lehrreich, dessen Größe, Lage, Bevölkerung und Bodenschätze ihm einen normalen Anteil von drei bis vier Prozent an Wohlstand und Macht der Welt zuwiesen. Unter außergewöhnlichen Umständen habe England aber eine Zeitlang über 25 Prozent verfügen können. Ähnlich exzeptionelle Umstände hätten den Vereinigten Staaten nach 1945 mehr als vierzig Prozent der Macht und des Reichtums der Erde eingeräumt, während der normale Anteil der USA bei vielleicht 16 bis 18 Prozent liege. Selbst wenn die Bedeutung der Vereinigten Staaten irgendwann in der Zukunft in dieser Weise schrumpfe, könnten sie in einer multipolaren Welt immer noch eine bemerkenswerte Rolle spielen.

Der zweite Redner des Abends, Richard Rosecrance von der Cornell-Universität, stellte den Vergleich zwischen den USA und Großbritannien, den schon Paul Kennedy angesprochen hatte, in den Mittelpunkt seiner Darlegungen. Sein Beitrag war überschrieben: »Werden die Vereinigten Staaten das Schicksal Englands erleiden?«

Im Jahre 1860 sei Großbritannien die führende Wirtschaftsmacht gewesen, die größte Industrienation der Erde. Zwanzig Prozent der Weltproduktion, vierzig Prozent des Weltexports

seien auf das Britische Weltreich entfallen, acht Millionen Qua-
dratmeilen und 300 Millionen Menschen mit relativ bescheide-
nem Aufwand beherrscht worden. Denn wenig mehr als ein Prozent des Bruttosozialprodukts sei in die Rüstung geflossen.

England habe jedoch um diese Zeit begonnen, sich auf seinen
Lorbeeren auszuruhen. Langfristige Investitionen, neue Maschi-
nen seien ausgeblieben. Am Ende des Jahrhunderts hätten die
Engländer weniger Produkte entwickelt als die Deutschen oder
die Amerikaner. Die Arbeitsproduktivität sei nicht erhöht worden. England habe sich mit geringer qualifizierten Arbeitskräften
als seine Rivalen zufriedengegeben, zunehmend Geld im Ausland
angelegt, sei von Warenproduktion auf Dienstleistungen (wie
Versicherungen und Schiffstransporte) übergegangen. In gewisser Weise habe sich das Land »de-industrialisiert«. Da gebe es
Parallelen zu den heutigen Vereinigten Staaten. Auch hier stehe
einem stark wachsenden Dienstleistungssektor eine vernachlässigte Industrie gegenüber.

Ganz allgemein, fand Rosecrance, halte das Beispiel des britischen Niedergangs einige wichtige Lehren für die USA bereit.
Amerika befinde sich gegenwärtig in einer Lage, die der Großbritanniens um 1870 vergleichbar sei. Paul Kennedy irre, wenn er
glaube, daß es gewissermaßen eine natürliche Größe und Bedeutung gäbe, die eine Nation wegen der Ausdehnung, der Bevölke-
rungszahl und der Bodenschätze, die sie besitze, nicht verlieren
könne. Japan sei ein interessantes Gegenbeispiel: es habe keinerlei Bodenschätze, sei so groß wie Kalifornien, zähle nicht allzu-
viel Bewohner mehr. Dennoch sei es auf dem Weg an die Spitze.
Die Vereinigten Staaten hätten etwa zwanzig Jahre Zeit, den
Trend umzukehren. Mißlinge dies, werde Japan in einem runden
Vierteljahrhundert zur führenden Macht in der Welt aufgestie-
gen sein.

Der dritte Redner, Richard Lamm, vormals Gouverneur des
Staates Colorado, zeigte in seinen Ausführungen, wie schwer den
Vereinigten Staaten eine Tendenzwende fallen dürfte. Ob man
nämlich die Wirtschaft nehme, das politische System, die sozialen Einrichtungen und gesellschaftlichen Zustände oder die kul-

turellen Werte: in allen Bereichen seien die Probleme Amerikas einfach überwältigend, und man werde sehr hart arbeiten müssen, um den USA wenigstens einen würdevollen Abstieg zu gewährleisten.

Die Vereinigten Staaten hätten das geringste Produktivitätswachstum der industrialisierten Welt: die Hälfte des deutschen, ein Drittel des französischen, ein Viertel des japanischen. In den vergangenen fünf Jahren habe das Land für 500 Milliarden Dollar mehr Waren importiert als exportiert. Die vom Präsidenten eingesetzte Kommission zur Prüfung der industriellen Wettbewerbsfähigkeit habe festgestellt, daß siebzig Prozent der technologisch orientierten Industrien Amerikas in den letzten zwanzig Jahren an Boden verloren, an internationaler Konkurrenzfähigkeit eingebüßt hätten.

Dies sei auch ein Problem der Institutionen und gesellschaftlichen Verhältnisse. Man nehme zum Beispiel den Erziehungs- und Bildungssektor. 700000 Schüler schlössen 1987 die High School ab, ohne die Fähigkeit erworben zu haben, ihre Zeugnisse zu lesen. Jedes Jahr produziere Japan mehr Ingenieure als die USA, obwohl seine Bevölkerung die Hälfte der amerikanischen betrage. Statt dessen habe Amerika Rechtsanwälte wie Sand am Meer; Jahr für Jahr diplomiere man dreimal so viele von ihnen wie gegenwärtig in ganz Japan existierten. Das amerikanische Gesundheitswesen sei eines der unfähigsten der Welt. Kein Staat der Erde gebe mehr Geld dafür aus als die Vereinigten Staaten, doch die Lebenserwartung eines männlichen Neugeborenen sei geringer als die eines Babys in Kuba, Spanien oder Griechenland. Die USA hätten den höchsten Prozentsatz unehelicher Kinder in der Welt und die höchste *dropout*-Rate. Die Kriminalität sei erschreckend. Auf tausend Einwohner kämen in den Vereinigten Staaten 218 Diebstähle im Jahr, während es in der Bundesrepublik 33 und in Japan sogar nur zwei seien. In amerikanischen Gefängnissen säßen 530000 Häftlinge, in japanischen 50000. Wie wolle man eine leistungsfähige Wirtschaft in der hochtechnisierten Welt des 21. Jahrhunderts zuwege bringen, wenn jedes vierte Kind in Armut aufwachse, 14 Prozent junger Mütter Teenager seien und 40 Prozent der Ehen auseinanderbrächen, ehe die Kinder das 18. Lebensjahr erreicht hätten? Arnold Toynbee habe angemerkt, daß Zivilisationen niemals umgebracht würden, sondern daß sie sich selbst zerstörten.

Auch das politische System funktioniere zunehmend schlechter, verlöre an Autorität. Unzufriedenheit und Desillusionierung breiteten sich aus, eine allgemeine Impotenz der Institutionen sei spürbar. Die Regierung habe die Fähigkeit verloren, den Bürgern die Disziplin und den Opfermut abzuverlangen, die zur Erreichung der nationalen Ziele erforderlich seien.

Diese Punkte tauchten in der anschließenden Diskussion immer wieder auf. Amerika werde schlecht regiert, unzureichend motiviert. Die Amerikaner seien viel kräftiger, anpassungsbereiter und leistungsfähiger als ihre Eliten – sämtliche Eliten, nicht nur die politischen, sondern auch alle diejenigen, die Meinungen zu bilden, Werte zu vermitteln hätten. Die amerikanischen Führungsschichten seien heute in hohem Maße selbstzufrieden, egoistisch, dekadent. Amerika leide unter exzessivem Individualismus.

Das alles muß nicht so bleiben. Ein Stimmungsumschwung drüben liegt in der Luft – wenn nicht heute, dann morgen, mit schwer absehbaren, aber sicherlich für uns nicht günstigen Konsequenzen. Es ist ein deutliches Alarmsignal, daß Henry Kissinger, der sich schon seit Jahrzehnten für eine Reform der Nato, eine größere Selbstverantwortung der Europäer einsetzt[119], es kürzlich für nötig hielt, in einem *Newsweek*-Artikel zu fordern, daß mit dem »Breitensport des Eindreschens auf Europa« endlich Schluß sein müsse. Kissinger sieht die Allianz in Gefahr, und er betont, daß jetzt nicht der richtige Zeitpunkt sei, um alte Rechnungen zu begleichen. Amerikas traditionelle Freunde brauchten Rückversicherungen, nicht Belehrungen. Das gelte besonders für die Bundesrepublik Deutschland. Denn kein anderes Land befände sich in einer vergleichbar gefährlichen geographischen, politischen und psychologischen Lage. Kein anderes Land sei so verzweifelt auf die Stetigkeit und Sensibilität seiner Alliierten angewiesen.[120]

Wenn Kissinger solche Mahnungen für erforderlich hält, sollte das auch hierzulande zu denken geben. Wir nehmen freilich bisher die neue Selbsteinschätzung und den aus ihr folgenden Veränderungswillen der USA nicht zureichend wahr, schon gar nicht wirklich ernst, obwohl er uns doch unmittelbar angeht. Auch die Kritiker, die Gegner der Vereinigten Staaten bei uns geben sich überzeugt, daß die Amerikaner immer weiter die vor vierzig Jahren übernommenen Lasten schultern werden, unverdrossen.

Wir beobachten die beginnende Absetzbewegung von Europa, die jenseits des Atlantik im Gange ist, nicht genau genug, bedenken nicht hinreichend sorgfältig deren Folgen für uns. Statt dessen sind wir selbst darauf aus, mehr und mehr die Distanz zu den Amerikanern zu betonen. In unserer neuen, träumerischen Risikofreude sind wir dabei, uns in kleinen Schritten, fast unmerklich, von den Vereinigten Staaten zu entfernen.

Das kann, wenn es so weitergeht, kein gutes Ende nehmen.

Konsequenzen

*Wir müssen künftig entweder selbst aktiver
für unsere Sicherheit sorgen oder einen größeren Teil
der Verteidigungskosten übernehmen, für den
jetzt die USA aufkommen.*

Was folgt aus alledem? Was können, was müssen wir Westdeutschen tun?

Zunächst einmal sollten wir uns nüchtern darüber klar werden, was das Bündnis mit den USA für uns bedeutet – jetzt und in Zukunft. Auf beiden Seiten des Atlantik ist eine Debatte fällig, was in den kommenden Jahren die Rolle, der Zweck der Allianz sein soll.

Bei uns breitet sich die Überzeugung aus, die Sowjetunion bedrohe Westeuropa nicht mehr. In den Vereinigten Staaten hingegen meint man, trotz aller erhofften Entspannung und Abrüstung werde die Machtkonkurrenz zwischen Moskau und Washington natürlich weiter andauern. Falls sich diese fundamental unterschiedlichen Einschätzungen verfestigen, beseitigen sie die bisherige Grundlage der Allianz. Ihr Ursprung war vor vierzig Jahren die Gewißheit einer gemeinsamen Aufgabe. Ohne gemeinsam erkannte Gefahren, ohne gemeinsam übernommene Pflichten ist kein Bündnis lebensfähig. Nur wenn die Interessen beider Seiten auf weiten Strecken identisch bleiben, kann eine Allianz dauerhaft Bestand haben.

Neben das ursprüngliche Ziel, den Einfluß der Sowjetunion in Europa einzudämmen, sind inzwischen neue Herausforderungen getreten, vor denen Amerikaner wie Westeuropäer gleichermaßen stehen. Aus guten Gründen fordern daher die USA eine größere weltpolitische Mitverantwortung der Westeuropäer, gerade auch der Westdeutschen. Zu ihr gehören koordinierte Hilfsmaßnahmen für die Dritte Welt ebenso wie militärische Beiträge zur Stabilisierung außereuropäischer Krisengebiete. Besonders die Bundesrepublik muß sorgfältig prüfen, inwieweit zum Beispiel unsere weltweiten Handelsinteressen künftig gefährdet sein werden und daher des militärischen Schutzes durch unsere Streitkräfte bedürfen. Denn in den letzten Jahren ist zunehmend deutlich geworden, daß die Vereinigten Staaten nicht länger in der Lage sind, die Lasten ihrer Weltmachtrolle im derzeitigen Umfange zu tragen.

Bisher war der amerikanische Schutzschirm eine wesentliche Voraussetzung für den ungestörten Aufbau unserer Welthandelsposition. Wir müssen daher künftig entweder selbst aktiver für unsere Sicherheit sorgen oder einen größeren Teil der Verteidigungskosten übernehmen, für den jetzt noch die USA aufkommen. Das würde nicht nur vermehrte Pflichten, sondern auch größere Rechte bedeuten: eine verbindliche Mitsprache in außereuropäischen Angelegenheiten. Daran wird sich Washington gewöhnen müssen. In der Vergangenheit haben nämlich die USA, trotz aller ihrer Mahnungen zu westlicher Einigkeit, oft ganz gern allein die Initiative ergriffen, also ihre Verbündeten vor vollendete Tatsachen gestellt.

Die Vereinigten Staaten sind sicherlich kein leichter Partner für ihre kleineren Alliierten. Welche Großmacht wäre das je gewesen! Dennoch: Alle Mißhelligkeiten, die wir mit den Amerikanern haben, sind Kinderspiele verglichen mit dem, was uns erwartete, wenn wir statt mit ihnen mit dem Kreml klarkommen müßten.

Jede bisherige Bonner Regierung hatte Grund, über die USA zu stöhnen. Unter Adenauer kam es zu scharfen Gegensätzen über die Berlin- und Deutschlandpolitik. Erhard bekam als erster die Handelskonkurrenz zu spüren. Kiesinger wurden die Entspannungstendenzen zum Verhängnis, die zu seiner Zeit nicht nur von London und Paris, sondern gerade auch von Washington energisch forciert worden waren. Unter Brandt begann sich spürbar gegenseitiges Mißtrauen in die deutsch-amerikanischen

Beziehungen einzuschleichen; auf beiden Seiten beargwöhnte man die politischen Motive und Ziele der anderen. In der zweiten Hälfte der Ära Schmidt wurde die gegenseitige Verständnislosigkeit in Fragen der Sicherheits- und Entspannungspolitik offenkundig. Sah es zu Beginn der Präsidentschaft Reagans zeitweilig nach einer Rückkehr zum Kalten Krieg aus, wurde die Regierung Kohl Mitte der achtziger Jahre mit einer neuen Phase heftiger amerikanisch-sowjetischer Annäherung konfrontiert.

»Amerikanische Wechselbäder«[1] hielten also alle Bundesregierungen in Atem. Das ständige Hin und Her, Auf und Ab der Grundrichtung wie vieler Einzelentscheidungen amerikanischer Außenpolitik verwirrte immer wieder neu die Westdeutschen, die sich einen Reim auf die Position der USA zu machen versuchten. Allerdings sind bisher alle diejenigen nicht bestätigt worden, die die Vereinigten Staaten für eine »unberechenbare Vormacht«[2] halten. Zumindest in ihrem europäischen Engagement haben sie sich in den letzten vier Jahrzehnten als außerordentlich beständig und verläßlich erwiesen.

Aber richtig ist, daß die USA allgemein zu sprunghaften Richtungsänderungen neigen, spätestens alle vier Jahre versucht sind, am Anfang jeder Präsidenten-Amtszeit mit ausgewechseltem Personal und neuen Denkansätzen ganz von vorn zu beginnen. Gerade in dem – für uns zentral wichtigen – Verhältnis zur Sowjetunion neigen sie dazu, von einem Extrem ins andere zu fallen, während wir Westeuropäer grundsätzlich eine mittlere Linie bevorzugen. Es sei ganz natürlich, hat Pierre Hassner aus französischer Perspektive kürzlich gemeint, daß wir uns von heftiger Feindschaft zwischen Washington und Moskau ebenso bedroht fühlten wie von plötzlichem Einvernehmen zwischen Amerikanern und Russen. Es stimme, daß die Westeuropäer bald das Zusammenspiel der beiden Weltmächte, bald deren Streit und Zusammenstoß fürchteten und den Amerikanern einmal vorwürfen, sie in sinnlose und gefährliche Konflikte hineinzuziehen, dann aber wiederum, Europas Schicksal mit den Sowjets zu verhandeln, ohne die Europäer zu konsultieren. Diese Haltung sei jedoch nicht widersprüchlich, sondern erkläre sich aus den europäischen Interessen. »Die Europäer sind weder an einer zu radikalen Feindschaft noch an einer zu intimen Einigkeit der beiden Großen interessiert. Sie fürchten in beiden Fällen, Opfer zu sein, und hoffen, daß korrekte, aber distanzierte Beziehungen zwischen den Supermächten ihnen einen größeren Handlungsspielraum, ja vielleicht sogar eine Vermittlerrolle bieten werden.« Geographie und Geschichte untersagten den Europäern die großen Schwankungen, wie sie für die Amerikaner typisch seien.[3]

Diese Pendelbewegungen haben viele Ursachen; einige sind in dieser Studie angeklungen. Der generell pragmatische, experimentelle Charakter der amerikanischen Innen- und Außenpolitik spielt eine große Rolle. Spezifischer fällt seit anderthalb Jahrzehnten die relative Schwächung des Präsidentenamtes, der Exekutive überhaupt, stark ins Gewicht; Reagans zunächst erfolgreiche Gegenbewegung hat sich nicht als dauerhaft erwiesen. Mit Nixons Sturz im Jahre 1974 scheiterte mehr als ein Mann. Seine und seiner Vorgänger »imperiale Präsidentschaft« brach zusammen. Der seit Franklin D. Roosevelt deutliche, allmähliche Machtgewinn des Weißen Hauses gerade auf dem Gebiet außenpolitischer Entscheidungen zerfiel wieder. Gewinner dieser inneramerikanischen Machtverlagerung war an sich der Kongreß. Aus einer ganzen Reihe von Gründen wurde jedoch zur gleichen Zeit innerhalb des Senats und vor allem innerhalb des Repräsentantenhauses die vorher bei einer Handvoll von Personen konzentrierte politische Entscheidungsgewalt auf viele Köpfe verteilt.

Als Carter zweieinhalb Jahre nach dem Ende Nixons, im Januar 1977, sein Amt antrat, fand er einen Kongreß vor, in dem es nicht mehr, wie vorher, einige wenige langjährige Machtzentren gab, sondern wo fast jeder Senator und Abgeordnete ein eigener Machtfaktor geworden war.[4] Die Folgen einer solchen Pulverisierung der Macht kann man sich leicht ausmalen. Da obendrein die Fluktuation unter den Kongreßmitgliedern groß ist, muß man erstaunt sein, daß es um die Kontinuität der außenpolitischen Geschäfte nicht noch viel schlechter bestellt ist. Aber die ohnehin großen Orientierungsschwierigkeiten für alle Verbündeten der USA, also auch für uns, sich in Washington zurechtzufinden, sind beträchtlich angewachsen. Alle zwei Jahre, mit jeder Wahl des Repräsentantenhauses, also praktisch permanent, muß man sich mühsam seinen neuen Reim auf die nunmehr aktuelle Richtung der amerikanischen Politik machen.

Doch wie schwierig die Prozesse der Konsultation, Koordination und Kooperation mit den Amerikanern auch immer sein und werden mögen – es gibt für uns militärstrategisch zum Bündnis mit ihnen überhaupt keine Alternative.

Zwar reden bedeutsame Politiker wie Helmut Schmidt oder Alfred Dregger neuerdings der militärischen Zusammenarbeit mit Frankreich das Wort – begreiflicherweise, da wir wohl alle auf eine künftige Politische Union Westeuropas hoffen. Aber auf absehbare Zeit liegt klar zutage: solche deutsch-französischen Projekte sind noch lange bloße Gedankenspiele. Sie bieten keinen Ersatz für die Allianz mit den USA. Frankreich ist viel zu schwach, auch viel zu nationalistisch für die ihm zugedachte Rolle, anstelle der Vereinigten Staaten Westeuropa mit unserer Hilfe zu führen und damit Garant unserer Sicherheit zu werden.

Die gemeinsamen deutsch-französischen Verteidigungsanstrengungen haben bislang nur symbolische Bedeutung. Es sieht gegenwärtig nicht danach aus, daß wir Westeuropäer in den nächsten Jahren jenes Maß an gemeinsamer Machtbündelung und politischem Selbstbehauptungswillen aufbrächten, das erforderlich wäre, um die Sicherheit Westeuropas aus eigener Kraft zu garantieren, geschweige denn eine eigene Rolle in der Welt zu spielen. Wir müssen froh und dankbar sein, wenn wir bis 1992 wirklich den gemeinsamen Binnenmarkt zustande bringen. Erst wenn wir darüber hinaus auch politisch einig werden und militärisch auf die eigenen Beine kommen, werden wir den hegemonialen Ambitionen der Sowjetunion, die auch unter Gorbatschow weiterbestehen, weiter gefährlich bleiben, die Stirn bieten können. Bis dahin mögen noch Jahrzehnte vergehen.

Die dauerhafte Präsenz der Vereinigten Staaten in Europa ist deshalb eine Vorbedingung des Überlebens der westeuropäischen

Unabhängigkeit, Freiheit und Selbstbestimmung. Das Bündnis mit den USA muß auch in Zukunft lebendig und stark bleiben. Das erfordert weiterhin die Stationierung einer zureichenden Zahl amerikanischer Truppen in Europa. Diese amerikanischen Divisionen sind nicht nur für unsere Sicherheit unabdingbar, sondern auch für den hoffentlich weiter wachsenden Manövrierspielraum Osteuropas wichtig. Die Anwesenheit der USA in Europa hat auch auf den Ostteil unseres Kontinents positive Auswirkungen, was man meist bei uns vergißt; denn sie nötigt den Kreml zu gewissen Rücksichtnahmen auf seine Satelliten. Insofern sind auch Osteuropäer von Gewicht an einer Fortdauer der Stationierung starker amerikanischer Verbände im Westteil des Kontinents vital interessiert.

Ein amerikanischer Truppenrückzug hingegen würde Moskau erweiterte Aktionsfreiheiten in Osteuropa eröffnen und auch, auf längere Sicht, einen größeren Einfluß im westlichen Europa. Das kann kein klarblickender Mensch bei uns wollen. Es gibt auch in den Vereinigten Staaten viele Menschen, die sich einer solchen Entwicklung entgegenstemmen. Ihnen müssen wir helfen. Denn sonst schaden wir uns selbst.

Anmerkungen

Der Leser wird bemerken, daß im
Text bestimmte Anmerkungs-Nummern
mehrfach auftauchen.
In solchen Fällen wird stets auf ein und
dieselbe Veröffentlichung verwiesen.
Die Angabe der Seitenzahlen in den
Anmerkungen entspricht der Reihenfolge, in der
die Zitate in unserem Text erscheinen.

Vorbemerkung

1 Joachim C. Fest, *Hitler*. Eine Biographie. Propyläen. Frankfurt a. M., Berlin und Wien. 1973. S. 519, 529.
2 Sebastian Haffner, *Von Bismarck zu Hitler*. Ein Rückblick. Kindler. München. 1987. S. 276.
3 Helmut Schmidt, *Menschen und Mächte*. Siedler. Berlin. 1987. S. 44.
4 Sein wichtiges Buch: The Limited Partnership ist uns allerdings leider erst nach der Fertigstellung des Manuskriptes zugänglich geworden (Josef Joffe, *The Limited Partnership*. Europe, the United States and the Burdens of Alliance. Ballinger Publishing Company. Cambridge, Massachusetts. 1987).

Unser amerikanisches Fundament

1 Vgl. beispielsweise Daniel Yergin, *Shattered Peace*. The Origins of the Cold War and the National Security State. Houghton Mifflin Company. Boston. 1977. S. 53 f.
2 Winston S. Churchill berichtet in seinen Kriegserinnerungen lebendig über jenes von den Sowjets ausgerichtete gemeinsame, feuchtfröhliche Abendessen während der Teheraner Konferenz der Drei Alliierten Ende 1943, auf dem Stalin seinen sonderbaren Vorschlag machte. Stalin und Molotow bemühten sich später, das ganze als Scherz hinzustellen. Doch der empörte Churchill war nicht davon zu überzeugen, »daß keine ernsthafte Absicht dahintersteckte«.

Winston S. Churchill, *The Second World War*. Band 5: Closing the Ring. 2. Buch: Teheran to Rome. Cassell. London. 1952. S. 329 f. Eine wohlfeile, leicht gekürzte Ausgabe des monumentalen Gesamtwerks ist auch auf deutsch erschienen: *Der Zweite Weltkrieg.* Memoiren. 6 Bände. Ullstein. Frankfurt a. M., Berlin und Wien. 1985. Die angesprochene Passage findet sich dort im 5. Band, 2. Buch, S. 62 ff.

3 Am 30. Juni 1945 hatten die Vereinigten Staaten noch über 12 Millionen Mann unter Waffen, zwei Jahre später waren es nur noch knapp 1,6 Millionen. Die Verteidigungsausgaben sanken von knapp 82 Milliarden im Jahre 1945 auf 13 Milliarden 1947; bis 1950 blieb der Rüstungsetat dann praktisch unverändert (*The History of the Joint Chiefs of Staff.* The Joint Chiefs of Staff and National Policy. Volume I. 1945–1947. By James F. Schnabel. Introduction by Terrence J. Gough. Michael Glazier. Wilmington, Delaware. 1979. S. 237 f.; *Historical Statistics of the United States.* Colonial Times to 1970. Part 2. U. S. Department of Commerce. Bureau of the Census. U. S. Government Printing Office. Washington D. C. 1975).

4 Gerhard Wettig, *Entmilitarisierung und Wiederbewaffnung in Deutschland 1943–1955.* Internationale Auseinandersetzungen um die Rolle der Deutschen in Europa (Schriften des Forschungsinstituts der Deutschen Gesellschaft für Auswärtige Politik e. V., Band 25) R. Oldenbourg. München. 1967. S. 219 f., 307 f.; *Anfänge westdeutscher Sicherheitspolitik 1945–1956.* Hrsg. vom Militärgeschichtlichen Forschungsamt. Band 1: Von der Kapitulation zum Pleven-Plan. Von Roland G. Foerster, Christian Greiner, Georg Meyer, Hans-Jürgen Rautenberg und Norbert Wiggershaus. R. Oldenbourg. München und Wien. 1982. S. 198 f., 176. Die westlichen Divisionen waren in ihrer Gesamtstärke, also einschließlich des mit Verwaltungs- und Versorgungsaufgaben beschäftigten Personals, zwar größer als die sowjetischen, nicht jedoch im Hinblick auf die eigentlich kämpfende Truppe. In ihrem Kampfwert waren sie den Sowjets teilweise hoffnungslos unterlegen. Vgl. auch: Hans-Henning Schröder, Geschichte und Struktur der sowjetischen Streitkräfte: ein Überblick. In: Hannes Adomeit, Hans-Hermann Höhmann und Günther Wagenlehner (Hrsg.), *Die Sowjetunion als Militärmacht.* W. Kohlhammer. Stuttgart, Berlin, Köln und Mainz. 1987. S. 41 ff. (50)

5 Bohlen-Protokoll der zweiten Plenarsitzung am 5. Februar 1945, 16 Uhr im Livadia-Palast. Abgedruckt in: *Foreign Relations of the United States.* Diplomatic Papers. The Conferences at Malta and Yalta 1945. U.S. Government Printing Office. Washington D. C. 1955. S. 611 ff. (617)

6 Walter Lippmann veröffentlichte im Spätsommer 1947 in der *New York Herald Tribune* eine Serie von zwölf Artikeln als kritische Antwort auf George F. Kennans berühmten anonymen, mit »By X« gezeichneten Artikel »The Sources of Soviet Conduct«, der im Juli desselben Jahres in *Foreign Affairs*, S. 566 ff., erschienen war. Lippmanns

255

Artikelserie wurde noch 1947 als Buch herausgegeben. In der Neuausgabe von 1972 ist auch Kennans Artikel abgedruckt: *The Cold War. A Study in U.S. Foreign Policy.* With an Essay by George Kennan »The Sources of Soviet Conduct«. Introduction by Ronald Steel. Harper & Row. New York, Evanston, San Francisco und London. 1972.

7 Die Urabstimmung der Berliner SPD fand am 31. März 1946 statt. Im sowjetisch besetzten Ostsektor Berlins freilich wurde sie von der Besatzungsmacht unter Hinweis auf formale Fehler verboten und gewaltsam verhindert. Trotzdem nahmen insgesamt mehr als zwei Drittel der stimmberechtigten Berliner Sozialdemokraten an der Abstimmung teil. Nur 12,3 Prozent bejahten den sofortigen Zusammenschluß von KPD und SPD. 82,2 Prozent sprachen sich gegen den »sofortigen Zusammenschluß beider Arbeiterparteien«, 62,1 Prozent für ein Bündnis aus, »welches gemeinsame Arbeit sichert und den Bruderkampf ausschließt« (Franz Osterroth und Dieter Schuster, *Chronik der deutschen Sozialdemokratie.* Band 3. Nach dem Zweiten Weltkrieg. J. H. W. Dietz Nachf. Berlin und Bonn. 2., neu bearbeitete und erweiterte Auflage. 1978. S. 36).

8 Peter Bender, *Wenn es West-Berlin nicht gäbe.* Corso bei Siedler. Berlin. 1987. S. 20.

9 Zum Korea-Krieg vgl.: Rosemary Foot, *The Wrong War.* American Policy and the dimensions of the Korean conflict. 1950–1953. Corell University Press. Ithaca und London. 1985; Burton Ira Kaufman, *The Korean War.* Challenges in crisis, credibility and command. Temple University Press. Philadelphia. 1986.

10 Michael Heller und Alexander Nekrich, *Geschichte der Sowjetunion.* Band 2: 1940–1980. Von Alexander Nekrich. Teil V in Zusammenarbeit mit Michael Heller. Aus dem Russischen von Willi Eichhorn und Karl Huber. Athenäum. Königstein/Taunus. 1982. S. 190.

11 Vgl. etwa Hans-Peter Schwarz, *Die Ära Adenauer.* Gründerjahre der Republik. 1949–1957. Mit einem einleitenden Essay von Theodor Eschenburg. Geschichte der Bundesrepublik Deutschland in fünf Bänden. Hrsg. von Karl Dietrich Bracher, Theodor Eschenburg, Joachim C. Fest, Eberhard Jäckel. Band 2. Deutsche Verlags-Anstalt. Stuttgart. F. A. Brockhaus. Wiesbaden. 1981. Dort das Kapitel »Deutschland – ein zweites Korea?«, S. 104 ff., besonders S. 113 f.

12 *Anfänge westdeutscher Sicherheitspolitik 1945–1956.* A. a. O. S. 114 ff.

13 *Foreign Relations of the United States 1950.* Band 3. Western Europe. Historical Office. Bureau of Public Affairs. U.S. Government Printing Office. Washington D. C. 1977. S. 250 f. und 237 ff. Zu den größeren Zusammenhängen dieser Entscheidung Phil Williams, *The Senate and US Troops in Europe.* Macmillan. London und Basingstoke. 1985. S. 37.

14 Statement by the President Upon Approving an Increase in U.S. Forces in Western Europe, September 9, 1950. *Public Papers of the Presidents of the United States*. Harry S. Truman. Containing the Public Messages, Speeches, and Statements of the President. January 1 to December 31, 1950. U.S. Government Printing Office. Washington D.C. 1965. S. 626. Die Erhöhung der amerikanischen Truppenpräsenz in Europa war Teil eines Paketes von Initiativen zur Stärkung der Nato. Unter anderem bewilligte der Kongreß zusätzliche Mittel in Höhe von 3,5 Milliarden Dollar (Vgl. *Anfänge westdeutscher Sicherheitspolitik 1945–1956*. A. a. O. S. 294 ff.). Zum Umfang der amerikanischen Verstärkung siehe: *The History of the Joint Chiefs of Staff*. The Joint Chiefs of Staff and National Policy. Volume IV. 1950–1952. By Walter S. Poole. Introduction by Terrence J. Gough. Michael Glazier. Wilmington, Delaware. 1980. S. 202. Vgl. auch: Walt W. Rostow, *The United States in The World Arena*. An Essay in Recent History (American Project Series. Center for International Studies. Massachusetts Institute of Technology) Harper & Row. New York und Evanston. 1960. S. 222; Lord Ismay (Secretary General of the North Atlantic Treaty Organization), *NATO*. The First Five Years. 1949–1954. o. O., o. J., S. 40; Niederlage der Regierung Truman im US-Senat. Verschiffung von vier Divisionen nach Europa gebilligt. Weitere Truppenentsendungen sollen von Zustimmung des Kongresses abhängig gemacht werden. *Frankfurter Rundschau* vom 4. April 1951, S. 1; Der Senat und die vier Divisionen. *Christ und Welt* vom 12. April 1951, S. 1; Marion Gräfin Dönhoff, Vier US-Divisionen kommen nach Deutschland. *Die Zeit* vom 12. April 1951, S. 1.

15 Vgl. Peter H. Vigor, *Soviet ›Blitzkrieg‹ Theory*. Macmillan. London und Basingstoke. 1983. Auch Wolfgang Pfeiler, Hat das sowjetische »neue politische Denken« auch zu einem neuen militärischen Denken geführt? *aus politik und zeitgeschichte* B 44/87. Beilage zur Wochenzeitung *Das Parlament* vom 31. Oktober 1987, passim; Günther Wagenlehners Untersuchung »Militärpolitik und Militärdoktrin in der UdSSR«, in: Hannes Adomeit, Hans-Hermann Höhmann und Günther Wagenlehner (Hrsg.), *Die Sowjetunion als Militärmacht*. A. a. O. S. 11 ff., besonders S. 39; weiterhin das Kapitel »Gorbatchev's Impact On Military Doctrine« in der vom amerikanischen Verteidigungsministerium herausgegebenen Dokumentation: *Soviet Military Power*. An Assessment of the Threat. 1988. Washington D. C. S. 12 f.

16 Lothar Rühl, Eine offensive Strategie der Niederwerfung. Die Militärdoktrin des Warschauer Paktes. *Frankfurter Allgemeine Zeitung* vom 16. Oktober 1987, S. 12. Man kann General John R. Galvin, dem amerikanischen Nato-Oberbefehlshaber in Europa, nur zustimmen, wenn

Zur Seite 26
er sich gegen eine Fehleinschätzung der Bedeutung des »neuen Denkens« in der Sowjetunion wendet: »Für mich ... ist das Militär der
Schlüssel zur Frage, ob sich der Wind wirklich gedreht hat. Und auf
diesem Gebiet müssen wir feststellen, daß die Kurve des Ausbaus der
sowjetischen Streitkräfte in den letzten fünf Jahren steiler anstieg.«
Dabei seien, fuhr Galvin in seinem Interview mit der *Welt am Sonntag*
vom 29. November 1987 fort, besonders zwei Tatbestände zu registrieren, die eine gefährliche Tendenz markierten: Zum einen die offensive
sowjetische Militärdoktrin und zum anderen die auf raschen Raumgewinn angelegte sowjetische Führungs- und Befehlsstruktur. »Beim
sowjetischen Militär bedeutet Gorbatschows Perestroika nach wie vor
Verstärkung.« Deshalb müsse die Abschreckung Philosophie des
Westens bleiben: »Man schreckt nicht dadurch ab, indem man die
öffentliche Meinung beeindruckt. Man schreckt ab, indem man die
Militärs der Gegenseite beeindruckt« (Galvin: Beim sowjetischen Militär bedeutet Gorbatschows Perestroika nach wie vor Verstärkung. *Welt
am Sonntag* vom 29. November 1987, S. 28).

Man kann sich leicht vorstellen, daß die sowjetischen Generäle durch
Forderungen nach einseitiger Abrüstung (bei uns) und struktureller
Nichtangriffsfähigkeit (unsererseits) kaum aus dem seelischen Gleichgewicht gebracht werden; Vorschläge wie der des sozialdemokratischen
Politologen Klaus von Schubert, des Leiters der Forschungsstätte der
Evangelischen Studiengemeinschaft in Heidelberg, die bisher gültige
Nato-Strategie der Flexiblen Antwort (*flexible response*) nunmehr
durch eine *mutual responsibility,*also eine wechselseitige Verantwortung, zu ersetzen, dürften den Militärs in Moskau seltsam vorkommen
(Kurt Kister, Strategie der Verantwortung. Das Papier des Politologen
Klaus von Schubert gilt als Basis für einen möglichen Konsens. *Süddeutsche Zeitung* vom 10. April 1987, S. 12).

Aber in der SPD hat sich eben inzwischen ein völlig verfehltes Bild der
sowjetischen Militärmacht verbreitet. Man empfindet den Warschauer
Pakt sichtlich nicht mehr als Bedrohung. Auf einer Bonner Pressekonferenz am 22. Juli vergangenen Jahres stellten die sozialdemokratischen Verteidigungsexperten Andreas von Bülow und Erwin Horn
Erkenntnisse vor, die sie im Gespräch mit Politikern aus Ost und West
gewonnen hatten. Von Bülow, der seit längerem für eine Reform der
Bundeswehr plädiert, um ihr die »Angriffsfähigkeit« zu nehmen, wie
er sagt, konnte seinen erstaunten Zuhörern mitteilen, daß die Sowjetunion ihre militärische Fähigkeit zum Angriff konsequent abbauen
wolle und deshalb im Westen Rat suche, wie sie den Aufbau von
»defensiven Verteidigungsstrukturen« bewerkstelligen könne. Nach
zahlreichen Gesprächen in der Sowjetunion, Polen und der DDR sei er

258

Zur Seite 26

zu dem Schluß gelangt, daß für die drei Staaten die Strategie der Vorwärtsverteidigung nicht mehr gelte. Richtlinie sei inzwischen nur eine »hinreichend defensive Verteidigung«. Horn zufolge ist der Zustand struktureller Nichtangriffsfähigkeit des Warschauer Paktes allerdings schon jetzt erreicht. Die sowjetischen Streitkräfte in Europa, erklärte der Bundestagsabgeordnete, seien derzeit zu einer Attacke nicht fähig, ein Überraschungsangriff unmöglich: »Die Sowjets sind auch im militärischen Bereich nicht wettbewerbsfähig mit der Nato« (SPD-Abgeordnete zeichnen ein neues Bild der östlichen Militärmacht. Horn: Moskaus Streitkräfte derzeit zum Angriff nicht fähig – von Bülow: Verteidigungsstruktur defensiv. *Frankfurter Allgemeine Zeitung* vom 23. Juli 1987, S. 1 f.).

17 Das Zitat stammt aus Theo Sommers Beitrag zur siebenten Jahreskonferenz des »Institute for East-West Security Studies«, die vom 9. bis 11. Juni 1988 unter dem Generalthema »New Approaches to East-West Security« in Potsdam stattfand. Sommers Beitrag ist überschrieben: »East-West Political Relations: Goals For The Next Phase«, das (von uns übersetzte) Zitat findet sich auf S. 19 des maschinenschriftlichen Manuskripts.

Inzwischen hat Theo Sommer seine Thesen in einer Artikelserie »Abschied vom Kalten Krieg« veröffentlicht: (1.) Zwei Riesen stoßen an die Grenzen. Wirtschaftlicher Druck zwingt Moskau und Washington, die Rüstungsausgaben zu beschneiden. *Die Zeit* vom 15. Juli 1988, S. 3; (2.) Abrüstung ist nur ein Anfang. Moskau und Washington müssen ihr Verhältnis auf eine viel breitere Grundlage stellen. *Die Zeit* vom 22. Juli 1988, S. 4; (3.) Chance für einen Neubeginn. Ost und West haben die Möglichkeit, von der Konfrontation zur Kooperation überzugehen. *Die Zeit* vom 29. Juli 1988, S. 7.

Man muß hinzufügen, daß Sommer davon ausgeht, daß wir derzeit »mitten in einem historischen Themenwechsel« stecken. Die Partner und Widersacher der vierziger und fünfziger Jahre – Amerika, Europa und Rußland – hätten innere Wandlungen durchgemacht, die auf eine »säkuläre Mutation« hinausliefen. »Die alten Feindbilder, eingeschliffen vor vier Jahrzehnten, stimmen nicht mehr. Und auch die alten Freundbilder haben sich subtil verändert« (Theo Sommer, Eine Rolle sucht ihren Darsteller. Vierzig Jahre nach dem Marshall-Plan: Wer trassiert den Weg in die Zukunft? *Die Zeit* vom 12. Juni 1987, 1 f.).

18 Siehe etwa Henry Kissingers *Memoiren 1968–1973*. Bertelsmann. München. 1979. S. 130. Vgl. Michael Roskin und Dieter O. A. Wolf, Henry A. Kissinger – Versuch eines Portraits. *aus politik und zeitgeschichte* B 23/74. Beilage zur Wochenzeitung *Das Parlament* vom 8. Juni 1974, S. 3 ff. (7 f.)

19 Vgl. die vom amerikanischen Verteidigungsministerium jährlich hrsg.
Dokumentation *Soviet Military Power:* An Assessement of the Threat
(zuletzt April 1988); sowie den ebenfalls vom Verteidigungsminister
vorgelegten *Annual Report to the Congress* (zuletzt Fiscal Year 1989
von Frank C. Carlucci); und den, ebenfalls jährlichen, Bericht der Joint
Chiefs of Staff: *United States Military Posture* (zuletzt Fiscal Year
1988). Weiterhin hilfreich sind die regelmäßigen Publikationen des
Londoner »International Institute for Strategic Studies«: *The Military
Balance* und *Strategic Survey*; und das Jahrbuch des Stockholmer
»International Peace Research Institute« (*SIPRI-Yearbook*). Brauchbar
sind auch die vom Bundesminister der Verteidigung hrsg. *Weißbücher.*
Ein kurzer, tabellarischer Überblick bei Karl Kaiser, Die Kontrolle kon-
ventioneller Rüstung in Europa. Problematik und Ziele. *Europa-Archiv*
1987, S. 635ff. (643)

20 Alois Mertes, Ein Gespräch mit Konrad Adenauer im Sommer 1964:
Deutschland zwischen Rußland und dem Westen. In: *Konrad Adenauer
und seine Zeit.* Band 1. Politik und Persönlichkeit des ersten Bundeskanzlers. Beiträge von Weg- und Zeitgenossen. Hrsg. von Dieter Blu-
menwitz, Klaus Gotto, Hans Maier, Konrad Repgen und Hans-Peter
Schwarz (Veröffentlichungen der Konrad-Adenauer-Stiftung – Archiv
für Christlich-Demokratische Politik) Deutsche Verlags-Anstalt. Stuttgart. 1976. S. 673 ff. (675)

21 Das gilt natürlich zunächst einmal besonders für Osteuropa, wie man
beispielsweise bei John Van Oudenaren (Die Sowjetunion und Osteuropa. Neue Erwartungen und alte Zwänge. *Europa-Archiv* 1988,
S. 169 ff.) oder Paul Lendvai (Wer hat Angst vor Michail Gorbatschew?
Vom Gegensatz der westlichen und osteuropäischen Sicht. *Schweizer
Monatshefte* 1987, S. 33 ff.) erfahren kann. Aber sie besitzt auch für
Westeuropa Gültigkeit, wie jeder, der zwischen den Zeilen zu lesen
versteht, Michail Gorbatschows Werbeschrift *Perestroika* zu entnehmen vermag, dort vor allem dem 6. Kapitel: »Europa in der sowjetischen Außenpolitik« (*Perestroika.* Die zweite russische Revolution.
Eine neue Politik für Europa und die Welt. Droemer Knaur. 1987.
S. 247 ff.) Vgl. auch das Interview mit Leszek Kolakowski in der *Welt*
vom 2. November 1987, S. 9: Kolakowski: Mitteleuropa, das ist mehr
als nur ein Mythos.

22 Helmut Schmidt, *Menschen und Mächte.* A.a.O. S. 38, 40.

23 Siehe z. B. Peter Bender, *Wenn es West-Berlin nicht gäbe.* A.a.O. S. 98,
99 und 100.

Lehren unserer Geschichte

Zur Seite 31

1 Bis zum Untergang des Deutschen Reiches in der Niederlage des Zweiten Weltkrieges galt das Jahr seiner Gründung in der deutschen Historiographie allgemein als Höhepunkt unserer Geschichte (vgl. dazu Friedhelm Grützner, *Die Politik Bismarcks 1862 bis 1871 in der deutschen Geschichtsschreibung.* Eine kritische historiographische Betrachtung. Peter Lang. Frankfurt a. M. 1986). Als Ausnahme ist freilich Arthur Rosenberg zu nennen, der bereits 1928 beklagte, daß das Reich »von Anfang an todkrank« gewesen sei, weil es Bismarck nicht geschafft, ja nicht einmal versucht habe, die verschiedenen Kräfte des deutschen Volkes, also die agrarische Aristokratie, das Bürgertum und das Proletariat, zusammenzubinden (Arthur Rosenberg, *Entstehung der Weimarer Republik.* Hrsg. und eingeleitet von Kurt Kersten. Europäische Verlagsanstalt. Frankfurt a. M. 1983. S. 12 [1. Auflage 1928]). Nach der Niederlage des Ersten Weltkrieges grübelte man also bereits über die Schwächen des Reiches.

Doch erst mit dem Scheitern Hitlers, auf der Suche nach den Ursachen der Katastrophe, legte man sich allgemein die Frage vor, ob der Untergang des Reiches nicht schon in seiner Gründung angelegt gewesen sei. Bereits 1946 wies Friedrich Meinecke auf die preußische Erblast des Reiches hin: »Dieser üble Borussismus und Militarismus war wie eine schwere Hypothek, die auf dem Werke Bismarcks lag und sich von diesem aus weiter auf das Werk seines hybriden Nachfolgers vererbte. Aber es war auch schon in der unmittelbaren Leistung Bismarcks selbst etwas, das auf der Grenze zwischen Heilvollem und Unheilvollem lag und in seiner weiteren Entwicklung mehr zum Unheilvollen hinüberwachsen sollte.« Der erschütternde Verlauf des Ersten und Zweiten Weltkrieges lasse die Frage nicht mehr verstummen, ob nicht Keime des späteren Unheils im Reiche »von vornherein wesenhaft steckten« (F. Meinecke, *Die deutsche Katastrophe.* In: Autobiographische Schriften. Hrsg. und eingeleitet von Eberhard Kessel. Werke. Band 8. Hrsg. im Auftrage des Friedrich-Meinecke-Instituts der Freien Universität Berlin von Hans Herzfeld, Carl Hinrichs, Walther Hofer, Eberhard Kessel und Georg Kotowski. Koehler. Stuttgart. 1969. S. 321 ff. [336 f.]).

Mittlerweile haben sich zwei Erklärungsmuster für das Scheitern Deutschlands herauskristallisiert; das eine verficht einen »Primat der Außenpolitik«, das andere einen »Primat der Innenpolitik«.

Gegen Leopold von Rankes »Primat der Außenpolitik« wandte sich schon in den zwanziger Jahren unseres Jahrhunderts der junge deutsche Historiker Eckart Kehr, der die Bedeutung der »sozialen Schichtung«

des Reiches für die deutsche Außenpolitik um die Jahrhundertwende
hervorhob: »Viel tiefer als der momentane Wille der diplomatischen
Technik hat der anonyme soziale Druck von innen her die Grundlinien
der Außenpolitik bestimmt.« Die Reichsführung hätte durch außenpolitische Erfolge die unhaltbare soziale und innenpolitische Lage im Lande
stabilisieren wollen; unter Bismarck seien diese Versuche noch maßvoll
verlaufen, seine Nachfolger jedoch hätten diese Methode »grandios
übersteigert«. Dazu hätten auch die tiefen Gegensätze zwischen der
aufstrebenden Industrie und der agrarischen Elite beigetragen. Die
mächtigen Agrarier hätten der Industrie die Expansionsrichtung vor-
geschrieben: »Was man oft die ungünstige geographische Situation
Deutschlands genannt hat, ist zum guten Teil Produkt nicht der Geographie, sondern der Wirtschaftspolitik, ist nicht statisch für immer
festgelegt, sondern durchaus dynamisch« (Eckart Kehr, *Englandhaß
und Weltpolitik. Eine Studie über die innenpolitischen und sozialen
Grundlagen der deutschen Außenpolitik um die Jahrhundertwende.* In:
ders., *Der Primat der Innenpolitik.* Gesammelte Aufsätze zur preu-
ßisch-deutschen Sozialgeschichte im 19. und 20. Jahrhundert. Hrsg.
und eingeleitet von Hans-Ulrich Wehler. Mit einem Vorwort von Hans
Herzfeld [Veröffentlichungen der Historischen Kommission zu Berlin
beim Friedrich-Meinecke-Institut der Freien Universität Berlin. Band
19] Walter de Gruyter. Berlin. 2., durchgesehene Auflage 1970.
S. 149 ff. [149, 164 f., 168, 172]. Ursprünglich war Kehrs Aufsatz in der
Zeitschrift für Politik 1928, S. 500 ff. erschienen). Der Herausgeber von
Kehrs Werken, Hans-Ulrich Wehler, griff diese Gedanken in seinem
1969 erschienenen Buch *Bismarck und der Imperialismus* auf und
prägte für die Politik des Kaiserreichs den Begriff des Sozialimperialis-
mus (den er freilich auch auf andere Länder, etwa die Vereinigten Staaten des 19. Jahrhunderts, anwendet [Vgl. *Grundzüge der amerikanischen Außenpolitik.* Band 1: 1750–1900. Von den englischen Küsten-
kolonien zur amerikanischen Weltmacht [Neue Historische Bibliothek.
Hrsg. von Hans-Ulrich Wehler] edition suhrkamp. Frankfurt a. M
1984. S. 159]). Durch den Erwerb von Kolonien, also überseeische
Expansion, die sie in Konflikte mit den anderen Großmächten stürzte,
versuchte die Reichsführung nach Wehlers Auffassung bereits unter
Bismarck die inneren, gesellschaftlichen Probleme des Staates nach
außen abzulenken (Hans-Ulrich Wehler, *Bismarck und der Imperialismus.* Kiepenheuer & Witsch. Köln und Berlin. 1969). Auch Fritz
Fischer betonte in seinem Buch über die Kriegszielpolitik des kaiserlichen Deutschland *Griff nach der Weltmacht,* das nach seinem Erscheinen 1961 eine heftige Kontroverse auslöste, die Kontinuität eines ver-
hängnisvollen deutschen Imperialismus aus wirtschaftlichen und sozia-

Zur Seite 31

len Gründen (Vollständig neu bearbeitete Sonderausgabe 1967 bei Droste. Düsseldorf). In seiner 1979 erschienenen Schrift *Bündnis der Eliten* (ebenfalls bei Droste) befaßte sich Fischer mit der »Kontinuität der Machtstrukturen in Deutschland 1871–1945«.

Helmuth Plessner beleuchtete in seiner 1959 erschienenen, bereits Anfang der dreißiger Jahre konzipierten, breit angelegten geistesgeschichtlichen Studie *Die verspätete Nation* (Über die politische Verführbarkeit des bürgerlichen Geistes. Kohlhammer. Stuttgart, Berlin, Köln und Mainz. 1959) die mentalen Hintergründe der unzulänglichen Außenpolitik des Reiches: Mangel an Erfahrung, allgemeine Unsicherheit, unklare Einschätzungen der eigenen Situation und fehlende »Staatsidee«.

Lothar Gall meint resümierend über die Bismarcksche Reichsgründung: »Die scheinbar so erfolgreiche Legierung zwischen Elementen des Alten und Neuen erwies sich als eine täuschende Patina. Sie verdeckte nur den Korrosionsprozeß und führte zu Selbsttäuschungen aller Art, vor allem bei jenen, denen sie scheinbar neue Kraft verliehen hatte. Was zunächst so stabil, so dauerhaft und historisch eigenständig, einer besonderen geschichtlichen Entwicklung entsprechend erschien, wurde in wenigen Jahren beiseitegeschoben. Das Reich von 1871 steht heute, betrachtet man die Dinge nüchtern und ohne Wunschdenken, als extrem unstabiles und kurzlebiges historisches Gebilde vor uns« (Lothar Gall, *Bismarck*. Der weiße Revolutionär. Propyläen. Frankfurt a. M., Berlin und Wien. 1980. S. 725).

Die beiden letztgenannten Standpunkte machen deutlich, daß eine strikte Scheidung nach innen- und außenpolitischen Faktoren bei der Suche nach den tieferen Ursachen des Reichs-Untergangs kaum möglich ist. Michael Stürmer hat sie denn auch in einem Satz zusammenzubringen versucht: »Durch die Ambivalenz der europäischen Mittellage und die Sprengkraft der industriellen Massengesellschaft wurde Deutschland nach Bismarck ein ruheloses Reich« (Michael Stürmer, *Das ruhelose Reich*. Deutschland 1866–1918 [Die Deutschen und ihre Nation. Neuere deutsche Geschichte in sechs Bänden] Severin und Siedler. Berlin. 1983. S. 186).

Eine solche Formulierung wird die wissenschaftliche Debatte freilich nicht beenden. Es geht beim Primat von Innen- oder Außenpolitik vor allem um Nuancierungen, um Fragen der Gewichtung. In diesem vorsichtigen Sinne wird dann doch ein Primat der Außenpolitik vor allem von Sebastian Haffner, Klaus Hildebrand (vgl. *Deutsche Außenpolitik 1933–1945*. Kalkül oder Dogma? W. Kohlhammer. Stuttgart, Berlin, Köln und Mainz. 1971. S. 134, 138), Andreas Hillgruber, Theodor Schieder (*Staatensystem als Vormacht der Welt*. 1848–1918 [Propyläen

Zur Seite 31
Geschichte Europas. Band 5] Propyläen. Frankfurt a.M., Berlin und
Wien. 1977. S. 222) und Hagen Schulze vertreten.

Haffner hebt in seinem Rückblick *Von Bismarck zu Hitler* hervor,
daß das Reich in geographischer Hinsicht »ziemlich schlecht dran«
war: »Es hatte keine Freiräume, in die es vorstoßen konnte – wie England, Frankreich, sogar Belgien, Holland, Spanien, Portugal über das
Meer hinweg oder wie Rußland nach Osten ins Asiatische hinein. Andererseits war das Reich nun einmal Großmacht und hatte deshalb auch
den Großmachtinstinkt, noch größer zu werden. Der war ihm sozusagen in seine Großmacht-Wiege gelegt worden. Und dazu kam noch ein
Zweites: das Reich besaß eine ungeschickte Größe. Es war, das hatte
sich bereits in den Gründungskriegen herausgestellt, wahrscheinlich
stärker als jede andere einzelne europäische Großmacht. Es war aber
selbstverständlich schwächer als eine Koalition mehrerer oder gar aller
jener Großmächte, die es umgaben. Genau aus diesem Grunde hatte es
solche Koalitionen immer zu fürchten. Denn gerade *weil* zum Beispiel
Frankreich, zum Beispiel Österreich, zum Beispiel Italien und vielleicht
sogar Rußland sich schwächer fühlten als das Deutsche Reich, neigten
diese Länder dazu, Bündnisse zu suchen, Koalitionen einzugehen. Und
wiederum *weil* sie dazu neigten, war das Deutsche Reich immer versucht, solche Koalitionen zu verhindern, ein Glied herauszusprengen,
wenn es konnte –, und zwar notfalls mit Gewalt, mit Krieg. Vergessen
wir nicht: Krieg war damals noch für alle Mächte die ultima ratio, das
letzte und ernsteste Mittel der Politik. Aus dieser Situation hat es sich
ergeben, daß die Deutschen – ... gegen den Willen des Reichsgründers –
dazu neigten, die Reichsgründung für unvollkommen zu halten; für
keinen Abschluß ihrer Nationalgeschichte, sondern für ein Sprungbrett
zu einer nie genau definierten Ausdehnung.« (S. 15)

Andreas Hillgruber, ein besonders eindrucksvoller Vertreter des Pri-
mats der Außenpolitik, führt in seiner knappen, außerordentlich erhellenden Studie über *Die gescheiterte Großmacht* (Eine Skizze des Deutschen Reiches 1871–1945. Droste. Düsseldorf. 1980. S. 112 f.) ein zeit-
liches und räumliches Ursachenknäuel für das Scheitern des Reiches an:
»In der Tat steht im Gegensatz zur Geschichte der großen Nationen im
Westen Europas, bei denen sich dieser Vorgang über einen Zeitraum
von mehreren Jahrhunderten erstreckte und schon vor der industriellen
Revolution abgeschlossen war, das zeitlich so außerordentlich enge
Aneinanderrücken, ja, fast das Zusammenfallen von Nationalstaatsgrün-
dung, Übernahme der Aufgaben als ›halbhegemoniale‹ europäische
Großmacht und der (als ›Sach‹-Zwang und zugleich als ›Lockung‹
erscheinenden) ›Versuchung‹ zur »Weltpolitik« im Zeitalter des heraufziehenden und dann voll ausgeprägten Hochimperialismus am Beginn

der Geschichte der deutschen Großmacht. Dies stellte wohl von Anfang an für das in der geostrategisch seit jeher schwierigen und mit fortschreitender, raumgreifender Technik zunehmend problematischer werdenden zentralen Lage Europas entstandene Reich eine Überforderung dar. In überschießender »weltpolitischer« Irritation (Wilhelminische Ära), in Überanstrengung (Erster Weltkrieg), in Verkrampfung (Weimarer Republik) und im Fanatismus (»Drittes Reich« und Zweiter Weltkrieg), das Unmögliche doch noch erreichen zu wollen, schließlich auch um den Preis singulärer Verbrechen, wurde eine ›Antwort‹ auf diese ›Herausforderung‹ gesucht. Diese ›Antwort‹ ist aus dem Zusammentreffen von epochalen Tendenzen mit Besonderheiten der nationalen deutschen Geschichte in vielem erklärbar, wenn auch in manchen Einzelheiten des Verlaufs und im Entscheidenden in der Schlußphase die irrationalen Momente nicht zu übersehen sind.«

In seiner Geschichte der Weimarer Republik stellt auch Hagen Schulze fest, daß die große Konstante der deutschen Geschichte die Mittellage in Europa sei: »Deutschlands Schicksal ist die Geographie.« Freilich gehöre das Problem der deutschen Mittellage zu den nicht präzise dingfest zu machenden Ursachen der Labilität Weimars, nicht wegen der geopolitischen Einflüsse, »aber wegen der damit eng verknüpften geistigen Dispositionen, die westlichen Denkmustern und so auch den ideologischen Voraussetzungen der parlamentarischen Demokratie ungünstig waren« (*Weimar*. Deutschland 1917–1933 [Die Deutschen und ihre Nation. Neuere deutsche Geschichte in sechs Bänden] Severin und Siedler. Berlin. 1982. S. 16, 418. Vgl. auch Hartmut Bookmann, Heinz Schilling, Hagen Schulze und Michael Stürmer, *Mitten in Europa*. Deutsche Geschichte. Siedler. Berlin. 1984).

2 Horst Krüger, *Tiefer deutscher Traum*. Reisen in die Vergangenheit. Hoffmann und Campe. Hamburg. 1983. S. 86.

3 Zu Bismarcks Außenpolitik vgl.: Andreas Hillgruber, *Bismarcks Außenpolitik*. Rombach Hochschul Paperback. Freiburg. 1972; Karl Otmar Freiherr von Aretin (Hrsg.). *Bismarcks Außenpolitik und der Berliner Kongreß*. Franz Steiner. Wiesbaden. 1978, dort besonders die Aufsätze von Andreas Hillgruber, Grundzüge der Außenpolitik Bismarcks von der Reichsgründung bis zum Abschluß des Dreibundes 1882, S. 41 ff., und Theodor Schieder, Europäisches Staatensystem und Gleichgewicht nach der Reichsgründung, S. 17 ff.; Lothar Gall, *Bismarck* A.a.O. S. 503 ff., 619 ff.; George F. Kennan, *Bismarcks europäisches System in der Auflösung*. Die französisch-russische Annäherung 1875–1890. Propyläen. Frankfurt a. M., Berlin und Wien. 1981. S. 116 ff.; Michael Stürmer, *Das ruhelose Reich*. A.a.O. S. 143 ff., 193 ff.; Sebastian Haffner, *Von Bismark zu Hitler*. A.a.O. S. 53 ff.

Zu Stresemanns Konzeption: Wolfgang Michalka und Marshall M. Lee (Hrsg.), *Gustav Stresemann* (Wege der Forschung. Band 539) Wissenschaftliche Buchgesellschaft. Darmstadt. 1982; Hagen Schulze, *Weimar.* A. a. O. S. 271 ff.; ders., Der Stresemann-Mythos, in: *Wir sind, was wir geworden sind.* Vom Nutzen der Geschichte für die deutsche Gegenwart. Piper. München und Zürich. 1987. S. 127 ff.; Andreas Hillgruber, Revisionismus – Kontinuität und Wandel in der Außenpolitik der Weimarer Republik. *Historische Zeitschrift* 1983, S. 596 ff.; Peter Krüger, *Die Außenpolitik von Weimar.* Wissenschaftliche Buchgesellschaft. Darmstadt. 1985. S. 207 ff.

4   Vgl. das einleitende Kapitel zu Fritz Sterns Aufsatzsammlung *Der Traum vom Frieden und die Versuchung der Macht.* Deutsche Geschichte im 20. Jahrhundert. Siedler. Berlin. 1988. S. 7 ff.

5   Dolf Sternberger, Die deutsche Frage. *Der Monat* vom Juni 1949, S. 16 ff. (17), auch bei Hermann Glaser (Hrsg.), *Bundesrepublikanisches Lesebuch.* Drei Jahrzehnte geistiger Auseinandersetzung. Hanser. München und Wien. 1978. S. 274 ff. (275)

6   Bismarcks Rede vom 11. März 1867 findet sich in: *Die politischen Reden des Fürsten Bismarck.* Historisch-kritische Gesamtausgabe. Besorgt von Horst Kohl. Band 3. Die Reden des Ministerpräsidenten und Reichskanzlers Fürsten von Bismarck im Preußischen Landtage und im Deutschen Reichstage. 1866–1868. J. G. Cotta'sche Buchhandlung Nachfolger. Stuttgart. 1893. S. 167 ff. (184)

7   Thomas Mann, *Betrachtungen eines Unpolitischen.* Gesammelte Werke in Einzelbänden. Frankfurter Ausgabe. Hrsg. von Peter de Mendelssohn. S. Fischer. Frankfurt a. M. 1987. S. 237.

8   Friedrich Nietzsche, *Jenseits von Gut und Böse.* Zur Genealogie der Moral. Werke. Kritische Gesamtausgabe. Hrsg. von Giorgio Colli und Mazzino Montinari. Sechste Abteilung. 2. Band. Walter de Gruyter & Co. Berlin. 1968. S. 189.

9   Bismarck machte seine bittere Prophezeiung im Laufe eines Gesprächs mit verschiedenen Gästen auf seinem Alterssitz Friedrichsruh, bei dem unter anderen der deutsche Botschafter am Zarenhof in Petersburg, Hans Lothar von Schweinitz, und die Baronin Hildegard Freifrau Hugo von Spitzemberg anwesend waren. Die Baronin hat Bismarcks Ausspruch in einer Tagebuchaufzeichnung festgehalten, die nachzulesen ist in: *Bismarck. Die gesammelten Werke.* Band 8. Gespräche. Hrsg. und bearbeitet von Willy Andreas. Zweiter Band der Abteilung Gespräche: Bis zur Entlassung Bismarcks. Otto Stollberg & Co. Berlin. 1926. S. 492 ff. (492); oder in besagtem Tagebuch selbst, das 1960 bei Vandenhoeck & Ruprecht in Göttingen erschienen ist: *Das Tagebuch der Baronin Spitzemberg geb. Freiin von Varnbüler.* Aufzeichnungen aus

der Hofgesellschaft des Hohenzollernhauses. Ausgewählt und hrsg. von Rudolf Vierhaus. Mit einem Vorwort von Peter Rassow (Deutsche Geschichtsquellen des 19. und 20. Jahrhundert. Hrsg. von der Historischen Kommission bei der Bayerischen Akademie der Wissenschaften. Band 43) S. 202 f.

10 »Der Lotse geht von Bord« war die Unterzeile der berühmten *Punch*-Karikatur vom 29. März 1890. Wer den Weg in die Londoner Archive scheut, kann ihr Faksimile beispielsweise bei Manfred Görtemaker in Augenschein nehmen: *Deutschland im 19. Jahrhundert*. Entwicklungslinien. Leske + Budrich. Opladen. 2., durchgesehene Auflage. 1986. S. 286. Über die Aufbruchsstimmung im Reich nach Bismarcks Rücktritt vgl. etwa Michael Stürmer, *Das ruhelose Reich*. A. a. O. S. 246 ff.

11 Politische Uebersicht. *Frankfurter Zeitung* vom 18. März 1890, S. 1.

12 Michael Stürmer, *Die Reichsgründung*. Deutscher Nationalstaat und europäisches Gleichgewicht im Zeitalter Bismarcks (Deutsche Geschichte der neuesten Zeit vom 19. Jahrhundert bis zur Gegenwart. Hrsg. von Martin Broszat, Wolfgang Benz und Hermann Graml in Verbindung mit dem Institut für Zeitgeschichte, München) Deutscher Taschenbuch Verlag. München. 1984. S. 173.

13 Vgl. aber die Gegenthese Hans-Ulrich Wehlers, *Bismarck und der Imperialismus*. A. a. O. Passim.

14 *Die politischen Reden des Fürsten Bismarck*. A. a. O. Band 7. 1877–1879. Stuttgart. 1893. S. 80 ff. (92) Die Rede ist auch abgedruckt in der von Lothar Gall hrsg. und eingeleiteten Auswahl: *Bismarck*. Die großen Reden. Severin und Siedler. Berlin. 1981. S. 140 ff. (152)

15 Henry A. Kissinger, The White Revolutionary: Reflections on Bismarck. *Daedalus* 1968, S. 888 ff.

16 *Die politischen Reden des Fürsten Bismarck*. A. a. O. Band 12. 1886–1890. Stuttgart. 1894. S. 175 ff. (177, 188); ebenfalls bei Gall: *Bismarck*. Die großen Reden. A. a. O. S. 269 ff. (273, 284)

17 Zitiert nach: Hans Fenske (Hrsg.), *Im Bismarckschen Reich 1871–1890* (Quellen zum politischen Denken der Deutschen im 19. und 20. Jahrhundert. Freiherr vom Stein-Gedächtnisausgabe. Band 6) Wissenschaftliche Buchgesellschaft. Darmstadt 1978. S. 352.

18 Michael Stürmer, *Das ruhelose Reich*. A. a. O. S. 315.

19 Leo von Caprivi, Denkschrift, betreffend die weitere Entwicklung der Kaiserlichen Marine, vom 11. März 1884. *Stenographische Berichte über die Verhandlungen des Reichstages*. 5. Legislaturperiode. 4. Session 1884. Band 3. Anlagen. Berlin. 1884. S. 433 ff. (435)

20 Friedrich von Bernhardi, *Deutschland und der nächste Krieg*. J. G. Cotta'sche Buchhandlung Nachfolger. Stuttgart und Berlin. 5. Auflage 1912. (1. Auflage 1912) S. 112.

21 *Denkwürdigkeiten* des Fürsten Chlodwig zu Hohenlohe-Schillingsfürst. Im Auftrage des Prinzen Alexander zu Hohenlohe-Schillingsfürst hrsg. von Friedrich Curtius. Deutsche Verlags-Anstalt. Stuttgart und Leipzig. 1907. Band 2. S. 540.

22 Friedrich Meinecke, *Die Idee der Staatsräson in der neueren Geschichte.* Hrsg. und eingeleitet von Walther Hofer. Werke. Band 1. Hrsg. im Auftrage des Friedrich-Meinecke-Instituts der Freien Universität Berlin von Hans Herzfeld, Carl Hinrichs und Walther Hofer. R. Oldenbourg. München und Wien. 1957. Hier zitiert nach der 4. Auflage 1976, S. 1.

23 Zu dieser Thematik so grundlegend wie großartig: Helmuth Plessner, *Die verspätete Nation.* A. a. O., passim.

24 Andreas Hillgruber, *Die gescheiterte Großmacht.* A. a. O. S. 110.

25 Von Bismarck in seiner bereits erwähnten Reichstagsrede am 11. Januar 1887 zitiert: *Die politischen Reden des Fürsten Bismarck.* A. a. O. Band 12. 1886–1890. Stuttgart. 1894. S. 175 ff. (181 f.)

26 *Denkwürdigkeiten* des General-Feldmarschalls Alfred Grafen von Waldersee. Auf Veranlassung des Generalleutnants Georg Grafen von Waldersee bearbeitet und hrsg. von Heinrich Otto Meisner. Band 1. Deutsche Verlags-Anstalt. Stuttgart und Berlin. 1922/23. S. 301.

    Auch der Sieger von Königgrätz und Sedan, der preußische Generalstabschef Helmuth von Moltke sprach sich nach 1871 immer wieder für Präventivkriege gegen Frankreich und Rußland aus.

    Vgl. dazu auch Franz Herres abgewogene Biographie: *Moltke. Der Mann und sein Jahrhundert.* Deutsche Verlags-Anstalt. Stuttgart. 1984. S. 181 ff.

27 Friedrich von Bernhardi, *Deutschland und der nächste Krieg.* A. a. O. S. 110 ff.

28 Friedrich Carl von Moser, *Von dem Deutschen Nationalgeist* (Nachdruck der Ausgabe von 1766) Notos Verlagsbuchhandlung. Selb. 1976. S. 5 f.

29 Vgl. Sebastian Haffner, *Von Bismarck zu Hitler.* A. a. O. S. 24, 15.

30 Johannes Gross, *Unsere letzten Jahre.* Fragmente aus Deutschland 1970–1980. Deutsche Verlags-Anstalt. Stuttgart. 1980. S. 79 ff.

31 Andreas Hillgruber, *Die gescheiterte Großmacht.* A. a. O. S. 11 f.

32 *Die Reden des Grafen von Caprivi im Deutschen Reichstage, Preußischen Landtage und bei besonderen Anlässen.* 1883–1893. Hrsg. von Rudolf Arndt. Ernst Hofmann & Co. Berlin. 1894. S. 269.

33 *Denkwürdigkeiten* des Fürsten Chlodwig zu Hohenlohe-Schillingsfürst. A. a. O. Band 2. S. 540.

34 Bernhard von Bülow, *Denkwürdigkeiten.* Band 1. Ullstein. Berlin. 1930. S. 356.

35 Zitiert nach Fritz Fischer, *Griff nach der Weltmacht*. Die Kriegszielpoli-
    tik des kaiserlichen Deutschland 1914/18. Droste. Düsseldorf. 3., voll-
    ständig neu bearbeitete Sonderausgabe. 1967. S. 34.

36 Peter Graf Kielmansegg, *Deutschland und der Erste Weltkrieg*. Klett-
    Cotta. Stuttgart. 2., durchgesehene Auflage. 1980. S. 211, 223, 257,
    206 f. und 219.

37 Theobald von Bethmann Hollweg, *Betrachtungen zum Weltkriege*.
    2. Teil: Während des Krieges. Reimar Hobbing. Berlin. 1921. S. 4.

38 Gerhart Schulze-Gävernitz, An der Schwelle des dritten Kriegsjahres.
    Deutsche Politik. Wochenschrift für deutsche Welt- und Kulturpolitik.
    1916, S. 1557 ff. (1561)

39 *Aufrufe und Reden deutscher Professoren im Ersten Weltkrieg*. Mit
    einer Einleitung hrsg. von Klaus Böhme. Philipp Reclam Jun. (Reclam
    Universalbibliothek) Stuttgart. 1975. S. 125 f. Dort ist als Vorname See-
    bergs fälschlich »Reinhard« angegeben.

40 *Deutsche Reden in schwerer Zeit*. Hrsg. von der Zentralstelle für Volks-
    wohlfahrt und dem Verein für volkstümliche Kurse von Berliner Hoch-
    schullehrern. Carl Heymanns. Berlin. 1914. Wilamowitz-Moellendorffs
    Rede findet sich auf S. 1 ff., die Zitate S. 4, 7 und 14.

41 Ebenda. Harnacks Rede vom 29. September 1914 auf S. 147 ff. (156)

42 Vortrag vom 18. Mai 1917; abgedruckt in Friedrich Meinecke, *Bran-
    denburg Preußen Deutschland*. Kleine Schriften zur Geschichte und
    Politik. Hrsg. und eingeleitet von Eberhard Kessel. Werke. Band 9.
    Hrsg. im Auftrage des Friedrich-Meinecke-Instituts der Freien Universi-
    tät Berlin von Hans Herzfeld, Carl Hinrichs, Walther Hofer, Eberhard
    Kessel und Georg Kotowski. Koehler. Stuttgart. 1979. S. 586 ff. (595
    und 596)

    Allgemein zum Verhalten der deutschen Professoren im Ersten Welt-
    krieg: Klaus Schwabe, *Wissenschaft und Kriegsmoral*. Die deutschen
    Hochschullehrer und die politischen Grundfragen des Ersten Weltkrie-
    ges. Musterschmidt. Göttingen, Zürich und Frankfurt. 1969; sowie
    Fritz K. Ringer, *Die Gelehrten*. Der Niedergang der deutschen Manda-
    rine. 1890–1933. Klett-Cotta. Stuttgart. 1983. S. 169 ff.

43 Zitiert nach Fritz Fischer, *Griff nach der Weltmacht*. A. a. O. S. 85.

44 Theobald von Bethmann Hollweg, *Betrachtungen zum Weltkriege*.
    1. Teil: Vor dem Kriege. Reimar Hobbing. Berlin. 1919. S. 25 und 21.

45 Alfred Hettner, *Die Ziele unserer Weltpolitik*. Deutsche Verlags-
    Anstalt. Stuttgart und Berlin. 1915. S. 28. In: *Der Deutsche Krieg*. Poli-
    tische Flugschriften. Hrsg. von Ernst Jäckh. Heft 64.

46 Walter Henkels, *»...gar nicht so pingelig, meine Damen und Her-
    ren«*. Neue Adenauer-Anekdoten. Econ. Düsseldorf und Wien. 1965.
    S. 42.

47 In der bereits mehrfach erwähnten Reichstagsrede vom 11. Januar 1887, abgedruckt in: *Bismarck. Die gesammelten Werke. Reden.* Dreizehnter Band. A. a. O. S. 219.

48 Scheidemanns Rede vom 12. Mai 1919 findet sich in: *Die Deutsche Nationalversammlung im Jahre 1919 in ihrer Arbeit für den Aufbau des neuen Volksstaates.* Hrsg. von Eduard Heilfron. Band 4. Norddeutsche Buchdruckerei und Verlagsanstalt. Berlin o. J. S. 2641 ff. (2644); das Zitat ist ebenfalls abgedruckt in Philipp Scheidemanns *Memoiren eines Sozialdemokraten.* Carl Reissner. Dresden. 1928. Band 2. S. 366.

49 Gustav Stresemann, *Schriften.* Hrsg. von Arnold Harttung. Mit einem Vorwort von Willy Brandt. Berlin Verlag. Berlin. 1976. S. 287 ff. (293)

50 Adolf Hitler, *Mein Kampf.* Zwei Bände in einem Band. Ungekürzte Ausgabe. Erster Band: Eine Abrechnung. Zweiter Band: Die nationalsozialistische Bewegung. Franz Eher Nachfolger. München. 29. Auflage. 1933. S. 177, 711. (Die Hervorhebungen folgen dem Original) Zur Kontinuität der deutschen Außenpolitik unter Hitler vgl. beispielsweise Wilhelm Deist, Manfred Messerschmidt, Hans-Erich Volkmann und Wolfram Wette, *Das Deutsche Reich und der Zweite Weltkrieg.* Band 1. Ursachen und Voraussetzungen der deutschen Kriegspolitik. Hrsg. vom Militärgeschichtlichen Forschungsamt. Deutsche Verlags-Anstalt. Stuttgart. 1979. S. 496, 554 ff.

51 Wilhelm Hennis, *Die deutsche Unruhe.* Studien zur Hochschulpolitik (Zeitfragen Nr. 6) Wegner. Hamburg. 1969. S. 116 ff. (136, vgl. auch 127 und 131)

Der Weststaat:
Dauerlösung oder Provisorium?

1 Fritz René Allemann, *Bonn ist nicht Weimar.* Kiepenheuer & Witsch. Köln und Berlin. 1956. Über den teilweise erbitterten, freilich längst vergessenen Widerspruch, den seine These anfangs von links wie rechts fand, berichtete Fritz René Allemann (»Eine Kontroverse um Bonn«) im *Monat* 1985, S. 226 ff.

2 Das Bruttosozialprodukt der Bundesrepublik betrug im Jahre 1964 103,4 Milliarden Dollar, das Großbritanniens 92,2, Frankreichs 87,5 und Italiens 49,5 Milliarden Dollar (U.S. Bureau of the Census. *Statistical Abstract of the United States.* 1966. Washington D.C. S. 907).

3 Vgl. das *Statistische Jahrbuch für die Bundesrepublik Deutschland.* 1965. Hrsg. vom Statistischen Bundesamt. Wiesbaden. W. Kohlhammer. Stuttgart und Mainz. S. 105*, 75*, 65*, 70*.

4 *Die große Politik der europäischen Kabinette*. 1871–1914. Sammlung der Diplomatischen Akten des Auswärtigen Amtes. Im Auftrag des Auswärtigen Amtes hrsg. von Johannes Lepsius, Albrecht Mendelssohn Bartholdy und Friedrich Thimme. Band 2. Der Berliner Kongreß und seine Vorgeschichte. Deutsche Verlagsgesellschaft für Politik und Geschichte. Berlin. 1922. 153 f. (154)

5 Webers Bemerkung entstammt seiner berühmten Antrittsvorlesung aus dem Mai 1895 in der Universität Freiburg: »Der Nationalstaat und die Volkswirtschaftspolitik«. Die leicht überarbeitete Fassung der Rede in: *Gesammelte Politische Schriften*. Mit einem Geleitwort von Theodor Heuss neu hrsg. von Johannes Winckelmann. J. C. B. Mohr (Paul Siebeck) Tübingen. 2., erweiterte Auflage. 1958. S. 1 ff. (23)

6 Adolf Hitler, *Mein Kampf*. A. a. O. S. 731 f.

7 Sebastian Haffner, *Der Teufelspakt*. Die deutsch-russischen Beziehungen vom Ersten zum Zweiten Weltkrieg. Manesse. Zürich. 1988. S. 134.

8 Wolf Jobst Siedler, Was im Mai 1945 wirklich geschah. Längst bevor Europa seine Welt verspielte, verlor es seine Vernunft. *Frankfurter Allgemeine Zeitung* vom 4. Mai 1985, Bilder und Zeiten.

9 Günter Gaus, *Zur Person*. Portraits in Frage und Antwort. Band 2. Feder. München. 1966. S. 52 ff. (53) Eine Auswahl der Gespräche liegt neuerdings in einer Taschenbuchausgabe vor, die 1987 bei Kiepenheuer & Witsch in Köln erschien. Das Gespräch mit Adenauer findet sich dort auf S. 15 ff. (20)

10 Konrad Adenauer, *Erinnerungen 1945–1953*. Deutsche Verlags-Anstalt. Stuttgart. 1965. S. 549 f.

11 Vgl. Konrad Adenauer, *Erinnerungen 1953–1955*. Deutsche Verlags-Anstalt. Stuttgart. 1966. S. 20 f.

12 Vgl. Konrad Adenauer, *Erinnerungen 1955–1959*. Deutsche Verlags-Anstalt. Stuttgart. 1967. S. 21.

13 Konrad Adenauer, *Erinnerungen 1953–1955*. A. a. O. S. 301.

14 *Adenauer. Briefe 1945–1947* (Rhöndorfer Ausgabe. Stiftung Bundeskanzler-Adenauer-Haus. Hrsg. von Rudolf Morsey und Hans-Peter Schwarz). Bearbeitet von Hans Peter Mensing. Siedler. Berlin. 1983. S. 191.

15 Adenauers Schreiben vom 27. August 1949 an Helene Wessel ist abgedruckt in: *Adenauer. Briefe 1949–1951* (Rhöndorfer Ausgabe. Stiftung Bundeskanzler-Adenauer-Haus. Hrsg. von Rudolf Morsey und Hans-Peter Schwarz). Bearbeitet von Hans Peter Mensing. Siedler. Berlin 1985. S. 96 f. (97)

16 So Adenauer während der Kabinettssitzung am 21. Februar 1951 nach einer Notiz von Otto Lenz, der erster Chef des Bundeskanzleramtes –

vor Hans Globke – war. Zitiert bei Hans-Peter Schwarz, *Adenauer*. Der Aufstieg: 1876–1952. Deutsche Verlags-Anstalt. Stuttgart. 1986. S. 836.

17 Siehe *Adenauer. Teegespräche 1950–1954* (Rhöndorfer Ausgabe. Stiftung Bundeskanzler-Adenauer-Haus. Hrsg. von Rudolf Morsey und Hans-Peter Schwarz). Bearbeitet von Hanns Jürgen Küsters. Siedler. Berlin. 1984. S. 103 f. Vgl. auch Arnulf Baring, *Außenpolitik in Adenauers Kanzlerdemokratie*. Bonns Beitrag zur Europäischen Verteidigungsgemeinschaft (Schriften des Forschungsinstituts der Deutschen Gesellschaft für Auswärtige Politik e. V., Band 28) R. Oldenbourg. München und Wien. 1969. S. 103 f.

18 Konrad Adenauer, *Erinnerungen 1953–1955*. A. a. O. S. 64.

19 Konrad Adenauer, *Erinnerungen 1955–1959*. A. a. O. S. 34.

20 Siehe beispielsweise: Konrad Adenauer, *Erinnerungen 1953–1955*. A. a. O. S. 304.

21 Vgl. Arnulf Baring, *Außenpolitik in Adenauers Kanzlerdemokratie*. A. a. O. S. 331.

22 Zum EVG-Scheitern u. a.: Raymond Aron und Daniel Lerner (Hrsg.), *La Querelle de la C. E. D.* Essais d'analyse sociologique (Cahiers de la Fondation nationale des sciences politiques, 80) Colin. Paris. 1956; Arnulf Baring, *Außenpolitik in Adenauers Kanzlerdemokratie*. A. a. O.; Paul Noack, *Das Scheitern der Europäischen Verteidigungsgemeinschaft*. Entscheidungsprozesse vor und nach dem 30. August 1954 (Bonner Schriften zur Politik und Zeitgeschichte. Band 17) Droste. Düsseldorf. 1977; Edward Fursdon, *The European Defense Community*. A History. Macmillan. London und Basingstoke. 1980; *Die Europäische Verteidigungsgemeinschaft*. Stand und Probleme der Forschung. Im Auftrag des Militärgeschichtlichen Forschungsamtes hrsg. von Hans-Erich Volkmann und Walter Schwengler (Militärgeschichte seit 1945. Hrsg. vom Militärgeschichtlichen Forschungsamt. Band 7) Harald Boldt. Boppard am Rhein. 1985.

23 Siehe Heinz Stadlmann, Die Süderweiterung der Europäischen Gemeinschaft. *Europa-Archiv* 1986, S. 129 ff. (136); vgl. auch Arnulf Baring in der *Frankfurter Allgemeinen Zeitung* vom 10. Juni 1986, S. 25: Aus politischen Zeitschriften.

24 Im berühmten Schlußsatz seines Briefes vom Neujahr 1937 an den Dekan der Philosophischen Fakultät Bonn nach der Aberkennung der Ehrendoktorwürde, welcher lautet: »Gott helfe unserem verdüsterten und mißbrauchten Lande und lehre es, seinen Frieden zu machen mit der Welt und mit sich selbst!« Thomas Mann, *Briefe 1937–1947*. Hrsg. von Erika Mann. S. Fischer. Frankfurt a. M. 1963. S. 9 ff. (15)

25 Abdruck des ursprünglichen Rundfunk-Manuskripts »Deutschland

zwischen den Supermächten« jetzt in Sebastian Haffner, *Im Schatten der Geschichte*. Historisch-politische Variationen aus zwanzig Jahren. Deutsche Verlags-Anstalt. Stuttgart. 1985. S. 210 ff. (211)

26 In seiner Ansprache an die Studenten der deutschen Universitäten und Technischen Hochschulen am Montag, dem 1. April 1895, auf Friedrichsruh – Anlaß war sein achtzigster Geburtstag – mahnte Bismarck seine jungen Zuhörer außerdem eindringlich, sich die Labilität des Reiches zu vergegenwärtigen. Deutschland sei einst, unter den Karolingern, Sachsen und Hohenstaufen, ein mächtiges Reich gewesen, doch diese Stellung habe es dann verloren. Fünf-, sechshundert Jahre hätten vergehen müssen, »ehe es sozusagen wieder auf die Beine kam … Aber ich möchte vor allen Dingen die jungen Herrn bitten: geben Sie sich dem deutschen Bedürfniß der Kritik nicht allzusehr hin, acceptieren Sie, was uns Gott gegeben hat und was wir mühsam unter dem bedrohenden – Angriff kann ich nicht sagen – aber Gewehranschlag des übrigen Europa ins Trockne gebracht haben. Es war nicht so ganz leicht« (*Die politischen Reden des Fürsten Bismarck*. A. a. O. Band 13. 1890–1897. Stuttgart und Berlin. 1905. S. 312 ff. [316]).

27 Die mentalitätsprägenden Auswirkungen der generationsübergreifenden Erfahrung des Jahres 1945 in Deutschland sind m. W. bisher nicht systematisch erforscht worden. Aufschlußreiche Hinweise auf Teilaspekte, auch Literaturangaben, insbesondere eine kritische Behandlung von Helmut Schelskys Studie: »Die skeptische Generation. Eine Soziologie der deutschen Jugend« (zuerst 1957) und Klaus Heinrichs Gegenentwurf: »Versuch über die Schwierigkeit nein zu sagen« (erstmals 1964) bei Heinz Bude, *Deutsche Karrieren*. Lebenskonstruktionen sozialer Aufsteiger aus der Flakhelfer-Generation. edition suhrkamp. Frankfurt a. M. 1987.

Über den Generationsbruch zwischen denen, die Kriegsende und erste Nachkriegsjahre miterlebt haben, und denen, die dann nachfolgten, hat vor allem Stephen F. Szabo gearbeitet; siehe u. a.: Generationswechsel in Europa: Auswirkungen auf das westliche Bündnis. *Europa-Archiv* 1983, S. 37 ff. und: Brandt's Children: The West German Successor Generation. *The Washington Quarterly*. Winter 1984. S. 50 ff.

Exemplarisch für die Bedeutung des persönlichen Erlebnisses von Hitlerzeit und anschließender Besetzung Deutschlands durch die Siegermächte: Christa Rotzoll, *Frauen und Zeiten*. Engelhorn. Stuttgart. 1987. S. 140 ff., bes. S. 154 f.

28 Über das Erlebnis der Niederlage und die daraus folgenden Konsequenzen vgl. Ernst Nolte, *Deutschland und der Kalte Krieg*. Klett-Cotta. Zweite, neu bearbeitete Auflage. 1985. S. 142 ff. Nolte spricht im Hinblick auf die Gründung der Bundesrepublik von einem »verschämten

Totalkonsensus« in Westdeutschland (S. 205). Auch der Züricher Politikwissenschaftler und Philosoph Hermann Lübbe hat 1983 in seinem Abschlußvortrag auf einer Konferenz zur 50. Wiederkehr der nationalsozialistischen Machtübernahme im Berliner Reichstag auf grundlegende Erfahrungen und Übereinstimmungen hingewiesen, die als fundamentale Voraussetzungen die deutsche Nachkriegsgeschichte in ihren Anfängen mitbestimmt hätten. Lübbe erwähnte drei besonders wichtige Aspekte: erstens die vernichtende Vollständigkeit des Zusammenbruchs des Dritten Reiches; zweitens die unausweichliche Einsicht, die Deutschen hätten ihr Unglück selbst verschuldet; drittens die Schande der nationalsozialistischen Verbrechen. Auf diesem verbreiteten Konsens sei die Bundesrepublik gegründet worden, ungeachtet gewisser Relikte des Nationalsozialismus, die auch nach 1945 noch bestanden hätten. Die öffentliche Anerkennung der politischen und moralischen Niederlage der nationalsozialistischen Herrschaft habe zu den zentralen legitimatorischen Elementen der Bundesrepublik gezählt.

Lübbe fragte nach Gründen für die bemerkenswerte Tatsache, daß die Beschäftigung mit dem Nationalsozialismus »mit der Zahl der Jahre, die uns vom Zusammenbruch seiner Herrschaft trennen«, gewachsen sei: »Mit der größeren temporalen Distanz von den zwölf Jahren des ›Dritten Reiches‹ ist kein Effekt des Verblassens der Erinnerung an dieses im wachen zeitgenössischen Bewußtsein verbunden gewesen. Ganz im Gegenteil hat die kulturelle und politische Aufdringlichkeit dieser Erinnerung zugenommen. ... Selbstverständlich ist der grundlegende Zusammenhang der, daß die Beschäftigung mit dem Nationalsozialismus in unserer kulturellen Öffentlichkeit nicht *trotz* der zunehmenden Entfernung von ihm, vielmehr *wegen* dieser zunehmenden Entfernung an Intensität gewonnen hat. Man muß, um diesen Vorgang zu verstehen, sich in erster Linie die Abfolge der Generationen vergegenwärtigen. Diejenigen, die in Geschichte und Vorgeschichte des Nationalsozialismus politisch oder beruflich noch aktiv verstrickt waren, sind inzwischen, soweit sie nicht längst gestorben sind, überwiegend ins Pensionärsalter eingerückt, und die übergroße Mehrheit der Bevölkerung besteht längst aus Angehörigen einer Generation, die an die Hitler-Diktatur ... keinerlei autobiographisch darstellbare Erinnerungen hat. ... Die Protestgeneration, wie sie Ende der sechziger Jahre zumal in den akademischen Kommunitäten hervortrat, war ja zugleich die erste deutsche Nachkriegsgeneration, die vielfach schon von ihrem Geburtsdatum her zum Dritten Reich in keinerlei biographischer Verbindung mehr stand. Sogar Belastungen vergangenheitsspezifischer Vornamen hatte sie ja kaum noch zu tragen. Nicht mehr Baldur oder Edda hieß man, vielmehr Markus oder Michaela.

Zu den Seiten 64 und 65

Die entscheidende Frage für das Verständnis des Verhältnisses dieser Generation zum Nationalsozialismus scheint mir nun diese zu sein: Unter welchen Voraussetzungen hätte sie bereit sein können, die deutsche Nazi-Vergangenheit mit ihren entsprechenden Belastungs- und Verunsicherungsfolgen sich als Teil der eigenen Herkunftsgeschichte überhaupt noch zurechnen zu lassen? Die Antwort lautet: Nur bei einem hohen Grad der Übereinstimmung mit dem politischen System der Bundesrepublik, das ja aus dem Zusammenbruch des Dritten Reiches hervorgegangen war, hätte sie bereit sein können, die Vergangenheit der Väter als eigene Vergangenheit politisch zu übernehmen. Eben diese Übereinstimmung mit dem politischen System der Bundesrepublik hatte sich aus Gründen, die vom Verhältnis zum Nationalsozialismus prinzipiell unabhängig sind, längst abgeschwächt. Als Konsequenz ergab sich, daß man nun beides zugleich aus der eigenen historisch-politischen Identität abschob: die deutsche Nachkriegsgeschichte ebenso wie das Dritte Reich, das ihr vorauslag. Das konnte natürlich am wirkungsvollsten dadurch geschehen, daß man die Geschichte der Bundesrepublik Deutschland als eine Geschichte der unvollendeten Überwindung des Nationalsozialismus umschrieb, und genau das ist die Funktion der großen akademisch-publizistischen Faschismustheoriedebatte gewesen, die sich Ende der sechziger Jahre erhob und bis tief in die siebziger Jahre hinein anhielt.«

Lübbes Rede ist abgedruckt in: *Deutschlands Weg in die Diktatur*. Internationale Konferenz zur nationalsozialistischen Machtübernahme im Reichstagsgebäude zu Berlin. Referate und Diskussionen. Ein Protokoll. Im Auftrage der Historischen Kommission zu Berlin, des Instituts für Zeitgeschichte, München, und der Deutschen Vereinigung für Parlamentsfragen hrsg. von Martin Broszat, Ulrich Dübber, Walther Hofer, Horst Möller, Heinrich Oberreuter, Jürgen Schmädeke und Wolfgang Treue. Siedler. Berlin. 1983. S. 329 ff. (332 f., 329 ff., 339 f.) Gekürzt in der *Frankfurter Allgemeinen Zeitung* vom 24. Januar 1983, S. 9: Prof. Dr. Hermann Lübbe: Es ist nichts vergessen, aber einiges ausgeheilt. Der Nationalsozialismus im Bewußtsein der deutschen Gegenwart.

Lübbes Vortrag löste eine lebhafte Debatte in der deutschen Presse aus, siehe dazu: 1933 – Deutschlands Weg in die Diktatur. Das Medien-Echo auf die Internationale Konferenz zur nationalsozialistischen Machtübernahme, im Berliner Reichstagsgebäude, 13.–15. Januar 1983. Zusammengestellt von Jürgen Schmädeke. Beilage zu den *Informationen der Historischen Kommission zu Berlin*. Neue Folge, 9/1983.

29 Siehe dazu kürzlich Arthur M. Schlesinger Jr., Democracy and Leadership, *Dialogue* 1/1988, S. 20 ff. Vgl. auch Robert Leichts Beitrag in der

Zeit vom 18. September 1987, wo der Autor feststellt, daß gegenwärtig alle Parteien hierzulande in einer Orientierungskrise steckten. Ein ständig wachsender Anteil »politisierter Nichtwähler« zwinge sie in ein Dilemma, das mit einiger Verspätung inzwischen auch die Union zu spüren bekomme, während die SPD schon seit langem darunter leide. »Nur weil die Sozialdemokraten bereits am Tiefpunkt ihrer Probleme angekommen sind, sieht es so aus, als ginge es ihnen schon wesentlich besser.« Die Wähler in der Bundesrepublik seien insgesamt selbständiger, zugleich aber auch ratloser geworden. Bei allen Parteien gehe deshalb der Fundus der Stammwähler zurück; die Zahl der Wechselwähler nehme zu, die Wähler würden mobiler – und dies nach allen Seiten, ob sie nun für andere Parteien stimmten oder gar nicht an der Urne erschienen. Die Parteien versuchten das Problem durch Anpassung zu lösen, doch die vielen Versuche, bestimmten Wählern nachzulaufen, schreckten wiederum andere Bürger ab und irritierten zugleich die Treuesten der Anhänger. Alle Parteien, meint Leicht, stünden jetzt vor dem Zwiespalt zwischen der Moralisierung und der Modernisierung ihrer Politik: »Anstatt die Wähler mit einem ausgegorenen und eigensinnigen Angebot politischer Konzepte in Bewegung zu setzen und anzuziehen, also Führung auszuüben, studieren sie die Wählerschicht-Analysen der Demoskopen, um herauszufinden, welchen Wählern sich am leichtesten nachlaufen läßt. Die Wahlmanager aller Parteien erweisen sich als schlaue und zugleich blinde Ratgeber« (Robert Leicht, Alle Parteien im Spagat. Fragen nach den jüngsten Wahlen: Moralisieren oder Modernisieren. *Die Zeit* vom 18. September 1987, S. 1).

30 Joachim Fest, Die deutsche Frage: Das offene Dilemma, in: Wolfgang Jäger und Werner Link: *Republik im Wandel. 1974–1982. Die Ära Schmidt.* Geschichte der Bundesrepublik Deutschland in fünf Bänden. Hrsg. von Karl Dietrich Bracher, Theodor Eschenburg, Joachim C. Fest, Eberhard Jäckel. Band 5/II. Deutsche Verlags-Anstalt. Stuttgart. F. A. Brockhaus. Mannheim. 1987. S. 422 ff. (438).

31 Bereits im Jahre 1976 war mehr als die Hälfte der Bundesbürger jünger als 36 Jahre, also nach 1940 geboren. Die nach 1945 auf die Welt gekommenen Westdeutschen waren erstmals 1983 in der Überzahl (Berechnet nach: *Statistisches Jahrbuch für die Bundesrepublik Deutschland.* 1978. S. 59. 1985. S. 61).

32 In einer erregten, bis tief in die Nacht dauernden Bundestagsdebatte am 24./25. November 1949, also wenige Tage nach dem von Adenauer im Alleingang abgeschlossenen Petersberger Abkommen mit den Hohen Kommissaren der drei westlichen Besatzungsmächte, rief der Oppositionsführer, der SPD-Vorsitzende Kurt Schumacher, auf dem Höhepunkt der Auseinandersetzung: »Der Bundeskanzler der Alliierten!«

Zur Seite 67
Schumacher wurde daraufhin vom Parlamentspräsidenten Erich Köhler
zur Ordnung gerufen. Dennoch kam es zum Tumult. Unionsabgeord-
nete verlangten die Einberufung des Ältestenrates, der Bundeskanzler
verließ die Rednertribüne, Franz Josef Strauß forderte eine Entschuldi-
gung und drohte mit dem Auszug seiner Fraktion aus dem Parlament. In
tiefer Nacht, um 3 Uhr 21, wurde die Sitzung unterbrochen, der Älte-
stenrat einberufen. Dort redete man sich drei Stunden lang die Köpfe
heiß, bis man zu einer Entscheidung kam und die Sitzung wieder eröffnen konnte, Samstag morgens, um sechs Uhr früh. Köhler meinte, Kurt
Schumacher habe nicht nur dem Bundeskanzler, sondern auch dem
Bundestag und damit der deutschen Bundesrepublik eine schwere Belei-
digung zugefügt: »Denn der Herr Bundeskanzler ist eine Staatsfigur;
davon müssen wir ausgehen.« Köhler erklärte weiter, alle Versuche, den
Oppositionsführer zur Zurücknahme seines Zwischenrufes zu bewegen,
seien vergeblich geblieben, und machte deshalb von seinem Recht
Gebrauch, »den Herrn Abgeordneten Dr. Schumacher wegen gröbli-
cher Verletzung der Ordnung für die Zeit von 20 Sitzungstagen von der
Teilnahme an den Verhandlungen des Bundestages« auszuschließen.
Diese Disziplinarmaßnahme wurde dann allerdings nach wenigen
Tagen rückgängig gemacht, nachdem es Vertretern beider Parteien
gelungen war, eine Versöhnung zwischen Adenauer und Schumacher
zustande zu bringen (Das Protokoll der Sitzung findet sich in den *Verhandlungen des Deutschen Bundestages. 1. Wahlperiode. Stenographische Berichte. Band 1. Bonn. 1950. 18. Sitzung am 24. und 25. November 1949. S. 525 f.;* das weitere bei Willy Albrecht, *Kurt Schumacher:
Ein Leben für den demokratischen Sozialismus.* Verlag Neue Gesellschaft. Bonn. 1985. S. 69).

33 Vgl. dazu auch die umfangreiche Literatur zu Adenauers Rheinlandpolitik nach dem Ersten Weltkrieg, also aus seiner Zeit als Kölner Ober-
bürgermeister; insbesondere: Karl Dietrich Erdmann, *Adenauer in der
Rheinlandpolitik nach dem Ersten Weltkrieg.* Hrsg. von der Histori-
schen Kommission bei der Bayerischen Akademie der Wissenschaften.
Ernst Klett. Stuttgart. 1966; Henning Köhler, *Adenauer und die Rheini-
sche Republik. Der erste Anlauf 1918–1924.* Westdeutscher Verlag.
Opladen. 1986; Hans Georg Lehmann, Adenauer und der rheinische
Separatismus 1918/19. Clives Intervention zugunsten Adenauers im
Januar 1935. In: *Adenauer-Studien III. Untersuchungen und Doku-
mente zur Ostpolitik und Biographie.* Hrsg. von Rudolf Morsey und
Konrad Repgen (Veröffentlichungen der Kommission für Zeitge-
schichte. In Verbindung mit Dieter Albrecht, Andreas Kraus und
Rudolf Morsey hrsg. von Konrad Repgen. Band 15) Matthias Grüne-
wald. Mainz. 1974. S. 213 ff.; Rudolf Morsey, Der Staatsmann im Köl-

ner Oberbürgermeister Konrad Adenauer. *Rheinische Vierteljahresblätter* 1976, S. 199 ff.; Hans-Peter Schwarz, *Adenauer*. A. a. O. S. 202 ff.

34 Gustav Heinemann, *Verfehlte Deutschlandpolitik*. Irreführung und Selbsttäuschung. Artikel und Reden. Stimme-Verlag. Frankfurt a. M. 2. Aufl. 1969. S. 36.

35 Über Adenauers Verantwortungsgefühl und seinen fehlenden Chauvinismus sehr entschieden frühzeitig Gordon A. Craig, *From Bismarck to Adenauer: Aspects of German Statecraft* (The Albert Shaw Lectures on Diplomatic History) Johns Hopkins Press. Baltimore. 1958. S. 137 f.; deutsche Ausgabe: *Deutsche Staatskunst von Bismarck bis Adenauer.* Droste. Düsseldorf. 1961. Dort S. 148 f.

36 Walter Bagehot, *The English Constitution* (The Paternoster Library. Band 3) Kegan Paul. Trench. Trübner & Co. Ltd. London. 1900 (Erstausgabe 1867) S. 4; Bagehots Standardwerk ist auch in deutscher Sprache zugänglich: *Die englische Verfassung.* Hrsg. und eingeleitet von Klaus Streifthau (Politica. Abhandlungen und Texte zur politischen Wissenschaft. Hrsg. und eingeleitet von Wilhelm Hennis und Hans Maier. Band 33) Luchterhand. Neuwied und Berlin. 1971. Die angesprochene Passage findet sich dort auf S. 49.

37 Vgl. das Schlußkapitel »West Germany as a ›Penetrated‹ Political System« in Wolfram F. Hanrieder, *West German Foreign Policy 1949–1963*. International Pressure and Domestic Response. Stanford University Press. Stanford, California. 1967. S. 228 ff.

38 David Calleo, Amerika wird nicht für immer der Beschützer sein. Deutsche Vergangenheit und europäische Zukunft. *Frankfurter Allgemeine Zeitung* vom 8. September 1987, S. 8.

39 Vgl. Joachim Fest, Die deutsche Frage: Das offene Dilemma, in: Wolfgang Jäger und Werner Link: *Republik im Wandel. 1974–1982.* A. a. O. S. 437.

40 Über auffällige Besonderheiten der Westdeutschen bei den Ergebnissen einer international vergleichenden Wertestudie, die geradezu eine Isolierung der Deutschen gegenüber den Einstellungen anderer westlicher Völker erkennen lassen, berichten Elisabeth Noelle-Neumann und Renate Köcher, *Die verletzte Nation.* Über den Versuch der Deutschen, ihren Charakter zu ändern. Deutsche Verlags-Anstalt. Stuttgart. 1987. Etwa S. 15–17, 22, 27, 31.

41 Seweryn Bialer, Reform und Beharrung im Sowjetsystem. Ausgangslage, Schwierigkeiten und Aussichten der Politik Gorbatschows. *Europa-Archiv* 1987, S. 39 ff. (Schlußsätze auf S. 50)

42 Hierzu in größeren Zusammenhängen Klaus Ritter, Politische Perspektiven nach dem Washingtoner Gipfeltreffen vom Dezember 1987. *Europa-Archiv* 1988, S. 1 ff. Zu den neuen »Russischen Begriffskarrie-

ren« siehe den Beitrag von Kerstin Holm in der *Frankfurter Allgemeinen Zeitung* vom 10. Juli 1987, S. 27: Glasnost. Interessant ist auch Gorbatschows schon mehrfach wiederholte Bemerkung, etwa gegenüber Gabriel García Márquez bei dessen Besuch 1987 im Kreml, daß »die ganze Welt der Perestrojka bedürfe« (Werner Adam, Gute Worte. García Márquez im Kreml. *Frankfurter Allgemeine Zeitung* vom 17. Juli 1987, S. 23).

43 Siehe den Beitrag von Arnulf Baring »Das Ziel: gute Nachbarschaft mit Ost und West. Brandt setzt fort, was Adenauer begann« (*Die Zeit* vom 29. Oktober 1971, S. 3 f.), der auf weite Strecken Willy Brandt wörtlich wiedergibt; dort auch die Zitate.

44 Sebastian Haffner, Die Lebenslüge der Bundesrepublik. *konkret* vom 26. Februar 1970, S. 62 f.; wieder abgedruckt (gekürzt) in: ders., *Zur Zeitgeschichte*. 36 Essays. Kindler. München. 1982. S. 113 ff. (116 f.)

Deutsche Bewegung

1 Die beste Einführung in die Thematik der Hallstein-Doktrin noch immer bei ihrem Erfinder Wilhelm G. Grewe, *Rückblenden*. 1976–1951. Propyläen. Frankfurt a. M., Berlin und Wien. 1979. S. 251 ff.

2 Zum neuen Politikverständnis der sechziger Jahre scharfsinnig und gedankenreich Hermann Rudolph, *Die Herausforderung der Politik*. Innenansichten der Bundesrepublik. Deutsche Verlags-Anstalt. Stuttgart. 1985. Passim.

   Sehr anschaulich über Unterschiede zwischen den Generationen der »Mangelökonomie« und denen der »Überflußökonomie« Jörg Bopp, Wir machen es jetzt. Zur Moral der Jugendlichen. *Kursbuch* 60 (1980), S. 23 ff. (hier 24 ff.), wobei Bopp zu Recht auf die neuen »Mängel im Überfluß« aufmerksam macht. Siehe auch ders., *Jugend*. Umworben und doch unverstanden (Stufen des Lebens. Band 10) Kreuz-Verlag. Stuttgart. 1983. Taschenbuchausgabe bei S. Fischer. Frankfurt a. M. 1985. Vgl. insbesondere das Kapitel »Generationskonflikte«.

3 Vgl. Arnulf Baring, Nähern wir uns einem neuen Mittelalter? Zu Helmut Schelskys Versuch, die Bewußtseins-Veränderungen der letzten Jahre zu erklären. *Süddeutsche Zeitung* vom 26./27. April 1975, S. 83 (am Schluß).

4 Siehe Tilman Fichter und Siegward Lönnendonker, *Kleine Geschichte des SDS*. Der Sozialistische Deutsche Studentenbund von 1946 bis zur Selbstauflösung. Rotbuch. Berlin. 2. Aufl. 1979. S. 140.

5 Hierzu die Sammelrezension von Hans-Josef Legrand, Neue Soziale Bewegungen in der Bundesrepublik Deutschland. *Das Parlament* vom 8. Januar 1988, S. 15; im einzelnen: Otthein Rammstedt, *Soziale Bewegung*. edition suhrkamp. Frankfurt a. M. 1978; Wolf Schäfer (Hrsg.), *Neue soziale Bewegungen:* Konservativer Aufbruch in buntem Gewand? Arbeitspapiere einer Diskussionsrunde. Fischer Taschenbuch. Frankfurt a. M. 1983; Gerd Langguth, *Protestbewegung*. Entwicklung – Niedergang – Renaissance. Die Neue Linke seit 1968. Wissenschaft und Politik. Köln. 1983; Karl-Werner Brand (Hrsg.), *Neue soziale Bewegungen in Westeuropa und den USA*. Ein internationaler Vergleich. Campus. Frankfurt a. M. und New York. 1985; Karl-Werner Brand, Detlef Büsser, Dieter Rucht, *Aufbruch in eine andere Gesellschaft*. Neue soziale Bewegungen in der Bundesrepublik. Campus. Frankfurt a. M. und New York. Aktualisierte Neuausgabe. 1986; Joachim Raschke, *Soziale Bewegungen*. Ein historisch-systematischer Grundriß. Campus. Frankfurt a. M. und New York. 1985; Josef Janning, Hans-Josef Legrand, Helmut Zander (Hrsg.), *Friedensbewegungen*. Entwicklung und Folgen in der Bundesrepublik Deutschland, Europa und den USA. Wissenschaft und Politik. Köln. 1985.

6 Gunter Hofmann, Ambivalent. *Die Zeit* vom 18. Dezember 1987, S. 1.

7 Mancur Olson Jr., *Die Logik kollektiven Handelns*. Kollektivgüter und die Theorie der Gruppen (Die Einheit der Gesellschaftswissenschaften. Studien in den Grenzbereichen der Wirtschafts- und Sozialwissenschaften. Band 10. Unter Mitwirkung von Hans Albert, Knut Borchardt, Hans K. Schneider, Rudolf Wildenmann und Eberhard Witte hrsg. von Erik Boetcher) J. C. B. Mohr (Paul Siebeck). Tübingen. 1968. S. 56. Siehe auch vom selben Verf., Why Some Minorities Get Nothing. *Washington Post* vom 21. Mai 1987, S. A 23.

8 Irene Mayer-List, Gegen Elitäres kämpfen. Warum die grüne Politikerin nicht resignieren will. *Die Zeit* vom 22. Januar 1988, S. 59.

9 Elisabeth Noelle-Neumann, Die Volkszählung als Probe auf die Regierbarkeit. Eine demoskopische Standortbestimmung mit Blick auf das Rechtsbewußtsein. *Frankfurter Allgemeine Zeitung* vom 13. Mai 1987, S. 11. Vgl. zur Gesamtproblematik auch die von der Niedersächsischen Landeszentrale für politische Bildung hrsg. Schrift von Rudolf Wassermann, *Rechtsstaat ohne Rechtsbewußtsein?* (Grundfragen der Demokratie. Folge 8) Hannover. 1988. Dort besonders S. 15 ff.

10 Thomas Mann, *Betrachtungen eines Unpolitischen*. A. a. O. S. 56.

11 Walter Laqueur, *Die deutsche Jugendbewegung*. Eine historische Studie. Wissenschaft und Politik. Köln. 1962. S. 164.

12 Walter Laqueur, *Was ist los mit den Deutschen?* Ullstein. Frankfurt a. M. und Berlin. 1985. S. 14.

13 Elias Canetti, *Masse und Macht*. Claassen. Hamburg. 1960. S. 195 f.
Vgl. auch Bartholomäus Grills Aufsatz in der *Zeit* vom 25. Dezember
1987: Deutschland – ein Waldesmärchen. Den Hain im Hirn, den Forst
im Volke: Eine Geschichte alter und neuer Mythen. (S. 3)

14 Vgl. Walter Laqueur, *Die deutsche Jugendbewegung*, A. a. O. S. 37,
169.

15 Walter Laqueur, *Was ist los mit den Deutschen?* A. a. O. S. 67 und 20 f.

16 Hagen Schulze, Die Versuchung des Absoluten. Zur deutschen Kultur
im 19. und 20. Jahrhundert, in: ders., *Wir sind, was wir geworden sind*.
A. a. O. S. 111 ff. (111 f.)

17 Friedrich Sieburg, *Gott in Frankreich?* Ein Versuch. Societäts-Verlag.
Frankfurt a. M. (12. Tausend) 1931. S. 278, 332 und 334.

18 Siehe die kontroversen Beiträge in dem vom Münchner Institut für
Zeitgeschichte herausgegebenen Sammelband: *Deutscher Sonderweg –
Mythos oder Realität?* Kolloquien des Instituts für Zeitgeschichte.
R. Oldenbourg, München und Wien. 1982; vgl. auch Karl Dietrich Bracher, *Zeit der Ideologien*. Eine Geschichte des politischen Denkens im
20. Jahrhundert. Deutsche Verlags-Anstalt. Stuttgart. 1980; und, vom
selben Autor: *Die totalitäre Erfahrung*. Piper. München und Zürich.
1987. S. 91 ff.: Sonderweg oder Sonderbewußtsein, auch S. 189 ff. Vgl.
außerdem die Detailstudien von Rüdiger vom Bruch, *Weltpolitik als
Kulturmission*. Auswärtige Kulturpolitik und Bildungsbürgertum in
Deutschland am Vorabend des Ersten Weltkrieges (Quellen und For-
schungen aus dem Gebiet der Geschichte. Hrsg. im Auftrag der Görres-
Gesellschaft von Laetitia Boehm, Klaus Ganzer, Hermann Nehlsen,
Hugo Ott, Ludwig Schmugge. Neue Folge, Heft 4) Ferdinand Schö-
ningh. Paderborn, München, Wien und Zürich. 1982; Hans Georg
Steltzer, *Die Deutschen und ihr Kolonialreich*. Societäts-Verlag. Frank-
furt a. M. 1984; Bernd Faulenbach, *Ideologie des deutschen Weges*. Die
deutsche Geschichte in der Historiographie zwischen Kaiserreich und
Nationalsozialismus. C. H. Beck. München. 1980.

19 Hagen Schulze, *Wir sind, was wir geworden sind*. A. a. O. S. 113.

20 Vgl. dazu Fritz Stern, *Kulturpessimismus als politische Gefahr*. Eine
Analyse nationaler Ideologie in Deutschland. Scherz. Bern, Stuttgart
und Wien. 1963. S. 116.

21 Die vorstehenden Zitate aus den *Betrachtungen eines Unpolitischen*
a. a. O. auf den Seiten 232, 241, 47, 41, 47. Zu den politischen Auffassungen Thomas Manns siehe jüngst Joachim Fest, *Die unwissenden
Magier*. Über Thomas und Heinrich Mann. Corso bei Siedler. Berlin.
1985. S. 19 ff.: »Thomas Mann. Politik als Selbstentfremdung«, und,
immer noch lesenswert: Kurt Sontheimer, *Thomas Mann und die Deutschen*. Nymphenburger. München. 1961, hier bes. S. 31 ff.: »Politische

Betrachtungen einer verwundeten Künstlerseele«. Siehe allerdings auch die kritische Besprechung des erstgenannten Buches durch den Verfasser des zweiten: Kurt Sontheimer, Joachim Fests Versuch, Thomas und Heinrich Mann zu entpolitisieren. Der Humanität beraubt. *Die Zeit* vom 27. Juni 1986, S. 40.

22 Peter Berg, *Deutschland und Amerika 1918–1929*. Über das deutsche Amerikabild der zwanziger Jahre (Historische Studien. Heft 385) Matthiesen. Lübeck und Hamburg. 1963. S. 152.

23 Thomas Mann, *Betrachtungen eines Unpolitischen*. A. a. O. S. 261, 259 und 302.

24 *Goethes Briefe*. Hamburger Ausgabe in vier Bänden. Band 1. Briefe der Jahre 1764–1786. Textkritisch durchgesehen und mit Anmerkungen versehen von Karl Robert Mandelkow unter Mitarbeit von Bodo Morawe. Christian Wegner. Hamburg. 1962. S. 181, 402.

25 D. Martin Luther: *Biblia*. Das ist die gantze Heilige Schrifft Deutsch auffs new zugericht. Wittenberg 1545. Herausgegeben von Hans Volz unter Mitarbeit von Heinz Blanke. dtv text-bibliothek, Band 3. München. 1974. S. 2232. Der revidierte Text der zitierten Passage folgt der Ausgabe der Württembergischen Bibelanstalt, Stuttgart, von 1973.

26 *Duden. Das große Wörterbuch der deutschen Sprache*. In sechs Bänden. Hrsg. und bearbeitet vom Wissenschaftlichen Rat und den Mitarbeitern der Dudenredaktion unter der Leitung von Günther Drosdowski. Band 1. Dudenverlag. Mannheim, Wien und Zürich. 1976. S. 380.

27 Ludwig Fels, *Der Anfang der Vergangenheit*. Gedichte. Piper. München und Zürich. 1984. S. 94.

28 Wolfgang Hardtwig, *Vormärz*. Der monarchische Staat und das Bürgertum (Deutsche Geschichte der neuesten Zeit vom 19. Jahrhundert bis zur Gegenwart. Hrsg. von Martin Broszat, Wolfgang Benz und Hermann Graml in Verbindung mit dem Institut für Zeitgeschichte, München) Deutscher Taschenbuch Verlag. München. 1985. S. 9 ff. (10).

29 Manfred Görtemaker, *Deutschland im 19. Jahrhundert*. A. a. O. S. 72.

30 Walter Laqueur, *Die deutsche Jugendbewegung*. A. a. O. S. 7; siehe auch Brigitte Sauzay, *Die rätselhaften Deutschen*. Die Bundesrepublik von außen gesehen. Vorwort und Interview von Robert Picht. Bonn aktuell. Stuttgart. 1986. S. 66. Vgl. auch Gerhard Kluchert, *Die deutsche Jugendbewegung*. Sozialgeschichtliche Ansätze und Überlegungen zu ihrer Deutung. *Neue Politische Literatur* 1988, S. 25 ff.

31 Richard Friedenthal, *Luther*. Sein Leben und seine Zeit. Piper. München. 1967. S. 306. Vgl. in diesem Zusammenhang auch Christian Graf von Krockows Studie: *Scheiterhaufen*. Größe und Elend des deutschen Geistes. Severin und Siedler. Berlin. 1983.

32 Zitiert nach Manfred Görtemaker, *Deutschland im 19. Jahrhundert.* A. a. O. S. 72.

33 Friedrich Nietzsche, *Unzeitgemäße Betrachtungen.* Zweites Stück: Vom Nutzen und Nachteil der Historie für das Leben. Werke. Kritische Gesamtausgabe. Hrsg. von Giorgio Colli und Mazzino Montinari. Dritte Abteilung. 1. Band. Walter de Gruyter & Co. Berlin und New York. 1972. S. 239 ff. (300)

34 Paul de Lagarde, Über die Klage, daß der deutschen Jugend der Idealismus fehle, in: ders., *Deutsche Schriften.* Gesamtausgabe, letzter Band. Becker und Eidner. Göttingen. 5. Auflage. 1920. S. 404 ff. (415).

35 Thomas Mann, *Doktor Faustus.* Das Leben des deutschen Tonsetzers Adrian Leverkühn erzählt von einem Freunde. Gesammelte Werke in Einzelbänden. Frankfurter Ausgabe. Hrsg. von Peter de Mendelssohn. S. Fischer. Frankfurt a. M. 1980. S. 160 f.

36 Hans-Joachim Schoeps, *Rückblicke.* Die letzten dreißig Jahre (1925–1955) und danach. Haude & Spener. Berlin. 2. Auflage. 1963. S. 32 f.

37 Otto Piper, Rückblick auf den Wandervogel. Die Geschichte des Jungwandervogels. In: *Die Wandervogelzeit.* Quellenschriften zur deutschen Jugendbewegung 1896–1919. Hrsg. im Auftrage des Gemeinschaftswerks »Archiv und Dokumentation der Jugendbewegung« von Werner Kindt. Mit einer ideengeschichtlichen Einführung von Wilhelm Flitner (Dokumentation der Jugendbewegung. Band 2) Eugen Diederichs. Düsseldorf und Köln. 1968. S. 215 ff. (215).

38 Michael Jovy, *Jugendbewegung und Nationalsozialismus.* Analyse ihrer Zusammenhänge und Gegensätze. Eingeleitet von Arno Klönne. Lit. Münster. 1984. S. 12.

39 Corona Hepp, *Avantgarde.* Moderne Kunst, Kulturkritik und Reformbewegungen nach der Jahrhundertwende (Deutsche Geschichte der neuesten Zeit vom 19. Jahrhundert bis zur Gegenwart. Hrsg. von Martin Broszat, Wolfgang Benz und Hermann Graml in Verbindung mit dem Institut für Zeitgeschichte, München) Deutscher Taschenbuch Verlag. München. 1987. S. 36.

40 Kurt von Burkersroda, Die Hanstein-Tagung. In: Gerhard Ziemer, Hans Wolf (Hrsg.), *Wandervogel und Freideutsche Jugend* (Im Auftrag der Vereinigung Jugendbewegung Ludwigstein e. V.) Voggenreiter. Bad Godesberg. 2. Auflage. 1961. S. 473 ff. (473).

41 Die vorstehenden Zitate bei Corona Hepp, *Avantgarde.* A. a. O. S. 7, 85 f. Ardor (lat.) heißt Flamme, Feuer, Glut.

42 Ulrich Linse (Hrsg.), *Zurück, o Mensch, zur Mutter Erde.* Landkommunen in Deutschland 1890–1933. Deutscher Taschenbuch Verlag. München. 1983. S. 15 und 90. Corona Hepp, Avantgarde. A. a. O. S. 88.

43 Wolfgang Jäger und Werner Link: *Republik im Wandel. 1974–1982.* A.a.O. S. 153; Mutmaßungen über die Herkunft des grünen Farbsymbols bei Ulrich Linse, *Ökopax und Anarchie.* Eine Geschichte der ökologischen Bewegungen in Deutschland. Deutscher Taschenbuch Verlag. München. 1986. S. 7.

44 Ulrich Linse (Hrsg.), *Zurück, o Mensch, zur Mutter Erde.* A.a.O. S. 34.

45 Nach Corona Hepp, *Avantgarde.* A.a.O. S. 38, 41 und 42.

46 *Totenkopf und Treue.* Heinrich Himmler ohne Uniform. Aus den Tagebuchblättern des finnischen Ministerialrats Felix Kersten. Robert Mölich. Hamburg. 1952. Etwa S. 41 ff.

47 Norbert Frei, *Der Führerstaat.* Nationalsozialistische Herrschaft 1933–1945 (Deutsche Geschichte der neuesten Zeit vom 19. Jahrhundert bis zur Gegenwart. Hrsg. von Martin Broszat, Wolfgang Benz und Hermann Graml in Verbindung mit dem Institut für Zeitgeschichte, München) Deutscher Taschenbuch Verlag. München. 1987. S. 147, 124.

48 Walter Laqueur, *Die deutsche Jugendbewegung.* A.a.O. S. 209.

49 Ein Stoff für Patrioten? Über die »Hitler-Welle« und deren Wirkung sprach Adelbert Reif mit Sebastian Haffner. *Deutsches Allgemeines Sonntagsblatt* vom 30. Juli 1978, S. 16.

50 Ulrich Linse (Hrsg.), *Zurück, o Mensch, zur Mutter Erde.* A.a.O. S. 22, 95 f.

51 Richard Löwenthal, *Gesellschaftswandel und Kulturkrise.* Zukunftsprobleme der westlichen Demokratien. Fischer Taschenbuch. Frankfurt a. M. 1979. Insbes. S. 27 ff.

52 Elisabeth Noelle-Neumann und Renate Köcher, *Die verletzte Nation.* A.a.O., passim.

53 Die Originalausgabe *The Politics of Cultural Despair* erschien 1961 bei der University of California Press (Berkeley), eine deutsche Übersetzung – mit einem Vorwort von Ralf Dahrendorf – 1963 im Scherz Verlag (Bern, Stuttgart und Wien) unter dem Titel *Kulturpessimismus als politische Gefahr.* Das Vorwort der englischen Taschenbuchausgabe von 1974 ist jetzt deutsch zugänglich beim Deutschen Taschenbuch Verlag, München. 1986. S. VII f.

54 Ralf Dahrendorf, Lauter offene Fragen. Kurt Sontheimer über »Linke Theorie in der Bundesrepublik«. *Die Zeit* vom 9. April 1976, »Literatur« S. 4.

Julius Langbehns Schrift »Rembrandt als Erzieher« war jahrzehntelang die einflußreichste Schrift der deutschen Jugendbewegung. 1890 bei C. L. Hirschfeld in Leipzig ohne Verfasserangabe erschienen, umwob das Buch von Anbeginn ein mystischer Schleier. Das Rätselraten über den geheimnisvollen Autor (Paul de Lagarde und Friedrich

Nietzsche gehörten zu den oft genannten Anwärtern) trug zu dem Erfolg des Werkes bei, das allein in den ersten beiden Jahren seines Erscheinens über vierzig Auflagen erlebte. (Vgl. Fritz Stern, *Kulturpessimismus als politische Gefahr*. A. a. O. S. 192 f.)

55 So wenig man Arthur Schopenhauer, der ja sehr konservativ war, ganz gegen die Nationalbewegung eingenommen, ohne weiteres in die hier skizzierte Gemütsverfassung einbeziehen darf.

56 Thomas Kluge, Noch ein Untergang des Abendlandes? Leben und Tod – Die unbewußte Renaissance der Lebensphilosophie in der Ökologiebewegung. *Politische Vierteljahresschrift* 1983, S. 428 ff., wobei so unterschiedliche, aber eben überwiegend deutsche bzw. dem deutschen Kulturkreis entstammende Berühmtheiten wie Carl Amery, Rudolf Bahro, Erich Fromm, Ivan Illich, Lewis Mumford und Ernst Friedrich Schumacher, aber auch der wenig bekannte Soziologe Otto Ullrich abgehandelt werden.

57 Richard Locke, Günter Grass' Book of Revelation. *Washington Post*. Book World vom 12. Juli 1987, S. 5; siehe auch Janette Turner Hospital, Post Futurum Blues. *The New York Times Book Review* vom 5. Juli 1987, S. 6.

58 Heinz Brüggemann, Heide Gerstenberger, Wilfried Gottschalch, Ulrich Preuß, Gisela Erler, Heiner Kipphardt, Thomas Schmid, Ulrich Sonnemann, *Über den Mangel an politischer Kultur in Deutschland*. Wagenbach. Berlin. 1978. Das Gespräch über politische Kultur in Deutschland findet sich auf den S. 93 ff. (112 f.)

Die neue Selbstüberschätzung

1 Vgl. Wolfgang J. Mommsen, »Wir sind wieder wer.« Wandlungen im politischen Selbstverständnis der Deutschen, in: Jürgen Habermas (Hrsg.), *Stichworte zur »Geistigen Situation der Zeit«*. Band 1: Nation und Republik. Frankfurt a. M. 1979. S. 185 ff.

2 Adam Ulam, Vom Wesen der Sowjetpolitik. *Europäische Rundschau* 3/1983, S. 43 ff. (53–55)

3 Willy Brandt, *Begegnungen und Einsichten*. Die Jahre 1960–1975. Hoffmann und Campe. Hamburg. 1976. S. 363–365.

Auch hinsichtlich einer *schleichenden* Erweiterung des sowjetischen Einflusses in Westeuropa hegte Pompidou Befürchtungen, wie er Henry Kissinger am 18. Mai 1973 anvertraute. Der französische Staatspräsident wollte wissen, welche Haltung die Vereinigten Staaten gegenüber einem getarnten sowjetischen Vorrücken einnehmen würden, das »ohne

Gewaltanwendung, aber als ›voranwandernde Flutwelle‹ auf uns zukäme« (Henry A. Kissinger, *Memoiren 1973–1974*. Bertelsmann. München. 1982. S. 199).

4 Hans-Peter Schwarz. *Die gezähmten Deutschen*. Von der Machtbesessenheit zur Machtvergessenheit. Deutsche Verlags-Anstalt. Stuttgart. 1985, passim; siehe besonders S. 57, 128 f.

5 Natürlich gibt es auch Menschen, die das völlig anders sehen. So forderten die grünen Bundestagsabgeordneten Petra Kelly und Otto Schily im Herbst 1987 in einem Brief an den Bundespräsidenten, den Bundeskanzler und den Bundestagspräsidenten eine Amnestie für Anhänger der Friedensbewegung, die beispielsweise wegen Sitzblockaden und Straßensperren vor Militärdepots verurteilt worden waren. Es gehe nicht an, daß Bürger, »die den – wenn auch bescheidenen – bevorstehenden Abrüstungserfolg mitbewirkt haben, mit Sanktionen überzogen werden« (Günter Bannas, Die Grünen und der »deutsche Herbst«. Eine Diskussion in »Stammheim-Atmosphäre«. *Frankfurter Allgemeine Zeitung* vom 14. Oktober 1987, S. 4; vgl. auch: Grüne fordern Amnestie für Mitglieder der Friedensbewegung. In derselben Ausgabe auf S. 1).

6 Vgl. James M. Markham, Soviet Calls The Tune in A Duet Set In Germany. *New York Times* vom 19. Juli 1987, S. E 3. Die Sympathien für Gorbatschow haben in unserem Lande erstaunliche Ausmaße angenommen; längst hat der Generalsekretär den amerikanischen Präsidenten Ronald Reagan überflügelt. Außerdem zweifelt inzwischen die Hälfte der Westdeutschen an der Friedfertigkeit der Vereinigten Staaten, aber nur 41 Prozent denken genauso über die Russen – ein verblüffender Wirklichkeitsverlust, den eine Umfrage der Friedrich-Ebert-Stiftung ans Tageslicht brachte (Jörg von Uthmann, Das ungleiche Paar. Deutschland und Amerika auf dem Prüfstand. *Frankfurter Allgemeine Zeitung* vom 3. Oktober 1987, S. 27). Rolf Zundel stellte bereits am 10. Juli 1987 in der *Zeit* fest, daß in der Bundesrepublik inzwischen Gorbatschow für vertrauenswürdiger gehalten werde als Reagan (Wenn Normalität lästig wird. Die Koalition ist weit unterhalb ihrer politischen Möglichkeiten geblieben. *Die Zeit* vom 10. Juli 1987, S. 1). Eine EMNID-Umfrage, ebenfalls aus dem Oktober 1987, zeigte in einer Skala der Länder, mit denen sich die Bundesbürger enge Beziehungen wünschen, die Sowjets erstmals vor den USA: 91 Prozent für die UdSSR; 86 Prozent für die Vereinigten Staaten (Regierung Kohl verliert weiter an Popularität. *Welt am Sonntag* vom 18. Oktober 1987, S. 1). Außerdem stellte EMNID fest, daß 59 Prozent der Befragten ein »sehr großes« bzw. »ziemlich großes« Vertrauen in die Friedens- und Abrüstungspolitik der Sowjetunion bekundeten; über die USA sagten das nur

52 Prozent. Unter den SPD-Wählern betrug das Verhältnis sogar 69 zu 47, bei Grün-Wählern 62 zu 24. Gorbatschows Sympathiewerte überflügelten mit Abstand die von Reagan: Er erreichte eine Gesamtpunktzahl von 1,3 gegenüber den 0,8 des amerikanischen Präsidenten. Daß Reagan überhaupt einen positiven Wert für sich verbuchen konnte, verdankte er allein den CDU/CSU-Wählern, die ihm 1,9 Punkte gaben (gegenüber immerhin 0,9 für Gorbatschow). Bei den Wählern der anderen Bundestagsparteien sah das ganz anders aus: 1,4 für Gorbatschow und 0,5 für Reagan bei der FDP; 1,8 zu 0,2 bei der SPD. Bei den Grünen erfreute sich der Generalsekretär einer vergleichsweise geringen Beliebtheit von nur 1,1 Punkten – vermutlich, weil sie ihn mit zu den Etablierten rechnen; Reagan allerdings erhielt gleich minus 2,0 Punkte (Mehr Vertrauen in die Sowjetunion als in die USA. *Der Spiegel* vom 2. November 1987, S. 44; vgl. auch die nach Altersgruppen aufgeschlüsselten Sympathiewerte im *Spiegel* vom 9. November 1987, S. 91: Reagan nur bei Rentnern vorn). In der Life-Ausstrahlung »Fernsehbrücke Mainz-Leningrad« am 13. Oktober 1987 um 19.30 Uhr im ZDF stellte ZDF-Chefredakteur Appel, der diese Sendung moderierte, folgende Umfrageergebnisse vor: Auf die Frage, ob Michail Gorbatschow ein Mann sei, dem man vertrauen könne, antworteten 76 von 100 Befragten mit »Ja«; 56 von 100 gaben sich überzeugt, daß der Frieden in Europa seit dem Amtsantritt Gorbatschows sicherer geworden sei. Die Beziehungen zwischen der Bundesrepublik und der Sowjetunion beurteilten 71 von 100 als gut. Noch im Jahr zuvor waren es nur 45 Prozent gewesen, die diesen Standpunkt einnahmen.

Vgl. auch die Grafik »Reagan und Gorbatschow im Meinungsbild der deutschen Öffentlichkeit« nach Allensbach-Umfragen in der *Frankfurter Allgemeinen* vom 19. Juli 1988, S. 2; sowie Jörg von Uthmanns Artikel »Wellen der Russenliebe« in der *Frankfurter Allgemeinen Zeitung* vom 2. April 1988, S. 27.

7 Martin Kriele, Das ›Recht der Macht‹. Die normative Kraft des Faktischen und der Friede. *kontinent* 3/1983, S. 6 ff. (13–15) Man wird über Krieles Thesen im einzelnen streiten können. Unstrittig ist jedoch, daß der Vietnamkrieg das entscheidende, ernüchternde Schlüsselerlebnis für neue Generationen war. Es führte dazu, daß Amerika seine Rolle als Utopie, als verklärtes Vorbild, die ihm in der unmittelbaren Nachkriegszeit zugewachsen war, verlor. Über diesen Befund herrschte Einigkeit auf einem zweitägigen deutsch-amerikanischen Symposium des Goethe-Instituts, das Anfang Oktober 1987 in Los Angeles stattfand. Vgl. dazu den eben schon erwähnten, anregenden Bericht Jörg von Uthmanns in der *Frankfurter Allgemeinen Zeitung* vom 3. Oktober 1987, S. 27.

8 Martin Kriele, *Nicaragua – das blutende Herz Amerikas*. Ein Bericht. Piper. München und Zürich. 2. Aufl. 1986. S. 181 f.

9 Siehe statt vieler: Richard N. Haass, Correlation of Forces Turning Toward Soviets. *Los Angeles Times* vom 6. September 1987, Part V, S. 5.

10 Werner Weidenfeld, Amerika und Europa. Die Ambivalenz einer Partnerschaft. *Frankfurter Allgemeine Zeitung* vom 16. Februar 1988, S. 29.

11 Zitiert nach Robert von Berg, Waisenkind Bundesrepublik. Ein Symposium in New York über das deutsch-amerikanische Verhältnis. *Süddeutsche Zeitung* vom 27. Januar 1986, S. 10.

12 Vgl. Fritz Stern, Die politischen Folgen des unpolitischen Deutschen. In seinem Sammelband: *Das Scheitern illiberaler Politik*. Studien zur politischen Kultur Deutschlands im 19. und 20. Jahrhundert. Propyläen/ Ullstein. Frankfurt a. M., Berlin und Wien. 1974. S. 41 ff. (45).

13 Hans Magnus Enzensberger, West Germany's ›Westpolitik‹ Deficiency. *Zeitschrift für Kulturaustausch* 1987, S. 251 ff. (251).

14 Hans-Peter Schwarz, *Die gezähmten Deutschen*. A. a. O. S. 19 f.

15 Joachim Bölke, Die wachsende Distanz. *Der Tagesspiegel* vom 18. Mai 1986, S. 1.

16 Die aufgeführten Zitate finden sich in den folgenden Veröffentlichungen: Hans Magnus Enzensberger, *Zeitschrift für Kulturaustausch* 1987, S. 251; Otto Schily, Perspektiven der Friedenspolitik, in: ders., *Vom Zustand der Republik*. Wagenbach. Berlin. 1986. S. 106; Bernhard Vogel nach: »Wir sind Freunde der Amerikaner, nicht ihre Vasallen«. Der rheinland-pfälzische Ministerpräsident und der Bitburger Bürgermeister appellieren an Kohl. *Frankfurter Allgemeine Zeitung* vom 30. April 1985, S. 4; Hans-Jochen Vogel wird zitiert in: Gode Japs, Amerikaner wollen keine deutschen Vasallen. Irritationen auf beiden Seiten – den Deutschen mangelt es an Selbstbewußtsein. *Vorwärts* vom 27. April 1985, S. 6; Oskar Lafontaine, *Angst vor den Freunden*. Die Atomwaffenstrategie der Supermächte zerstört die Bündnisse (*Spiegel*-Buch) Rowohlt Taschenbuch. Reinbek bei Hamburg. 1984. S. 88; Peter Bender, Mode, Modell oder Motiv? *Die Neue Gesellschaft/Frankfurter Hefte* 1987, S. 296 ff. (297); das Engholm-Zitat nach: SPD, Amerika und das Reizwort »Vasallentum«. *Die Welt* vom 23. März 1985, S. 3; Erhard Eppler, Fundament für den Frieden. Auf dem Weg von der Pax Romana zum Schalom. *Evangelische Kommentare* 1987, S. 442 ff. (443 f.); Heinrich Albertz im Gespräch mit Knut Nevermann, »Berlin ist das einzige Stück Deutschland, über das noch nicht endgültig verfügt wurde…«. In: Knut Nevermann (Hrsg.), *Lokal 2000*. Berlin als Testfall. Rowohlt aktuell. Reinbek bei Hamburg. 1983. S. 258 ff. (261);

Dorothee Sölle, *Aufrüstung tötet auch ohne Krieg.* Kreuzverlag. Ulm. 1982. S. 87; »Unsere Gefahr ist das Wischiwaschi«. Die Theologie-Professoren Dorothee Sölle und Trutz Rendtorff streiten über Kirche und Nachrüstung. *Der Spiegel* vom 10. Oktober 1983, S. 37 ff. (48); Egon Bahr, *Was wird aus den Deutschen?* Fragen und Antworten. Rowohlt. Reinbek bei Hamburg. 1982. S. 207 f.; Jutta Ditfurth, Radikal und phantasievoll gesellschaftliche Gegenmacht organisieren. Skizzen einer radikalökologischen Position. *Kommune* vom 4. Mai 1984, S. 24 ff. (27); Egon Bahr, *Was wird aus den Deutschen?* A. a. O. S. 211; Horst Ehmke, Eine Politik zur Selbstbehauptung Europas. Überlegungen angesichts der Entfremdung zwischen Alter und Neuer Welt. *Europa-Archiv*, 1984 S. 195 ff. (200); Willi Preßmar, Gibt es Alternativen zur NATO-Strategie? Eine defensive Verteidigung wäre hochgradig abrüstungstauglich. Aber auf diesem Feld gibt es offene Probleme. *Kommune* vom 16. Mai 1983, S. 9 ff. (9); Mechtersheimers bemerkenswerter Ausspruch entstammt einer Bundestagsrede vom 20. März 1987, abgedruckt in: *Verhandlungen des Deutschen Bundestages.* 11. Wahlperiode. Stenographische Berichte. Band 141. Bonn. 1987. S. 286 ff. (287 C), auch zitiert bei Karsten Voigt, Bekenntnisse zur Politikunfähigkeit oder Die sicherheitspolitischen Vorstellungen der Grünen. *Kommune* vom Dezember 1987, S. 66 ff. (67); Ton Veerkamp, Blockfreies Europa – eine Perspektive? *Die Neue Gesellschaft/Frankfurter Hefte* 1985, S. 1011 ff. (1015); Oskar Lafontaine, *Angst vor den Freunden.* A. a. O. S. 43; Thomas Fuchs, Jakob Marti und Georg Soldner, Neue deutsche Ostpolitik und mitteleuropäische Emanzipation. Entwicklung, Krise und Möglichkeiten. *Kommune* vom September 1985, S. 38 ff. (38).

17 Harro Honolka, *Schwarzrotgrün.* Die Bundesrepublik auf der Suche nach ihrer Identität. Beck'sche Reihe. München. 1987. S. 133, 160 f.

18 Hans-Ulrich Wehler, Zum dritten Mal: Deutscher Antiamerikanismus, in: *Preußen ist wieder chic ...* Politik und Polemik in zwanzig Essays. edition suhrkamp. Frankfurt a. M. 1983. S. 37 ff. (41 ff.); ursprünglich veröffentlicht im *Monat* 4/1981, S. 30 ff.

19 Harry Tallert, Protest als Programm. Aspekte der Öko-Bewegung. *aus politik und zeitgeschichte* B 26/80. Beilage zur Wochenzeitung *Das Parlament* vom 28. Juni 1980, S. 12 ff. (28)

20 Wolfgang Pohrt, *Endstation.* Über die Wiedergeburt der Nation. Pamphlete und Essays. Rotbuch. Berlin. 1982. S. 112, 71, 138 f.

21 Wolfgang Pohrt, *Kreisverkehr, Wendepunkt.* Über die Wechseljahre der Nation und die Linke im Widerstreit der Gefühle. Pamphlete und Glossen (Critica Diabolis. 4) Edition Tiamat. Klaus Bittermann. Berlin. 1984. S. 62, 20, 71, 116 f.

22 Über das »theologische Land« Bundesrepublik siehe den bereits erwähnten, kurzen, aber erhellenden Aufsatz von Johannes Gross, in: ders., *Unsere letzten Jahre*. A.o.O. S.79ff. Vgl. auch Hans-Joachim Veens Aufsatz: Bewährung als Volkspartei. Konfession und Wahlverhalten der Generationen. *Die politische Meinung* vom Mai/Juni 1988, S.58ff.

23 Der Hamburger Kirchentag vom 17. bis zum 21.Juni 1981 war der Höhepunkt dieser Entwicklung. Zehntausende zumeist jugendliche Besucher (die Hälfte der Teilnehmer war zwischen 15 und 25 Jahren alt) gaben dem Kirchentag unter dem Eindruck des Nato-Doppelbeschlusses vom Dezember 1979 ein völlig neues Aussehen: »Man versucht«, klagte Kirchentagspräsident Klaus von Bismarck, »über die Kupplung Friedensthema an den Kirchentagszug die Waggons der weltanschaulichen und politischen Protestszene anzukoppeln«. Der Frieden wurde zum beherrschenden Thema dieses riesigen protestantischen Happenings. Unter dem Titel »Frieden schaffen« war ein spezieller Themenbereich eingerichtet worden: Friede an drei Nachmittagen in Arbeitsgruppe 3; Friede auf den Podiumsdiskussionen, in Vorträgen, bei Bibelarbeiten; Friede auf dem »Markt der Möglichkeiten« in Halle 2b gleich an 35 verschiedenen Ständen; Friede speziell für die Jugend im »Schalomzentrum«; Friede in der »Fabrik«, Hamburgs urigstem Szeneplatz; Friede im »Friedensgottesdienst« und schließlich, nicht im offiziellen Programm, aber jedermann bekannt, Friede auf der großen Demonstration im Hamburger Zentrum. So geriet die Halle 13, die »Halle des Friedens«, zum eigentlichen Zentrum der Kirchentagsveranstaltungen; täglich drängten sich dort zwischen acht- und zehntausend Menschen.

Schließlich ging der Kirchentagsfriede selbst verloren, als Verteidigungsminister Hans Apel durch weißgewandete Gestalten mit blutverschmierten Gesichtern, Trillerpfeifen und Wurfeiern zeitweilig am Sprechen gehindert wurde. Offiziell hatte der Hamburger Kirchentag unter dem Motto gestanden: »Fürchte dich nicht«. Die Bewegung schuf sich die Gegenparole »Fürchtet Euch – Der Atomtod bedroht uns alle«, geziert von einem Kreuz aus Atommeiler und Atombombe. »Wer wandert im finsteren Tal und fürchtet sich nicht?« rief der Hamburger Bischof Hans-Otto Wölber seinen jungen Zuhörern in Anlehnung an den wunderbaren Psalm Davids über jenen guten Hirten zu, von dem es bei David heißt: »Und ob ich schon wanderte im finstern Tal, fürchte ich kein Unglück; denn du bist bei mir, dein Stecken und Stab trösten mich.« Wölber jedoch meinte: »Müssen wir uns nicht fürchten in unserer betonierten Zivilisation mit der verpesteten Luft und den vergifteten Flüssen – wir Sünder nicht nur wider den Geist, sondern wider die

Kreatur? Fürchten wir uns nicht angesichts der Tausenden von Atom-
sprengköpfen auf Raketen in den Bunkern dieser guten Erde Gottes bei
uns? Fürchten wir uns nicht vor diesem Einstieg in die Apokalypse?«
Hildegard Goss-Mayr erklärte: »Der lebendige Gott wünscht, daß von
Euch, von der jungen Generation, die Selbstvernichtung der Menschheit
verhindert wird und daß durch Eure ›grünen Daumen‹, durch die Kraft
der Gewaltfreiheit und des Friedensschaffens sinnerfülltes Leben und
Hoffnung neu erstehen.« Auch Professor Walter Jens erblickte die
Menschheit »auf der Kippe zwischen Möglichkeit und Wirklichkeit der
Selbstvernichtung«, in einer Situation sehr realer Gefahr, in der Friede
gleichbedeutend mit Tod werden könne. Die Theologin Luise Schottroff
aus Mainz mahnte: »Wir sollten uns die Todesdrohung bewußt
machen, die uns in unseren Träumen ängstigt: Wieder hinter einer
Mauer zu liegen und auf den Tod aus den Flugzeugen oder auch Atom-
raketen zu warten. Diesmal werden wir hoffen müssen, daß wir wenigstens gleich tot sind und daß wir nicht unsere Kinder in der Atomwüste
noch herumirren sehen.« Pfarrer Jörg Zink erklärte, daß jeder, der die
Unmenschlichkeit im heutigen Zusammenleben der Menschen einmal
gesehen habe, nach neuen und anderen Gemeinschaften suchen müsse.
Der SPD-Politiker Erhard Eppler wiederum erinnerte daran, daß es
längst nicht mehr darum ginge, wie, sondern nur noch, ob eine kommende Generation überhaupt weiterleben könne. Entsprechend standen
die Zeiger der »Weltuntergangsuhr« des Kirchentages sinnfällig auf vier
Minuten vor Zwölf. Weiter gab Erhard Eppler seinem Publikum zu
bedenken, wir wüßten doch eigentlich gar nicht, ob »die, die man da
mit der Farbe Rot identifiziert, uns erobern und knechten wollen«. Mit
anderen Worten: Die sowjetische Gefahr sei eingebildet, die Feinde
säßen anderswo: in Washington. Die Theologin und Literaturwissen-
schaftlerin Dorothee Sölle kam in diesem Punkt, wie üblich, deutlicher
zur Sache: »Wir leben nicht in El Salvador, aber unter der Herrschaft
der Nato. In ihren Planungsbüchern wird über unser Leben und das
anderer Völker entschieden. Dort werden die falschen Götzen angebo-
ten und dorthin gehört unser Kampf.«
Von solchen Worten geängstigt und gleichzeitig zu Taten angespornt,
verabschiedeten die Kirchentagsbesucher verschiedene Resolutionen;
etwa die Resolution 14, die, an Bundestag und Bundesregierung gerichtet, den Nato-Austritt der Bundesrepublik forderte; übrigens auch den
Austritt der DDR, und, weil man einmal dabei war, auch den Polens aus
dem Warschauer Pakt – als sei es Sache bundesdeutscher Gremien,
dergleichen zu beschließen (Die vorstehenden Angaben und Zitate
stammen aus den Bänden *Deutscher Evangelischer Kirchentag*, Hamburg 1981. Dokumente. Band 19. Hrsg. im Auftrag der Leitung des

Deutschen Evangelischen Kirchentages von Hans-Jochen Luhmann und Gundel Neveling. Kreuz. Stuttgart und Berlin. 1981 [im folgenden zitiert als »Dokumente«]; und *Deutscher Evangelischer Kirchentag. Das Kirchentagstaschenbuch.* Hamburg '81. Hrsg. im Auftrag der Leitung des Deutschen Evangelischen Kirchentages von Carola Wolf. Kreuz. Stuttgart. 1981 [im folgenden zitiert als »Kirchentagstaschenbuch«]. Die Angabe über das Alter der Teilnehmer: Dokumente S. 5; die Zitate von Klaus von Bismarck: Kirchentagstaschenbuch S. 114; über die Friedenshysterie: ebenda S. 115; Störungen bei Apels Auftritt: ebenda S. 122, 116; Hans-Otto Wölber: Dokumente S. 81, 45; Hildegard Goss-Mayr: ebenda S. 307; Walter Jens: ebenda S. 123, 121; Luise Schottroff: ebenda S. 151; Jörg Zink: ebenda S. 90; Erhard Epplers Rede »Verantwortung eines Christenmenschen« im Kirchentagstaschenbuch S. 134 ff. (136); Dorothee Sölle: Dokumente S. 336; die Resolution 14 wurde auf Antrag der »Initiative Bildung auf Gegenseitigkeit« (!) aus Lindenfels verabschiedet: Dokumente S. 561.

Vgl. auch die Äußerungen von Erhard Eppler in: Robert-Julius Nüsse; Eppler wirft Teilen der Kirche »Anpassung« vor. »Friedensdienst mit und ohne Waffen nicht das letzte Wort«. *Frankfurter Rundschau* vom 20. Juni 1981, S. 4; sowie Helmut Gollwitzer in: Georg Paul Hefty, Wie der Bundeskanzler in die Geschichte eingehen soll. Die Hamburger Demonstration gegen die Nachrüstung – Hansen, Gollwitzer und andere. *Frankfurter Allgemeine Zeitung* vom 22. Juni 1981, S. 3; weiterhin Gollwitzers Beitrag vom 7. Juni 1981 in *Die Neue* unter dem Titel: »Macht kaputt, was euch kaputt macht« [S. 4]; insgesamt über den Kirchentag Jürgen Leinemanns Bericht im *Spiegel* vom 22. Juni 1981, S. 24 ff.: »Die halten uns alle für Nicht-Menschen«. *Spiegel*-Reporter Jürgen Leinemann über den Auftritt der Politiker beim Hamburger Kirchentag; Rolf Zundel im *Zeit*-Dossier vom 26. Juni 1981, S. 9 f.: Kirche auf der Wanderung. 120 000 beim Hamburger Kirchentag: Eine neue Bewegung aus Angst und Glauben kann die Republik verändern [Weitere Beiträge des Dossiers von Margrit Gerste, Hans Jakob Ginsburg, Karl-Heinz Janßen, Klaus Pokatzky und Gerhard Seehase]; und Jens Fischers Artikel im *Vorwärts* vom 25. Juni 1981, S. 3: Fürchtet euch endlich einmal! Der Hamburger Kirchentag und die Friedensbewegung).

24 Leserbrief Helmut Gollwitzers an den *Spiegel* vom 10. August 1981, S. 13.

25 Aktion Sühnezeichen/Friedensdienste (Hrsg.), *Bonn 10. 10. 81.* Friedensdemonstration für Abrüstung und Entspannung in Europa. Redaktion: Volkmar Deile, Ulrich Frey, Thomas Hartmann, Alwin Meyer und Andreas Zumach. Lamuv. Bornheim. 1981. Die Rede von Heinrich

Albertz findet sich auf den S. 81 ff. (82). Sie ist außerdem, neben den Ansprachen von William Borm, Helmut Gollwitzer, Alfred Mechtersheimer und Dorothee Sölle, auch in der *Frankfurter Rundschau* vom 13. Oktober 1981, S. 13, unter der Gesamtüberschrift »Die Arroganz der Macht ist unerträglich!« nachzulesen.

26 Die Zitate entstammen einem am 10. Oktober 1983 veröffentlichten *Spiegel*-Gespräch: »Unsere Gefahr ist das Wischiwaschi«. Die Theologie-Professoren Dorothee Sölle und Trutz Rendtorff streiten über Kirche und Nachrüstung. S. 37 ff.; sowie dem Beitrag: Gottes Unilateralismus – eine Theologie des Friedens, in: Rudolf Steinmetz (Hrsg.), *Das Erbe des Sokrates*. Wissenschaftler im Dialog über die Befriedung der Welt. Deutscher Taschenbuch Verlag. München. 1986. 238 ff. Vgl. auch Frau Sölles Beitrag »Wen verteidigt die Nato?« in den *Blättern für deutsche und internationale Politik* 1985, S. 524 ff.

27 Theodor Ebert, *Ziviler Ungehorsam*. Von der APO zur Friedensbewegung. Waldkirchner Verlagsanstalt. Waldkirch. 1984. S. 173 f. Vgl. zum Gesamtzusammenhang den sehr ausgewogenen Artikel von Eberhard Stammler: Spuren im Milieu der Kirche. *Rheinischer Merkur/Christ und Welt* vom 24. Juni 1988, S. 21. In seiner naiven Einseitigkeit typisch für die neue protestantische Sicht der Politik ist der Aufsatz des Ratsvorsitzenden der EKD, Bischof Martin Kruse, »Die Sicht vom anderen her«, in dem Kruse moralische Schuld mit finanziellen Schulden gleichsetzt und eine besondere Verpflichtung der Deutschen behauptet, den Entwicklungsländern solche Schulden zu erlassen. Zugleich plädiert Kruse für eine »neue Streitkultur« mit der DDR: »Von deutschem Boden dürfen nicht wieder Verfeindungen ausgehen und von Berlin erst recht nicht« (*Evangelische Kommentare* 1988, S. 401 ff. [401, 402]).

28 Mao Tse-tung, *Theorie des Guerillakrieges* oder Strategie der Dritten Welt. Einleitender Essay von Sebastian Haffner. Rowohlt aktuell. Reinbek bei Hamburg. 10. Auflage 1976. S. 53.

29 *Saarbrückener Bundesprogramm* der Grünen vom 23. März 1980. S. 19.

30 Zitiert nach V. Böge, »Tabubrecher« gegen »Dogmatiker«? Die Forderung nach Austritt aus der Nato, in: *Die Grünen* vom 31. Oktober 1987, S. 6.

31 Die Grünen im Bundestag (Hrsg.), *SPD-Verteidigungspolitik*. Ein halber Frieden. Was uns von der SPD trennt. Hamburg, Köln und Bonn. 1986. S. 68 f.; hier zitiert nach Jürgen Schnappertz, Nato-Austritt oder Auflösung der Militärbündnisse. Wie die Nato-Austrittsforderung populär wurde – eine grüne Karriere. *Kommune* vom Januar 1988, S. 59 ff. (62)

32 Otto Schily, *Vom Zustand der Republik*. A. a. O. S. 108.

33 Jürgen Maier, Emanzipation von den Strömungsfürsten. Grüne Perspektiven (III). *Blätter für deutsche und internationale Politik* 1988, S. 77 ff. (84), wo auch der Schily-Ausspruch zitiert wird.

34 Vgl. Jürgen Schnappertz, *Kommune* vom Januar 1988, S. 59.

35 Joschka Fischer, Vorwärts in das Sektenwesen der siebziger Jahre. Grüne in der Wachstumskrise – Zwischen ökologischer Reformpartei und Protestsekte – Realistische Utopie der Blocküberwindung entwerfen. *taz* vom 26. September 1987, S. 16.

36 Charlotte Wiedemann, Grüne »nationale Befindlichkeit«. Grüne Bundestagsfraktion debattiert in Bonn kontroverse Haltungen zur Deutschlandpolitik. Elisabeth Weber: Reagans Mauer-Rede »aufregendstes Dokument der letzten Zeit«. Nato-Austrittsforderung umstritten. *taz* vom 19. Juni 1987, S. 5.

37 Vgl. dazu Gerard Braunthal, *The West German Social Democrats. 1969–1982*. Profile of a party in power (A Westview Replica Edition) Westview Press. Boulder/Colorado. 1983; Christoph Butterwegge und Heinz-Gerd Hofschen, *Sozialdemokratie, Krieg und Frieden*. Die Stellung der SPD zur Friedensfrage von den Anfängen bis zur Gegenwart. Eine kommentierte Dokumentation. Diestel. Heilbronn. 1984, S. 335 ff.; Wolfgang Jäger und Werner Link: *Republik im Wandel. 1974–1982*. A. a. O., bes. S. 97 ff., 201 ff.; Jügen Maruhn und Manfred Wilke (Hrsg.), *Wohin treibt die SPD?* Wende oder Kontinuität sozialdemokratischer Sicherheitspolitik. Olzog. München. 1984; Ute Obermeyer, *Das Nein der SPD – eine neue Ära?* SPD und Raketen 1977–83. Mit einem Vorwort von Karl-Heinz Hansen (Schriften der Studiengesellschaft für Sozialgeschichte und Arbeiterbewegung. Band 45) Arbeiterbewegung und Gesellschaftswissenschaften. Marburg. 1985.

38 Vgl. Rolf Zundel, Ein Stück weit hin zur Utopie. Die Nürnberger Beschlüsse oder wie die SPD nach einer Botschaft sucht. *Die Zeit* vom 24. April 1987, S. 7 f.

39 Oskar Lafontaine, *Angst vor den Freunden*. A. a. O. S. 43, 12.

40 »Wenn wir eine Mehrheit hätten...« Streitgespräch zwischen dem SPD-Vorständler Oskar Lafontaine und der Grünen-Sprecherin Jutta Ditfurth. *Der Spiegel* vom 2. Februar 1987, S. 25 ff. (27 und 26)

41 »Genau meine Position«. Im Wortlaut. *Frankfurter Rundschau* vom 26. März 1986, S. 4; vgl. auch den Bericht über Lafontaines USA-Reise im September 1987: Rechter Ton. *Der Spiegel* vom 28. September 1987, S. 131 f.

42 In seiner berühmten Note vom 10. März 1952 an die drei Westmächte bot Stalin die Schaffung eines wiedervereinigten, bündnislosen und begrenzt bewaffneten Deutschland mit »eigenen nationalen Streitkräften« an und skizzierte einige Grundzüge des mit Deutschland abzu-

schließenden Friedensvertrages. Damals gab es bei den Westmächten und in der Bundesrepublik praktisch niemanden, der auf diesen Vorschlag einzugehen bereit war: allzu offenkundig zielte Stalin auf eine Verhinderung der Westintegration der Bundesrepublik durch die damals kurz vor dem Abschluß stehenden Bonner und Pariser Verträge. Erst später, ausgehend von der berühmten nächtlichen Bundestagsdebatte, in der am 23. Januar 1958 der FDP-Vorsitzende Thomas Dehler und der von der CDU zur SPD übergewechselte Gustav Heinemann, zwei ehemalige Kabinettsmitglieder, Bundeskanzler Adenauer wegen seiner Westpolitik massiv attackierten, ist es zur Legende von der verpaßten Gelegenheit gekommen, die letzthin vor allem von Rolf Steininger aufgegriffen und wiederbelebt wurde: siehe z. B. *Eine vertane Chance. Die Stalin-Note vom 10. März 1952 und die Wiedervereinigung.* Dietz. Bonn. 1985. Weitere Literatur zur Stalin-Note (und dem folgenden »Notenkrieg«) bei Hermann Graml, Nationalstaat oder westdeutscher Teilstaat. Die sowjetischen Noten vom Jahre 1952 und die öffentliche Meinung in der Bundesrepublik Deutschland. *Vierteljahrshefte für Zeitgeschichte* 1977, S. 821 ff.; ders., Die Legende von der verpaßten Gelegenheit. Zur sowjetischen Notenkampagne des Jahres 1952. *Vierteljahrshefte für Zeitgeschichte* 1981, S. 307 ff.; Hans-Peter Schwarz (Hrsg.), Die Legende von der verpaßten Gelegenheit. Die Stalin-Note vom 10. März 1952. Belser. Stuttgart. 1982; Gerhard Wettig, Die sowjetische Deutschland-Note vom 10. März 1952. *Deutschland Archiv* 1982, S. 130 ff.; Hermann-Josef Rupieper, Zu den sowjetischen Deutschlandnoten 1952. Das Gespräch Stalin – Nenni. *Vierteljahrshefte für Zeitgeschichte* 1985, S. 547 ff. Vgl. auch Wilhelm G. Grewe, *Rückblenden,* A. a. O. S. 148 ff., und, zur erwähnten Bundestagsdebatte, S. 317 ff.

Inzwischen scheint sich bei uns, wenn nicht in der Wissenschaft, so doch in Teilen der Politik, die These von der verpaßten Gelegenheit zunehmend durchzusetzen. Wie sonst soll man es verstehen, daß ein Mann wie der ehemalige FDP-Wirtschaftsminister Otto Graf Lambsdorff letzthin dem *Bonner Generalanzeiger* erklärte: »Eine Bewegung innerhalb Deutschlands, ein Weg der beiden Staaten aufeinander zu, kann nach meiner Auffassung nur so aussehen, daß wir über unsere innenpolitischen, wirtschaftlichen und gesellschaftlichen Zustände in voller Freiheit entscheiden können. Dies ist eine Voraussetzung für die Wiedervereinigung, die nicht aufgegeben werden kann und darf.« Daraufhin warf Lambsdorffs Interviewpartner ein: »Die Bundesrepublik gehört der Nato an, die DDR gehört zum Warschauer Pakt. Müßte am Ende ein neutralisiertes Gesamtdeutschland stehen?« Lambsdorff entgegnete: »Ich kann mir jedenfalls schwer vorstellen, daß es ein Gesamtdeutschland gibt, das entweder beiden – das ist schon von der Sache her unsinnig – oder einem der beiden Militärbündnisse angehört. Über diese Bindungen muß man, wenn man glaubt, daß man realistisch über eine staatliche Einheit Deutschlands unter den gegebenen Umständen sprechen kann, hinausdenken.« Auf die anschließende Frage des *Generalanzeigers* »Die Einheit Deutschlands hat also Vorrang vor der Zugehörigkeit der Bundesrepublik zur Nato?« antwortete Lambsdorff mit einem klaren »Ja« (»Einheit kann es nur unter der Bedingung der Freiheit geben«. Interview des *Generalanzeigers* mit Otto Graf Lambsdorff. *Bonner Generalanzeiger* vom 14. Mai 1987).

43 Karl Theodor Freiherr zu Guttenberg, *Fußnoten*. Seewald. Stuttgart. 1971. S. 93.

44 Henry A. Kissinger, *Memoiren 1968–1973*. A. a. O. S. 443. In seiner Rezension dieses Bandes hat Egon Bahr die eben im Text paraphrasierte Passage zitiert und hinzugefügt: Kissingers Beschreibung seiner Absichten sei »nicht nur für die Vergangenheit richtig, sondern auch für die Zukunft, ... weil anders es für mein Land keine Zukunft geben kann« (Egon Bahr, Ein Hochseilakt mit Netz, das Gegenteil von Abenteurertum. *Deutsches Allgemeines Sonntagsblatt* vom 25. November 1979, S. 3).

45 Eine Schilderung dieser Bahr-Konzeption, die seinerzeit beträchtliches Aufsehen erregte, stammt von Walter F. Hahn, West Germany's Ostpolitik: The Grand Design of Egon Bahr. *Orbis* 4/1973, S. 859 ff. Bahr hat zwar später behauptet, Hahn habe willkürlich nur eine unter mehreren von Bahr gesprächsweise skizzierten, denkbaren Entwicklungen herausgegriffen und seiner Analyse der Absichten Bahrs zugrunde gelegt. Dadurch sei ein unvollständiger Eindruck entstanden. Mir scheint, daß die Hahnschen Darlegungen den Kern der Vorstellungen und Pläne Bahrs korrekt erfaßt haben.

46 Egon Bahr, Der Gewaltverzicht und die Allianzen. *Außenpolitik* 1973, S. 243 ff. (248)

47 Egon Bahr, *Zum europäischen Frieden*. Eine Antwort auf Gorbatschow. Corso bei Siedler. Berlin. 1988. S. 11, 47, 93, 24 f., 9, 31, 82, 73, 99 f., vgl. 81, 92.

48 Das 1. Passierscheinabkommen heißt amtlich: Protokoll über eine zeitweilige Regelung für den Verwandtenbesuch von West-Berlinern in Ost-Berlin vom 17. Dezember 1963 (Mantelprotokoll mit Anlage). Es findet sich in den *Dokumenten zur Berlin-Frage. 1944–1966*. Hrsg. vom Forschungsinstitut der Deutschen Gesellschaft für Auswärtige Politik e. V., Bonn, in Zusammenarbeit mit dem Senat von Berlin. Mit einem Vorwort des Regierenden Bürgermeisters von Berlin (Schriften des Forschungsinstituts der Deutschen Gesellschaft für Auswärtige Poli-

tik e. V., Bonn. Reihe: Internationale Politik und Wirtschaft. Band 52/I)
R. Oldenbourg. München. 4. Auflage (unveränderter Nachdruck der
dritten, durchgesehenen und erweiterten Auflage) 1987. S. 572.

49 Die Ausführungen Egon Bahrs vor der Evangelischen Akademie Tut-
zing vom 15. Juli 1963 sind abgedruckt bei Boris Meissner (Hrsg.), *Die
deutsche Ostpolitik 1961–1970*. Kontinuität und Wandel. Wissenschaft und Politik. Köln. 1970. S. 45 ff. Dort alle Zitate.

50 Siehe Willy Brandt, *Begegnungen und Einsichten*. A. a. O. S. 460.

51 Ein erklärter Vorreiter dieser gemeinsamen Außenpolitik beider deutschen Staaten ist die SPD, die schon seit längerem aus der Opposition
heraus in Vereinbarungen mit der SED die Konturen dieser künftigen
Politik festzuschreiben sucht – ein in der westdeutschen Nachkriegsent-
wicklung ganz neues Phänomen. Dabei betrachtet die SPD die SED
offenbar als ihren ganz persönlichen »Sicherheitspartner«, wie Oskar
Lafontaine es in einer Laudatio auf Erich Honecker kürzlich im *Spiegel*
formuliert hat: »Wie Helmut Schmidt zu seiner Zeit im westlichen
Bündnis, so versteht sich auch Erich Honecker im östlichen Bündnis als
ein Mittler zwischen den eigenen Sicherheitsinteressen und denen der
Supermacht« (»Er läßt auch fünfe gerade sein«. Der stellvertretende
SPD-Vorsitzende Oskar Lafontaine über den DDR-Staatsratsvorsitzen-
den Erich Honecker. *Der Spiegel* vom 24. August 1987, S. 34 ff., das
Zitat auf S. 46). Der jüngste, schlagzeilenträchtige Vorstoß dieser originellen Form deutsch-deutscher Kooperation war ein gemeinsames
Grundsatzpapier der beiden Parteien. Der Anstoß zu dieser »Seminar-
arbeit« (*Der Spiegel* vom 31. August 1987, S. 27 ff. [29]) einer gemeinsamen Arbeitsgruppe unter der Leitung des Vorsitzenden der SPD-Grund-
wertekommission, Erhard Eppler, und des Rektors der Ost-Berliner
Akademie für Gesellschaftswissenschaften beim ZK der SED, Otto
Reinhold, war 1984 von DDR-Seite ausgegangen. Die DDR hatte
ursprünglich auch noch den Grundsatz einer »strukturellen Nichtangriffsfähigkeit« der Armeen beider Länder festschreiben wollen, dem
hatte sich die SPD allerdings – rätselhafterweise, wie man sagen muß,
da sie die Einführung dieses Prinzips doch immer wieder fordert –
widersetzt (Peter Philipps, SPD und SED suchen Wege des Miteinander.
Grundsatzpapier: Streit der Ideologien, aber gemeinsame Wurzeln. *Die
Welt* vom 26. August 1987, S. 11). Ansonsten jedoch herrschte weitgehende Übereinstimmung. So hieß es in dem Papier: »Unsere weltge-
schichtlich neue Situation besteht darin, daß die Menschheit nur noch
gemeinsam überleben oder gemeinsam untergehen kann. Eine solche
Alternative ist historisch ohne Beispiel. Sie verlangt ein politisches Denken, das historisch ebenfalls ohne Beispiel ist, ein neues Herangehen an
die internationalen Angelegenheiten, besonders an die Sicherung des

Friedens. ... Das Gebot der Stunde ist eine Wende in den internationalen Beziehungen, eine Politik der gemeinsamen Friedenssicherung, des Dialogs und der Abrüstung ... und der Neubelebung des Entspannungsprozesses. Sie muß gegen alle Kräfte durchgesetzt werden, die noch immer glauben, durch ständiges Anhäufen neuer Massenvernichtungswaffen Sicherheit errüsten zu können. ... Wir, deutsche Kommunisten und Sozialdemokraten, stimmen darin überein, daß Friede in unserer Zeit nicht mehr gegeneinander errüstet, sondern nur noch miteinander vereinbart und organisiert werden kann. Daraus ergeben sich neue Gemeinsamkeiten im Ringen um den Frieden. Sozialdemokraten und Kommunisten berufen sich beide auf das humanistische Erbe Europas. ... Beide Seiten müssen sich auf einen langen Zeitraum einrichten, während dessen sie nebeneinander bestehen und miteinander auskommen müssen. Keine Seite darf der anderen die Existenzberechtigung absprechen. Unsere Hoffnung kann sich nicht darauf richten, daß ein System das andere abschafft. Sie richtet sich darauf, daß beide Systeme reformfähig sind und der Wettbewerb der Systeme den Willen zur Reform auf beiden Seiten stärkt. ... Beide Seiten müssen sich gegenseitig für friedensfähig halten ... Die ideologische Auseinandersetzung ist so zu führen, daß eine Einmischung in die inneren Angelegenheiten anderer Staaten unterbleibt. Kritik, auch in scharfer Form, darf nicht als eine Einmischung in die inneren Angelegenheiten der anderen Seite zurückgewiesen werden. Jedenfalls gilt auch hier das Prinzip der souveränen Gleichheit, daß keine Seite praktisch in Anspruch nehmen darf, was sie der anderen nicht zubilligt« (Der vollständige Text des Papiers findet sich in der *Frankfurter Allgemeinen Zeitung* vom 28. August 1987, S. 7, unter der Überschrift: Der Streit der Ideologien und die gemeinsame Sicherheit. Das gemeinsame Papier der Grundwertekommission der SPD und der Akademie für Gesellschaftswissenschaften beim ZK der SED).

Solche Formulierungen stießen in der bundesdeutschen Presse teilweise auf heftige Kritik. Von manchen Beobachtern wurde die neue Annäherung der beiden Parteien zumindest als geschmacklos, ja als schandbar empfunden (Vgl. etwa Peter Philipps, Ein schmachvolles Papier. *Die Welt* vom 27. August 1987, S. 2), weil sie die 1946 in der damaligen Ostzone von der KPD mit sowjetischer Rückendeckung gegen die SPD brutal durchgesetzte SED-Gründung einfach übergehe. (Zu diesen Vorgängen der ersten Nachkriegszeit neuerdings ausführlich Lucio Caracciolo, Der Untergang der Sozialdemokraten in der sowjetischen Besatzungszone. Otto Grotewohl und die ›Einheit der Arbeiterklasse‹ 1945/46; sowie die Dokumentation von Rainer Pommerin, Die Zwangsvereinigung von KPD und SPD zur SED. Eine britische Analyse vom April 1946, in den *Vierteljahrsheften für Zeitgeschichte* 1988, S. 281 ff. bzw. S. 319 ff.).

Die entschiedene Ablehnung der gewaltsamen SED-Fusion durch die westdeutschen und West-Berliner Sozialdemokraten unter dem maßgeblichen Einfluß Kurt Schumachers gilt als ein Meilenstein auf dem Wege zur Bundesrepublik. Denn bei der Auseinandersetzung mit der neuen SED standen Konservative, christliche Demokraten und Liberale an der Seite der Sozialdemokraten; diese erhielten gleichzeitig eine Schlüsselrolle bei der Formulierung des gemeinsamen, freiheitlichen, antikommunistischen Grundkonsenses der westdeutschen Gesellschaft. Ein knappes Jahr nach dem Ende des Krieges und der Gewaltherrschaft wurde in diesem Streit deutlich, was eine westliche Demokratie von einer Diktatur unterscheidet.

»Dieser (damalige A. B.) Streit wird«, hieß es am 28. August 1987 zum SPD/SED-Papier in der Leitglosse der *Frankfurter Allgemeinen Zeitung*, »das ist der Gesamteindruck des Textes, wie eine Verirrung unaufgeklärter Landsleute behandelt, als ein Verstoß gegen Toleranz und als Mangel an ›politischer Streitkultur‹ – als hätte es nicht große und wirkliche Gründe für diese säkulare Auseinandersetzung gegeben.« Helmut Herles schrieb: »Daß zum erstenmal in der Geschichte ... ein gemeinsamer Text ... zustande kam, ist vor allem Ausdruck einer tiefgreifenden Wandlung der SPD bei ihrer Annäherung an die SED, wobei die SPD die verwegene Hoffnung hegt, daß auch die SED sich im Interesse der von ihr unterdrückten Deutschen in der DDR wandeln werde. ... Die SED hat nun das Ziel erreicht, ein ›Bündnis‹ mit den Sozialdemokraten geschmiedet zu haben, das sie sich als ›Schrittmacher‹ der Umwandlung der Bundesrepublik zum Sozialismus vorstellt, wie es Epplers Partner, Professor Reinhold, in schönster Offenheit geschrieben hat. ... Eppler sagt: ›Ein wirklich plurales Parteiensystem kann es im real existierenden Sozialismus nicht geben. Deshalb werfen wir diese Frage jetzt nicht auf.‹ Warum eigentlich nicht?« (Helmut Herles, Ein dialektischer Schwabenstreich? SPD und SED setzen auf das Prinzip Hoffnung. *Frankfurter Allgemeine Zeitung* vom 29. August 1987, S. 10)

In der Tat hatte Otto Reinhold bei der Interpretation des Papiers etwaige westliche Irrtümer beizeiten ausgeräumt. So erklärte er in einem *Spiegel*-Gespräch (an dem auch Erhard Eppler teilnahm): »Keiner von beiden schließt Fortschritte bei der Verwirklichung aller Menschenrechte im jeweils anderen Lager aus. Der entscheidende Unterschied besteht wahrscheinlich darin, daß wir der Meinung sind, daß dazu die Machtverhältnisse geändert werden müssen«. Der *Spiegel* fragte daraufhin: »Aber nur bei uns?«, und Reinhold antwortete: »Wir haben sie

schon geändert.« An späterer Stelle meinte Eppler: »Könnte man sagen,
daß bei Ihnen heute Fragen, die mit dem Überleben der Menschheit
verbunden sind, Klassenfragen übergeordnet werden?« Reinholds Antwort: »Ja, das haben wir klar und deutlich gesagt; wobei wir natürlich
davon ausgehen, daß zwischen den Interessen der Arbeiterklasse und
den allgemeinen menschlichen Interessen kein Gegensatz besteht. ...
Wir müssen aber auch klar sagen, wer die Gefahren für den Frieden
erzeugt, wessen Widerspruch überwunden werden muß, wenn wir den
Frieden miteinander sichern wollen. Offensichtlich sind es jene Kräfte,
die mit dem militärisch-industriellen Komplex der USA besonders verbunden sind.« Dem widersprach Eppler nicht (»Ein System kann das
andere nicht abschaffen«. SPD-Präside Erhard Eppler und der SED-
Ideologe Otto Reinhold über das gemeinsame Friedenspapier. *Der Spiegel* vom 31. August 1987, S. 27 ff. [28, 29]). In einem Gespräch mit dem
SED-Organ *Neues Deutschland* sagte Reinhold: »Für Kommunisten
sind Reformen notwendige Schritte auf dem Weg zu einer revolutionären Umwälzung der gesellschaftlichen Verhältnisse. Für Sozialdemokraten sind Reformen das eigentliche Ziel ihres Wirkens« (Antwort auf
Fragen zum Streit der Ideologien und zur gemeinsamen Sicherheit.
Neues Deutschland vom 11. November 1987, S. 3). Selbstverständlich
gehe der Klassenkampf weiter. Am Wesen des Imperialismus, an der
ihm innewohnenden Aggressivität, habe sich natürlich nichts geändert.
Auf Feindbilder könne der Sozialismus auch weiterhin nicht verzichten
(»Der Klassenkampf geht weiter«. Die SED verdeutlicht ihre Position
zum Ideologiepapier. *Frankfurter Allgemeine Zeitung* vom 12. November 1987, S. 2).

Allerdings fand das Papier nicht nur Kritiker, sondern auch Befürworter, etwa Richard Löwenthal, der es in der *Welt* gegen »in der
fernen Vergangenheit steckengebliebene, ahnungslose Landsleute« in
Schutz nahm (SPD und SED: Ein Versuch der Bewußtmachung. *Die
Welt* vom 2. September 1987, S. 4), oder Marion Gräfin Dönhoff, die es
gegenüber den »Ungläubigen in unserem Lande«, wie sie bezeichnenderweise formulierte, in der *Zeit* verteidigte. Das Papier sei ein »Meilenstein in der Nachkriegsgeschichte«. Endlich könne nun die Zukunft
beginnen (Ob endlich die Zukunft beginnt? Das gemeinsame Papier von
SPD und SED begründet neue Hoffnung auf eine pragmatische Politik.
Die Zeit vom 11. September 1987, S. 5). Fundierte und erschöpfende
Kritik am SED/SPD-Papier übten Gerd Bucerius (Aus der Vergangenheit nichts gelernt? Die Sozialdemokraten haben den Dialog mit der
SED auf die falsche Grundlage gestellt. *Die Zeit* vom 11. September
1987, S. 4) und Gesine Schwan (Ein Januskopf – Gefahren und Chancen. Analyse des gemeinsamen Dokumentes von SPD und SED. *Frank-*

furter Allgemeine Zeitung vom 23. September 1987, S. 8); vgl. auch die Antwort Egon Bahrs auf Frau Schwans Artikel, ebenfalls in der *Frankfurter Allgemeinen Zeitung:* Chancen und Gefahren – unsere Zeit als Januskopf. Eine Antwort zur Analyse des gemeinsamen Dokuments von SPD und SED (2. Oktober 1987, S. 11).

52 Bahr: Selbstbestimmung und Nato sind Widersprüche. SPD-Politiker sieht Vetorecht der Westmächte gegen Wiedervereinigung. *Frankfurter Allgemeine Zeitung* vom 22. Februar 1988, S. 2.

53 Egon Bahr, *Zum europäischen Frieden.* A.a.O. S. 59f. Willy Brandt teilt diese Auffassung, wie man einem Gespräch entnehmen kann, das der Altkanzler mit Gunter Hofmann führte: »Das Zuschauen bekommt mir ganz gut«. Blick auf Bonn, auf die Sozialdemokraten und die Welt aus ehrenvoller Distanz. *Die Zeit* vom 29. Januar 1988, S. 4.

54 Christoph Bertram, Aufgaben und Perspektiven der Sicherheitspolitik Westeuropas in den neunziger Jahren. *aus politik und zeitgeschichte* B 18/88. Beilage zur Wochenzeitung *Das Parlament* vom 29. April 1988, S. 3 ff. (4).

55 Karl Dietrich Bracher, *Die totalitäre Erfahrung.* A.a.O. S. 191.

56 Peter Brandt und Günter Minnerup, Osteuropa und die deutsche Frage. *Die Neue Gesellschaft/Frankfurter Hefte* 1987, S. 722 ff. (Zitate S. 724 ff.)

57 Helmut Schmidt, Germany in the Era of Negotiations. *Foreign Affairs* Bd. 49, Nr. 1 (Oktober 1970), S. 40 ff., passim.

58 Helmut Schmidt, *Menschen und Mächte.* A.a.O. S. 43, 459, 340, 18, 42, 43f., 154.

59 Willy Brandt, *Die Abschiedsrede.* Corso bei Siedler. Berlin. 1987. S. 68, 66f.

60 Helmut Schmidt, Einer unserer Brüder. Zum Besuch Erich Honeckers. *Die Zeit* vom 31. Juli 1987, S. 3.

61 Joseph Rovan, Bruder Diktator? *Rheinischer Merkur/Christ und Welt* vom 4. September 1987, S. 2.

62 Werner Weidenfeld, Staatsmann zwischen Zuneigung und Verachtung. Der fünfte Nachkriegskanzler über »Menschen und Mächte«. *Rheinischer Merkur/Christ und Welt* vom 9. Oktober 1987, S. 41.

63 Raymond Aron, *Plädoyer für das dekadente Europa.* Ullstein. Berlin und Frankfurt a. M. 1978. S. 17. Als Symptom für den verlorenen Gefahrensinn muß auch die Tatsache gelten, daß nur noch knapp ein Drittel der Bundesbürger die Verteidigungspolitik für »sehr wichtig« hält, während nahezu zwei Drittel dies über die Abrüstung sagen. Schon 1982 hatten deutlich mehr Deutsche der Abrüstung den Vorrang vor der äußeren Sicherheit eingeräumt; inzwischen hat sich der Abstand erheblich weiter vergrößert. Dies ergab eine Umfrage »Die Deutschen

und ihr Vaterland«, die Infratest im Auftrag der *Welt* durchgeführt hat.
»Für die äußere Sicherheit unseres Landes«, so der Kommentar der
Zeitung, »ist dieses Ergebnis erschreckend. Denn wie soll die Regierung
vernünftige Abrüstungspolitik betreiben, wenn die Gegenseite davon
ausgehen kann, daß die Mehrheit in der Bundesrepublik ohnehin nichts
von der Verteidigung hält?« (Die in vieler Hinsicht interessante Erhe-
bung »Die Deutschen und ihr Vaterland« wurde von vier *Welt*-Ausga-
ben vom 27. bis zum 30. Oktober 1987, jeweils auf S. 8, veröffentlicht.
Die Daten und das Zitat entstammen der Ausgabe vom 30. Oktober.)
Über den dramatischen Rückgang des Mißtrauens unter den Westdeutschen gegenüber dem sowjetisch geführten Lager aufgrund neuer
Allensbacher Daten: Elisabeth Noelle-Neumann, Wenn das Gefühl der
Bedrohung schwindet. Die Verteidigungspolitik vor einem wachsenden
Akzeptanz-Problem. *Frankfurter Allgemeine Zeitung* vom 22. Juli
1988, S. 6. Dort liest man auch: »Eine Debatte, wie sie in Amerika
geführt wird, die europäischen Verbündeten müßten in Zukunft grö-
ßere Lasten für die Verteidigung auf sich nehmen, geht am Denken der
Mehrheit der deutschen Bevölkerung vorbei. ... Für die Mehrheit der
Bevölkerung sind Rüstungsausgaben eine Frage der Moral, etwa in dem
Sinne, wieviel Gutes man doch sonst mit diesem Geld bewirken
könnte.«

64 Helmut Schmidt, Der General und seine Erben. Von der Begegnung
    mit Charles de Gaulle bis zur Zusammenarbeit mit Valéry Giscard
    d'Estaing. *Die Zeit* vom 1. Mai 1987, S. 35 ff. (38).

65 Helmut Schmidt, Die Nachbarn im Alltag. Das Problem des Terroris-
    mus – Differenzen mit Amerika – Ärger mit der Landwirtschaft –
    Arbeit auf der europäischen Baustelle. *Die Zeit* vom 8. Mai 1987,
    S. 37 ff. (39).

66 Wolfgang Pfeiler, *aus politik und zeitgeschichte* B 44/87. S. 30 f., 33 f.
    Über die »grundlegende antinukleare Malaise« des Westens, die den
    sowjetischen Interessen selbstredend sehr entgegenkommt, vgl. auch
    den Aufsatz von Karl Kaiser und John Roper, Der europäische Pfeiler
    im atlantischen Bündnis. Von der deutsch-britischen Sicherheitskoope-
    ration hängt viel ab. *Frankfurter Allgemeine Zeitung* vom 1. Oktober
    1987, S. 11 f.

67 Helmut Schmidt, Null-Lösung: im deutschen Interesse. Atomwaffen
    haben nur eine Funktion: den Gegner vom Kernwaffen-Einsatz abzu-
    schrecken – zur Verteidigung taugen sie nicht. *Die Zeit* vom 8. Mai
    1987, S. 3.

68 Helmut Schmidt, Arm in Arm mit den Franzosen. Deutsche und franzö-
    sische Sicherheitspolitik: Widersprüche und Perspektiven. *Die Zeit* vom
    29. Mai 1987, S. 33 ff. (35).

Es ist verblüffend und frappierend, daß der Altkanzler in diesem Punkt mittlerweile offenbar mit Erhard Eppler übereinstimmt, seinem schärfsten innerparteilichen Widersacher, der auch zu Schmidts Sturz erheblich beigetragen hat. Bei Eppler heißt es: »Wo es Differenzen gibt zwischen Frankreich und den USA, etwa in Fragen des Nahen Ostens, ist unser Platz in der Regel an der Seite der Franzosen. … Es kann nicht Aufgabe der Bundesrepublik sein, zusammen mit den USA Nato-Beschlüsse gegen den Willen europäischer Staaten durchzupeitschen. … Deutsche Außenpolitik in den achtziger Jahren muß zuerst Europapolitik, genauer gesagt, Westeuropapolitik sein« (*Wege aus der Gefahr.* Rowohlt. Reinbek bei Hamburg. 1981. S. 211 f.).

69 Alfred Grosser, *Das Bündnis.* Die westeuropäischen Länder und die USA seit dem Krieg. Hanser. München und Wien. 1978. S. 266, 451.

70 Helmut Schmidt, Deutsch-französische Zusammenarbeit in der Sicherheitspolitik. *Europa-Archiv* 1987, S. 303 ff. (303, 309 ff.).

71 So Josef Joffe, der die von Schmidt angegebene Zahl für unrealistisch hält. Die deutschen und französischen Truppen umfaßten zusammen nicht einmal eine Million Mann, und die Stärke der Bundeswehr könne darüber hinaus wegen der geburtenschwachen Jahrgänge in nächster Zukunft kaum beibehalten werden. In Frankreich wiederum sei die Tendenz unübersehbar, die nukleare auf Kosten der konventionellen Verteidigung zu stärken (In the Defense of Europe. ›Continental Couple‹ Is Only a Dream. *International Herald Tribune* vom 25. Juni 1987, S. 4). Der Widerspruch bei den Zahlenangaben dürfte daher rühren, daß Joffe von der regulären Truppenstärke, also der Zahl der Soldaten unter Waffen ausgeht. Das sind in Frankreich 476 560 Mann, die 1988 übrigens um 37 500 reduziert werden, in der Bundesrepublik Deutschland 478 000. Dazu kämen in Frankreich 393 000, bei uns 770 000 Reservisten. Wenn man diese Reservisten zu den regulären Truppen addiert, kommt man mit Helmut Schmidt auf rund zwei Millionen. Zahlen nach: *Streitkräfte 1985/86.* Die »Military Balance« des Internationalen Instituts für Strategische Studien, London (Hrsg. vom Arbeitskreis für Wehrforschung) Bernard & Graefe aktuell. Koblenz. 1986.

72 François Heisbourg, Nach dem INF-Abkommen von Washington: Für eine Weiterentwicklung der Grundlagen des Atlantischen Bündnisses. *Europa-Archiv* 1988, S. 119 ff. (127)

73 Christoph Bertram, Unbehagen am Katzentisch. In Westeuropa wird der Ruf nach eigener Sicherheitspolitik lauter. *Die Zeit* vom 3. April 1987, S. 8. Rolf Zundel gelangte im Juli desselben Jahres sogar zu der Feststellung, »daß sich in der Abrüstungsdebatte das deutschnationale Element der Union aus dem westlichen Werteverbund zu lösen beginnt und Nato-Bündnis und Europäische Gemeinschaft relativiert« (*Die Zeit*

vom 10. Juli 1987, S. 1). Gunter Hofmann berichtete zum selben Zeitpunkt, in der CDU wachse das Neutralitäts- und Äquidistanzdenken. »Ein beliebtes Rätsel im Juli 1987 lautet: Was würde geschehen, wenn Michail Gorbatschow ein Wiedervereinigungsangebot macht, wie es die Stalin-Note von 1952 enthielt? Fast überall lautet die Antwort: ›Das brächte uns in arge Schwulitäten. Ich hoffe, das passiert nicht‹« (Wohin treibt die Union? Die Machtverhältnisse in der CDU: Helmut Kohl stützen, aber mehr als ein Wahlverein sein. *Die Zeit* vom 17. Juli 1987, S. 4).

74 Die Zehn-Punkte-Erklärung der CSU zur Sicherheitspolitik. »Die Null-Lösung ist falsch«. *Frankfurter Allgemeine Zeitung* vom 2. September 1987, S. 2.

75 Ein kritischer Kommentar zur CSU-Erklärung von Günther Nonnenmacher findet sich in der *Frankfurter Allgemeinen Zeitung* vom 3. September 1987 auf S. 1 (»Über die Pershing hinaus«). Dort heißt es warnend: »Die Grünen träumen von einer blockfreien Welt, die SPD bastelt am Modell eines blockneutralen Mitteleuropa. Wenn Teile der Union sich von diesem Bazillus anstecken lassen, gerät die gesamte Ost-West-Politik aus dem Gleichgewicht.«

76 Fritz Stern, *Der Traum vom Frieden und die Versuchung der Macht.* A.a.O. S. 24, 26. Vgl. auch Brigitte Sauzay, *Die rätselhaften Deutschen.* A.a.O. Hier S. 95, für unseren gesamten Zusammenhang passim; sowie Michel Jobert, Now Comes a German Swing to the East. *International Herald Tribune* vom 8. Juli 1987, S. 4; dazu Christoph Bertrams Gegenposition in derselben Zeitung vom 15. Juli 1987, ebenfalls S. 4: Germany Holds Tight to a Drifting West.

77 Westdeutsche Beruhigungsversuche haben bisweilen etwas tief Verwirrendes, Ausländer erst recht Irritierendes. So bemühte sich Peter Glotz in der Friedrich-Ebert-Stiftung in Washington am 29. Mai 1987, seinen amerikanischen Zuhörern mögliche Zweifel an der bundesdeutschen Bündnistreue auszureden. »Die Vereinigten Staaten und Deutschland: gibt es wegen der zukünftigen Beziehungen Grund zur Besorgnis?« fragte Glotz (so der Titel seines Vortrags). Seine Antwort war ein klares Nein. Die deutsche Mentalität sei zutiefst praktisch und pragmatisch, die Geschichte habe die Deutschen zu Realisten gemacht. Es gäbe überhaupt keinen Anlaß, alarmiert zu sein. Politisch und, vor allem (!), wirtschaftlich seien wir fest an den Westen gebunden. »Und ich kenne keine Personen, keine politischen Gruppen von irgendwelcher Bedeutung, die das ändern wollen.« Neutralität halte man in Deutschland nicht für wünschenswert.

Glotzens Hörer mögen sich daraufhin beruhigt aufatmend zurückgelehnt haben. Zu früh. Denn nun begann der damalige Bundesgeschäftsführer der SPD darüber zu raisonieren, daß die Schweiz ein »lebensfähiges Modell« für unser Land darstellen könne. In Europa, so klärte Glotz die Amerikaner auf, sei der Alpenstaat vergleichsweise das Optimum politischen und ökonomischen Erfolgs.

Dann kam Glotz auf die Grünen zu sprechen. Nicht einmal sie wollten die Nato verlassen – und falls doch, wähle sie jedenfalls keiner aus diesem Grunde –, wie überhaupt niemand in der Bundesrepublik ernstlich das Bündnis verlassen wolle. Aber praktisch alle Deutschen seien sich darin einig, daß man die Allianzen überflüssig machen müsse. Auch wegen Lafontaine, so fuhr Glotz fort, brauche man sich in Washington keine Sorgen zu machen. Lafontaine habe zwar den Natoaustritt gefordert, doch das sei in einer Ausnahmesituation gewesen. Außerdem habe er seine Forderung inzwischen zurückgenommen. Nun wolle Lafontaine bloß noch die militärische Integration der Nato verlassen, so wie de Gaulle das seinerzeit auch getan habe. Jeder, der glaube, sich darüber beklagen zu sollen, müsse aus Gram über die Franzosen längst gestorben sein.

Nach diesen beschwichtigend gemeinten, höchst beunruhigenden Worten betonte Glotz den wichtigen Interessenunterschied zwischen Deutschen und Amerikanern. Die Deutschen müßten mit der Sowjetunion auskommen, wollten Entspannung. Europa könne sich nicht zu einem Spielball der Supermächte herabwürdigen lassen. Je mehr die Vereinigten Staaten sich als Gegenpol zur Sowjetunion betrachteten, um so stärker müsse Europa eigene Wege gehen. Und Glotz schärfte seinen Zuhörern ein: »Bitte vergessen Sie nicht, daß auch Osteuropa ein Teil Europas ist.« Seine, Glotzens, Heimat sei Mitteleuropa. Die Amerikaner müßten das begreifen. Er hoffe, daß sie sich wegen der Allianz nicht allzuviele Sorgen machten. »Wir Europäer jedenfalls möchten nur auf anständige Weise zusammenleben.« (Alle Zitate nach dem maschinenschriftlichen Manuskript)

Glotz tut gerade so, als ob es die Amerikaner seien, die uns daran hinderten! Besonders verwirrend werden seine Äußerungen nicht zuletzt dadurch, daß er nur wenige Wochen später auf einem europäisch-amerikanischen Forum in Starnberg zehn Thesen zur »Europäisierung der Sicherheitspolitik« vorlegte, die in krassem Gegensatz zu seinen Beruhigungsversuchen in Washington standen. Zwar will Glotz auch in diesen Thesen die Verbindung mit den Amerikanern nicht vollständig aufgeben, jedoch deren Präsenz in Europa erheblich vermindern. Das geht aus seiner neunten These hervor: »Schrittweise Verringerung der militärischen Präsenz der Amerikaner in Europa bis auf ein unverzichtbares Minimum – nicht als Ergebnis gegenseitiger Aggression, sondern als geplanten Prozeß, eingebettet in Abrüstungsverhandlungen mit dem Osten. Die Amerikaner müssen in Europa präsent bleiben (zum Beispiel in Berlin), aber nach einem neuen Plan, der die Interessen sowohl der Amerikaner als auch der Europäer berücksichtigt.«

Demnach wurden offenbar die Interessen der Europäer bisher nicht
ausreichend berücksichtigt. Als erstes Element einer »zweiten Ostpolitik« forderte Glotz, offenbar in Anlehnung an Egon Bahrs geschilderten
Stufenplan, entschlossene Abrüstung in Mitteleuropa: Auf diesem
Gebiet müsse man die unterschiedlichsten Ansätze »durchprobieren« –
chemiewaffenfreie Zone, nuklearwaffenfreier Korridor, Jaruzelski
Plan, konventionelle Truppenverdünnung auf beiden Seiten: ganz als sei
gerade die Außen- und Sicherheitspolitik ein geeignetes Terrain für
allerlei Experimente. Mittels einer solchen Politik, so hofft Glotz, trete
»die Mitte Europas wieder in den Gesichtskreis«. Das zweite Element
der neuen Ostpolitik seien verstärkte wirtschaftliche Beziehungen, und
als drittes Element der neuen Ostpolitik nannte er den Aufbau »systematischer« kultureller Beziehungen zwischen den geistig »tiefverwandten mitteleuropäischen Staaten« und die Begründung einer europäischen Kulturstiftung in grenzüberschreitendem Sinne. In seiner Schlußthese setzte sich Glotz für die »deutliche Verstärkung« der deutschfranzösischen Kooperation ein, »nicht bei symbolischen, sondern bei
politischen Projekten«. Die deutsche Westbindung sollte von den Amerikanern auf die europäischen Nachbarn verlagert werden (Die Thesen
finden sich im Wortlaut in der *Zeit* vom 4. September 1987, S. 8. Vgl.
auch den Beitrag in der *Frankfurter Allgemeinen Zeitung* vom
31. August 1987, S. 1 f.: Glotz will die Präsenz der Amerikaner verringert wissen. Zehn Thesen zur »Europäisierung der Sicherheitspolitik«
vorgetragen/»Die Mitte tritt in den Gesichtskreis«).

Die bei den Sozialdemokraten seit einigen Jahren grassierende Mitteleuropa-Schwärmerei – wobei stets unklar bleibt, was mit diesem verschwommenen Begriff eigentlich genau gemeint ist – scheint inzwischen
auch auf die Union übergegriffen zu haben, ähnlich wie viele andere
der neuen sicherheits- und außenpolitischen Ideen und Vokabeln. So
schrieb Friedbert Pflüger, der Pressereferent Bundespräsident Richard
von Weizsäckers, kürzlich in der *Frankfurter Allgemeinen Zeitung* über
»Mitteleuropa als geistig-kulturelle Idee« (Selbstbehauptung im Herzen
des geteilten Kontinents. *FAZ* vom 21. Mai 1988, »Bilder und Zeiten«).
Pflüger wies darin die Kritik Joseph Rovans, der die Mitteleuropa
Gedanken als eine »gefährliche Sprengladung« gegen die politische
Integration Westeuropas bezeichnet hatte, ebenso wie die Einwendung
Werner Weidenfelds, der Traum von Mitteleuropa bedeute ein
»Einfallstor antiwestlichen Denkens«, zurück. »Könnte es nicht möglich sein«, fragt dagegen Pflüger, »mitteleuropäische Interessen zu ent

wickeln und gleichzeitig atlantische Freundschaften zu pflegen?« Mitteleuropa sei keine Alternative zur Freundschaft mit den Vereinigten Staaten, Frankreich und England, sondern eine Bereicherung für sie. Ob man dies dort ebenso sieht? Und vertauscht Pflüger nicht Ursache und Wirkung, wenn er fortfährt: »Wir rücken die Länder des Warschauer Paktes mit der Bezeichnung ›Ostblock‹ fort in eine Ecke, in der sie uns als bequemer Gegner möglichst lange erhalten bleiben sollen. ... Spielen wir nicht sogar des Spiel der Breschnew-Doktrin, wenn wir diesen Ländern – ihren Bemühungen zum Trotz – immer wieder bescheinigen, sie seien unbedeutende Satelliten – gestern, heute und unausweichlich morgen?«

In diesen Sätzen klingt der alte deutsche Irrtum an, daß die Dinge sich unserer Wahrnehmung anpassen, daß Unliebsames durch Nichtbeachtung und Nicht-Wahrhaben-Wollen aus der Welt zu schaffen sei. Das ist aber nicht der Fall. Man kann es drehen und wenden wie man will: Die Länder des Ostblocks werden nicht dadurch frei, daß wir uns wider alle Vernunft dazu entschließen, sie für frei zu halten. Pflüger tut jedoch so. Er zieht mit Blick auf die DDR den von Günter Gaus aufgebrachten Begriff der Nischengesellschaft heran, hält die Existenz solcher Nischen, wie Gaus, für ein Anzeichen behutsamer Demokratisierung – obwohl die Existenz solcher Freiräume privater Zurückgezogenheit genau das Gegenteil beweist, nämlich das politische Monopol der Partei und den Ausschluß der Bürger von der Macht. Auch auf Egon Bahrs weitreichende Konzepte greift Pflüger zurück – freilich ohne ihren Urheber dabei zu erwähnen –, wenn er schreibt, ein »allmählicher Wandel zur Freiheit, ... der außenpolitische Bindungen respektiert«, sei denkbar. Es sei kaum möglich, heißt es bei Pflüger weiter, in die Entwicklung der sozialistischen Staaten einzugreifen, mit Rat oder Tat zu helfen. Aber: »Wir können klarstellen, daß Europa mehr ist als die EG, und wir können die geistig-kulturelle Wiedergeburt des Mitteleuropa-Gedankens mit Sympathie verfolgen.« Ersteres ist ebenso richtig wie letzteres gefühlvoll vage und damit gefährlich.

Der Mitteleuropa-Gedanke, so verschwommen er im Grunde ist, läßt sich eben keineswegs so mühelos mit der Westbindung zusammenbringen, wie Pflüger glaubt. Von jeher steht dieses Konzept für eine dezidiert anti-westliche Politik. Seine deutschen Verfechter verbanden mit ihm darüber hinaus die Vorstellung eines von Deutschland – mindestens wirtschaftlich – beherrschten Großraums zwischen Ost und West. Deshalb löst das Mitteleuropa-Gerede bei unseren Verbündeten auch Unruhe aus; beruhigende Versicherungen unsererseits können daran nichts ändern.

So wandte sich Joseph Rovan in einem Leserbrief (*Frankfurter Allge-*

meine Zeitung vom 27. Juni 1988, S. 8) gegen Pflügers Thesen, seine
Aufwertung der Mitteleuropa-Vorstellungen, »die in meinen Augen
eine Bedrohung für die politische Einigung ganz (!) Europas darstellt...
Es ist in der Tat eine in meinen Augen bedenkliche Entwicklung, wenn
heute von deutschen Politikern ein Begriff wieder verwendet wird, der
vor, während und nach dem Ersten Weltkrieg einen klar imperialistischen Inhalt hatte.« Der in den Nachfolgeländern der Habsburgermon-
archie gepflegte Mitteleuropa-Begriff habe dort keineswegs dieselbe
politische Bedeutung wie in der Bundesrepublik Deutschland. Weiter
hieß es bei Rovan:

»Daß Europa mehr ist als die zwölf Staaten der gegenwärtigen EG,
meine ich natürlich ebenso wie Herr Pflüger. Im Unterschied zu ihm bin
ich jedoch der Überzeugung, daß wir den Völkern Osteuropas nichts
Besseres anzubieten haben als die Einladung, sich wie Spanien, Portugal
und Griechenland in freier Selbstbestimmung zu uns zu gesellen, sobald
die kommunistische Gewaltherrschaft ihnen das nicht mehr verbieten
kann. Dies bedeutet keineswegs ›Ost-West-Denken‹ ... Die Chance, die
von der gegenwärtigen Entwicklung in den osteuropäischen Staaten
ausgeht, beruht darauf, daß der Kommunismus seinen Widersprüchen
nicht mehr entkommen kann und daß er deshalb immer weniger in der
Lage ist, seine illegitime Herrschaft in Osteuropa aufrechtzuerhalten.
Warum sollten wir es uns in dieser Lage versagen, ›in die Entwicklung
der sozialistischen Staaten einzugreifen‹? Natürlich sollen und müssen
wir dies tun, gewiß nicht mit Gewalt (aber wer will das?), sondern
indem wir allen sich regenden demokratischen Kräften die moralisch-
politische Hilfe zuteil werden lassen, die sie rechtens von uns beanspruchen können und die wir den Spaniern gegen Franco und den Griechen
gegen die Obristen gegeben haben!

Aus Pflügers Zeilen klingt eine Resignation vor dem Fait accompli
der kommunistischen Diktaturen in Osteuropa heraus, die uns von den
Fakten heute weniger denn je aufgezwungen wird. In Europa will ich
mit Walesa zusammenleben, und nicht in Mitteleuropa mit General
Jaruzelski. Besonders befremdet mich seine Klage darüber, daß junge
Leute in der Bundesrepublik die Namen der amerikanischen Präsident-
schaftskandidaten besser kennen als die der ›Politiker‹ der DDR. Ich
meine, daß diese jungen Leute durchaus recht haben, denn die amerikanischen Kandidaten, wenn sie gewählt werden, haben für die Sicherung
der Demokratie und der Freiheit in der Bundesrepublik und in Frankreich eine wichtige Rolle zu spielen, während ich nicht dazu bereit bin,
den von der Gnade der Sowjets lebenden kommunistischen Statthaltern
in der DDR den Ehrennamen ›Politiker‹ zuzuerkennen! Um den Ein-
wohnern der DDR menschlich zu helfen, ist es meiner Ansicht nach

keineswegs nötig, die dortigen Machthaber politisch-moralisch in einem Augenblick anzuerkennen, wo ihre Position ins Wanken gerät. ... Gewiß können und sollen wir Regungen zur Selbständigkeit auch im politischen Personal, das in den osteuropäischen Staaten heute vorhanden ist, unterstützen..., aber was wir den Völkern Osteuropas vor allem schulden, ist die klare, eindeutige Unterscheidung zwischen Demokratie und Diktatur!

In einem Fernsehgespräch mit Egon Bahr habe ich einmal gesagt, daß ich ›Veränderung‹ in der DDR nur dann ernst nehmen werde, wenn die SPD sich dort frei entfalten kann (und natürlich auch die CDU und, wenn sie es dann noch mag, die SED)...«

78 Johannes Gross, Notizbuch. Neue Folge. 68. Fortsetzung. *Frankfurter Allgemeine Magazin* vom 18. März 1988, S. 32, unter VII.

79 Siehe das Protokoll über die Schaffung eines deutsch-französischen Verteidigungs- und Sicherheitsrates, unterzeichnet am 22. Januar 1988, abgedruckt im *Europa-Archiv* 1988, S. D 131 f.

80 Hans-Hagen Bremer, Vom Plauderton wechselt er ins Programmatische. Frankreichs Präsident Mitterrand packt beim Staatsbesuch ein Tabu an und wirbt für die Zusammenarbeit. *Frankfurter Rundschau* vom 22. Oktober 1987, S. 3.

81 Alfred Dregger, Entwurf einer Sicherheitspolitik zur Selbstbehauptung Europas. *Europäische Wehrkunde* 1987, S. 702 ff. S. (705 f.); vgl. auch: Dregger für »Europäische Sicherheitsunion«. Beteiligung an atomarer Einsatzplanung Frankreichs gefordert. *Frankfurter Allgemeine Zeitung* vom 2. Oktober 1987, S. 2.

82 Bernhard Friedmann, *Einheit statt Raketen*. Thesen zur Wiedervereinigung als Sicherheitskonzept. Busse und Seewald. Herford. 1987. S. 13 f., 75, 137. Daß Friedmann beileibe nicht der einzige in der Union ist, der sich derartige Gedanken macht, zeigt beispielsweise ein Arbeitspapier des niedersächsischen CDU-Bundestagsabgeordneten Klaus-Jürgen Hedrich, das ebenfalls recht sonderbare Vorschläge für die Wiederherstellung der deutschen Einheit enthält. Hedrich fordert darin die Aufnahme von Verhandlungen über einen Friedensvertrag zwischen den vier Siegermächten und den Regierungen der Bundesrepublik Deutschland und der DDR sowie eine Vereinbarung zwischen Bonn und Ost-Berlin über die Bildung einer Konföderation der beiden deutschen Staaten. Er schlägt regelmäßige Treffen von Regierungsmitgliedern sowie die Bildung gemeinsamer Kommissionen vor, die sich der Wirtschaftsbeziehungen, des Umweltschutzes und des Kultur- und Sportaustausches annehmen sollen. Außerdem gehören zu seinen Überlegungen die Aufstellung einer gemeinsamen Olympiamannschaft, gemeinsame Entwicklungsprojekte von DDR und Bundesrepublik Deutschland in der

Zu den Seiten 182–184

Dritten Welt und die wirklich phantastische Idee der Bildung einer gemeinsamen UN-Friedenstruppe der beiden deutschen Staaten (»Deutsch-deutsche Konföderation«. *Frankfurter Allgemeine Zeitung* vom 14. September 1987, S. 3).

83 Wolf Jobst Siedler in einem Brief an den Verf. vom 22. März 1988.

84 Bernhard Friedmann, Die Wiedervereinigung der Deutschen als Sicherheitskonzept. Thesenpapier für den Vorsitzenden der CDU/CSU-Bundestagsfraktion, Dr. Alfred Dregger, vom 16. Mai 1987.

85 Wilhelm Grewe in einer Zuschrift an die *Frankfurter Allgemeine Zeitung* vom 5. Juni 1987, S. 11. Grewe fuhr über Friedmanns Äußerungen zur Deutschlandpolitik fort: »Wie soll man sich erklären, daß ein aktiver, zu einem konkreten Vorstoß entschlossener Politiker Überlegungen, Fragestellungen, Vorschläge zu Papier bringt, ohne zu bemerken, daß alles, aber auch alles, was er sagt, im Laufe der letzten vierzig Jahre schon unzählige Male gesagt, geschrieben, verkündet, bezweifelt, beantwortet – und vorerst als irreal, utopisch, nichtpraktikabel, stillschweigend wieder beiseite gelegt worden ist?

Natürlich muß man dem unbekümmerten Thesen-Verkünder zugute halten, daß er – wie ich vermute – einem Jahrgang angehört, der die vielen ergebnislosen Diskussionen der fünfziger und sechziger Jahre nicht selbst hat verfolgen können…«

Friedmann ist am 8. April 1932 geboren, war 1987 mithin 55 Jahre alt. Er sollte also besser Bescheid wissen, wenn er sich zu Wort meldet – und seine publizistischen Förderer auch.

86 »Jetzt darf es keine Pause geben«. Der SPD-Ost-Experte Egon Bahr über deutsche Antworten auf Gorbatschows Abrüstungsvorschläge. *Der Spiegel* vom 25. Januar 1988, S. 52 ff. (52)

87 »Amerika kann hoffen, einen begrenzten Atomkrieg zu führen, Frankreich nicht.« Der SPD-Politiker Egon Bahr macht sich stark für die Re-Organisation der Nato: Er möchte die »Europäisierung« der französischen konventionellen Armee und einen europäischen Oberbefehlshaber/Die Kampagne »Atomwaffenverzicht im Grundgesetz« hält er für einen »Gag«. *taz* vom 29. Januar 1988, S. 10. Auch Theo Sommer betonte kürzlich in der *Zeit:* »Von Alfred Dregger bis Egon Bahr sind sie sich einig« (Die Russen sind nicht zehn Fuß groß. Der Westen braucht Abrüstungsverhandlungen in Europa nicht zu scheuen. *Die Zeit* vom 26. Februar 1988, S. 3).

88 Peter Glotz, Das Flügelchen oder Antikommunismus aus Identitätsangst. Über die Kritik der Akademischen Rechten in und an der SPD. *Die Neue Gesellschaft* 1984, S. 266 ff. (273)

An den Grenzen amerikanischer Macht

Zu den Seiten 186–191

1 David Binder, Die Deutschen sind schon fast zu gemütlich geworden. *Die Welt* vom 12. Juli 1986, S. 14. Verschiedene lesenswerte Beiträge zu den Veränderungen im deutsch-amerikanischen Verhältnis und generell zu den transatlantischen Beziehungen vereint der Band »Europa und Amerika. Ende einer Ära«. *Der Monat* Neue Folge 290 (1984).

2 At Peace With Two Germanys. *New York Times* vom 9. September 1987, S. A 26.

3 Thomas F. O'Boyle, Ostpolitik's Pull on the German Psyche. The *Wall Street Journal* vom 9. September 1987, S. 33.

4 Rowland Evans und Robert Novak, Honecker's ›Triumphant‹ Visit. *Washington Post* vom 11. September 1987, S. A 25.

5 Vgl. dazu beispielsweise Alexander DeConde, *A History of American Foreign Policy*. Volume I: Growth to World Power. 1700–1914. Charles Scribner's Sons. New York. Third Edition 1978. S. 11; sowie Hartmut Wasser, *Die Vereinigten Staaten von Amerika*. Portrait einer Weltmacht. Deutsche Verlags-Anstalt. Stuttgart. 1980. S. 387; auch Gebhard Schweigler, *Von Kissinger zu Carter*. Entspannung im Widerstreit von Innen- und Außenpolitik (Schriften des Forschungsinstituts der Deutschen Gesellschaft für Auswärtige Politik. Reihe: Internationale Politik und Wirtschaft. Band 47) R. Oldenbourg. München und Wien. 1982. S. 10.

6 Thomas O'Neill, *Man of the House*. The Life and Political Memoirs of Speaker Tip O'Neill, with William Novak. Random House. New York, N. Y. 1987. S. 26 und 317.

7 Siehe beispielsweise Lottemi Doormann, Die Hölle der Heimatlosen. Vom Elend der Armen in einer reichen Stadt. »New York«. *Merian* vom November 1987, S. 47 ff.

8 Statt aller: Louis Hartz, *The Liberal Tradition in America*. An Interpretation of American Political Thought since the Revolution. Harcourt, Brace & World. New York. 1955; Werner Sombart, *Warum gibt es in den Vereinigten Staaten keinen Sozialismus?* Wiss. Buchgesellschaft. Darmstadt. 1969 (unveränderter Nachdruck der Ausgabe von 1906).

9 Vgl. Raymond Aron, *Die Imperiale Republik*. Die Vereinigten Staaten von Amerika und die übrige Welt seit 1945. Belser. Stuttgart und Zürich. 1975. S. 27; und den Artikel von Henry Kissinger und Cyrus Vance in *Newsweek* vom 6. Juni 1988: An Agenda for 1989 (S. 17 ff.).

10 Earl W. Foell, Palace of Broken Dreams. *The New York Times Book Review* vom 4. Oktober 1987, S. 33.

11 Vgl. Raymond Aron, *Die Imperiale Republik*. A. a. O. S. 26.

Zu den Seiten 192 und 193

12 Zum sog. »Wilson-Syndrom« immer noch lesenswert: Stanley Hoff-
    mann, *Gulliver's Troubles, Or the Setting of American Foreign Policy*.
    McGraw-Hill. New York, Toronto, London und Sydney. 1968.
    S. 191 ff.; das Zitat bei Raymond Aron, *Die Imperiale Republik*.
    A. a. O. S. 20. Vgl. weiterhin: Hartmut Wasser, *Die Vereinigten Staa-
    ten von Amerika*. A. a. O., dort besonders S. 382 ff.; Knud Krakau,
    *Missionsbewußtsein und Völkerrechtsdoktrin in den Vereinigten Staa-
    ten von Amerika* (Abhandlungen der Forschungsstelle für Völkerrecht
    und Ausländisches Öffentliches Recht der Universität Hamburg.
    Band 14) Alfred Metzner. Frankfurt a. M. und Berlin. 1967. S. 94 ff.
    und 243 ff.; Klaus Schwabe, *Der amerikanische Isolationismus im
    20. Jahrhundert*. Legende und Wirklichkeit (Frankfurter Historische
    Vorträge. Heft 1) Franz Steiner. Wiesbaden. 1975; Friedbert Pflüger,
    Die Menschenrechtspolitik der USA. Amerikanische Außenpolitik zwi-
    schen Idealismus und Realismus 1972–1982 (Schriften des For-
    schungsinstituts der Deutschen Gesellschaft für Auswärtige Politik.
    Reihe: Internationale Politik und Wirtschaft. Band 48) R. Oldenbourg.
    München und Wien. 1983; Hans-Ulrich Wehler, *Grundzüge der ame-
    rikanischen Außenpolitik*. A. a. O., S. 15. Allgemeiner: Stephen E. Am-
    brose, *Rise to Globalism*. American Foreign Policy Since 1938. Pen-
    guin Books. New York, N. Y. 4., überarbeitete Auflage. 1985; William
    A. Williams, *Die Tragödie der amerikanischen Diplomatie*. Suhrkamp.
    Frankfurt a. M. 1973; John Winston Spanier, *American Foreign Policy
    Since World War II*. Holt, Rinehart and Winston. New York. 10. Auf-
    lage. 1985; Arthur M. Schlesinger Jr., *The Cycles of American History*.
    Houghton Mifflin Company. Boston. 1986. Bemerkenswert in unserem
    Zusammenhang ist auch die kürzlich erschienene Studie von John Lewis
    Gaddis zur Geschichte des Kalten Krieges: *The Long Peace*. Inquiries
    Into the History of the Cold War. Oxford University Press. New York.
    Oxford. 1987.

13 Die Abschiedsbotschaft Washingtons vom 17. September 1796 findet
    sich im Sammelwerk von James D. Richardson (Hrsg.), *Messages of the
    Presidents*. 1789–1897. Zehn Bände (ohne Verlag) Washington
    1897 ff., Band 1. S. 217 ff.; die zitierte Passage folgt weitgehend der
    Übersetzung von Klaus Schönthal, *Amerikanische Außenpolitik*. Eine
    Einführung. Kiepenheuer & Witsch. Köln und Berlin. 1964. S. 289.

14 Zur isolationistischen Grundstimmung der politischen Kultur der Ver-
    einigten Staaten von Washington und Jefferson bis zu Reagans SDI
    einige treffende Bemerkungen bei dem USA-Spezialisten und
    Geschichtsprofessor an der Stanford Universität David M. Kennedy,
    Liberty vs. Greatness for All, *The New York Times Book Review* vom
    14. Juni 1987, S. 30, mit weiteren Hinweisen.

15 Einführende Literatur und Spezialuntersuchungen zum Eintritt der Vereinigten Staaten in den Ersten und Zweiten Weltkrieg: Charles Seymour, *American Neutrality 1914–1917.* Essays on the causes of American Intervention in the World War. Archon Books. Hamden. Connecticut. 1967; Gregory Ross, *The Origins of American Intervention in the First World War.* Norton & Company. New York. 1971; Colin Simpson, *The Lusitania.* Little, Brown and Company. Boston. Toronto. 1972, jetzt deutsch als Fischer Taschenbuch. Frankfurt a. M. 1987; Herbert Feis, *The Road to Pearl Harbor:* the Coming of the War Between the United States and Japan. Atheneum. New York. 1962; Roberta Wohlstetter, *Pearl Harbor, Warning and Decision.* Stanford University Press. Stanford. 1965; Thomas Andrew Bailey, *Hitler vs. Roosevelt.* The Undeclared Naval War. Free Press. New York. 1979; Peter Herde, *Pearl Harbor, 7. Dezember 1941.* Der Ausbruch des Krieges zwischen Japan und den Vereinigten Staaten und die Ausweitung des europäischen Krieges zum Zweiten Weltkrieg (Impulse der Forschung. Band 33) Wissenschaftliche Buchgesellschaft. Darmstadt. 1980. Zu Hitlers rätselhafter Kriegserklärung an die USA vgl. Gordon A. Craig, Roosevelt and Hitler: The Problem of Perception. In: *Deutsche Frage und europäisches Gleichgewicht.* Festschrift für Andreas Hillgruber zum 60. Geburtstag. Hrsg. von Klaus Hildebrand und Reiner Pommerin. Böhlau. Köln und Wien. 1985. S. 169 ff.; Joachim C. Fest, *Hitler.* A. a. O. S. 892 ff.; Andreas Hillgruber, Der Faktor Amerika in Hitlers Strategie 1938–1941. In: ders., *Deutsche Großmacht- und Weltpolitik im 19. und 20. Jahrhundert.* Droste. Düsseldorf. 1977. S. 197 ff.; ders., *Hitlers Strategie.* Politik und Kriegführung 1940–1941. Bernard & Graefe. München. 1982. S. 553 ff.; Eberhard Jäckel, Die deutsche Kriegserklärung an die Vereinigten Staaten von 1941. In: *Im Dienste Deutschlands und des Rechtes.* Festschrift für Wilhelm G. Grewe zum 70. Geburtstag am 16. Oktober 1981. Hrsg. von Friedrich H. Kroneck und Thomas Oppermann. Nomos. Baden-Baden. 1981. S. 117 ff.

16 Phil Williams betont, daß die dauerhafte militärische Präsenz amerikanischer Truppen in Europa allen historischen Traditionen und politischen Entwicklungen Amerikas zuwiderlaufe (American Troops in Europe: a New Great Debate? *The World Today.* Band 43. Nr. 12 [Dezember 1987] S. 215 ff. [215]).

17 Walter Isaacson und Evan Thomas, *The Wise Men.* Six Friends and the World They Made. Acheson, Bohlen, Harriman, Kennan, Lovett, McCloy. Simon and Schuster. New York, N. Y. 1986.

18 Siehe die maßgebliche, vierbändige Biographie von Forrest C. Pogue, in unserem Zusammenhang insbesondere den abschließenden vierten

Zu den Seiten 195 und 196

Band: *George C. Marshall: Statesman.* 1945–1959. Viking. New York, N.Y. 1987.

Joseph Marion Jones, *The Fifteen Weeks.* An Inside Account of the Genesis of the Marshall Plan. Harcourt, Brace & World. New York, Chicago und Burlingame. 1955.

20 Merle Miller, *Offen gesagt.* Harry S. Truman erzählt sein Leben. Deutsche Verlags-Anstalt. Stuttgart. 1975. S. 219.

21 Ernst Fraenkel, *USA. Weltmacht wider Willen* (Schriften der Deutschen Hochschule für Politik. Band 23) Colloquium Verlag. Berlin. 1957.

22 Wilhelm Seuß, Ein Budget der Resignation. Der Haushaltsvorschlag Reagans. *Frankfurter Allgemeine Zeitung* vom 27. Februar 1988, S. 11. Vgl. auch Helmut Schmidt in der *Zeit* vom 4. Dezember 1987, S. 5.

23 Bei seinem Amtsantritt im Jahre 1981 übernahm Ronald Reagan bereits einen beachtlichen Schuldenberg. Die amerikanische Gesamtverschuldung betrug 1981 rund eine Billion Dollar, stieg bis 1984 auf über 1,5 Billionen an und erreichte 1987 2,36 Billionen Dollar. Seit 1986 entsprach diese Summe stets mehr als der Hälfte des gesamten Bruttosozialprodukts der Vereinigten Staaten (*Historical Tables. Budget of the United States Government.* Fiscal Year 1989. Executive Office of the President. Office of Management and Budget. U.S. Government Printing Office. Washington D.C. 1988. S. 144).

24 Siehe beispielsweise den Artikel von Fred M. Hechinger, Help Wanted: Leaders. *New York Times* vom 18. August 1987, S. C 6, der die Gedankenwelt des Psychologen und früheren US-Gesundheits-, Erziehungs-, und Wohlfahrtsministers John W. Gardner referiert, die dieser über zwei Jahrzehnte hinweg entwickelt und wiederholt zur Diskussion gestellt hat. Gardner beklage ein Führungsdefizit in den USA bei gleichzeitigem gewaltigem Führungsbedarf und frage nach den Gründen dieser Entwicklung. Die Gesellschaft sei riesig, anonym und kompliziert organisiert. Statt junge Leute herauszufordern, gebe sie sich ihnen gegenüber indifferent. Großorganisationen unterdrückten Talente; man brauche daher kleine, überschaubare Einheiten, in denen junge Führernaturen ihre Gaben erproben könnten. Die verschiedenen Ausbildungsstätten, Schulen und Universitäten bildeten heute aber eher Berater als Führungspersönlichkeiten heran. Um zum Führer zu reifen, müsse ein Mensch die Gräben der Spezialisierung verlassen und sich über die Grenzen hinwegsetzen, die die verschiedenen Segmente der Gesellschaft voneinander trennten. Führer seien immer Generalisten, da sie imstande sein müßten, sich unterschiedlichen Wählergruppen und den verschiedensten Problemen gewachsen zu zeigen.

25 Sehr typisch Tom Wicker, A Light, Not a Mission, *New York Times* vom 28. September 1987, S. A 25.

314

26 Henry Kissinger stellte 1979 rückblickend fest:»Unsere militärische und außenpolitische Lage ist niemals günstiger gewesen als unmittelbar am Anfang der Eindämmungspolitik Ende der 40er Jahre« (*Memoiren 1968–1973.* A. a. O. S. 73).

27 Die Angaben über den Anteil des amerikanischen Bruttosozialproduktes am Weltbruttosozialprodukt schwanken naturgemäß. Henry Kissinger sprach bei einer Tagung des Berliner Aspen-Instituts am 26. Oktober 1987 von 52 Prozent für das Jahr 1950 und fügte hinzu:»Seinerzeit brauchten wir uns keine Sorgen um das Gleichgewicht der Mächte zu machen: wir waren das Gleichgewicht der Mächte. Das Hauptproblem amerikanischer Außenpolitik war damals bloß, eine Schwierigkeit zu erkennen, um sie anschließend mit unserem Reichtum zu überwältigen« (Tonband-Abschrift S. 2). Dieter Senghaas geht für dasselbe Jahr von einem amerikanischen Anteil von 34 Prozent aus, der sich bis zum Jahr 2000 auf 17 bis 18 Prozent verringert haben werde (*Die Zukunft Europas. Probleme der Friedensgestaltung.* edition suhrkamp. Frankfurt a. M. 1986. S. 32). Der *Economist* nennt für das Jahr 1945 die Zahl 40 Prozent und spricht von gegenwärtig kaum 25 Prozent (Whatever happened? *The Economist* vom 12. September 1987, S. 15 f. [16]).

28 Vgl. Martin Tolchin, The Presidency: Reagan Is Turning Political Science Into an Art. *New York Times* vom 7. September 1987, S. 20.

29 Inzwischen räumt man vereinzelt auch von sowjetischer Seite ein, was westliche Kenner der Verhältnisse seit langem behauptet haben: von der Sowjetunion unter Breschnew sei während der siebziger Jahre »die Entspannung aktiv für eine Verstärkung ihrer militärischen Streitmacht genutzt und – beispiellos in der Geschichte – militärische Parität nicht nur mit dem Blick auf die Vereinigten Staaten, sondern gegenüber allen oppositionellen Mächten angestrebt« worden. Zusätzlichen Grund, alarmiert zu sein, hätten die damals »durch die vietnamesische Katastrophe paralysierten« Amerikaner angesichts der Ausdehnung sowjetischen Einflusses in Afrika, im Nahen Osten und in »anderen Regionen« gehabt. Für den Westen habe die Vergrößerung der sowjetischen Einflußsphäre ihre »kritische Grenze« Ende 1979 mit dem Einmarsch sowjetischer Truppen in Afghanistan erreicht. Überhaupt habe Moskau den negativen Einfluß seiner Politik auf die »Entspannung zwischen der Sowjetunion und dem Westen ignoriert« (Siehe den Bericht von Werner Adam über die Ausführungen des sowjetischen Historikers Prof. Wjatscheslaw Daschitschew unter der Überschrift: Vor Gromyko ein Scherbenhaufen. Vergangenheitsbewältigung nun auch in der sowjetischen Außenpolitik. *Frankfurter Allgemeine Zeitung* vom 26. Mai 1988, S. 12; vgl. auch den Reuter-Bericht aus Moskau auf S. 1 desselben Blattes am 24. Mai 1988: »Entspannung zur Aufrüstung genutzt«. Der Ori-

ginalbeitrag findet sich in der *Literaturnaja Gaseta* vom 18. Mai 1988, S. 4: Wjatscheslaw Daschitschew, Ost – West: die Suche nach neuen Beziehungen. Über die Prioritäten der Außenpolitik des sowjetischen Staates; weiterhin das Interview mit Daschitschew in der *taz* vom 9. Juni 1988, S. 3: »Moskau braucht nicht gleichzuziehen«. Sowjetischer Historiker kritisiert das Streben nach Weltherrschaft. Von Erich Rathfelder; beachte die Fehlerberichtigung am folgenden Tage).

30 Der Verteidigungshaushalt der USA stieg in der Amtszeit Ronald Reagans von 158 Milliarden Dollar im Jahre 1981 auf 282 Milliarden im Jahre 1987, verdoppelte sich also nahezu (*Historical Tables. Budget of the United States Government.* Fiscal Year 1989. A. a. O. S. 43 f.). Man darf sich gleichwohl nicht täuschen lassen: Die reale jährliche Steigerung hat 14 Prozent zu keinem Zeitpunkt überschritten; seit 1986 sind die Rüstungsausgaben auch unter Reagan kontinuierlich real gesunken (Report of the Secretary of Defense Frank C. Carlucci to the Congress on the Amended Fiscal Year 1988/FY 1989 Biennial Budget [*Annual Report to the Congress*] February 18, 1988. U. S. Government Printing Office. Washington D. C. S. 122).

31 Vgl. beispielsweise Rowland Evans, *The Reagan Revolution*. Dutton. New York. 1981; sowie Guy Sorman, *The Conservative Revolution in America*. Regnery Books. Chicago. 1984.

32 Siehe Hans E. Tütsch, Das war der 99. Kongreß. Brief aus Washington. *Schweizer Monatshefte* 1986, S. 1010 ff. Dort heißt es auf S. 1010: »Nach den Erwartungen des Schatzamtes werden 60 Prozent der Einwohner in Zukunft weniger Steuern bezahlen, 25 Prozent gleichviel wie bisher und 15 Prozent mehr als bis anhin. Nur noch zwei Progressionsstufen, von 15 Prozent des Einkommens und von 28 Prozent, ersetzen die mehr als drei Dutzend früheren. 80 Prozent der Steuerzahler werden bloß die 15 Prozent ihres Einkommens dem Fiskus abliefern müssen... Sechs Millionen Minderbemittelte sind nun von den Listen der Steuerpflichtigen ganz gestrichen worden.«

33 1981 betrug das amerikanische Haushaltsdefizit 79 Milliarden Dollar, 1983 waren es bereits 208 Milliarden Dollar. Bis 1986 kletterte die jährliche Verschuldung auf 221 Milliarden Dollar. Seither ist sie auf Werte um 150 Milliarden Dollar abgesunken (*Historical Tables. Budget of the United States Government.* Fiscal Year 1989. A. a. O. S. 16).

34 E. J. Dionne Jr., Budget Politics. How to Win Elections: Don't Cut the Deficits. *New York Times* vom 19. November 1987, S. B 10.

35 Der amerikanische Zinsendienst stieg von 69 Milliarden Dollar im Jahre 1981 auf knapp 150 Milliarden im Jahre 1987 (*Historical Tables. Budget of the United States Government.* Fiscal Year 1989. A. a. O. S. 43 f.).

36 Kenneth H. Bacon, Outlook. Future Pressures On Living Standards. *The Wall Street Journal* vom 3. August 1987, S. 1.

37 Vgl. Joseph I. Coffey und Françoise E. Paublant, Ist die NATO noch zeitgemäß? Westeuropa vor neuen amerikanischen Konzepten. *integration* 1986. S. 51 ff. (55).

38 Siehe beispielsweise Melvin B. Krauss, *How NATO Weakens the West.* Simon and Schuster. New York. 1986. S. 32.

39 Horst Ehmke, *Europa-Archiv* 1984, S. 198, 197 f.

40 Berndt von Staden, Perspektiven deutscher Außenpolitik. *Außenpolitik* 1985, S. 11 ff. (14)

41 Vgl. Karl-Heinz Kamp, Die Aussichten für eine Verstärkung der konventionellen Streitkräfte des westlichen Bündnisses. *Europa-Archiv* 1986, S. 709 ff. Kamp stellt lapidar fest: »In der Bundesrepublik Deutschland werden auch bei einer unerwartet positiven Entwicklung des Wirtschaftswachstums und damit steigenden Staatseinnahmen signifikante Erhöhungen des Rüstungshaushalts politisch nicht durchzusetzen sein.« Eine Modernisierung der konventionellen Streitkräfte in Europa sei deshalb nur in »deutlich reduzierter Form« möglich. Die eigentliche Gefahr läge daher in Entwicklungen, die die Bedeutung der nuklearen Abschreckung verminderten und so das konventionelle Ungleichgewicht drastischer hervortreten ließen.

Diese Entwicklungen sind bekanntlich seit Reykjavik und dem INF-Abkommen eingetreten, und Kamps Feststellung, es sei nicht zu erkennen, wie die westlichen Regierungen ihren Wählern in dieser Lage klarmachen könnten, daß trotz der beginnenden nuklearen Abrüstung mehr Geld für Aufrüstungsmaßnahmen erforderlich sei, hat sich inzwischen voll und ganz bewahrheitet. (Zitate S. 713, 715 f.) Auch Theo Sommer schrieb schon vor Monaten in der *Zeit,* niemand sollte so tun, als sei eine Verstärkung der konventionellen Verteidigung in den Ländern des Westens eine reale Möglichkeit; dies gelte auch für den Fall, daß die Amerikaner aus historischer Ermüdung oder unter ökonomischem Zwang ihre europäischen Garnisonen vermindern sollten. Für größere Verteidigungsanstrengungen fände sich weder in den Finanzen noch in der Demographie eine Grundlage – und vor allem wohl nicht in den Köpfen, wie man hinzufügen muß (Kopf im Sumpf. Trotz Kieler Affaire: Außenpolitik tut not. *Die Zeit* vom 13. November 1987, S. 1).

42 Siehe Helga Haftendorn, Transatlantische Dissonanzen. Der Bericht über »Selektive Abschreckung« und die Strategiediskussion in den USA. *Europa-Archiv* 1988, S. 213 ff. (220); vgl. auch David Calleo, NATO's Middle Course, *Foreign Policy* (Winter 1987/88), S. 135 ff. (135).

43 David Calleo, *Foreign Policy* (Winter 1987/88), S. 136.

44 David Aaron, Neubewertung der Atlantischen Allianz. *Europa-Archiv*

Zur Seite 208
1986, S. 481 ff. (483); eine irreführende Passage der Übersetzung des *Europa-Archivs* wurde in unserem Zitat korrigiert. Jan Reifenberg gelangte in der *Frankfurter Allgemeinen Zeitung* vom 22. August 1987, Beilage »Bilder und Zeiten«, denn auch zu dem Schluß: »Die Vereinigten Staaten können auf die Dauer ihr derzeitiges Engagement auf dem europäischen Kontinent aus rein haushaltspolitischen Gründen nicht in gleicher Höhe beibehalten.«

45 Theodore Draper, The Phantom Alliance. In: Robert W. Tucker und Linda Wrigley (Hrsg.), *The Atlantic Alliance And Its Critics* (A Lehrman Institute Book) Praeger. New York. 1983. S. 1 ff. (3 f.).

46 Vgl.: Department of Defense. *Report on Allied Contributions to the Common Defense.* A Report to the United States Congress by Caspar Weinberger, Secretary of Defense. April 1987. S. 72.

47 Die Angabe der Kosten für die amerikanischen Verbände in Europa folgt David Aarons Beitrag im *Europa-Archiv* 1986, S. 483 (s. o.) und Earl C. Ravenal, Europe without America: The Erosion Of NATO. *Foreign Affairs* Band 63, Nr. 5 (Sommer 1985) S. 1020 ff. (1032); andere amerikanische Natokritiker machen ähnliche Angaben (etwa Melvin B. Krauss, *How NATO Weakens the West.* A. a. O. S. 29). Allerdings sind solche Behauptungen mit Vorsicht zu genießen: zu unterschiedlich sind die Grundlagen, auf denen die Berechnungen beruhen. So kommt es zu einer Vielzahl verschiedener Ergebnisse. Eine hilfreiche Aufschlüsselung bietet neuerdings Jörg Baldauf in einem Arbeitspapier *Zur amerikanischen Kritik an der US-Truppenpräsenz in Europa* (Stiftung Wissenschaft und Politik. Ebenhausen. SWP-AP 2529. Juni 1987).

Baldauf schätzt die Mehrkosten für die Stationierung amerikanischer Truppen auf dem europäischen Kontinent, also außerhalb des US-Gebiets, auf nur 2 Milliarden Dollar jährlich. Die Gesamtaufwendungen für diese Einheiten beliefen sich auf rund 55 Milliarden Dollar. Addiere man zu dieser Zahl die Kosten für jene Truppen, die in der Frühphase eines Konfliktes zusätzlich nach Europa geschickt würden, käme man auf etwa 90 Milliarden Dollar. So könne man über verschiedene weitere Abstufungen auf eine Höchstsumme von 177 Milliarden Dollar kommen, die sich die Amerikaner ihr Nato-Engagement jährlich kosten ließen (Berechnet auf der Grundlage des Verteidigungsbudgets von 1985, das laut Baldauf 306 Milliarden Dollar umfaßte, von denen 227 Milliarden auf konventionelle Streitkräfte entfielen. Zahlen S. 25 f.).

Weitere Literatur zum Thema: David P. Calleo, *Beyond American Hegemony.* The Future of the Western Alliance. Basic Books. New York. 1987. S. 124 f.; Helga Haftendorn, Die Zukunft der amerikanischen militärischen Präsenz in Europa. *Europa-Archiv* 1983, S. 639 ff.; dies., Lastenteilung im atlantischen Bündnis. Die Zukunft der atlanti-

schen militärischen Präsenz in Europa. *Europa-Archiv* 1985, S. 497 ff.;
Josef Joffe, *Europapräsenz und Europapolitik der Vereinigten Staaten.*
Eine Untersuchung über Motivation, Funktion und Evolution der ame-
rikanischen Stationierungspolitik in Europa. Stiftung Wissenschaft und
Politik. Ebenhausen. SWP-AZ 153. November 1968; Stanley R. Sloan,
The Congress, Burdensharing and U.S. Troops in Europe, in: House
Committee on Foreign Affairs (Hrsg)., *Congress and Foreign Policy,*
1984. Washington D.C. 1985; Elke Thiel, *Dollar-Dominanz, Lasten-
verteilung und Amerikanische Truppenpräsenz.* Zur Frage kritischer
Verknüpfungen währungs- und stationierungspolitischer Zielsetzungen
in den deutsch-amerikanischen Beziehungen (Internationale Politik und
Sicherheit, hrsg. von der Stiftung Wissenschaft und Politik. Ebenhausen. Band 6) Nomos. Baden-Baden. 1979; dies., *Lastenteilung im Bündnis: Tendenzen und Konzeptionen.* Stiftung Wissenschaft und Politik.
Ebenhausen. SWP-LN 2570. Juni 1988.

48 Earl C. Ravenal, *Foreign Affairs* Band 63, Nr. 5 (Sommer 1985)
S. 1020 ff. (1032)

49 Melvin B. Krauss, *How NATO Weakens the West.* A.a.O. S. 32 f., 18,
19 f., 24 f., 137 ff., 23, 26 f., 97, 234, 237, 235.

50 Ebenda S. 28. Ein hartes Verdikt. Es wird, wenn auch mit milderen
Worten, von europäischer Seite bestätigt. So kann man bei Joseph I. Coffey und Françoise E. Paublant lesen: »Noch niemals in der Geschichte der
NATO klaffte die Einschätzung der sowjetischen Bedrohung zwischen
Amerikanern und Europäern so weit auseinander wie heute. Die geopolitischen Konsequenzen der ›teilbaren Entspannung‹ haben den eigentlichen Kern, die raison d'être der Allianz – das gemeinsame Bewußtsein
der sowjetischen Gefahr – untergraben und unterschiedliche Strategie-
konzepte gegenüber der Weltmacht Sowjetunion hervorgerufen«
(Joseph I. Coffey und Françoise E. Paublant, *integration* 1986, S. 53).

51 So auch Theodore Draper, *The Phantom Alliance.* A.a.O. S. 27; und
Zbigniew Brzezinski, *Game Plan.* Atlantic Monthly Press. Boston und
New York. 1986. S. 206.

52 Colin S. Gray, NATO: Time to Call it a Day? *The National Interest*
(Winter 1987/88) S. 13 ff. (14, 15, 26, 14)

53 Tagung des Berliner Aspen-Instituts im Berliner Reichstagsgebäude.
Vortrag Henry A. Kissingers, 26. Oktober 1987. Tonband-Abschrift S. 9.

54 Lester C. Thurow, America Among Equals. In: Sanford J. Ungar
(Hrsg.), *Estrangement: America and the World* (A Carnegie Endow-
ment Book) Oxford University Press. New York und Oxford. 1985.
S. 157 ff. (160) Vgl. auch Giles Merrit, Peering Ahead at Life after the
Old NATO. *International Herald Tribune* vom 23. Juli 1987, S. 4.

Europäische Beobachter wie beispielsweise der Frankfurter Politologe Ernst-Otto Czempiel sind zu demselben Befund gelangt. Czempiel betont zwar, daß die Struktur des Bündnisses stabil sei, weist jedoch gleichzeitig darauf hin, mittlerweile gebe es in außenpolitischen Fragen zahlreiche abweichende Einschätzungen zwischen Europäern und Amerikanern (Diagnose der Atlantischen Gemeinschaft. Stabile Strukturen, aber unterschiedliche Konfliktbilder. *Europa-Archiv* 1984, S. 53 ff.). Wichtig auch Czempiels Aufsatz »Abrüstung und die Zukunft Europas« im *Merkur* 1987, S. 1060 ff., der u. a. den gefährlichen ostpolitischen Versuchungen gilt, die für Bonn aus den neuen Abrüstungsvereinbarungen zwischen Washington und Moskau erwachsen könnten. Vgl. außerdem den lesenswerten Aufsatz unseres ehemaligen Botschafters in Washington Berndt von Staden, Deutsche und Amerikaner – Irritationen. *Außenpolitik* 1984, S. 45 ff.

Horst Ehmke sprach sich 1984 angesichts der zunehmenden Entfremdung im Bündnis für eine Politik der europäischen Selbstbehauptung aus. Die Europäer wollten sich nicht »zu einem Instrument amerikanischer Weltpolitik machen lassen«. Deshalb plädierte Ehmke für eine Stärkung der europäischen Säule der Nato: »Europa muß mehr Verantwortung für die Verteidigung der europäischen Zentralfront übernehmen. Amerika muß die Europäer im Bündnis als wirklich gleichberechtigte Partner akzeptieren.« Das klingt einfacher, als es ist (Horst Ehmke, *Europa-Archiv* 1984, S. 198).

55 Christopher Layne, The Real Conservative Agenda. *Foreign Policy* (Winter 1985/86) S. 73 ff. (86, 87, 93, 79 f., 81, 83, 84 f., 96)

56 Ebenda S. 75 f.

Man tut gut daran, im Zusammenhang mit Laynes Ausführungen noch einmal an Helga Haftendorns Feststellung zu erinnern, daß die Vereinigten Staaten von jeher »ihren Bündnisbeitrag als Vorleistung begriffen, als eine Art von Soforthilfe, bis die Europäer in der Lage wären, selbst für ihre Verteidigung zu sorgen«. Die Europäer, besonders die Deutschen, hätten den Fehler gemacht, an die Unwandelbarkeit der amerikanischen Interessen in Europa und den Fortbestand des europäischen Engagements der USA zu glauben. Das SDI-Programm sei jedoch ein unübersehbares »Symbol dafür, daß die Vereinigten Staaten sich in einem langfristigen sicherheitspolitischen Umorientierungsprozeß befinden. Ebenso wie die Konzentration auf einen möglichen europäischen Kriegsschauplatz abgelöst wird durch den Aufbau von Eingreifreserven für die Dritte Welt, insbesondere in der Golf-Region, wird mit dem Konzept einer Weltraumverteidigung – so unklar dies noch in den Einzelheiten sein mag – bewußt die Dimension verlassen, die das nukleare Abschreckungssystem der Nachkriegszeit konstituiert hat« (Helga Haftendorn, *Europa-Archiv* 1985, S. 497 ff. [497 und 506]).

57 Earl C. Ravenal, *Foreign Affairs* Bd. 63, Nr. 5 (Sommer 1985) S. 1020, 1022, 1021, 1024 f., 1030, 1033, 1032 f., 1033, 1034, ebenda, 1035.

58 *Discriminate Deterrence*. Report of The Commission On Integrated Long-Term Strategy. U. S. Government Printing Office. Washington D. C. Januar 1988. Mitglieder dieser Kommission und damit Mitverfasser ihres in der Bundesrepublik vielbeachteten Berichts waren – neben den beiden genannten Vorsitzenden – Anne L. Armstrong, Zbigniew Brzezinski, William P. Clark, W. Graham Claytor Jr.; Andrew J. Goodpaster, James L. Holloway, III; Samuel P. Huntington, Henry A. Kissinger, Joshua Lederberg, Bernard A. Schriever, John W. Vessey, S. 6 f., 5, 29, 30, vgl. auch S. 37; 43, 40, 11.

59 Vgl. etwa: Hoffen auf einen gewaltfreien Bürgerkrieg. Interview mit Rainer Trampert, dem Bundessprecher der Grünen: »Wir werden in diesem Jahr an den Stationierungsorten Aktionen machen«. *Die Zeit* vom 25. Februar 1983, S. 3 f. (3); oder Oskar Lafontaine, *Angst vor den Freunden*. A. a. O. S. 45, wo es heißt: »Man hat manchmal den Eindruck, als seien alle Entscheidungen mit Gewalt darauf programmiert, daß es in Deutschland losgeht.«

60 Dregger beschreibt Folgen für Europa. *Die Welt* vom 21. Januar 1988, S. 5. Vgl. auch: Thomas Kielinger, Dem Gegner Punkt für Punkt zusetzen. Die neue Strategie aus Washington stellt die Nato vor prekäre Fragen. *Rheinischer Merkur/Christ und Welt* vom 15. Januar 1988, S. 8.

61 Michael Howard, François de Rose, Karl Kaiser, Differenzierende Abschreckung. Eine europäische Antwort auf den amerikanischen Strategiebericht. *Frankfurter Allgemeine Zeitung* vom 4. Februar 1988, S. 6.

62 Michael Stürmer, Abschreckung nach Maß. Reichweite und Grenzen von »discriminate deterrence«. *Frankfurter Allgemeine Zeitung* vom 21. März 1988, S. 11; Josef Joffe, Mit neuen Waffen gegen alte Fesseln. Präzision und Beweglichkeit sollen Amerika helfen, künftige Konflikte zu bestehen. *Süddeutsche Zeitung* vom 16. Januar 1988, S. 4.

63 Erich Hauser, Ausgewählte Abschreckung. *Frankfurter Rundschau* vom 12. Januar 1988, S. 3.

64 »Jetzt darf es keine Pause geben«. Der SPD-Ost-Experte Egon Bahr über deutsche Antworten auf Gorbatschows Abrüstungsvorschläge. *Der Spiegel* vom 25. Januar 1988, S. 52 ff. (61)

65 Zitiert nach: David Aaron, *Europa-Archiv* 1986, S. 481.

66 There's nothing wrong with America's Foreign Defense Policy that a little backbone can't cure. An open letter from Donald J. Trump on why America should stop paying to defend countries that can afford to defend themselves. *New York Times* vom 2. September 1987, S. A 28, *Washington Post* vom selben Tage, S. A 9. Die *New York Times* trat Trumps ressentimentgeladenen Anzeigen übrigens mit einem redaktio-

nellen Beitrag entgegen: Why Bear Burdens for Allies? *New York Times* vom 7. September 1987, S. 18.

67 Zur Kritik Patricia Schroeders und anderer Kongreß-Abgeordneter an den westeuropäischen Verbündeten vgl. David C. Morrison, Sharing NATO's Burden: Spurred by frustration over the allies' huge trade surpluses with the United States some Members of Congress are threatening cutbacks in U.S. troops overseas. *National Journal* vom 30. Mai 1987, S. 1394 ff.; vgl. auch den Artikel »Nice knowing ya« aus dem *Economist* vom 14. März 1987, S. 13 f.

68 Richard Burt, The Allies' Fair Share of Defense. *Washington Post* vom 8. Oktober 1987, S. A 23. Vgl. auch den Leitartikel von Günther Gillessen, Die Teilung der Last. *Frankfurter Allgemeine Zeitung* vom 2. November 1987, S. 1.

69 Richard Burt, America Needs Troops in Europe. Saving Money by Bringing Them Home Is a False, Dangerous Economy. *Washington Post* vom 22. März 1987, S. C 2.

70 Patricia Schroeder, Our Allies Must Pay More for Defense. *Washington Post* vom 13. Oktober 1987, S. A 19.

71 Ronald Reagans *Economic Recovery Tax Act* aus dem Jahre 1981 stellte eine Spekulation auf gleichbleibend hohe Inflationsraten dar: Die Administration hoffte, daß die Reform kostenneutral bleiben würde. Durch nominale Lohnerhöhungen müßten viele Steuerzahler, so erwartete man, in die nächsthöhere Steuerprogressionsstufe aufrücken (der sogenannte *Bracket-Creep-Effect*) und auf diese Weise die verminderten Steuereinnahmen ausgleichen. Doch diese Rechnung ging nicht auf. Man darf dies wohl nicht Reagan allein anlasten; denn die rigide Geldmengenpolitik der amerikanischen Bundesbank unter ihrem eigenwilligen Präsidenten Paul Volcker führte zu einem massiven Absinken der Inflationsrate (Vgl. Paul Craig Roberts, How Volcker sabotaged the President's Agenda. *Business Week* vom 15. Juni 1987, S. 10; sowie Hugo Müller-Vogg, Amerikas mutige Steuerpolitik. *Frankfurter Allgemeine Zeitung* vom 24. Juni 1988, S. 13).

72 Berechnet nach: *Historical Tables. Budget of the United States Government.* Fiscal Year 1989. A. a. O. S. 43 f.

73 1948 betrug der Anteil der Verteidigungsausgaben am amerikanischen Gesamthaushalt 30,6 Prozent; 1954, also nach dem Koreakrieg, waren es 69,5 Prozent; 1961, im Jahr des Mauerbaus, 50,8 Prozent; 1968, also zur Zeit des Vietnamkriegs, 46 Prozent; 1980, im letzten Amtsjahr Jimmy Carters, hatten sie ihren niedrigsten Nachkriegsstand in Höhe von 22,7 Prozent erreicht. Reagans höchster Wert: 28,1 Prozent 1987 (*Historical Tables. Budget of the United States Government.* Fiscal Year 1989. A. a. O. S. 46 ff.).

74 *Historical Tables. Budget of the United States Government.* Fiscal Year 1989. A.a.O. S.46 ff. Vgl. auch die Zahlenangaben im: *Statistical Abstract of the United States 1987.* U.S. Government Printing Office. Washington D.C. 1986. S.292.

75 Vgl. *Historical Tables. Budget of the United States Government.* Fiscal Year 1989. A.a.O. S.39 ff.

76 Zurück zur Supermacht. *Wirtschaftswoche* vom 14. Oktober 1983, S.70 ff. (72); Wohlstand auf Pump. *Wirtschaftswoche* vom 4. Mai 1984, S.48 ff. (52) Vgl. auch Wilhelm Seuß, In den Zwängen des Budget-Prozesses. Haushaltspolitik in Amerika. *Frankfurter Allgemeine Zeitung* vom 6. November 1987, S.13; und den bereits in Anmerkung 71 erwähnten Beitrag von Hugo Müller-Vogg, *Frankfurter Allgemeine Zeitung* vom 24. Juni 1988, S.13.

77 *Wirtschaftswoche* vom 4. Mai 1984, S.60.

78 Ebenda. S.53. *Historical Tables. Budget of the United States Government.* Fiscal Year 1989. A.a.O. S.44.

79 Vgl. *Historical Tables. Budget of the United States Government.* Fiscal Year 1989. A.a.O. S.44; auch Lester C. Thurow, Gefangen in der Schuldenfalle. Hohe Auslands- und Inlandskredite blockieren die amerikanische Wirtschaftspolitik. *Die Zeit* vom 8. Mai 1987, S.48.

80 Vgl. die sehr kritischen Beiträge von Arthur Schlesinger Jr., A Democrat Looks at Foreign Policy. *Foreign Affairs* Band 66, Nr.2 (Winter 1987/88) S.263 ff (273 ff.); sowie John Kenneth Galbraith in einem Gespräch mit der *Wirtschaftswoche:* »Sozialpolitik notwendig«. *Wirtschaftswoche* vom 8. April 1988, S.64 ff.; weiterhin die Erinnerungen des ersten Director of Budget and Management der Reagan-Regierung, David Stockman, an seine Jahre als Mitarbeiter des Präsidenten: *Der Triumph der Politik.* Die Krise der Reagan-Regierung und ihre Auswirkungen auf die Weltwirtschaft. Bertelsmann. München. 1986.

Wohlwollend Milton Friedman: Wir haben eine Steuer, genannt Defizit. *Die Welt* vom 13. April 1987, S.7. Es gibt zahlreiche positive Einschätzungen der amerikanischen Wirtschaftslage, deren Verfechter zwar die Probleme nicht ignorieren, jedoch die ungebrochene Kraft und Regenerationsfähigkeit der amerikanischen Wirtschaft in den Vordergrund stellen; vgl. etwa Wilhelm Seuß, Amerikas Auslands-Status ist besser als sein Ruf. Der Vergleich mit den Schuldnerländern hinkt. *Frankfurter Allgemeine Zeitung* vom 7. Juli 1987, S.12; weiterhin die lehrreiche Artikel-Serie der *Frankfurter Allgemeinen Zeitung* unter dem Titel »Amerika. Ein Vorbild wird besichtigt«; mit den folgenden Aufsätzen: Jürgen Jeske, Verstehen wir Amerika? (24. September 1987, S.15); Hugo Müller-Vogg, Amerikas unternehmerische Gesellschaft (26. September 1987, S.13); Wilhelm Seuß, Ein Land ohne Wirtschaftsminister

Zur Seite 226
(29. September 1987, S. 13); Horst Rademacher, Forschungsgelder aus dem Pentagon (2. Oktober 1987, S. 15); Wilhelm Seuß, Amerika und seine Schulden (8. Oktober 1987, S. 15); Jagd nach dem »schnellen Dollar« (13. Oktober 1987. S. 13); Horst Rademacher, Technik zwischen Küche und Weltraum (17. Oktober 1987, S. 15); die folgenden Artikel alle von Hugo Müller-Vogg: Amerika im ökonomischen Abwehrkampf (24. Oktober 1987, S. 14); Money, Money, Money ... (31. Oktober 1987, S. 13); Gegenmacht – demokratisch (10. November 1987, S. 13); Die Job-Maschine Amerika (4. Dezember 1987, S. 13); Wilhelm Seuß, Vom Autopiloten zur Handsteuerung. Widersprüche amerikanischer Wirtschaftspolitik (9. Dezember 1987, S. 13).

Vgl. weiterhin: Gerhard Czerwensky, Eindrucksvolle Veränderungen der US-Ausfuhr. *Welt am Sonntag* vom 7. Februar 1988, S. 3; Robert P. Samuelson, For America, »Debtor Status« Isn't the Problem. *International Herald Tribune* vom 11. Februar 1988, S. 4; David Wessel, Narrower Trade Deficit of $ 12.2 Billion In December Suggests Worst May Be Past. *The Wall Street Journal* vom 16. Februar 1988, S. 2; John Rutledge and Deborah Allen, We should love the trade deficit, *Fortune* vom 29. Februar 1988, S. 71 ff.; Der Marsch in die Rezession ist vorläufig abgeblasen. *Handelsblatt* vom 11./12. März 1988, S. 24; Hugo Müller-Vogg, Amerika bleibt attraktiv. *FAZ* vom 28. April 1988, S. 13; Le déficit commercial américain est le plus faible depuis trois ans. *Le Monde* vom 19. Mai 1988, S. 34; Lester C. Thurow, Die amerikanische Job-Maschine. Keine Volkswirtschaft schafft so viele neue Arbeitsplätze wie die Vereinigten Staaten. *Die Zeit* vom 27. Mai 1988, S. 33 f.

81 Helmut Schmidt argumentierte in diesem Sinne in seinem Vortrag bei der erwähnten Aspen-Tagung vom Oktober 1987: Die Japaner sparten 17 Prozent des für den einzelnen disponiblen Einkommens, Bundesdeutsche immerhin 13 Prozent, die Amerikaner jedoch erheblich weniger (Tonband-Abschrift S. 14). In der Tat ist die amerikanische Sparquote seit 1981 von sieben auf drei Prozent abgesunken (Hugo Müller-Vogg, Amerika zwischen Kater und Konsumrausch. *Frankfurter Allgemeine Zeitung* vom 21. November 1987, S. 13).

82 Das Ende der Ära Reagan. *Wirtschaftswoche* vom 4. September 1987, S. 48 ff. (56)

83 Der geknebelte Präsident. *Wirtschaftswoche* vom 8. April 1988, S. 46 ff. (53) Vgl. auch: Evan Thomas, Is America in Decline? Only our openness may save us from becoming the next fallen empire. *Newsweek* vom 22. Februar 1988, S. 22 ff. (23)

84 Zum High-Tech-Problemkreis vgl. den interessanten Artikel von Horst Rademacher, Technik zwischen Küche und Weltraum. *Frankfurter Allgemeine Zeitung* vom 17. Oktober 1987, S. 15.

85 Ende des Fairplay? *Wirtschaftswoche* vom 26. September 1986, S. 48 ff.
(49)

86 Hugo Müller-Vogg, Amerika bleibt attraktiv. *Frankfurter Allgemeine Zeitung* vom 28. April 1988, S. 13.

87 Wilhelm Seuß, Amerika und seine Schulden. *Frankfurter Allgemeine Zeitung* vom 8. Oktober 1987, S. 15.

88 Vgl. zuletzt die *Economic and Financial Indicators* im *Economist* vom 18. Juni 1988, S. 119 f. Über die Reibungen zwischen Washington einerseits und Bonn und Tokio andererseits vgl.: Jeffrey E. Garten, The Looming Crisis With Bonn and Tokyo. *New York Times* vom 8. November 1987, S. E 25.

89 Jetzt kaufen sie Amerika. *Wirtschaftswoche* vom 3. April 1987, S. 38 ff. (38) Vgl. auch Richard G. Lugar, A Republican View at Foreign Policy. *Foreign Affairs* Band 66, Nr. 2 (Winter 1987/88) S. 249 ff. (256 ff.)

90 Vgl. beispielsweise Karl Grün, Amerikanische Ausverkaufsängste. *Börsen-Zeitung* vom 29. März 1988, S. 10; Ein Gesetz überläßt dem Präsidenten die Kontrolle über Auslandsinvestitionen. Beteiligung von Ausländern an US-Firmen als »Bedrohung der Sicherheit«. *Handelsblatt* vom 29. März 1988, S. 10; Hugo Müller-Vogg, Im Geiste Smoot-Hawleys. *Frankfurter Allgemeine Zeitung* vom 6. April 1988, S. 13; weiterhin, vom selben Autor: Amerika im ökonomischen Abwehrkampf. *Frankfurter Allgemeine Zeitung* vom 24. Oktober 1987, S. 14; Dieter Buhl, Amerikas Schutz. Der Kongreß probt den Protektionismus. *Die Zeit* vom 6. Mai 1988, S. 1; sowie den Artikel über die Bürgerinitiative *Citizens Against Foreign Control of America:* »Was wollen die Deutschen hier?« *Wirtschaftswoche* vom 3. April 1987, S. 50.

91 *Wirtschaftswoche* vom 8. April 1988, S. 47.

92 Zitiert nach: Gilles Merrit, Peering Ahead at Life After the Old NATO. *International Herald Tribune* vom 23. Juli 1987, S. 14.

93 *Newsweek* vom 22. Februar 1988, S. 22 und 23.

94 »Als Deutscher würde ich aktiver nach Wachstum streben.« *Die Welt* vom 11. April 1988, S. 11.

95 Robert Gerald Livingston, Drängen auf einen deutschen Patriotismus. Warum die Bonner Freunde Washington verwirren. *Die Zeit* vom 12. Juni 1987, S. 5.

96 Alan Tonelson, The Real National Interest. *Foreign Policy* (Winter 1985/86) S. 49 ff. (68 ff.).

97 Vgl. die dreiteilige Serie »Roots of Turmoil. The Social Strains in Central America«, (1.) Larry Rohter, Central American Plight Is People in Abundance. *New York Times* vom 6. September 1987, S. 1 ff.; (2.) Stephen Kinzer, The Hunger for Land Feeds The Crisis in Central

America. *New York Times* vom 7. September 1987, S. 1 ff.; (3.) James LeMoyne, In Long-Suffering Central America, the Workers Suffer Most. *New York Times* vom 8. September 1987, S. 1 ff.

98 Siehe die Besprechung des instruktiven Buches von Ted Conover, *Coyotes*. A Journey Through the Secret World of America's Illegal Aliens. Vintage Books. New York, N. Y., durch T. D. Allman, ›One of Life's Few Options‹, *The New York Times Book Review* vom 13. September 1987, S. 7, zumal den vorletzten Absatz.

99 Siehe die Mexiko gewidmete Ausgabe der Zeitschrift *The Economist* vom 5. September 1987 (A Survey of Mexico. The Shadow of the Past) S. 19.

100 Günter Grass, Im Hinterhof. Bericht über eine Reise nach Nicaragua. *Die Zeit* vom 1. Oktober 1982, S. 45 f.

101 Über die Schlüsselrolle Castros in der Kubakrise, durch die beide Supermächte von ihm abhängig wurden, jetzt Daniel Ellsberg, The Day Castro Almost Started World War III, *New York Times* vom 31. Oktober 1987, S. 27. Zur ersten Orientierung über die kubanische Raketenkrise immer noch geeignet, obwohl in Einzelheiten überholt: Heinz Pächter, *Chruschtschow – Kennedy – Castro*. Die Oktoberkrise und ihre Folgen. Kiepenheuer & Witsch. Köln und Berlin. 1963.

102 Manfred Wöhlcke gelangt zu dem Schluß, daß Lateinamerika trotz einiger bemerkenswerter Ausnahmen in fast allen Bereichen der gesellschaftlichen Entwicklung mehr das Bild einer fortschreitenden Krise als das einer fortschreitenden Krisenbewältigung biete (Die selbstverschuldete Krankheit. Lateinamerikas Eliten müssen in eigener Verantwortung die drohenden sozialen und ökologischen Katastrophen abwenden. *Die Zeit* vom 13. Mai 1988, S. 34 f. [34]).

103 Vgl.: Die Städte der Welt werden immer größer. *Der Spiegel* vom 30. Mai 1988, S. 158. 1930 hatte der Staat Mexiko knapp 17 Millionen Einwohner, 1960 waren es 35 Millionen, 1970 schon fast 53 und 1980 bereits 67 Millionen Einwohner. Die Einwohnerzahl des Jahres 1985 liegt bei 80 Millionen; zwei Drittel dieser Mexikaner leben in den ständig anwachsenden Städten (Zahlen nach *Hübners Geographisch-statistischen Tabellen aller Länder der Erde*. W. Seidel. Wien. 1932. S. 258 f.; U.S. Bureau of the Census, *Statistical Abstract of the United States*. 1962: S. 911; 1971: S. 795; 1986: S. 836, 839; alle U.S. Government Printing Office. Washington D.C. Zensus von 1980: *Demographic Yearbook*. 1985 (Thirty-seventh Issue) Department of International Economic and Social Affairs. Statistical Office. United Nations. New York. 1987. S. 136, 152.

104 Next to the Volcano: Mexico's Future. *Orbis* Band 32, Nr. 1 (Winter 1988) S. 49 ff. Die drei Artikel stammen von Sol W. Sanders, The

Coming Troubles (S. 49 ff.); Susan Kaufman Purcell, Crisis But No Collapse (S. 57 ff.); und Daniel James, Moscow's Friend? (S. 62 ff.)

105 Zum letzten Punkt Don M. Coerver und Linda B. Hall, *Texas and the Mexican Revolution: A Study in State and National Border Policy.* 1910–1920. Trinity University Press. San Antonio. 1984. Zu den Ursachen der Misere und zur gegenwärtigen Lage Mexikos vor allem: Roberto G. Newell und Luis F. Rubio, *Mexico's Dilemma.* The Political Origins of Economic Crisis (Westview Special Studies on Latin America and the Caribbean) Westview Press. Boulder/London. 1984; Kenneth F. Johnson, *Mexican Democracy.* A critical Review. Praeger. New York. 3. Auflage. 1984.

Stellvertretend für die Sicht mexikanischer Intellektueller ist Octavio Paz' belletristisch gefärbte Betrachtung: *Das Labyrinth der Einsamkeit.* Essay. Walter. Olten/Freiburg i. Br. 1970; weiterhin, vom selben Autor: *Der menschenfreundliche Menschenfresser.* Geschichte und Politik 1971–1980. edition suhrkamp. Frankfurt a. M. 1981.

Die schwierigen Beziehungen zwischen Mittelamerika und den Vereinigten Staaten standen im Blickpunkt mehrerer jüngerer Veröffentlichungen. Empfehlenswert sind: Tom Buckley, *Violent Neighbours.* El Salvador, Central America, and the United States. Times Book. New York. 1984; James N. Cortada und James W. Cortada, *U.S. Foreign Policy in The Caribbean, Cuba and Central America* (Praeger Special Studies) Praeger. New York. 1985; schließlich Josefina Zoraida Vázques und Lorenzo Meyer, *The United States and Mexico.* University of Chicago Press. Chicago und London. 1985.

106 Zbigniew Brzezinski, We Need More Muscle in the Gulf, Less in NATO. *Washington Post* vom 7. Juni 1987, S. B 1 f.; eine Übersetzung dieses Artikels in der *Zeit* vom 19. Juni 1987, S. 8: Europa ist nicht mehr der Brennpunkt. Die Vereinigten Staaten sollten sich mehr in Südwestasien engagieren und weniger in der Nato; vgl. auch Brzezinskis jüngste Veröffentlichung zu diesem Thema in *Foreign Affairs* Band 66, Nr. 4 (Frühjahr 1988, S. 680 ff.: America's New Geostrategy).

107 Zbigniew Brzezinski, *Game plan.* A. a. O. S. 205.

108 Caspar Weinberger, We Need Those Troops In Europe. *Washington Post* vom 23. Juni 1987, S. A 19.

109 Neben dem bereits weiter oben erwähnten Buch dieses Titels siehe auch seine Rezension durch Günter Maschke, Die eigentliche Krankheit des Westens: Wirklichkeitsverlust. Raymond Arons Plädoyer für das dekadente Europa. *Frankfurter Allgemeine Zeitung* vom 12. April 1979, S. 7; vgl. außerdem zum Thema auch Arons Memoiren: *Erkenntnis und Verantwortung.* Lebenserinnerungen. Aus dem Französischen von Kurt Sontheimer. Piper. München und Zürich. 1985. S. 426 ff. (443 ff.)

110 Henry A. Kissinger, Hauptprobleme der amerikanischen Außenpolitik. In: Ders., *Amerikanische Außenpolitik*. Econ. Düsseldorf und Wien. 1969. S. 69 ff. (94 ff.)

111 Theodore Draper, *The Phantom Alliance*. A. a. O. S. 15, 16, 26.

112 Amory B. Lovins und L. Hunter Lovins, The Avoidable Oil Crisis. A Simple Strategy Will Reduce Shortages and Keep Costs Down. *The Atlantic Monthly* Band 260, Nr. 6 (Dezember 1987) S. 22 f. (26)

113 Tagung des Berliner Aspen-Instituts im Berliner Reichstagsgebäude. Vortrag Henry A. Kissingers, 26. Okt. 1987. Tonband-Abschrift S. 9.

114 Zum Mißverhältnis zwischen amerikanischer Macht und amerikanischen Verpflichtungen beispielsweise der Direktor des »Center for International Affairs« an der Harvard Universität: Samuel P. Huntington, Coping With the Lippmann Gap. *Foreign Affairs* Band 66 (America and the World 1987/88) S. 453 ff.

115 Richard G. Lugar, A Republican View at Foreign Policy. *Foreign Affairs* Band 66, Nr. 2 (Winter 1987/88) S. 249 ff. (249 f.)

116 Zu den Befürchtungen eines Verlusts der amerikanischen Vormachtstellung vgl. besonders David P. Calleo, *Beyond American Hegemony*. A. a. O.; und Paul M. Kennedy, *The Rise and Fall of the Great Powers*. Economic Change and Military Conflict from 1500 to 2000. Random House. New York. 1987; vom selben Autor: The (Relative) Decline of America. *The Atlantic Monthly* Band 260, Nr. 2 (1987), S. 29 ff.

Als Einführung in die gegenwärtige amerikanische Niedergangs-Debatte geeignet sind die Artikel von Christoph Bertram: Was bleibt von der Ära Reagan? Amerikas Intellektuelle zwischen Katerstimmung und Erleichterung. *Die Zeit* vom 30. Oktober 1987, S. 4, und Jörg von Uthmann: Ist Amerikas Niedergang aufzuhalten? Blick in amerikanische Zeitschriften. *Frankfurter Allgemeine Zeitung* vom 5. März 1988, S. 29; vgl. auch Dieter Buhl, Alle fordern mehr Fleiß und Einsatz. Die Angst vor dem wirtschaftlichen Niedergang wird zum beherrschenden Thema. *Die Zeit* vom 18. März 1988, S. 2.

Die Diskussion in den Vereinigten Staaten über die Fähigkeiten und Möglichkeiten des eigenen Landes, die Einschätzung der Mittel und Ziele seiner Politik, bahnte sich bereits 1986/87 im Gefolge der Iran-Contra-Affäre an (siehe beispielsweise Charles Krauthammer, The Price of Power. Empires are expensive. Can we afford one? *The New Republic* vom 9. Februar 1987, S. 23 ff.; Paul M. Weyrich, A Conservative's Lament. After Iran, We Need to Change Our System and Grand Strategy. *Washington Post* vom 8. März 1987, S. B 5). Zur moralischen Entrüstung über den getarnten Waffenhandel, besonders mit dem Iran, kam die Ernüchterung angesichts des beständig wachsenden Doppeldefizits in Budget und Handelsbilanz. Schließlich signa-

Zur Seite 240
lisierten die gewaltigen Kurseinbrüche an der New Yorker Börse nach dem 19. Oktober 1987 das Ende eines jahrelangen Spekulationsfiebers, deuteten möglicherweise das Ende eines Wachstumszyklus an. Die Schattenseiten der amerikanischen Wirtschaft kamen zunehmend ins Blickfeld (Leonard Silk, Economic Scene. Costs to U.S. of Leadership. *New York Times* vom 6. Mai 1987, S. D 2; Archibald L. Gillies, In '88, a New Era. With Old Assumptions? *New York Times* vom 31. Mai 1987, S. 31; How We Got Here, *New York Times* vom 16. November 1987, S. A 19).

Paul Kennedys Buch *The Rise and Fall of the Great Powers* traf daher ebenso wie Allan Blooms *The Closing of the American Mind* (Simon and Schuster. New York. 1987; deutsch jetzt – mit einem seltsamen Untertitel –: Allan Bloom, Der Niedergang des amerikanischen Geistes. Ein Plädoyer für die Erneuerung der westlichen Kultur. Vorwort von Saul Bellow. Hoffmann & Campe. Hamburg. 1988) auf eine sich verdüsternde Gemütslage in den USA, die beide Bücher zu Bestsellern avancieren ließ. Der Abstieg Amerikas ist inzwischen zu einem verbreiteten Thema geworden, das vor allem im Wahljahr viel Raum für politische Auseinandersetzungen bietet, sobald nach Ursachen oder Schuldigen gefahndet wird. Während der demokratische Senator des Staates New York, Daniel Patrick Moynihan, in Fehlentscheidungen der Reagan-Administration Anzeichen des (aufhaltsamen) Niedergangs seines Landes wahrzunehmen meint, sieht der ehemalige Verteidigungsminister James R. Schlesinger und heutige Berater am »Center for Stategic and International Studies« in Washington, ein Republikaner, nur einen eingebildeten Abstieg der Vereinigten Staaten. Gewiß habe es einen relativen Bedeutungsrückgang gegenüber der Zeit unmittelbar nach 1945 gegeben, der aber teils unvermeidlich, teils sogar erwünscht gewesen sei; ganz bewußt habe Amerika geschwächten Kriegsalliierten, früheren Feindmächten und dann unterentwickelten Nationen auf die Beine geholfen. Trotz gewisser Positionsverluste werde sich in Gegenwart und Zukunft nichts an der führenden Vormachtstellung der USA ändern. Das von der amerikanischen Neigung zu Übertreibungen genährte Gerede von Niedergang oder Verfall stehe in keinem Verhältnis zu den Fakten; die vielberufenen, heutigen »Leiden des jungen Werther« seien völlig überzogen (Debunking the Myth of Decline. The argument over whether the United States is losing its power rages on. Here, two authorities offer differing responses to a recent article in this magazine about the controversy. Daniel Patrick Moynihan, What was done in the 1980's can be undone; James R. Schlesinger, We sometimes forget ... how powerful this nation is. *The New York Times Magazine* vom 19. Juni 1988, S. 34 ff.).

Zur Seite 240

Diese Stellungnahme Moynihans und Schlesingers kommentierten kontrovers einen Artikel des amerikanischen Journalisten Peter Schmeisser (»Is America in Decline?«), der am 17. April 1988 im *New York Times Magazine* erschienen war (S. 24 ff.). Schmeisser sah in den Vereinigten Staaten geradezu eine intellektuelle Bewegung entstehen, die er als Schule des Niedergangs (*School of Decline*) bezeichnete. Außer Paul Kennedy seien deren Hauptvertreter David P. Calleo von der »John Hopkins School of Advanced International Studies«, Mancur Olson an der Universität von Maryland sowie Walter Russell Mead vom *New Perspectives Quarterly*. Aus verschiedenen Blickwinkeln untersuchten sie, entweder innen- oder außenpolitisch orientiert, die Ursachen des amerikanischen Abstiegs. Ihre Kritiker, so Schmeisser, zerfielen in zwei Lager. Im einen fänden sich überwiegend Konservative, welche die Niedergangsthematik vollkommen ablehnten, im anderen Unternehmer und sogenannte Neoliberale, die sich zwar mit nahezu allen Ergebnissen jener Untersuchungen einverstanden erklärten, hingegen die Unvermeidlichkeit des amerikanischen Niedergangs leugneten. (Zu Kritik und Gegenkritik an den Verfallsthesen außerdem lesenswert: Nicholas Wade, The Ascent of Books on Decline of U.S. *New York Times* vom 10. April 1988, S. E 9; Joseph S. Nye Jr., America's Decline: A Myth. *New York Times* vom 10. April 1988, S. E 31; hilfreich auch Paul Kennedy: A Guide to Misinterpreters. *New York Times* vom 18. April 1988.)

Ronald Brownstein und Sidney Blumenthal sehen in Wissenschaftlern wie Kennedy und Calleo, anders als Schmeisser, Vertreter einer »Solvency School«. Kennedy und Calleo zufolge entscheide die Zahlungsfähigkeit, die wirtschaftliche Stärke eines Landes, sein außenpolitisches und internationales Gewicht (Ronald Brownstein, Losing Its Grip? Americans are increasingly uneasy about the nation's ability to perpetuate its dominant world role, and that unease is starting to surface in the presidential race. *National Journal* vom 6. Februar 1988, S. 308 ff.; Sidney Blumenthal, The Wake of the Cold War. Beyond the Campaign, Debate Over a New Age of Limits. *Washington Post* vom 14. Juni 1988).

Eigentlicher Begründer der »Solvency School«, schreibt Blumenthal, sei Walter Lippmann vor mehr als vier Jahrzehnten gewesen: Nationen wie Familien müßten ihre finanziellen Möglichkeiten und deren Grenzen im Auge behalten. Lippmanns Bewunderer James Chace habe 1981, damals Chefredakteur von *Foreign Affairs,* in seinem Essay »Solvency« Lippmanns Forderung aktualisiert: die Ziele einer Politik müßten sich an den vorhandenen Mitteln orientieren, die wirtschaftlichen, politischen und militärischen Verpflichtungen eines Staates mit

Zur Seite 241
seinen Kapazitäten im Einklang stehen (Binsenwahrheiten, möchte
man meinen!). In jüngster Zeit ist Chace in Anlehnung an Calleo für
eine Verminderung des amerikanischen Engagements in Europa eingetreten und zugleich für eine stärkere Konzentration der amerikanischen Politik auf den karibischen Raum, zumal Mexiko, wo sowohl
große Probleme wie große Zukunftschancen lägen (James Chace, A
New Grand Strategy. *Foreign Policy* [Spring 1988] S. 3 ff.).
Stehen auch die Vereinigten Staaten vor der Notwendigkeit einer
Perestroika, wie Georgi Arbatow, der Direktor des Moskauer USA-
Kanada-Instituts, nach der Lektüre von Paul Kennedys Buch meinte?
Nachdenklichen Amerikanern scheint Arbatows Gedanke heute nicht
mehr abwegig vorzukommen.

Die Zitate der folgenden Passagen des Textes stammen aus: Lessons
from *The Fall And Rise Of Nations*. The Future of America. Paul
M. Kennedy, Richard Rosecrance, Richard Lamm und Clyde Presto-
witz. Woodrow Wilson International Center für Scholars. 1987, einer
Broschüre des »Center«.

117 Dort heißt es, der Niedergang Roms sei »die natürliche und unvermeidliche Folge unmäßiger Größe« gewesen. »Im Aufschwung war
der Ursprung des Verfalls schon enthalten. Die Ursachen der Zerstörung vervielfältigten sich mit der Ausdehnung der Eroberung. Sobald
die Zeit oder der Zufall die künstlichen Stützen beseitigt hatten, gab
dieser erstaunliche Bau dem Druck des eigenen Gewichts nach. Die
Geschichte seines Untergangs ist einfach und augenfällig. Anstatt zu
fragen, warum das Römische Reich zerstört wurde, sollten wir eher
erstaunt sein, daß es so lange Bestand gehabt hatte. Die siegreichen
Legionen, die auf entfernten Kriegsschauplätzen die Laster von Barbaren und Söldnern angenommen hatten, bedrängten als erste die Freiheit der Republik und verletzten später die Würde des Kaisers. Besorgt
um ihre persönliche Sicherheit und den allgemeinen Frieden, wurden
die Kaiser zu dem verachtungswürdigen Ausweg getrieben, die Disziplin zu untergraben, durch die die Legionen in gleicher Weise für ihren
Herrscher wie für ihre Feinde furchterregend waren. Die militärische
Führung wurde geschwächt und schließlich durch die Teilung Konstantins aufgelöst. Und die römische Welt wurde von einer Sturzflut
von Barbaren überwältigt... Der Thron von Konstantinopel wurde im
Osten errichtet, während eine Reihe von Kaisern, die ihren Sitz in
Italien aufschlugen und das gleiche Erbe an Legionen und Provinzen
beanspruchten, immer noch den Westen besaßen. Diese gefährliche
Neuerung beeinträchtigte – und begünstigte die Fehler einer doppelten
Regierung. Die Mittel für ein drückendes und willkürliches System
wurden vervielfältigt. Ein eitler Wetteifer um Luxus, nicht um Ver-

Zur Seite 241
dienst, wurde unter den entarteten Nachfolgern des Theodosius einge-
führt und von ihnen unterstützt. Äußerste Not, in der sich die guten
Kräfte *(virtus)* in einem freien Volk zusammenschließen, verschlim-
merte den Parteienstreit einer untergehenden Monarchie... Das nationale Schisma zwischen Griechen und Lateinern wurde durch den fort-
während Unterschied in Sprache und Sitten, in den Interessen und
sogar in der Religion vergrößert. Jedoch das günstige Ergebnis bewies,
daß in gewissen Grenzen der Entschluß Konstantins richtig gewesen
war. Während einer langen Verfallsperiode widerstand seine uneinn-
nehmbare Stadt den siegreichen Heeren der Barbaren, schützte den
Reichtum Asiens und beherrschte, im Frieden wie auch im Krieg, die
wichtigen Wasserstraßen, die das Schwarze Meer und das Mittelmeer
verbinden. Die Gründung von Konstantinopel trug wesentlich mehr
zur Erhaltung des Ostens als zur Vernichtung des Westens bei.

Da die Glückseligkeit eines *zukünftigen* Lebens das große Ziel der
Religion ist, mögen wir, ohne Überraschung oder Entsetzen, hören,
daß die Einführung oder wenigstens der Mißbrauch des Christentums
einen gewissen Einfluß auf den Verfall und Untergang des Römischen
Reiches hatte. Die Priester predigten mit Erfolg die Lehren der Geduld
und des Kleinmuts. Sie nahmen denjenigen den Mut, die sich aktiv für
die Gesellschaft einsetzen wollten. Und die letzten Reste der soldati-
schen Haltung wurden im Kloster begraben. Ein großer Teil des staatlichen und privaten Reichtums wurde den Scheinforderungen von
Nächstenliebe und Frömmigkeit geopfert. Die Bezahlung für Soldaten
wurde auf die nutzlosen Massen beiderlei Geschlechts verschwendet,
die nur die Verdienste der Enthaltsamkeit und Keuschheit für sich
beanspruchen konnten. Glaube, religiöser Eifer, Neugier und die irdischen Leidenschaften der Bosheit und des Ehrgeizes fachten die
Flamme theologischer Uneinigkeit an. Die Kirche und sogar der Staat
waren durch religiöse Parteien zerrissen, deren Kämpfe manchmal blu-
tig und immer unversöhnlich waren. Die Aufmerksamkeit der Kaiser
wurde von Feldlagern auf Synoden gerichtet. Die römische Welt wurde
von einer neuen Art der Gewaltherrschaft unterdrückt, und die verfolgten Sekten wurden die heimlichen Feinde ihres Landes... Aber der
reine und echte Einfluß des Christentums mag an seiner wohltuenden,
wenn auch unvollkommenen Einwirkung auf die barbarischen Prose-
lyten des Nordens nachgewiesen werden. Wenn der Niedergang des
Römischen Reiches durch die Bekehrung Konstantins beschleunigt
wurde, so schwächte seine siegreiche Religion die Heftigkeit des Fal-
lens ab und ließ das grausame Wesen der Eroberer milder werden.«
(Diese »Allgemeinen Betrachtungen über den Fall des weströmischen
Reiches« von Edward Gibbon beziehen sich auf den Zeitraum bis zur

Absetzung des Kaisers Romulus Augustulus durch Odoaker im Jahre 476 n. Chr. Der angegebene Text ist eine Übersetzung der Seiten 160–163 im 4. Band der von J. B. Bury herausgegebenen englischen Ausgabe des Jahres 1898 von *Decline and Fall of the Roman Empire* durch Gerda Poeppel. Abgedruckt in: Karl Christ (Hrsg.), *Der Untergang des Römischen Reiches* (Wege der Forschung Band 269) Wissenschaftliche Buchgesellschaft. Darmstadt. 1970. S. 32 ff. (34 ff.).

118 1980 betrug der Anteil der sowjetischen Rüstungsausgaben am Bruttosozialprodukt zwischen 14 und 16 Prozent. Auch unter Michail Gorbatschow ist dieser Anteil weiter gestiegen; bis 1987 auf etwa 15 bis 17 Prozent *(Soviet Military Power.* An Assessment of the Threat. 1988. Washington D. C. S. 32, 36).

119 So trat er zum Beispiel in einem *Time*-Artikel vom März 1984 dafür ein, Westeuropa bis 1990 »die Hauptverantwortung für die Verteidigung mit konventionellen Landstreitkräften übernehmen« zu lassen. Um die Verteidigungsplanung Westeuropas mehr als bisher zur Aufgabe der Europäer zu machen, forderte Kissinger, den Posten des alliierten Oberbefehlshabers in Europa (SACEUR) künftig einem Europäer, statt, wie bisher, einem Amerikaner zuzuweisen. Der Artikel ist auf deutsch nachzulesen unter dem Titel: Ein Plan für die Umstrukturierung der NATO; in: Henry Kissinger, *Weltpolitik von morgen.* Reden und Aufsätze. Bertelsmann. München. 1986. S. 253 ff., das Zitat findet sich dort auf S. 262.

120 Henry A. Kissinger, A New Era for NATO. After an INF Accord, Creative Diplomacy Will Be Needed to Save the Alliance. *Newsweek* vom 12. Oktober 1987, S. 19 ff. (22 und 20)

Konsequenzen

1 Marion Gräfin Dönhoff, *Amerikanische Wechselbäder.* Beobachtungen und Kommentare aus vier Jahrzehnten. Deutsche Verlags-Anstalt. Stuttgart. 1983.

2 Peter Merseburger, *Die unberechenbare Vormacht.* Wohin steuern die USA? Vom Autor aktualisierte Neuauflage zuletzt beim Deutschen Taschenbuch Verlag. München. 1985.

3 Pierre Hassner, Europa ohne Optionen? Unvertraute Entscheidungen, gemischte Gefühle. *Schweizer Monatshefte* 1988, S. 13 ff. (13 f.)

4 Gebhard Schweigler, *Von Kissinger zu Carter.* A. a. O. S. 330.

Personenregister

Das Register ist ein Personen- und Autorenregister.
Es enthält alle Namen,
die im Text- und im Anmerkungsteil
genannt werden. Herausgeber sind allerdings
nicht berücksichtigt worden.